教育部人文社会科学研究青年基金项目

增订版

战后日本右翼势力研究

ZHANHOU RIBEN YOUYI SHILI YANJIU

孙立祥 著

图书在版编目（CIP）数据

战后日本右翼势力研究/孙立祥著．—北京：中国社会科学出版社，2005.7（2010 增订版）

ISBN 978-7-5004-5163-1

Ⅰ．战… Ⅱ．孙 Ⅲ．政治－研究－日本－现代 Ⅳ．D731.3

中国版本图书馆 CIP 数据核字（2005）第 081110 号

责任编辑	罗　莉
责任校对	林福国
封面设计	王　华
版式设计	李　建

出版发行	中国社会科学出版社		
社　　址	北京鼓楼西大街甲 158 号	邮　编	100720
电　　话	010－84029450（邮购）		
网　　址	http：//www.csspw.cn		
经　　销	新华书店		
印　　刷	北京新魏印刷厂	装　订	广增装订厂
版　　次	2005 年 7 月第 1 版	印　次	2010 年 12 月第 2 次印刷
开　　本	880×1230　1/32		
印　　张	14.875	插　页	2
字　　数	371 千字		
定　　价	32.00 元		

目　录

序

战后以来，特别自 20 世纪 80 年代迄今，日本右翼势力的迅速抬头、蠢蠢欲动已越来越引起世人的关注和警惕。这不仅仅因为日本右翼势力有着为祸巨深的侵略战争"前科"，更重要的是，时至今日它再度对日本政局走向、中日关系走势和东亚和平构成了潜在的威胁。早在中日复交前，周恩来不仅敏锐地洞察到日本政要对台湾"大多有野心"，而且极富预见性地提醒国人要做好与日本右翼势力进行长期斗争的准备；中日复交后，邓小平不仅警觉地注意到"战后日本一部分人中一直存在着一种想要复活军国主义的倾向"，而且一再告诫国人"这些人为数不多，能量不小"，特别"值得警惕"；进入世纪之交，江泽民不仅进一步认定"日本国内确实有那么一股势力企图重温军国主义的旧梦"，而且再三强调这一动向"应当引起世人的高度警惕"，同时向日方表明了中国"绝不能允许任何形式的军国主义思潮和势力重新抬头"的坚定决心和严正立场。应当说，我国领导人对日本右翼势力政治图谋的分析和现有能量的判断是有的放矢的。

然而，不能不指出的是，国内外学术界对战后日本右翼势力的研究还存在着一些不足或缺陷。就国外学术界而言，一些欧美、日本学者在"战后日本右翼势力"概念的界定上过于狭窄，即存在着只把民间极右分子和极右组织视为"右翼势力"，而将野心和能量更大、更具危险性的右翼政客、右翼财阀、右翼军人、右翼学者等排除在外的问题，这无疑是一种既错误又危险的研究倾向。就国内学术界而言，尽管近年来随着日本国内"搞军国主义的倾向越来越明显"（邓小平语）而有越来越多的学者开始关注和研究这一问题，并推出了不少有价值的成果，但探究战前日本军国主义者多，研究更具有现实性和紧迫性的战后日本右翼势力者少，且有关后者的研究成果尚零散而未成系统，缺少学术性研究专著问世。这与当年这股恶势力给我国造成的损害程度以及我国国家领导人对其政治关注程度是不相称的、滞后的。令人欣慰的是，在即将迎来抗战胜利 60 周年这个可资纪念的时刻，东北师范大学政法学院教授孙立祥博士推出了自己潜心钻研多年的学术专著——《战后日本右翼势力研究》，一定程度上弥补了这方面研究的不足。

通读这部 30 多万字厚重的书稿，明显感到有以下几个突出的特点：

首先，注意了学术价值与实践价值的统一。历史学、政治学等人文社会科学研究，实际上存在着三个不同的层次：一是知其然，即回答"是什么"；二是知其所以然，即回答"为什么"；三是拿出解决办法，即回答"怎么办"。应当说，学术论著的三个层次犹如三个阶梯，无论上升到哪一个层次都有其自身价值，都是宝贵的。如若作者能够主观上向第二、第三个阶梯攀登，经过努力又在客观上登上或接近了更高一个层次，那么就较好或很好地做到了学术性与现实性的统一，其价值当然也会因之有所不同。本书作者就努力做了这方面的尝试。作者不仅通过第一、二章系统地回答了"是什么"，即纵向对战前战后日本右翼势力的演变轨迹和各阶段特点进行了史的考察，而且通过第三、四章深刻地回答了"为什么"，即横向对战后日本右翼势力存在的社会基础、抬头的原因等进行了深入探究。作者并未就此止步。他又通过第五章和结束语两部分尝试性地回答了"怎么办"的问题，即不仅就解决横亘于中日两国间的历史认识问题、台湾问题、钓鱼岛问题等提出了一些独到的见解，而且还就如何"粉碎日本右翼势力复活军国主义的政治图谋"和"破解中日关系死结，实现历史性民族和解"等问题，提出了七个解决途径和四项具体措施。这是难能可贵的。

其次，注意了个案研究与整体研究、微观研究与宏观研究的统一。通读全书不难看出，作者在循着"孳生"—"膨胀"—"肆虐"和"削弱"—"复活"—"抬头"—"蠢动"两条线索分别就战前和战后日本右翼势力的演变轨迹和各阶段特点进行宏观论述与总结的同时，还择取各阶段有代表性的曾起过重要历史作用的右翼团体、右翼思想和右翼政治事件进行了深入细致的个案微观研究；在重点就战后日本右翼势力本身进行个案微观探讨的同时，还以开阔的视野纵向进行了战前战后日本右翼势力、横向进行了日德两国右翼势力的宏观比较研究。这种注意纵向横向比较、微观宏观兼顾的研究方法，有助于对战后日本右翼势力来龙去脉的清晰认识和现有实际能量的准确把握，也有助于开阔读者的学术视野。

再次，注意了继承性与创新性的统一。作者在精当运用翔实的中外文资料和遵循学术规范吸收学术界最新科研成果的同时，提出了一些富有启发性的新见解，是为本书最鲜明最突出的一个特点。例如，作者通过对"战后日本右翼势力"概念的全新界定，突破了一些欧美、日本学者只把民间极右分子和极右组织视为"右翼势力"，而将能量更大更具危险性的政界、财界、军界、学界等右翼分子和右翼组织排除在外的狭窄视野，赋予了本课题研究以科学的意义。再如，作者关于"战前战后的日本右翼势力无论在组织上、思想上还是在活动方式和手法上"，"都具有明显的连续性、继承性，可谓一脉相承"的观点；关于"神国观念和天皇崇拜思想是一种类似于宗教感召的观念意识，它比一般的政治学说更具有煽动性和迷惑力"，它"犹如一把双刃剑""久远而深刻地影响了日本人的心理归向和思想走势，特别是形成了与之相表里的超常的忠诚意识和以攻战杀伐的好战习性为特征的武士道精神"的观点；关于"战时盲从了侵略战争"和"战后仍持错误战争史观"的部分不觉悟的日本国民是战后日本右翼势力存在和抬头的社会基础的观点；关于"解决日本不再重走军国主义老路的关键在于唤醒全体日本国民的真正觉醒"和"推动日本政要正确对待侵略历史、迅速妥善解决二战遗留问题"的观点；关于"应通过拓宽对日宣传途径、加大对日宣传力度，使不易从日本国内获知历史真相的日本国民从当年的被侵略国——中国方面了解历史真相"，从而促进整个日本国民走向觉醒和树立正确的历史观的观点；关于"陈请党和国家就较之'夏商周断代工程'、'清史工程'更具有战略性和紧迫性、更具有重大现实意义和深远历史意义的中日关系研究进行工程立项"的呼吁等等，均给人耳目一新之感。

当然，作为国内第一部系统研究战后日本右翼势力的学术性专著，其中还有需深入探讨之处。例如，对战前战后日本右翼势力"一脉相承性"的分析，就有言犹未尽的感觉，若能进一步展开论述，会显得更丰满些。然瑕不掩瑜。我为国内日本政治与历史研究领域又增添一部可喜成果，而感到由衷的高兴。

应作者之邀，谨以此为序。

汤重南

2005 年 4 月 15 日于
中国社会科学院世界史所

导　言

　　"右翼"一词，源于法国大革命时期的国民公会（1792 年 9 月至 1795 年 10 月）。当时，国民公会的 765 名议员形成三派：以罗伯斯庇尔为首的 100 人为激进派——雅各宾派；以罗兰为首的 165 人为保守派——吉伦特派；其余 500 人为立场不稳定的中间派。从议长席望去，保守的吉伦特派坐在右翼的席位上，激进的雅各宾派坐在左翼的席位上（因座次在高处，又被称为"山岳派"），不稳定的中间派恰好坐在平而低的中间席位上（故又被称为"沼泽派"或"平原派"）。从此，凡政治思想保守的集团、政党、阶级，或集团、政党、阶级中政治思想倾向保守的部分，就被称为"右翼"。后来，"右翼"一词泛指奉行封建主义、民族主义、超国家主义、国家社会主义、排外主义、沙文主义、帝国主义的反共、反和平、反民主自由、反社会进步的集团、政党、阶级或其中的一部分。本书所谓"日本右翼势力"，除具备上述一般"右翼"的这些特征外，还明显具有日本的民族特质：（1）深信天皇是"神"，日本是"神国"，大和民族是"优秀民族"，对天皇和国家绝对忠诚；（2）忽视理论，注重行动，崇尚暴力，迷信武运，热衷暗杀和政变，对现行体制实施颠覆；（3）信奉封建集权主义、天皇中心主义，对民主主义和共产主义极端仇视；（4）奉行超国家主义、侵略扩张主义，对弱邻攻战杀伐、屠戮相加，以实现"八纮一宇"之妄想。本书所谓"战后日本右翼势力"，系指战后以来日本国内推卸战争责任，否认侵略罪行，美化侵略战争，甚至图谋将国家重新引上军国主义老路的由右翼政客、右翼财阀、右翼军人、右翼学者和民间极右分子及其组织组成的一股社会恶势力。

日本右翼势力这个"政治癌瘤"的存在，迄今已逾百年。它不仅在战前将日本民族拖进了灾难的深渊和给亚洲邻国造成了亘古未有的民族灾难，而且在战后半个多世纪中仍在不断恶化着日本社会的"肌体"和与亚洲邻国的关系，时至今日已再度对日本政局走向、中日关系走势和东亚和平构成了潜在的威胁。这一情形不仅使日本国内的有识之士深感忧虑，而且引起了亚洲邻国特别是中国的极大担忧和高度警惕。因为就实质而言，日本在战前疯狂为祸亚洲邻国的过程，就是战前日本右翼势力"孳生"、"膨胀"、"肆虐"的过程；战后中日邦交正常化所以延宕二十多年才得以实现，复交后两国关系所以又很快跌入低谷，成为目前中外双边关系中"剪不断，理还乱"、既棘手又麻烦的一对双边关系，也主要就是经历了"削弱"、"复活"、"抬头"、"蠢动"过程的战后日本右翼势力长期阻挠和破坏所致。早在中日复交前，周恩来就曾意味深长地指出："要日本抛弃美国，抛弃台湾，这不仅短期内做不到，长期也困难。日本自民党虽然分许多派，但在台湾问题上都是一致地含糊其辞，大多有野心。吉田茂、岸信介等人就是想把台湾分出去。在台湾和祖国统一之前，在这个问题上我们同日本的斗争是长期的。"① 这番话可谓一针见血，迄今读来仍感回味无穷。中日复交后，随着教科书事件、靖国神社事件、

————————————

① 辛向阳主编：《百年恩仇——两个东亚大国现代化比较的丙子报告》，中国社会出版社1996年版，第644页。

钓鱼岛事件的频频发生，中共第二代和第三代领导核心邓小平、江泽民，也都对日本右翼势力复活军国主义的倾向和支持"台独"问题给予了密切关注，并一再提醒国人保持高度警惕。邓小平仅在1987年5月至9月不到半年的时间里，就三次提到了警惕日本军国主义复活的问题。5月5日，他在会见宇都宫德马等日本朋友时首先指出："如果说中日关系有点问题，那就是中国人民担心日本有很少很少一部分人，其中可能有的是有政治影响的人，存在复活军国主义的倾向。我们只担心这一点。"① 6月4日，他在会见日本公明党委员长矢野绚也时又指出："战后日本一部分人中一直存在着一种想要复活军国主义的倾向，这些人为数不多，能量不小，我们对此始终是担心的。……总有少数人他们始终没有忘记台湾，没有忘记从另外的角度解释战后日本宪法，没有忘记制造中日之间的隔阂，这是很不幸的事情。"② 9月3日，他在会见美国前国务卿基辛格时不无忧虑地再一次提到了日本国内军国主义复活的倾向，指出："中日只有友好，而且是世世代代友好下去。这是一个坚定不移的基本立场。但是，日本当局确实做了一些对中国不友好的事情。我们更担心的还是日本军国主义的复活。这种倾向值得警惕。我不是讲日本人民，日本人民是希望友好的，日本舆论界的态度也是好的，除了个别报刊，总的是赞成和平赞成友好的。但有一股有影响的政界人士，搞军国主义的倾向越来越明显。"③ 1996年9月3日，江泽民在

————————————

　① 《邓小平文选》（第3卷），人民出版社1993年版，第230页。

　② 中共中央文献研究室：《邓小平思想年谱（1975—1997）》，中央文献出版社1998年版，第389—390页。

　③ 潘俊峰、杨民军主编：《是总结，还是翻案——兼评〈大东亚战争的总结〉》，军事科学出版社1998年版，第10—11页。

接受法国《费加罗报》社论委员会主席佩雷菲特采访时明确指出："日本国内不时出现一些人公然篡改历史、美化侵略的事情，特别是最近以来，一些内阁成员竟然络绎不绝地参拜靖国神社，为东条英机之流的亡灵招魂，一些国会议员竟然纷纷散布掩饰军国主义侵华战争罪恶事实的奇谈怪论，这表明日本国内确实有那么一股势力企图重温军国主义的旧梦。他们的言行不能不激起中国人民和亚洲人民的愤慨。日本今后究竟要走和平发展的道路，还是别的什么道路，应当引起世人的高度警惕。"① 1998 年 11 月 26 日，江泽民在与小渊惠三首相会谈时，再次就历史问题和台湾问题郑重指出："坦率地讲，在多国列强中，日本是加害中国最重的国家。……回顾中日邦交 26 年的历程，不能不遗憾地指出，日本国内不断有人在历史问题上制造事端，否认甚至歪曲历史事实。这些都极大地伤害了战争受害国人民包括中国人民的感情，干扰了中日关系的正常发展。中方从维护历史真相和中日关系政治基础的大局出发，不能不作出必要的反应。……从历史上看，在台湾问题上日本是有负于中华民族的。……日本国内在台湾问题上仍存在一些错误的认识。"② 两天后即 11 月 28 日，江泽民在早稻田大学的演讲中进一步明确而坚定地提出：我们"绝不能允许任何形式的军国主义思潮和势力重新抬头"③。从中不难看出：周恩来不仅敏锐地洞察到日本政要对台湾"大多有野心"，而且极富预见性地提醒国人要做好同日本右翼势力进行长

---

① 紫水、效时：《警惕日本军国主义》，金城出版社 1997 年版，首页。

② 徐宝康、于青：《江泽民同日本首相小渊惠三举行会谈，日本政府就侵华历史再次表示反省和道歉》，《人民日报》1998 年 11 月 27 日。

③ 江泽民：《以史为鉴，开创未来——在日本早稻田大学的演讲》，《人民日报》1998 年 11 月 29 日。

期斗争的准备；邓小平不仅肯定"战后日本一部分人中一直存在着一种想要复活军国主义的倾向"，而且再三告诫国人"这些人为数不多，能量不小"，特别"值得警惕"；江泽民不但根据新情况进一步认定"日本国内确实有那么一股势力企图重温军国主义的旧梦"，而且郑重向日方表明了中国"绝不能允许任何形式的军国主义思潮和势力重新抬头"的坚定决心和严正立场。应当说，中国领导人对日本右翼势力政治图谋和现有能量的判断以及所取态度是正确的、有的放矢的。

有鉴于此，本书试就曾疯狂为祸亚洲近邻并对今天的日本政局走向、中日关系走势和东亚和平再度构成潜在威胁的日本右翼势力，进行系统、全面的研究。

第一章主要从组织、思想、活动三个方面对战前日本右翼势力进行了追述。战前日本右翼势力的演变，大体经历了三个时期：

1. 孳生时期（1881—1911）

日本右翼势力的源流，是明治初年一度为新政权的诞生立下过汗马功劳却又很快随着明治改革的深入而丧失既得利益的部分保守派士族。他们在发动一系列武装叛乱失败后进一步分化，其多数成为日后日本右翼运动的始作俑者和这一时期日本右翼势力的骨干成员。1881 年 2 月，右翼鼻祖头山满在九州福冈建立的玄洋社，是战前日本右翼团体之"始祖"，奠定了日本百年右翼运动的基础。此间虽然尚未产生有影响的右翼思想家，其思想主张也仅仅反映在各右翼团体的纲领中而未成系统，但其对内建立天皇独裁专制统治和对外进行侵略扩张的思想主张——天皇中心主义和大亚细亚主义，却成为后来系统的法西斯理论的思想源流和核心内容。日本右翼势力政治活动伊始，就具有将矛头同时指向对内对外两个方面之特点：对内，凡是被认为有碍天皇独裁专制统治建立的日本政要，均在暗杀之列；对外，则自觉地充当了日本政府侵略扩张的急先锋和马前卒，这也是此间日本右翼势力政治活动之重心。可以说，这一时期的日本右翼势力无论在组织上、思想上还是在活动方式和手法上，都为其后继者提供了范例和蓝本。

2. 膨胀时期（1912—1930）

从大正政变到"九·一八"事变前夕，是战前日本右翼势力迅速膨胀的一个时期。此间，右翼团体急剧增加，尤其与玄洋社、黑龙会等传统右翼团体不同的"革新右翼"（含军人右翼）团体大量孳生。大川周明等人在 1919 年 8 月建立的犹存社，是战前日本第一个法西斯性质的民间右翼团体。如同明治时期的玄洋社卵翼出黑龙会等众多传统右翼团体一样，犹存社则"孵化"出很多类似大化会的"革新右翼"即法西斯右翼团体。桥本欣五郎在 1930 年建立的樱会，则是此间军人法西斯团体的典型代表。这一时期右翼思想主张的核心内容除传统的天皇中心主义、大亚细亚主义外，还有新生的更具影响力的法西斯主义，尤其增加了极具煽动性、欺骗性的"国家改造"主张。这些思想主张除体现在右翼团体各自的纲领之中外，主要反映在北一辉、大川周明、权藤成卿、橘孝三郎等法西斯思想家们的著作中。北一辉的法西斯思想主要集中在被称作"日本法西斯圣典"的《国家改造案原理大纲》中，包括"国家改造"论、"天皇中心"论、"亚细亚扩张"论等；大川周明的法西斯思想主要反映在《复兴亚细亚诸问题》等著述中，包括天皇中心主义、"东西对抗"论、"大东亚秩序建设"论等；权藤成卿、橘孝三郎提出的，则是封建色彩极为浓厚的包括农本主义、自治主义两层含义的农本自治主义，可谓日本法西斯的思想"特产"。右翼势力的思想主张实是在"道义"、"自由"、"平等"、"友爱"、"革命"、"民族解放"等幌子下行专制性"天皇中心主义"和侵略性"大亚细亚主义"之实，而且明显增加了反共反社会主义的新内容。此间，日本右翼势力的政治活动已由前一时期侧重对外转向了对内对外两个方面。这一方面是由日本国内几乎同时出现资产阶级民主运动（大正德谟克拉西运动）、社会主义运动、工农运动蓬勃发展局面所使然，同时也与北一辉等人富于煽动性和迷惑力的以"国家改造"为核心内容的法西斯思想在青年特别是青年将校中产生共鸣息息相关。无论"为国分忧"的"任侠右翼"，还是偏重实践的"行动右翼"，对内对资产阶级民主运动、社会主义运动和工农运动竭尽破坏之能事，自觉充当了统治阶级的御用工具；对外则在推动政府实施强硬外交、进行战争舆论动员、为关东军刺探情报等诸多方面，发挥了特殊的作用。随着日本法西斯思想的蔓延和向军队渗透，已在天皇制日本社会内部出现了传统右翼与"革新右翼"（即法西斯右翼）、民间右翼和军队右翼并存的局面，整个日本社会加速法西斯化。

3. 肆虐时期（1931—1945）

从"九·一八"事变到日本战败，是日本右翼势力逞凶肆虐、为祸东亚的一个时期。截止 1939 年，日本全国共有右翼团体 1733 个，成员达 182192 人，战前右翼至此发展到巅峰。随着法西斯势力掌控国家政权和军国主义战争体制的形成，日本右翼势力实已演变成为国家军国主义势力，日本法西斯思想也与日本政府的"大陆政策"完全重叠，逐渐系统化为"石原构想"、"亚洲协同体"论和"大东亚共荣圈"论，既指导了这一时期的侵略战争，也出人意料地在客观上为战后日本右翼势力的战争翻案提供了"理论依据"。换句话说，这一时期除了北一辉、大川周明等人的法西斯思想在继续发挥指导作用外，日本法西斯右翼思想主张已基本上化为国家的对内对外政策。"石原构想"主要集中在石原莞尔的《战争史大观》等一系列文章和"计划"中，具体包括"最终战争"论（目标）、"东亚联盟"论（手段）等；蜡山政道的以区域主义为核心的"东亚协同体"论，主要反映在《东亚协同体与帝国主义》等著作中，具体包括"克服中国的抗日民族主义"、由日本领导东亚的"防卫和开发"等内容；而由日本战争政府炮制的"大东亚共荣圈"理论，主要反映在帝国《基本国策纲要》等文件和松冈洋右等法西斯政府领导人的讲话中，具体包括建设政治上以日本为"盟主"、经济上"大东亚各国"向日本"开放资源"、文化上在东方文化的"救世主"日本的领导下实现东洋文化之"复兴"等内容，这也是战前完全付诸实施并最具有现实欺骗性和久远影响力的一种侵略思想。正是在北一辉、大川周明等人的法西斯思想以及上述法西斯理论的指导下，日本右翼势力对内通过制造血盟团事件、"五·一五"事件、"二·二六"事件等一系列恐怖、暗杀和军事政变事件，最终建立起军部法西斯独裁政权；对外通过协助政府发动"九·一八"事变、"一·二八"事变、华北事变、卢沟桥事变、珍珠港事件等一个又一个侵略"事变"或"事件"，将国家引上了侵略战争不断升级的不归之途。对内制造恐怖、暗杀、政变事件和对外发动侵略战争同步进行，是这一时期日本右翼势力的主要特点，也是与德意两国法西斯化（先国内法西斯化，后对外侵略扩张）有所不同的日本法西斯化的一大特征。这股孳生于明治时期、膨胀于大正时代、肆虐于昭和前期的社会恶势力，不仅给亚洲邻国造成了亘古未有的巨大灾难，最终也使日本民族本身濒临毁灭境地。如此创深痛剧的历史教训，特别是日本右翼势力的危害性，值得今天每一个日本人沉思和铭记。

第二章集中对战后日本右翼势力的演变及其各阶段特点进行了史的考察。曾经给包括日本在内的东亚各国造成深重灾难的日本右翼势力这个"政治癌瘤"，本应随着其依附体——"大日本帝国"的败亡而被彻底割除，但遗憾的是，由于历史的和现实的、国内的和国际的诸多因素所致，日本右翼势力在战后初期度过了一个短暂的"冬眠"期之后很快又复苏过来，时至今日已经演变成为一股能够呼风唤雨、兴风作浪的危险势力。换言之，战后日本右翼势力与战前日本右翼势力具有明显的承继性，可谓一脉相承。其演变，大体经历了四个时期：

1. 削弱时期（1945—1951）

战后初期，美国占领当局为了"保证日本不再成为世界和平与安全之威胁"，尤其为了"确保日本今后不再成为美国的威胁"，制定了《关于开除不宜从事公务者的公职之文件》、《关于废除若干政党、政治结社、协会及其他团体之文件》等多个铲除日本右翼势力的文件。结果，有233个右翼团体被解散，210288名右翼分子被解除公职，日本右翼势力被严重削弱，跌入其百年右翼运动之低谷。然而需要指出的是，由于冷战时期的过早到来和日本政府试图利用右翼残余势力挽救天皇制国体，即使在战后初期甚至在1946年1月至1951年4月的数年整肃期间，被勒令解散的右翼团体成员也没有完全销声匿迹，停止活动，而且还孳生出一批以全新面孔出现的新右翼团体。作为对战败的回应，前者或通过发动一系列武装叛乱来阻挠日本战败投降，或用自杀方式承担战败责任以向天皇"谢罪"，或制造一系列袭杀日共干部的恐怖事件以维护天皇制国体，或通过改头换面潜匿各地搞经济活动保存和积蓄实力；就后者而言，仅在1945年9月至同年底的数月间，就有16个具有浓厚反共色彩、"新种国家主义"色彩、暴力团性质的新右翼团体孳生。战后初期日本右翼势力总的特点是：规模小，寿命短；具有过渡性；思想主张既与战前右翼一脉相承，又有自己鲜明的"时代特征"。

2. 复活时期（1952—1960）

美国占领日本初期，确曾实施了一系列铲除日本右翼势力的对日政策和措施。但随着冷战时期的到来，特别是朝鲜、中国革命的胜利以及朝鲜战争的爆发，日本作为国际反共堡垒的地位突然重要起来。因此，美国在重点扶蒋失败之后，很快将扶植的重点转向了日本。美国通过签署《旧金山和约》为日本"松绑"和通过缔结《日美安全条约》为日本提供安全保障，为日本右翼势力的复活开了绿灯。结果，提前释放了包括岸信介等甲级战犯在内的所有在押战犯；几乎全部解除了对右翼分子的整肃；被解散的旧右翼团体纷纷复活，打着各种旗号的新右翼团体大量孳生，"统一战线"性质的右翼联合组织也在不断涌现。新老右翼重新整合成为一股较大的政治势力，开始对日本政局走向和对外关系施加影响。50年代前中期（1952年至1956年）日本右翼势力的特点是：多数右翼团体披上"和平"、"民主"、"自由"的外衣；积极参加议员选举；逐渐暴力团化；从事恐怖活动。50年代后期（1957年至1960年），随着甲级战犯岸信介登上首相宝座，日本右翼势力步入了一个转折期。正因为有岸信介这个强大政治靠山的包庇、纵容和提供宽松环境，日本右翼势力迅速复活并随之壮大；而日本右翼势力也知恩图报，毫不迟疑地扮演了岸信介政府镇压日本人民斗争的帮凶和打手之角色，包括协助岸内阁破坏和镇压日本人民反对"勤务评定"制度、反对修改"警职法"、反对日美"安全条约"等正义斗争。组织发展迅速和对内对外政治活动频繁，是50年代后期日本右翼势力的两大特点。

3. 抬头时期（1961—1980）

池田内阁和佐藤内阁执政的20世纪六七十年代，是日本经济高速发展、综合国力迅速增强的一个时期。在此背景下，已经壮大起来的日本右翼势力再度燃起了称雄世界的野心。一方面，

"大和民族优秀论"沉渣泛起；另一方面，通过整顿组织、培养骨干，不仅迅速实现了新老右翼的交替，而且呈现出迅速抬头之势。截止 1980 年，仅"行动右翼"团体就有 700 多个，约 12 万人。六七十年代日本右翼势力的特点是：以青年右翼（包括军人右翼）为主力；主张上与战前右翼接近，行动上与"新左翼"相似；活动呈分散、小型、多样化特点；对外活动以百般阻挠中日邦交正常化为中心。此间日本右翼势力的迅速抬头，为下一阶段的猖狂活动创造了条件。

4. 蠢动时期（1981—2000）

时至 20 世纪八九十年代，日本已经从一个战败国一跃成为世界第二经济大国，并在很多高科技领域向头号经济强国美国显示出咄咄逼人的气势。在日本已经成长为"经济巨人"，日本政府又相应确立了"政治大国"目标并制定了"战后政治总决算"政治路线的大背景下，日本右翼势力在八九十年代进一步壮大并蠢动起来。特别需要指出的是，日本政界特别是执政的自民党内部的右翼政客，或自我组建右翼政治团体，或身兼民间右翼组织头目，形成一股人数不多但能量不小的政界右翼势力。然而，一些欧美、日本学者在研究战后日本右翼势力时，却只把民间极右分子及其团体视为"右翼势力"，而将野心和能量更大、更具危险性的政界、军界、财界、学界右翼分子及其团体排除在外，这等于放跑了日本右翼势力的"中坚"力量，必须纠正这一片面、危险的研究倾向。实际上，如果把遗族会这类半官半民性质的右翼团体和终战五十周年国会议员联盟这类政界右翼团体（即"潜在右翼"，也被称作"穿西服的右翼"）计算在内，时至 2000 年，日本右翼团体逾千个，人数不下 500 万人，至少也有右翼理论家荒原朴水所说的"353 万人"。此间，日本右翼势力的思想主张和政治活动主要集中在六个方面：（1）竭力美化头号战犯裕仁天皇，重树军国主义精神支柱，阴谋恢复战前天皇制；（2）再三篡改历史教科书，否认和美化侵略历史，全面进行战争翻案；（3）顽固参拜靖国神社，为战犯"鸣冤"，为军国主义招魂；（4）百般阻挠国会通过"不战决议"，顽固奉行不反省、不道歉、不谢罪的"三不主义"；（5）不断挑战和平宪法，推动政府强化日美同盟，加速向政治大国演变和军事大国急进，妄图重温军国主义老路；（6）对内暴力恫吓进步人士，对外不断制造针对近邻国家的外交事件。这一时期日本右翼势力的特点是：野心和能量更大更具危险性的政界右翼势力"异军突起"；民间右翼势力与黑社会势力趋于同流合污；更具顽固性、煽动性和影响力。时至世纪之交，日本右翼势力已经膨胀到能够影响本国政局走向和外交走势的程度。

第三章主要横向比较了战后日德两国右翼势力的差异和两国政要"二战史观"的不同及其成因。继前两章纵向就战前战后日本右翼势力的演变轨迹及其特点进行史的考察之后，本章着重横向比较了战后日德两国右翼势力的差异和两国政要"二战史观"的不同及其成因，目的在于以战后德国右翼势力和德国政要为参照，求得对战后日本右翼势力和日本政要有一个比较清晰的认识。

战后日德两国右翼势力之不同，主要表现在五个方面：（1）德国新纳粹团体和新纳粹分子几乎都是在战后成立成长起来的，与战前纳粹团体和纳粹分子没有直接的内在联系；而战前战后日本右翼势力却具有明显的继承性。（2）德国的右翼党团尚处于在野地位，还在为重新掌控国家政权积极扩大竞选；而日本的部分右翼分子和右翼团体由于本身就是执政的自民党议员和由这些议员组成的政界右翼团体，因此两国的右翼分子和右翼团体不仅在数量上不可同日而语，就是在能量上也相差十分悬殊。（3）在主张上，日德两国右翼势力虽然都美化侵略历史，兜售"民族优越论"，鼓吹重建昔日的"帝国"，但日本右翼势力更侧重于为侵略战争翻案和"恢复天皇的国家元首地位"上，而且战前战后日本右翼势力的思想主张一脉相承、如出一辙。（4）在行动上，德国右翼势力施暴的对象主要是外国人特别是外籍劳工，而日本右翼势力攻击的目标主要是国内进步人士（如，暗杀浅沼稻次郎等）；德国右翼势力关于建立"第四帝国"、建立一支新纳粹战斗部队和准备发动"第三次世界大战"的主张还只是停留在口头上，而日本右翼势力则已经将自己的主张具体而有计划地付诸了行动（如，三岛由纪夫煽动军队政变等）。（5）与德国右翼势力受到政府严厉打击、坚决取缔不同，日本右翼势力不仅得到了本国政府和政要的默认、庇护和支持，而且二者彼此勾结、遥相呼应：民间右翼势力企图依靠政府和政要的庇护、支持达到自己暂时还无法达到的目的，而日本政府和政要则欲借右翼之口说出自己想说而又不便说的话，即两国右翼势力的处境也迥然不同。

日德两国虽然同是当年的法西斯侵略国、战败国，共同对人类犯下了滔天罪行，然而不仅两国右翼势力截然有别，而且两国政要的"二战史观"也迥然不同：（1）一个对侵略战争性质和罪行坦率承认、真诚反省，一个遮遮掩掩、图谋翻案；（2）一个编撰合格的历史教科书对下一代进行正确的"二战史观"教育，一个处心积虑篡改历史教科书不让下一代了解历史真相；（3）一个主动地有计划地向受害国、受害民族支付巨额战争赔款，一个百般抵赖、拒不赔偿。究其原因，主要由以下六个方面的因素综合作用所致：（1）两国的文化思想底蕴和宗教信仰不同；（2）两国的侵略战争历史和两国政要的个人经历不同；（3）两国政要反省战争的群众基础不同；（4）盟国对两国的战后处理和受害国对两国的态度不同；（5）战后两国的政权基础不同；（6）战后两国所处的地缘政治环境不同。

第四章主要剖析了战后日本右翼势力存在的社会基础和迅速抬头的原因。战后 50 多年来特别自 20 世纪 70 年代以来，日本右翼势力所以重新抬头并蠢蠢欲动，必有其存在和发展的社会基础。这就是：（1）日本国民的"中流意识"特别是部分国民错误的"战争史观"，为日本右翼势力的抬头和蠢动提供了"良好"的社会环境。据统计，日本国民中有 44.8％的人认为日本对其他国家的侵略是"不得已"；有 45.5％的人把太平洋战争视为将亚洲各国从欧洲的殖民统治下解放出来的"正义战争"。日本国民意识的保守化和这般大成问题的"战争史观"，既是战后日本自民党长期执政和政权失而复得的社会基础，也是战后日本右翼势力迅速抬头的社会土壤。（2）日本政治右倾化趋势的发展，为日本右翼势力的迅速抬头和猖狂活动提供了宽松的政治环境。20世纪 80 年代末 90 年代初的东欧剧变和苏联解体宣告冷战时期结束，日本"保革"长期对立的"五五年体制"随之失去存在的国际依据，加之 20 世纪 90 年代日本政局的剧烈动荡，日本政治加速右倾化。这就为日本右翼势力的抬头和蠢动提供了宽松的政治环境。（3）渠道广、数额大的资金来源，又为战后日本右翼势力的抬头和蠢动提供了充足的经济条件。战前，日本右翼势力主要靠军部保护和财阀施舍取得活动资金；战后，日本右翼势力的资金来源渠道要相对广泛得多，包括企业"捐赠"、强拉"赞助"、"正当"的投资经营、统治阶级的慷慨解囊等等。如此滚滚财源，是确保日本右翼势力"经久不衰"并迅速抬头、猖狂活动的物质基础。

战后日本右翼势力迅速抬头、蠢蠢欲动的原因主要有三：（1）自中世纪起积淀于日本民族心理潜层的神国观念和天皇崇拜思想的潜在驱动。神国观念和天皇崇拜思想是一种类似于宗教感召的观念意识，它比一般的政治学说更具有煽动性和迷惑力，久远而深刻地影响了日本人的心理归向和思想走势，特别是形成了与之相表里的超常的忠诚意识和以攻战杀伐的好战习性为特征的武士道精神。其形成经历了中世纪的人为培植和强化、近代以降国家主义和军国主义教育的灌输毒化两个阶段。（2）二战结束时，美蒋特别是美国出于反共需要，没有彻底清算和铲除日本法西斯思想及其残余势力，且有意加以保留，为战后日本右翼势力的重新抬头和军国主义东山再起种下了祸根。包括：保留日本右翼势力的精神支柱——裕仁天皇及其天皇制、提前释放全部在押战犯、几乎全部解除对右翼分子的整肃等等。（3）日本经济大国地位的重新确立和军事实力的迅速增强，重新燃起了右翼势力称雄东亚的野心。经济力量的膨胀使日本右翼势力既想通过谋建"政治大国"来改变"经济巨人，政治侏儒"的国际形象，也欲通过重建"军事大国"以重温军国主义旧梦。正是在深植于日本民族心理土壤中的神国观念和天皇崇拜思想的潜在驱动、美国对日本法西斯思想及其余孽的有意保留、日本已经成为经济大国和潜在的军事强国三个因素的交互作用下，日本国内"大国意识"重新抬头，军国主义思潮沉渣泛起，右翼势力开始兴风作浪。深深领教过当年日本法西斯疯狂侵略迄今仍记忆犹新、隐隐作痛的东亚各国人民，有必要警觉地注视着邻邦日本今后所要选择的道路。

　　第五章主要对战后日本右翼势力围绕历史认识问题、台湾问题、钓鱼岛问题等直接与中国相关问题抛出的一系列谬论和破坏中日关系的种种行径，进行了系统的揭露和批判。

　　1. 关于历史认识问题

　　日本右翼势力在历史认识问题上"系统""全面"地兜售了所谓"日本人的历史观"——"自卫战争史观"、"解放战争史观"、"英美同罪史观"等等。（1）日本右翼势力兜售的"自卫战争史观"虽然涉及日本对外侵略的一系列重大行动，但主要还是集中在卢沟桥事变和珍珠港事件上。日本右翼势力不仅把卢沟桥事变爆发的间接原因——中国"赤化"引起混乱、中国人民掀起"排日抗日运动"、中国政府奉行"革命外交"——全部推卸在中方身上，而且还将卢沟桥事变爆发的直接原因、直接责任也几乎全部推给了中国，即荒谬地提出中方"打响了卢沟桥事变的第一枪"，是卢沟桥事变的"真凶"，具体包括"中共责任"说、"国民党责任"说、"共产国际和苏联责任"说、"偶然事件"说等等。关于珍珠港事件即太平洋战争，日本右翼势力则抛出了"ABCD包围圈逼迫"说、"美国阴谋"说、"日美矛盾激化"说、"《宣战诏书》认定"说等等，还是"与日本无关"。其实，日本右翼势力抛出的这些谬论或为道听途说，或为恶意捏造，均无确切文字材料可资证明；相反，卢沟桥事变和珍珠港事件等是日本"大陆政策"的既定步骤，是日本政府和军部长期共同谋划所为，早已由远东国际军事法庭和大量确凿的历史事实作出公正的结论，铁证如山。（2）日本右翼势力兜售的"解放战争史观"，主要集中在日俄战争和太平洋战争上。日俄战争本来是新兴的日本帝国主义与老牌沙皇俄国为争夺中国东北而进行的一场帝国主义厮杀，然而日本右翼势力在将这场战争歪曲成被帝俄逼出来的"自卫战争"的同时，还人为地将它美化成为亚洲的"代表"日本为了把黄种人从白人帝国主义的"佼佼者"——沙皇俄国的殖民统治下"拯救"出来而进行的一场"解放战争"；太平洋战争本来是日本帝国主义推行"大陆政策"的既定步骤和以建立所谓"大东亚共荣圈"为目的的给亚洲各国人民带来深重灾难的一场法西斯侵略战争，但日本右翼势力在将这场战争歪曲成为"被ABCD包围圈逼出来的""自卫战争"的同时，还将它美化成为

"解放大东亚"特别是东南亚国家的"圣战",视而不见、闭口不谈这场所谓"大东亚战争"给亚洲各国人民造成的巨大灾难。其实,当年日本军国主义者煞费苦心炮制的"大东亚战争"一词,丝毫也掩盖不了这场战争的法西斯侵略性质;战后东南亚国家的纷纷独立绝非日本"解放"所致,而是东南亚各国人民长期坚持不懈反对包括日本帝国主义在内的民族独立斗争的最后胜利,是第二次世界大战中联合起来的世界反法西斯力量——亚洲各国人民同旧殖民帝国共同打击的结果。换句话说,日本发动的太平洋战争与二战爆发前西方列强强加给亚洲国家的侵略战争性质相同、目的一致,只是作为最后一个侵略者和殖民帝国被亚洲人民的反帝反殖斗争打倒而已,根本不存在什么"历史功劳"和亚洲人民的"感激"问题。(3)日本右翼势力兜售的"英美同罪史观",主要集中在四个方面:谬论之一,就"侵略行为"和"殖民统治"而言,日本与英美等西方列强没有什么区别。对此笔者认为,20世纪30年代以前英、美、法、德、意、日等列强对中国的战争均属帝国主义侵略战争性质;但在30年代以后尤其自日本发动全面侵华战争开始,由于日本与德意两国结成了世界法西斯同盟,成为侵略战争的策源地,而英美等国与中国等被侵略国家结成了世界反法西斯统一战线,共同抵御日本的侵略,因此事实上已经分属于相互对立的两大阵营的日德意与美英法之间所进行的战争,不再是原来一般意义上的帝国主义国家之间的战争,而已经具有法西斯侵略战争和反法西斯自卫战争之分,不能再相提并论。谬论之二:美英对"中日战争的长期化"和"大东亚战争"的爆发也有责任。对此笔者认为,无论近代史上中日之间的所谓"反目为仇"、"纠纷加剧",还是现代史上"中日战争的长期化",均与"第三国的介入"无关。近现代史上中日之间的一切矛盾、冲突和战争,完全由日本侵略者一手造成;而中国人民掀起声势浩大的抗日战争（即所谓"中日战争的长期化"），则是觉醒了的中国人民反侵略斗争意志之体现。如果硬将美国等西方国家对中国抗战的援助说成是"第三国的介入"也无妨。因为这是一种仗义介入、正义之举，是对中国人民抗战事业的宝贵支持，无可厚非。当然，也不能由此得出右翼分子所谓"若无美国援助，中国必败无疑"的结论。中国抗击日寇，主要是依靠自己的力量；即使没有美国援华，已经觉醒了的中国人民也一定会将抗战事业坚持下去，日本帝国主义也一定会深陷泥沼而不能自拔。这既由战争性质所决定，也由毛泽东在《论持久战》一文中阐述的中日双方存在着的四个相互矛盾的特点或因素所使然。即使美国的援华果如日本右翼分子所言具有那么大的作用，也绝无理由将"支那事变"陷入"长期化的泥沼之中"的责任强加在美国身上。谬论之三：日本军国主义不同于德国法西斯主义，日本的"战争犯罪"不同于德国的"人道犯罪"。对此笔者认为，这是日本右翼势力鉴于德国在战后已经进行了很好的反省、谢罪、赔偿从而赢得了国际社会普遍赞誉的现实故意所为，目的是试图通过把本来性质完全相同的日本的战争犯罪与德意两国的战争犯罪区别开来，抹煞或减轻日本军国主义罄竹难书的战争罪恶。在日本右翼分子看来，"不论哪个国家一旦进行战争，就会造成战争犯罪"；既然彼此彼此，就不应该过问对方的战争罪行，从而也就无需追究什么战争责任了。然而，正如有学者所说：即使英美有罪，也与日本不同罪；用"同罪论"的观点统而论之人类历史上的战争责任，人类就永远不会有辨别是非的共同准则。谬论之四：盟国方面的一些"暴行"——对广岛和长崎的原子弹轰炸、对日本本土的战略空袭、原苏联军队的强奸行径等等，也都是"战争犯罪"行为。这是日本右翼势力主张"英美同罪史观"最主要的一个切入点。对此笔者认为，广岛、长崎近30万"原爆"罹难者及其遗属令人同情，但必须同时正视这一行动在促令仍在叫嚣"一亿玉碎"和"本土决战"的日本帝国主义早日投降从而避免人类更大的牺牲，在促使人类深刻认识原子弹的危害性和战后掀起经久不衰的"反核运动"等方面所具有的出乎时人意料的作用。与盟军对日本本土战略轰炸相较，日本对中国23个省的"无差别"狂轰滥炸时间更长、范围更广、规模更大、损失更巨，二者不可同日而语。何况，日军对中国的战略轰炸是作为日本侵华战争的战略组成部分实施的，不存在任何积极意义；而盟军在战争末期对日本本土的战略轰炸，则含有提前结束战争和减少人类更大伤亡的积极意义。原苏军的强奸行径理应受到谴责；然而不仅日军在中国制造强奸事件的数量和残酷程度远非苏军"暴行"可比，而且如果说中国妇女在半个世纪前惨遭的是日军肉体上的蹂躏和摧残，那么年事已高的中国慰安妇今天在日本法庭上屡屡败诉所遭受的却是不思悔改的日本右翼政客精神上的蹂躏和折磨。何况，日本的"受害"是缘于对他国的"加害"；指责美苏"暴行"丝毫也掩盖或减轻不了日本侵略者对从未"加害"过日本的东亚各国人民犯下的滔天罪行。总之，尽管历史早已对日本发动日俄战争、实施"日韩合并"、逼签"二十一条"、策划"九·一八"事变、悍然发动全面侵华战争和太平洋战争等是蓄谋已久的侵略行径还是"被逼无奈"的"自卫行动"、"功德无量"的"解放战争"以及英美是否"同罪"等做出了公正的判决，尽管从理论上讲墨写的谎言永远也抹煞不了血写的历史，谎言说上一千遍也永远不会变成事实，但在日本右翼势力迅速抬头、蠢蠢欲动的今天，特别是在日本国民因其国内历史教科书的篡改和本国政要对靖国神社的参拜而很难了解历史真相并深感迷茫的今天，仍然需要我国学术界关注日本右翼势力的战争翻案动向，并以极大的精力对其抛出的战争翻案谬说一一澄清、据实辨正。否则，我们今天放任其推卸战争责任，那它就有可能将来再度不负责任。对于曾经最直接、最切肤地领教过日本法西斯侵略之剧痛的国人来说，懂得并铭记这一点尤为重要。

2. 关于台湾问题

台湾问题久拖不决，有其复杂的国际国内原因。就国际因素而言，美国固然是中国两岸统一的最大障碍，但来自邻邦日本右翼势力的阻挠亦不容低估。从日本右翼势力对"台独"的支持情况来看，它已经成为阻挠中国两岸统一的主要外部势力之一，而且在可预见的将来有超过美国成为最主要的外部障碍因素之趋势。然而令人遗憾的是，在研究影响台湾问题解决的国际因素问题上，除本泽二郎、张进山、张耀武等个别学者间接有所论及外，绝大多数国内外学者将注意力主要集中在了美国的介入上，普遍忽视了来自日本右翼势力的阻挠和破坏。在香港、澳门已顺利回归，解决台湾问题进一步提到议事日程上来的今天，有必要就国内外学术界尚无系统研究的战后日本右翼势力支持"台独"的轨迹、原因及其应对策略等，进行尝试性探讨。战后日本右翼势力支持"台独"大体经历了四个时期：（1）战后初期，日本右翼势力是"台独"动议的始作俑者和首开"台独"运动先河之罪魁祸首；（2）从冷战开始至中日复交前，日本右翼势力主要是民间右翼势力对逃亡日本的"台独"分子给予了人力、物力、财力等全面的支持，使日本成为"台独"运动的大本营；（3）从中日复交至冷战结束前，日本右翼势力主要是政界右翼势力支持"台独"一如既往、不遗余力；（4）后冷战时期，日本右翼势力支持"台独"变本加厉，且呈现出民间与政界配合、右翼与政府呼应之特点。战后日本右翼势力不遗余力支持"台独"的原因主要有三：（1）历史原因：日本对台湾50年的殖民统治，不仅在"台

独"分子的心中孳生出浓厚的"日本情结"，也在日本右翼分子
的内心深处滋生出浓重的"台湾情结"，是为诱发日本右翼势力
支持"台独"、阻挠中国两岸统一的内在心理驱动力；（2）现实
原因：日本右翼势力仍然视台湾为事关日本自身"生存"和发展
的战略要地，并把支持"台独"、阻挠两岸统一作为谋求日本
"政治大国"地位的有效途径和遏制中国发展的主要手段；（3）
经济动因：台湾当局特设秘密"专案基金"拉拢，即"金钱外
交"的驱动。不难看出，战后以来日本右翼势力对"台独"的支
持不仅从未中断，破坏两岸统一的行径始终没有停止，而且其阻
碍我两岸统一的作用呈不断扩大之势；由于上述诸多因素所致，
日本对台湾的野心将越来越超过美国，日本因素也将随着日本从
经济大国向政治大国的演变和军事大国的急进而逐渐上升为阻挠
中国两岸统一最主要的外部因素。对此，我们应保持清醒的认
识，必须做好与日本右翼势力长期斗争的准备。在日本右翼势力
出于遏制中国的需要和"台独"势力出于台湾"独立"的欲求而
加紧勾结的情况下，如果我们不能有效地阻止这两股恶势力的进
一步内外勾结，那么台湾问题的解决将更加困难。笔者认为，应
主要从以下几个方面着手，弱化乃至排除日本右翼势力对我两岸
统一的干扰和破坏：（1）采取灵活务实的对日方针，是排除日本
右翼势力干扰、弱化其作用之前提。第一，必须对日本右翼势力
阻挠和破坏我两岸统一的一切行径进行针锋相对的斗争，并严正
告之：中国两岸统一是大势所趋，任何阻挠和破坏都是徒劳的，
否则害人又害己；第二，必须对日本政府姑息、纵容本国右翼势
力破坏我两岸统一的任何或明或暗的伎俩予以彻底揭露，不拿原
则做交易；第三，必须把日本人民与日本右翼势力区别开来，通
过唤醒更多的日本国民的觉醒，孤立和打击日本右翼势力。（2）
制定和实施正确的对台方略，是排除日本右翼势力干扰、弱化其

作用之基础。通过加强与台湾岛内的国民党、亲民党等"统派"政治力量的政治合作（尤其国共第三次合作），通过密切与岛内实业界的经济合作，特别是通过加深两岸人民的同族感情，使日本右翼势力和"台独"势力策划台湾"独立"的图谋失去政治、经济和群众基础。（3）祖国本身强大与否，是粉碎日本右翼势力分裂中国政治图谋之关键。衰弱走向分裂，富强趋于统一，是为国家分合之一般规律。因此，我们只能义无反顾、步调一致地致力于现代化建设，全力以赴提高综合国力。否则，两岸和平统一或必要时的武力统一均无从谈起。

3. 关于钓鱼岛问题

中日之间钓鱼岛问题的产生，不仅源于日本窃取于前，而且缘于美日两国私相授受于后；而中日两国自20世纪60年代末70年代初以来围绕钓鱼岛问题所发生的一切争端，亦全部由日本右翼势力人为制造和日本政府包庇、姑息所致。日本右翼势力在钓鱼岛问题上屡屡制造事端的原因主要有三：（1）其屡犯钓鱼岛的背后，暗含"遏制中国发展"、"遏阻中国崛起"这一阴险而深远的政治图谋；（2）他们清楚钓鱼岛所具有的军事价值，即如果日本在拥有丰富饮用水的钓鱼岛上建造军事基地，"就等于把枪口架到了中国的鼻子底下"（井上清语）；（3）他们非常看重钓鱼岛附近潜在的巨大的经济价值，尤其垂涎钓鱼岛周围20多万平方海里的海底所蕴藏的藏量可能相当于整个中东的石油资源。基于这些原因，日本政府一直顽固坚持"尖阁列岛自古以来就是日本领土"的错误立场；日本右翼势力则一直在行动上积极配合政府对钓鱼岛的所谓"实际控制"。目前，日本政府在钓鱼岛问题上采取的策略是："与台湾当局谈渔权，与中国大陆谈主权"；一面顽固坚持钓鱼岛是日本"固有领土"之错误立场，一面企图通过对钓鱼岛的所谓"实际控制"达到"时效取得"之目的。近年来，日本右翼势力企图利用冷战结束以来东亚地区形势的变化以及中国现代化建设有求于日本的有利地位，诱使中国在钓鱼岛问题上放弃原则立场，做出相应的让步。因此，中国政府和人民应继续对日本右翼势力为试探中国捍卫领土主权的决心所制造的一切事端保持清醒的认识和警惕。否则，子孙后代必将为此付出昂贵的代价，而来之不易的中日友好关系也会因这一"最能刺激国民感情"的领土争端而中断。我们相信，钓鱼岛问题将来一定会随着国家综合国力的增强和祖国统一大业的实现而最终得到妥善解决。

结束语部分主要就"破解中日关系'死结'，实现历史性民族和解"问题，进行了若干思考。

新世纪的中日关系既有继续以和平友好为主流向前发展的趋势，也有偏离正常轨道重新走向交恶和对抗的可能。这就要求中日两国必须对日本右翼势力破坏中日关系的种种行径进行不懈的斗争，尤其必须做到以下几点：（1）必须恪守《中日联合声明》、《中日和平友好条约》、《中日联合宣言》所确定的原则和精神，这是确保中日关系平稳、顺畅向前发展的政治基础；（2）必须加深相互理解，增进相互信赖，这是确保中日关系平稳、顺畅向前发展的心理基础；（3）必须迅速唤醒全体日本国民的真正觉醒，紧紧依靠日本人民的不懈斗争，这是确保中日关系平稳、顺畅向前发展的社会基础；（4）必须尽快解决中日历史观冲突这一主要矛盾，尤其需要日方特别是日本政要能正确对待侵略历史和尽快解决二战遗留问题，这是确保中日关系平稳、顺畅向前发展的历史前提；（5）必须高瞻远瞩，着眼未来，这是确保中日关系平稳、顺畅向前发展的必要主观条件；（6）必须与日本右翼势力的反华行径进行坚决斗争，誓死捍卫我国家统一和领土完整，这是确保中日关系平稳、顺畅向前发展的重要客观条件；（7）必须加快中国和平崛起的步伐，这是确保中日关系平稳、顺畅向前发展的重要保障和中日历史悲剧不再重演的重要制约因素。

基于上述认识，笔者认为目前应着手做如下一些具体工作：（1）应从"维护国家和民族利益、维护国家和民族尊严、维护国家和民族安全"的高度进行"工程"立项，加大对中日关系的整合与研究力度，为党和国家制定对日外交政策提供科学依据，为中日关系早日走出低谷提供历史借鉴和智力支持。（2）应通过拓宽对日宣传途径、加大对日宣传力度，使不易从日本国内获知历史真相的日本国民从当年的被侵略国——中国方面了解历史真相。（3）应在两国关系不畅的形势下重新认识和实施"国民外交"战略，即重新认识和发挥日本人民和民间友好团体在改善和发展中日关系中的巨大作用。（4）应开展"全方位、等距离"外交，确保我对日外交的主动性，克服所谓对日外交"新思维"的影响。（5）既要摆脱对日外交"新思维"的影响，也要注意防止"狭隘民族主义"的滋长；既要与破坏中日关系的日本右翼势力进行不妥协的斗争，又决不能自乱方寸，自毁国家稳定大局和打乱中央统一战略部署。

总之，两千年中日关系史特别是最近一百多年正反两方面的历史雄辩地告诉我们：中日两大天造地设之邻邦"和则两利，斗则俱伤"；战争除了将两国推进灾难的深渊，不会给任何一方带来恒久的繁荣。换句话说，日本政要特别是一向迷信武力的日本右翼势力，应从日德两国都曾在战争中毁灭、在和平中新生的历史中受到启迪，铭记：战争只能使一个民族获小利于一时，终将伏巨祸于来日。只有日本右翼势力彻底从过去的"战争利益"误区中走出来，并停止破坏中日关系的行径；只有日本政府恪守《声明》、《条约》、《宣言》三个重要文件确定的基本准则，并倍加珍惜和努力维护来之不易的中日睦邻友好关系；只有日本国民特别是那些尚未觉醒的日本国民在吸取过去盲从战争沉痛教训的基础上真正走向觉醒，并挺身而出与本国的右翼势力进行不懈的斗争；尤其是，只有全体中国人民在真正吸取"弱国无外交"、"落后就要挨打"这条近百年屈辱史"馈赠"给我们的刻骨铭心的历史教训基础上，韬光养晦，克服浮躁，步调一致地致力于现代化建设，全力以赴提高综合国力，一句话，只有像邓小平所说："日本要自省，不要自大；中国要自强，不要自卑"[①]，中日邦交正常化所造就的友好合作局面才能克服暂时的困难而长期维持下去，"中日不再战"、"中日两国世世代代友好下去"一类的话才不至于成为一句空话，而日本右翼势力复活军国主义的政治图谋也才不能够得逞。

　　本书撰著的宗旨是：通过对"战后日本右翼势力"概念的科学界定，把广大日本人民同战后日本右翼势力区别开来；通过对战前战后日本右翼势力的构成、演变及其特点的纵向考察，力争比较清晰地掌握日本百年右翼运动的来龙去脉及其变化规律；通过对战后日德两国右翼势力的横向比较，力求比较准确地评估战后日本右翼势力的实际规模和现有能量；通过对战后日本右翼势力存在的社会基础和抬头的原因进行比较深入的探讨，提醒世人特别是国人必须做好与之进行长期斗争的准备；通过对战后日本右翼势力在历史认识问题、台湾问题和钓鱼岛问题上一再制造事端的集中考察，充分认识它对我国构成的潜在威胁和对中日关系的巨大破坏作用；通过对遏制日本右翼势力继续膨胀和粉碎其复活军国主义图谋之对策的思考，渴望找到破解中日关系"死结"、

────────────────────

　　① 孙毅：《邓小平会见最后一批客人，宣布正式向政治生涯告别》，《人民日报》1989年11月14日。

实现历史性民族和解的路径和方法。一句话，通过对战后日本右翼势力这个"政治癌瘤"系统、全面的认识，为遏制其继续膨胀和避免其再度为祸人类，尽一份绵薄之力。

第 一 章

战前日本右翼势力的回顾

日本右翼势力这个"政治癌瘤"的存在，迄今已逾百年。它不仅在战前将日本民族拖进灾难的深渊，使亚洲邻国遭受了亘古未有的民族灾难，而且在战后半个多世纪中仍在不断恶化着日本社会的"肌体"，时至今日再度对日本政局走向、中日关系走势和东亚和平构成了潜在的威胁。鉴于战前战后日本右翼势力具有难以割断的内在联系——一脉相承性，因此有必要首先对战前日本右翼势力的演变轨迹及其历史作用予以追述，从而为研究战后日本右翼势力提供铺垫。

战前日本右翼势力的演变，大体经历了三个历史时期。

一 日本右翼势力的孳生(1881—1911)

早在19世纪中叶"黑船"来航、被迫"开国"前后，日本国内就形成了一股反对"门户开放"、主张"尊王攘夷"的以士族为核心的国粹主义势力——尊攘派。这股为明治新政权的诞生立下了汗马功劳的政治力量，随着岩仓使团的出访和明治初年改革的深入而迅速走向分化。① 即这些在国内改革中丧失了既得利

---

① 从1871年11月起，肩负"修约"使命的岩仓使团耗资百万并费时1年又9

益的保守派士族，基于"国内损失国外补"①的考虑，向政府提出了"征韩"主张。当保守派士族的这一主张被奉行"先内政，后外交"政策的新政府断然否定之后，便接二连三地制造了"佐贺之乱"（1874 年）、"神风连之乱"（1876 年）、"秋月之乱"（1876 年）、"荻之乱"（1876 年）、"思案桥之乱"（1876 年）等一系列叛乱事件，并最终酿成大规模的"西南战争"（1877 年）。结果，明治政府平定了所有叛乱并在西南战争中大获全胜。从此，残余士族进一步走向分化。除少数人参加甚至领导了后来的自由民权运动外，多数士族更趋保守和反动，成为后来日本右翼团体的始作俑者和骨干成员。

（一）右翼组织

战前日本第一个民间右翼团体，是 1881 年 2 月孕生于九州福冈市的玄洋社。其前身是 1879 年由日本右翼鼻祖头山满建立

个月遍访了欧美主要国家。此次出访虽未能达成"修约"这一直接目的，但其间接作用和意义无法估量。一方面，欧美列强的霸道行径和"修约"到处碰壁的严酷现实，使新政府领导人接受了一次深刻的"弱国无外交"教育，认识到只有迅速实现国家富强，才会有真正的民族平等和国家独立；另一方面，欧美各国发达的工业、便捷的交通和强大的军队，又使他们惊叹不已，痛切地感受到了祖国的落后，这对于将明治政府当权者武士的头脑改造成为近代资产阶级政治家的头脑，无疑起了重要的作用。正是在岩仓具视、大久保利通等直接沐浴过"欧风美雨"的开明领导人的力主之下，明治政府才制定出"先内政，后外交"，即先倾全力进行资产阶级改革和发展资本主义、后实施对外交涉的大政方针。

　　① 这种"国内损失国外补"，即国内一遭受损失或遇到危机就从外部寻找出路的思维方式，其实不只限于日本右翼势力，它几乎成了战前包括日本统治阶级和部分日本国民在内的日本民族的一种思维定式。

的向阳社。① 其实，在向阳社成立之前，福冈派青年"志士"就已经建立了一些"早期右翼组织"——兴志塾、空华塾、娇志社、强忍社、坚志社、开垦社、向阳义塾等。因"向阳"一词在日语中有"对着太阳"、"反对天皇"之意，遂更名为玄洋社。"玄洋"一词中的"玄"字是指将日本九州与朝鲜半岛隔开的一片"玄海滩"，"洋"字即指海洋。头山满、平冈浩太郎、箱田六辅等右翼头目将向阳社更名为玄洋社意在表示：该团体负有将日本与外洋联系起来，"越过朝鲜海峡君临大陆"②，实现天皇"开拓万里波涛，布国威于四方"③ 的使命。值得指出的是，玄洋社作为日本右翼团体之"始祖"，事实上奠定了日后日本百年右翼运动之基础：第一，它为日后的日本右翼势力奠定了思想理念基础——天皇中心主义、大亚细亚主义（即侵略扩张主义）。这从玄洋社的"宪则"——"敬戴皇室"（第一条）、"珍重本国"（第二条），④就可以看出。第二，它为日后的日本右翼势力奠定了组织基础。后来，玄洋社又卵翼出黑龙会、浪人会、活动党、天佑侠、修养团、大日本生产党、大东塾等大大小小的右翼团体，可谓日本众多右翼团体的源头或"孵化器"。第三，其头目为后继者即日本右翼的徒子徒孙们树立了效仿的"榜样"。日后包括战后初期的很多右翼骨干分子，多出自具有"玄洋社三杰"之称的

---

① 福冈市可谓日本右翼势力这一"政治癌瘤"的孳生地。所以如此，其原因是：在明治初年的改革中失业的下级武士锁定的第一个侵略扩张目标，恰与明治政府"大陆政策"所确定的第一个侵略目标完全一致，即都是朝鲜；而日本在地理上距朝鲜最近之地正是福冈。因此，福冈一地就集中了数万名右翼分子的前身——破落武士。这样，日本右翼团体首先孳生并繁衍于此，也就可以理解了。

② ［日］堀幸雄：《右翼辞典》，三岭书房1991年版，第179页。

③ ［日］《明治文化全集》（第2卷），日本評論社1928年版，第34页。

④ ［日］堀幸雄：《右翼辞典》，三岭书房1991年版，第179页。

头山满、平冈浩太郎、箱田六辅的门下；其中出自"布衣帝王"头山满门下者多为右翼"中坚"。玄洋社在日本百年右翼运动史上的地位和作用，由此可见一斑。在由玄洋社卵翼出来的右翼团体中，以直接由天佑侠发展而来的具有完整纲领的黑龙会影响最大。黑龙会是在俄国势力伸向"满洲"引发日本人"危机感"的背景下，[1] 由玄洋社首领内田良五郎之子——内田良平于 1901 年创立于东京。事务所就设在内田良平家中。发行机关刊物《黑龙》。以内田良平为总头目，以玄洋社头子头山满为顾问，主要成员是在中国大陆从事侵略活动的日本浪人，常着黑纹裤。其名称"黑龙"二字，取自中国的黑龙江。"从它的名称可以看出，其目的就是要把侵略势力推进到黑龙江畔。"[2] 时至 1910 年，日本政府为了加强对国内民众的控制和适应对外侵略的需要，将全国各地奉行狭隘民族主义、极端国家主义、军国主义的在乡军人团体组织起来，建立了这一时期全国性的右翼组织——"帝国在乡军人会"。这个以民间团体面目出现却有着官方背景的右翼联合组织，与其他民间右翼团体"不仅在政治口号、思想理念上有异曲同工之妙，其热衷于暴力的行为特征，也与（民间）右翼团体动则大打出手的特征如出一辙"[3]。

（二）右翼思想主张

这一时期日本右翼势力的思想主张，主要体现在右翼团体的

---

① ［日］堀幸雄：《右翼辞典》，三岭书房 1991 年版，第 233 页。

② ［日］井上清：《日本军国主义》（第 2 册），尚永清译，商务印书馆 1985 年版，第 115 页。

③ 林晓光：《日本右翼思潮与右翼团体史考》，《抗日战争研究》2002 年第 1 期。

纲领中。其核心内容就是：在国粹主义、天皇中心主义、大亚细亚主义指导下，对内建立天皇独裁统治和对外实行侵略扩张。这一时期最有代表性的，要数涉及内政、军事、外交、教育、社会等各个方面的黑龙会的纲领。其主要内容有："（1）我等志在高扬肇国之宏略，指明东方文化之大道，以期我国能成为亚细亚民族振兴的领导者。（2）我等志在一洗目前偏重法治主义、束缚人民自由、缺乏时事常识、妨碍公私效率、无视宪政本意等百般弊端，以期发挥天皇主义之真谛。（3）我等志在改造现行制度，振作外交，以图向海外发展；改革内政，增进国民福利，制定社会政策，解决劳动问题，以期巩固皇国之根基。（4）我等信奉军人敕谕之精神，志在振作尚武风气，实现全民皆兵，以期充实国防机构。（5）我等志在彻底改革以欧美为模式的现代教育，奠定基于国体渊源的国民教育之基础，以实现大和民族功德良智的发展与提高。"① 透过五条纲领中"发挥天皇主义之真谛"、"奠定基于国体渊源的国民教育之基础"、"成为亚细亚民族振兴的领导者"、"向海外发展"、"振作尚武风气，实现全民皆兵"等关键语句可以看出，黑龙会不仅是一个目标明确的右翼组织，而且其对内建立天皇制独裁政权、对外实行侵略扩张的政治主张，进一步奠定了日本右翼势力思想主张的基础。尽管明治时期尚未产生有影响的右翼思想家，其思想主张也仅仅反映在各右翼团体的纲领中而未成系统，但他们关于对内建立天皇独裁专制统治和对外进行侵略扩张的思想，却成为后来系统的法西斯思想理论的核心内容，亦即"大亚细亚主义、天皇中心主义、国粹主义——现在右翼团体的思想原型已初露端倪"②。换句话说，玄洋社、黑龙会

---

① ［日］木下半治：《日本右翼の研究》，现代評論社 1977 年版，第 57 页。

② ［日］高木正幸：《右翼·活动と団体》，土曜美術社 1989 年版，第 41 页。

等右翼团体的主张，成为日后日本百年右翼运动的思想源流，为20世纪一二十年代日本法西斯思想理论的产生并向日本社会各层面迅速蔓延，奠定了思想基础。

（三）右翼政治活动

日本右翼势力政治活动伊始，就具有将矛头同时指向对内对外两个方面之特点，而且这一特点与日本百年右翼运动相始终。首先，在对内制造恐怖、暗杀事件方面，凡是被认定有碍天皇独裁专制统治建立的日本政要，均在袭杀之列。为了铲除"臆断专行"的当朝大臣，实现"天皇亲政"，[①] 右翼分子岛田一良在1878年刺杀了"维新三杰"之一大久保利通；为了给参拜伊势神宫时"有失礼仪"的文部大臣森有礼还以颜色，右翼分子西野文太郎于1889年将其刺死；为了惩罚在修约谈判中持妥协态度的外务大臣大隈重信，右翼分子来岛恒喜又于同年向其投弹，炸废一足，等等。不过，此时的这些暗杀活动尚属个人恐怖行为，而且在当时是被政府禁止的。其次，对外自觉充当了日本政府侵略扩张的急先锋和马前卒。头山满等玄洋社成员曾制定了一个建立"义勇兵"计划，企图利用"壬午事变"之机进攻朝鲜。该计划因"壬午事变"和平解决而流产。1884年朝鲜发生"甲申事变"时，他们向流亡日本的亲日派分子金玉均、朴永孝等人提供了诸多帮助，开始积极培植朝鲜亲日势力，策划建立朝鲜亲日傀儡政权。1886年清朝北洋舰队定远号等4艘军舰访问日本长崎港时，日本右翼分子又无端挑起与清军官兵的冲突——"长崎事件"，造成清水兵死5人、日方巡查死2人的惨剧。1894年初，

---

① ［日］信夫清三郎：《日本政治史》（第3册），周启乾译，上海译文出版社1988年版，第160页。

为了替政府寻找发动侵华战争的借口，以内田良平为首的天佑侠诱骗朝鲜东学党人与其一道进攻马山浦，同江华岛朝鲜驻军激战三昼夜。① 可见，这一时期日本右翼势力将活动的重心放在了对外侵略方面。这是因为：一方面，当时日本尚处于颁布宪法、召开议会阶段和自由民权运动勃兴之时，因此民间右翼势力要求立即建立天皇独裁专制统治的主张和活动，当然还要受到一定的限制；另一方面，此间日本政府在制造和发动"征台之役"、江华岛事件、吞并琉球、甲午中日战争、八国联军侵华战争、日俄战争、"合并朝鲜"等一系列侵略扩张事件和战争的过程中，充分领略到了民间右翼势力时而充当先锋、时而作为后盾的特殊作用。正因为民间右翼势力的对外侵略主张与日本政府的侵略国策——"大陆政策"惊人一致，因此其对外侵略活动不但不像对内暗杀活动那样受到政府抑制或镇压，反而备受统治阶级的鼓舞和支持。这也是推动日本右翼势力从先前的"尊王攘夷"转变到"尊王侵略"方向上来，并将活动重心放在对外侵略方面的主要原因之一。

　　综上不难看出，明治时期的日本右翼势力无论在组织上、思想上还是在活动方式或手法上，都为后继者提供了范例和蓝本，即在推动整个日本社会向法西斯军国主义方向演变上发挥了特殊的作用。

二　日本右翼势力的膨胀(1912—1930)

　　从大正政变到"九·一八"事变前夕，"传统右翼"的思想

---

　　①　在这场战斗中，担任由 70 人组成的游击军大将的内田良平，时年只有 18 岁；担任由 100 人组成的东面军副将的井上藤三郎，时年仅 14 岁。

主张逐渐向系统化的法西斯思想理论演化；右翼团体特别是与玄洋社、黑龙会等"传统右翼"组织有所不同的"革新右翼"团体大量孳生；① 右翼势力活动的重心也由明治时期的主要对外转向了对内对外两个方面。这是由日本国内几乎同时出现了资产阶级民主运动（即大正德谟克拉西运动）、以日本社会主义者同盟和日本共产党诞生为标志的社会主义运动、以工会纷纷建立和"以暴挫富"的"米骚动"为标志的工农运动的蓬勃发展局面所使然。因为"日本右翼形成和发展的特点之一，即是右翼往往是作为左翼的对立面而存在和发展的；在很多情况下是先有左翼，后有右翼；先有左翼的进步思想，后有反对左翼思想的右翼主张"② 。早已充分认识和领略了右翼势力在强化天皇独裁专制统治和进行对外侵略扩张中所起特殊作用的日本统治阶级，为了应付这一国内"政治危机"，进一步加强了对民间右翼势力政治活动特别是对内政治活动的支持。

（一）右翼组织

思想传播是团体产生和壮大的前提条件。这一时期随着北一辉、大川周明等人日本式国家社会主义思想——法西斯思想的产生和蔓延，不仅传统的民间右翼团体迅速增多，而且军人法西斯

---

① "传统右翼"与"革新右翼"的主要区别在于：其一，前者的思想主张主要散见于右翼团体的纲领和右翼骨干分子的言论中，零散而未成系统；后者的思想主张则主要集中在右翼思想家的著作中，完整而系统。其二，前者的人员构成和政治活动还局限在少数破落武士和"大陆浪人"的范围内；后者则注重了组织构成和政治活动的群众性。——参见李玉、骆静山主编《太平洋战争新论》，中国社会科学出版社 2000 年版，第 74 页。

② 林晓光：《日本右翼思潮与右翼团体史考》，《抗日战争研究》2002 年第 1期。

团体也应运而生，并以后者居多，我们仍统称为右翼团体。据统计，右翼团体至 1927 年多达百余个，到 1932 年已逾千个。[1] 其中主要有：犹存社（1919 年）、大日本国粹会（1919 年）、自治学会（1920 年）、大化会（1920 年）、大和民劳会（1921 年）、赤化防止团（1922 年）、白狼会（1923 年）、大行社（1924 年）、国本社（1924 年）、行地社（1924 年）、大日本正义团（1925 年）、建国会（1926 年）、双叶会（1927 年）、天剑党（1927 年）、全日本兴国同志会（1927 年）、王师会（1928 年）、爱国社（1928 年）、国策研究会（1928 年）、一夕会（1929 年）、祖国同志会（1929 年）、樱会（1930 年）等等。其中，国本社、行地社、建国会、天剑党、王师会、一夕会、樱会等团体系军人法西斯组织。在上述团体中，以民间法西斯团体犹存社和军人法西斯团体樱会最为典型。

1. 犹存社

日本第一个民间法西斯团体 。1919 年 8 月 1 日，由大川周明、满川龟太郎等建立于东京。"犹存"二字，一说取自中国唐朝魏徵所作的《述怀》诗"中原复逐鹿，投笔事戎轩。纵横计未就，慷慨志犹存"（"荒原朴水说"）；一说源于中国晋代诗人陶渊明《归去来辞》中的"虽三径就荒，松菊犹存"（"木下半治说"）。[2] 不论哪种说法，都是在表达誓做国家"中流砥柱"之意。该组织成立后不久，便邀请当时身在上海的北一辉加入并出任头目。据满川龟太郎回忆，邀请北一辉加入并出任领导的初衷是："我们没有涉及整个国家机构改造的具体方案。而且，从当

---

① ［日］藤原彰：《日本民衆の歷史・8・戦争と民衆》，三省堂 1983 年版，第 285 页。

② ［日］堀幸雄：《右翼辞典》，三岭書房 1991 年版，第 592 页。

时的客观形势可以预见到将会有大变动。一旦出现那种情况，谁
能收拾混乱局面正确地引导日本的改造运动呢？想到这些，不胜
焦虑。我与同志们一道物色能够胜任它的人物。……我心中暗
想，只有从上海叫回北一辉君，请他以自己的见识和经验，调整
和指导处于混沌状态的国内改造运动的机运。"① 犹存社虽然没
有直接采取国家改造行动，但它通过机关杂志《雄叫》（即通过
"呐喊"唤起"同志"之意）所进行的法西斯思想宣传，却毒化
了一大批青年学生特别是青年军官。而且如同明治时期的玄洋社
卵翼出黑龙会等众多传统右翼团体一样，犹存社则卵翼出许多类
似光之会、魂之会、潮之会、大化会、白狼会的"新种"法西斯
右翼团体。由于犹存社等民间法西斯团体有目的有计划地吸收军
官置身其中并人为加以训导，由于北一辉、大川周明等人的法西
斯思想迅速向军队里渗透，类似荒木贞夫、板垣征四郎、宇垣一
成、永田铁山之流的军人法西斯分子大量涌现，并开始在军队中
筹组法西斯团体。结果，从 1927 年起以现役军人为主或完全由
现役军人组成的法西斯团体纷纷成立。其中最有影响和最具代表
性的法西斯军人团体，是 1930 年成立的以桥本欣五郎为首的樱
会。

2. 樱会

如果说大学寮是 20 世纪 20 年代产生的将民间右翼与军人
右翼紧密结合在一起，并为军部培养了众多法西斯骨干分子的
右翼组织，那么樱会则是 30 年代成立的完全由现役军人组成
的纯军人法西斯团体。1930 年 9 月下旬，以陆军省和参谋本部
少壮派将校为核心的现役军官秘密成立了以实现"国家改造"

---

① 杨宁一：《日本法西斯夺取政权之路》，北京师范大学出版社 2000 年版，第
38 页。

为目标的樱会组织。发起人是桥本欣五郎（参谋本部中佐、俄国班班长）、坂田义郎（陆军省中佐、调查班班长）、樋口季一郎（东京警备司令部中佐、参谋）等人。至1931年5月，会员增至150余人。其中主要成员有：参谋本部的牟田口廉也（步兵中佐）、松村秀逸（炮兵大尉）、河边虎四郎（炮兵少佐）、远藤三郎（炮兵少佐）、小原重孝（步兵大尉）、田中弥（步兵大尉）、武藤章（步兵少佐）、根本博（步兵中佐）、影佐祯昭（步兵中佐）、长勇（炮兵大尉）、和知鹰二（步兵少佐），陆军省的田中清（步兵大尉）、富永恭二（步兵少佐）、岩畔豪雄（步兵大尉），陆军大学的辻政信（步兵中尉）。从中不难看出，很多会员日后成了臭名昭著的军国主义战争狂人。樱会成立的目的和吸收会员的条件是："本会以国家改造为最终目的，如感必要，不惜行使武力"；会员"限于陆军中官阶在中佐以下、关心国家改造并毫无私心者"。其纲领是："尽一切手段向国军将校灌输国家改造必要性之意识，加快扩充会员，为制定国家改造的具体方策而有所作为"；后又增加了"积极解决满蒙问题，必以国家改造为先决条件"一条 。其成立宗旨是：伦敦裁军条约使人产生危机感，批判"高层为政者的悖德行为和政党之腐败"，"确立以天皇为中心的充满活力和透明的国政"。[1] 1931年1月，樱会制定出具体的国家改造方案。在此方案指导下，虽然对外配合关东军发动"九·一八"事变一举得手，但随后对内策划的"三月事件"、"十月事件"等却未果而终。随着陆军法西斯分子分裂成"皇道派"和"统制派"两个相互对立的派别，樱会走向解体。

—————————

① ［日］堀幸雄：《右翼辞典》，三岭书房1991年版，第256—257页。

(二) 右翼思想主张

20 世纪一二十年代日本右翼势力的思想主张，除传统的天皇中心主义和大亚细亚主义这一核心内容外，还产生了以"国家改造"为核心内容的更具煽动性和影响力的法西斯主义。这些思想主张除反映在右翼团体各自的纲领中外，主要集中于北一辉、大川周明、权藤成卿、橘孝三郎等法西斯思想家们的著作中。就右翼团体的纲领而言，关东国粹会的纲领提出："以皇室为中心，联合全体志同道合之人……为国家效犬马之劳"；[1] 大日本国粹会的纲领宣称：本团体是"政治外的侠客"，"吾辈父子兄弟般的团结具有千钧之力"，因此要以"实力"粉碎社会主义运动；[2] 大和民劳会的纲领提出："遵循以皇室为中心之大义，俾上下忠诚一致，发扬建国之美风"；[3] 大日本正义团的纲领提出："防止赤化思想，信奉皇室中心主义，刚健国民精神，为改变社会风气而努力。"[4] 不过，拥有更全面更系统纲领的右翼团体，要数犹存社和行地社。为了摆脱日本"目前面临的内外艰难与危机"，"实行国家根本改造和创建国民精神的革新"，以及实现"解放全人类"的"使命"，犹存社制定了七条具体而完整的纲领："一、建设革命的日本；二、充实日本国民的思想；三、合理地组织日本国民；四、开展民族解放运动；五、推行道义外交；六、加强改

---

① ［日］木下半治：《日本右翼の研究》，现代评论社 1977 年版，第 62 页。

② ［日］社会问题研究会：《右翼·民族派事典》，国书刊行会 1976 年版，第 53 页。

③ ［日］木下半治：《日本右翼の研究》，现代评论社 1977 年版，第 63 页。

④ 同上。

造运动的联络；七、锻炼战斗的同志精神。"①行地社制定的七条纲领则是："一、建设维新之日本；二、树立国民之理想；三、实现精神生活之自由；四、实现政治生活之平等；五、实现经济生活之友爱；六、解放有色之人种；七、统一世界之道义。"②以上不难看出，这些法西斯团体的纲领，有的赤裸裸地增加了反共反社会主义的内容；有的则在"自由"、"平等"、"友爱"、"革命"、"道义"、"民族解放"的幌子下行专制性天皇中心主义和侵略性大亚细亚主义之实。不过，系统、全面并产生巨大负面历史影响的思想主张，则是北一辉、大川周明、权藤成卿的法西斯思想理论。

1. 北一辉的法西斯思想

北一辉（1883—1937）21 岁时，发表过被官方视为"不敬"之作的文章——《国民对皇室历史的观察——所谓打破国体论》，曾被片山潜、河上肇等日本早期社会主义者视为"同志"。1906年，经宫崎滔天介绍参加了中国同盟会，且与宋教仁等革命党人过从甚密。但从 1910 年参加黑龙会起，很快转变成为一名国家社会主义者——法西斯分子。1919 年 8 月，几乎与墨索里尼建立"法西斯战斗团"（1919 年 3 月）和大川周明组建日本第一个法西斯团体"犹存社"（1919 年 8 月）同时，这位被称为日本法西斯运动先驱和理论"魔王"的北一辉，③ 写出了被称为"日本

---

① ［日］堀幸雄：《右翼辞典》，三岭书房 1991 年版，第 592 页。

② ［日］木下半治：《日本右翼の研究》，现代評論社 1977 年版，第 71 页。

③ 直至今天，日本学术界对北一辉的评价仍然众说纷纭、莫衷一是。有人认为他是超国家主义者，也有人把他吹捧为土著革命家，还有人将他定性为社会主义者，反映出其思想的多面性和复杂性。——参见杨宁一《日本法西斯夺取政权之路》，北京师范大学出版社 2000 年版，第 26 页。

法西斯圣典"的《国家改造案原理大纲》（1932年出版时更名为《日本改造法案大纲》；此外，北一辉早年还先后于1906年和1915年出版了《国体论及纯粹社会主义》、《革命的支那与日本的外交革命》两部极具欺骗性的著作）一书。这是北一辉在玄洋社头目头山满资助下旅居中国期间，于上海一家医院的病房中在没有任何参考资料的情况下写成的，由此一举成为公认的日本法西斯运动理论家。在大川周明的亲自邀请下，他于1920年回国参加了犹存社，又成为日本法西斯运动活动家。1936年，并未直接参与"二·二六"政变的北一辉以"思想主犯"的罪名被捕入狱，翌年8月19日被判处死刑并执行枪决。

北一辉的法西斯思想，主要集中在《国家改造案原理大纲》中。具体内容包括：

第一，天皇中心主义。北一辉青年时代，由于受到自由民权运动和早期社会主义思想的影响，曾发表过一些对天皇和天皇制有所"不敬"的文章，认为天皇不过是拥有特权的国民的一分子，因此国家政权应该由天皇和国民共同掌握。但与其他众多近代日本知识分子一样，他很快就由"非议"天皇制"转向"肯定、赞颂和拥护天皇制。"转向"后的北一辉盛赞明治天皇是"统一了两千五百年信仰而使国民的自由得以维护和扶持的大皇帝"，是"国民之总代表"和"国家的根柱"。① 可以看出，这时的北一辉已转变成为一名天皇中心主义者。不过，北一辉的天皇中心主义是与国家中心主义重叠在一起的，是为"国家改造"服务的，不同于其他法西斯分子表里如一的天皇中心主义。

第二，"国家改造"论。是为北一辉法西斯思想的核心内容。

---

① 徐勇：《日本法西斯思想家——北一辉》，见伊文成、汤重南等主编《日本历史人物传》（近现代篇），黑龙江人民出版社1987年版，第624—625页。

北一辉在《国家改造案原理大纲》的结论中宣称："今日本之现状，内忧外患并存，实直面有史以来未曾有过之国难。……如按过去50年间人口增长两倍计算，距此百年之后，必将需要能养活2亿5千万人口之土地。日本未来实令人忧虑，邻邦凄凉之景象令人悲悯。对此我们怎能安于社会主义者之辈的和平论呢？"①那么，如何解决令人忧虑的这一"国难"问题呢？他提出必须动用"国民之总代表，国家的根柱"——天皇的大权，由具有"法西斯献身精神"的军人通过暴力（即武装政变）改造国家。具体说来就是：要在三年内停止宪法（明治宪法），解散国会，由天皇以国民总代表的身份对全国实行军事管制，建立军事独裁政权。为此，要彻底改造国家现有的行政机构，以顾问院代替枢密院，以审议院代替贵族院，以"改造内阁"代替现行内阁，以"国家改造议会"代替现行议会。② 正是在这一富于煽动性的"国家改造论"驱动下，日本右翼分子在国内发动了一系列法西斯政变。

第三，"亚细亚联盟"论。北一辉宣称："随着国家改造的完成，亚细亚联盟乃可义旗翻扬而真正到来，日本乃可执世界之牛耳，宣布'四海同胞皆是佛子'之天道，垂其范于东亚。"③他为此野心勃勃地描绘出一幅置中国、印度为日本独占势力范围，把东南亚和西南太平洋各国纳入日本版图的侵略扩张蓝图，实为后来日本战争政府兜售的"大东亚新秩序"论和"大东亚共荣圈"思想的最初构想。北一辉还说："没有我们的保护和领导，印度

---

① ［日］社会问题研究会：《右翼·民族派事典》，国书刊行会1976年版，第55页。

② ［日］《现代史资料·23·国家主义运动》，みすず书房1974年版，第63页。

③ 吕万和：《简明日本近代史》，天津人民出版社1984年版，第265页。

和中国的七亿兄弟绝不能取得独立。东方和西方的历史，不外乎
是各封建国家经过一个时代的内战后取得统一的记录。惟一可能
的国际和平，就是这个时代的国际战争之后取得的封建式和平。
这种和平将由于出现一个可能统治世界各国的最强大的国家而实
现。"这个国家不是他国，正是"能够与这些罪恶势力（指日本
国内的腐败势力——本书作者）和共产主义进行战斗"，能够
"使东方从西方的统治下解放出来"，能够"成为世界各国领导
者"① 的日本。这样，北一辉在为了中印两国的"独立"和"国
际和平"的幌子下，赤裸裸地抛出了自己的侵略扩张思想。北一
辉的"贡献"不止于此。他还为日本统治阶级推行侵略扩张之国
策制造了"理论根据"。他荒谬地把英国比做全世界的"大富
豪"，把俄国比做北半球的"大地主"，把日本比做世界上的"无
产者"，声称日本应"堂堂正正地向彼等开战以夺取其独占之权
利"。② 当时日本正面临着严重危机，统治集团中有人鼓吹"亚
洲门罗主义"，即由日本来统治亚洲；也有人鼓吹用"武力帝国
主义""打破现状"，争取"生存权"。北一辉的"大纲"恰好表
达了日本统治集团的意志。在日本，这一思想直至今天仍有市场
和影响。

2. 大川周明的法西斯思想

大川周明在《复兴亚细亚诸问题》等书中大肆鼓吹大亚细亚
主义，企图在领导亚洲各国各民族"反抗西方列强"的幌子下实
现称霸亚洲的罪恶目的。

大川周明（1886—1957）在战前日本法西斯化进程中，占有

---

① ［美］约翰·托兰：《日本帝国的衰亡》，郭伟强译，新华出版社1982年版，
第6—7页。

② ［日］《现代史资料·23·国家主义运动》，みすず书房1974年版，第67页。

特殊的地位。主要表现在：（1）作为日本第一个法西斯团体犹存社和作为具有"昭和军阀贮水池"之称的大学寮的创立者，作为与军人法西斯团体樱会有着密切关系的法西斯头目之一，他培养了一大批法西斯骨干分子，并建立或参与建立了很多法西斯右翼组织。（2）大川周明除对内参与策划三月事件、十月事件、"五·一五"事件等一系列旨在"国家改造"的恐怖活动和政变事件外，还直接从事侵华活动。他在中国东北的南满洲铁道株式会社（"满铁"）供职十年（1918—1928），官运亨通，升至局长，真可谓"今年县宰加朱绂，便是苍生血染成"①。1929 年东北经济调查局从"满铁"独立出来后，他又与关东军共同策划和发动了"九·一八"事变，直接对中国人民犯下了滔天罪行。（3）大川周明作为"大东亚的论客"，对日本法西斯化的最大"贡献"当然体现在完整、系统的法西斯理论的建构上。他通过《复兴亚细亚诸问题》、《复兴印度之精神根据》、《亚细亚建设者》、《近世欧罗巴殖民史》、《日本文明史》等著述，系统阐述了自己的法西斯思想：

第一，天皇中心主义。大川周明反对政党政治，仇视大正民主运动、劳工运动和共产党。他把"万世一系"的天皇尊奉为"日本之国粹"和"冠绝五洲的日本精神"；提出应主要依靠天皇和军人完成"国家改造"和实施对外侵略，即必须"基于天皇亲政的本义，打破以追求党利为主的政党政治之陋习，以期亿兆一心，实现国民理想之皇国政治"。②

第二，"东西对抗"论。大川周明不仅把东西方的历史归结

_____

① 徐勇：《日本法西斯思想家——大川周明》，见伊文成、汤重南等主编《日本历史人物传》（近现代篇），黑龙江人民出版社 1987 年版，第 628 页。

② 同上书，第 629 页。

为亚细亚与欧罗巴之间反复战争的历史（"东西对抗"论或东西"文明冲突"论），而且不加区别地肯定和讴歌战争对文化产生和交流的"意义"，即公然宣称"战争创造文化"。他说："在所有的战争中，规模最大、意义最为深远的战争要属世界史上两个最大的对抗体——东洋与西洋、亚细亚与欧罗巴之间反复进行的战争。"正是"双方的对立、斗争，使新文化得以产生"。① 他还以一系列战争为例说明道：正因为有了首次东西方之战——希波战争，才产生了欧洲文明的三大支柱——罗马文明、希腊文明和希伯来文明；正因为有了回教西征战争，才在"黑暗时代"的欧洲大地上绽放出一朵"璀璨的世界文化"之花朵；正因为有了蒙古人席卷世界的征服战争，才使欧亚之间有了空前的文化交流和联系。……他据此宣称："天国总是存在于剑影之中，东西两强国以性命相拼的决斗，大概是历史安排的，为新世界诞生所不能避免的命运。"所以，他一再呼吁和叮嘱日本人做好东西决战的准备，叫嚣道："日本呵！是一年后，十年后，还是三十年之后，那只有天知道。说不定什么时候，天将命你赴战，要一刻也不能大意地充分做好准备呵！"②他还宿命论地提出："这两国（指日美两国——本书作者）不知是天然还是偶然，他们分别一个以太阳（太阳旗）、一个以群星（星条旗）作为自己国家的象征，其对立宛如白昼与黑夜。"③ 与霍布斯提出的"战争是国家之母"如出一辙的大川周明的"东西对抗"论，不仅为当时日本军国主义者穷兵黩武提供了理论"依据"，而且也成为今天日本右翼分

① ［日］《大川周明全集》（第 2 卷），岩崎書房 1962 年版，第 839—841 页。

② 徐勇：《日本法西斯思想家——大川周明》，见伊文成、汤重南等主编《日本历史人物传》（近现代篇），黑龙江人民出版社 1987 年版，第 632 页。

③ ［日］《大川周明全集》（第 2 卷），岩崎書房 1962 年版，第 872—873 页。

子美化侵略战争的历史"根据",其恶劣影响十分深远。

　　第三,"大东亚秩序建设"论。大川周明提出:"东亚新秩序以及大东亚共荣圈理念绝不是在今天新产生的想法,从近代日本为了国民统一而奋起时开始,它便成为连绵不断的追求目标。"具体说来,由"孕育了新日本非常具体的姿态"[①] 的佐藤信渊开其端。大川周明的这一观点是符合史实的。因为从佐藤信渊的《宇内混同秘策》,到吉田松阴的《幽囚录》,再到福泽谕吉的《文明论概略》等等,确已孕育了以日本为盟主的"东亚新秩序"论和"大东亚共荣圈"理念的"胚胎"。除此之外,大川的其他一系列观点,诸如日本对中国的改良和革命运动"怀着满腔同情并给予了援助,而这种援助除了切望支那复兴外,别无他意"的说法;因为日本在亚洲"做出的牺牲最多",所以亚洲各国才"把大东亚共荣圈的领导权赋予了日本"的说法;"王道满洲国"建立后,接下来的就是"解放东亚各地被压迫、被征服的民族,逐次建设王道乐土"的说法;中日之间的矛盾和战争发生的原因在于"第三国介入",而其本来性质则是"内乱"的说法;蒋介石与英美联合抗日是"蹂躏兴亚大义"的说法等等,[②] 无非意在说明:日本所进行的战争是为了"复兴"亚洲、"解放"亚洲,因此亚洲各国特别是中国应自觉接受日本的领导,应无条件地"贡献"本国的人力、物力、财力以支持日本同"压迫者"、"征服者"——欧美等国进行的战争,即使被(日本)侵略、掠夺和屠杀,也应服从"兴亚"大局。这无疑是在为日本发动和扩大侵略战争寻找理论"根据";也出人意料地成了今天日本右翼势力为侵略战争翻案的历史"依据"。

---

　　① 〔日〕《大川周明全集》(第 2 卷),岩崎书房 1962 年版,第 771—773 页。

　　② 同上书,第 776—866 页。

大川周明与北一辉的思想主张在崇尚暴力、鼓吹战争万能等方面没有什么区别，所不同的是：第一，大川周明的思想主张是完全建立在"天皇中心主义"基础上的，即始终没有摆脱"天皇中心主义"的束缚。而北一辉的国家社会主义则建立在"国家中心主义"基础之上。就是说，北一辉虽然也尊崇天皇，但他心中的天皇是经过改造了的"革命"的天皇、"公有制"下的天皇。因此，他不追求为天皇献身，只情愿为国家献身。受"二·二六"事件牵涉而被判处死刑的北一辉在走向刑场途中，拒绝与自己同赴黄泉的助手西田税提出的"三呼天皇万岁口号"的建议，就能够说明这一点。这大概与北一辉青年时代受过自由民权运动和早期社会主义思想的影响有关。第二，在对内"国家改造"和对外侵略扩张的先后顺序上，北一辉主张先进行"国家改造"，后实施对外侵略；而大川周明几经变化，最后主张二者同时进行。① 第三，在参与政治活动上，北一辉主要用自己的法西斯思想指导法西斯运动，很少直接参与国内的法西斯政变和对外侵略活动；而大川周明"理论创造"和政治活动并重。第四，在日本主要敌国的确认上，北一辉主张以"英俄"为主要敌国；而大川周明则主张视美国为主要敌人。尽管北一辉和大川周明在思想主张和政治活动上有诸多不同，但两人在将日本引上法西斯侵略战争道路这个大目标上是一致的，在推动日本法西斯化过程中所起的作用也不分伯仲；从"侵略战争"源于"侵略政策"，"侵略政策"又源于"侵略思想"这个意义上说，北一辉和大川周明是以自己的法西斯思想理论为祸人类的，可谓犯下了滔天罪行。

除北一辉、大川周明的法西斯理论外，权藤成卿、橘孝三郎

———————————————————

① 石原莞尔恰与北一辉相反，主张先实施对外侵略，后进行"国家改造"，即用"战争景气"推动"国家改造"。

等人提出的可谓日本法西斯思想"特产"的农本自治主义，对加速日本社会法西斯化也起了不容忽视的作用。农本自治主义包括两层含义：一是农本主义；二是自治主义。法西斯理论家权藤成卿在其著作《自治民范》、《乡村自救论》中阐释说："农本自治主义就是以农业为立国之本而否定大工业化。"具体地说，农本主义就是"恢复以农业为中心的君民一体的国体"；自治主义是"自然而治之意"。① 而橘孝三郎兜售的是大地主义、兄弟主义、勤劳主义三位一体的农本自治主义。这种建立以农为本之国家的思想主张，实质上同样是在为推翻以大工业为基础的政党政治进而建立天皇制法西斯独裁政权提供"理论根据"。由于他们为农民"鸣冤叫屈"，因此这一思想主张不仅被为数众多的农民所接受，而且在出身农村的中下级军官中产生了共鸣。他们打着农本自治主义的旗号，发动了一系列类似"五·一五"事件的法西斯政变。

（三）右翼政治活动

北一辉、大川周明、权藤成卿、橘孝三郎等人的法西斯思想出笼后，不但在民间右翼分子中产生了共鸣，而且强烈地打动了军队中的青年将校。千百万被迷惑的富于理想的年轻人，出于对政界腐败和家庭贫困的痛恨，纷纷建立或加入法西斯右翼团体。这一时期的日本右翼势力既可分为"为国分忧"的"任侠右翼"和偏重实践的"行动右翼"两部分，也可用"传统右翼"和"革新右翼"（即"法西斯右翼"）加以区分，而且二者越来越呈现出殊途同归、同流合污之势。如果说明治时期日本右翼活动的矛头

---

① ［日］《现代史资料·23·国家主義運動》（第3卷），みすず书房1974年版，第23—24页。

主要指向国外，那么大正时期和昭和初期的日本右翼势力则把政治活动的矛头同时指向了对内对外两个方面，即同时充当了统治阶级镇压国内进步力量的走卒和对外侵略的急先锋。

1. 对内配合政府镇压进步力量

日本右翼势力对内积极配合政府破坏和镇压日益高涨的资产阶级民主运动、社会主义运动和工农运动。在破坏资产阶级民主运动——大正德谟克拉西运动方面，有三个事件最为典型。第一，迫害进步知识分子事件。1918 年 11 月，为配合警察当局对宣传资产阶级民主主义和反对国家主义、军国主义的大阪《朝日新闻》的打击，以头山满为首的黑龙会成员竟对该报社长实施绑架，对编辑和作者进行威胁恫吓，迫使大山郁夫等文化名人被迫退出报社。他们还派内田良平等右翼骨干分子前往严厉指责过右翼丑行的著名资产阶级民主人士吉野作造的私宅进行挑衅和辩论，遭到吉野先生痛斥。第二，刺杀安田财阀首脑事件。1921年 9 月 28 日，一位因缴纳不起学费而屡次辍学，走上社会也无法摆脱困境的青年朝日平吾，先将日本四大财阀之一的安田善次郎刀杀于住所，然后自杀。从他留下的《檄文》和《斩奸状》的内容以及将遗书、遗物留赠北一辉的遗言来看，明显受到了北一辉思想的影响。他在《檄文》和《斩奸状》中说：无政府主义者或共产主义者从根本上说与自己是不相容的，能够产生共鸣的是国家社会主义者。他崇拜天皇，颂扬天皇一视同仁、无差别地施恩泽和善政于所有的臣民。他认为，是"君侧之奸"财阀、政党和政府把天皇与广大臣民隔离开来，从而造成了世道不公、百姓贫困的局面。因此，"清除君侧之奸、诛杀奸富是使国运昌盛、国民幸福的手段，是我等真正日本人当然的要求和权利"。他对天皇的崇拜，对天皇制的肯定，以及只要实行"清除君侧之奸"的"大正维新"社会就可以变好的想法等等，与北一辉的《日本改造法案大纲》所阐述的主张几乎如出一辙；[1] 而朝日平吾明目张胆的刺杀行动，又反过来使北一辉及其信徒大受鼓舞。北一辉不无自信地宣称："这样社会就会改变，暗杀先行于革命。"[2] 尤其引人注目的是，事后右翼分子竟在西信寺为朝日平吾举行了一个有千余人参加的规模盛大的葬礼。当时的舆论和民众把同情给了杀人凶手朝日平吾而不是被杀者安田善次郎本身说明，日本民间法西斯右翼已经"有潜在的社会基础"[3]。第三，暗杀原敬首相事件。在"米骚动"冲击和大正德谟克拉西运动影响下，以政友会总裁原敬为首的政党内阁（原敬本人是没有爵位的政党人士，多数阁僚又都是政友会的成员）取代了以寺内正毅为首的军阀内阁。原敬内阁为了摆脱政治、经济危机和集中力量镇压社会主义运动、工农运动，采取了一些拉拢中小资产阶级和知识分子的改良措施。原敬首相的这一做法，引起民间右翼团体的不满。在朝日平吾事件发生一个月后的 11 月 1 日晚 7 时许，当原敬为参加在京都召开的政友会大会而来到东京火车站准备乘车时，在检票口被一个名叫中冈艮一的青年用短刀刺中胸部，三天后死去。从凶手中冈艮一是犹存社机关刊物《雄叫》的热心读者以及欲救国民于"恶政"之中的行动初衷来看，也明显地受到了北一辉、大川周明等人法西斯思想的毒化。

在反共反社会主义运动方面。在十月革命影响下，随着日本社会主义运动以 1922 年日本共产党的成立为标志走向高潮，日

---

　　① 杨宁一：《日本法西斯夺取政权之路》，北京师范大学出版社 2000 年版，第 44—45 页。

　　② ［日］中谷武世：《昭和动乱期の回想》（上），泰流社 1989 年版，第 43 页。

　　③ 杨宁一：《日本法西斯夺取政权之路》，北京师范大学出版社 2000 年版，第 46 页。

本右翼势力又开始配合统治阶级进行反共反社会主义活动。从大正赤心团、赤化防止团、国际反共联盟、兴亚灭共俱乐部等法西斯团体的名称，就可以明显看出其反共反社会主义的性质。其反共反社会主义的典型事件，要数 1923 年配合宪兵、警察迫害朝鲜侨民和日本社会主义者事件。在这起屠杀阴谋中，有 6415 名朝鲜人遇害；平泽计七、河合义虎、大杉荣等日本进步人士惨遭杀害；浅沼稻次郎、大山郁夫等著名人士被捕入狱。实际上，在后来的"三·一五"事件（1928 年）、"四·一六"事件（1929年）等历次镇压日本共产党人的血腥事件中，都能看到右翼分子助纣为虐的影子。正因为日本共产党的力量早被摧残殆尽，才导致后来在日本始终未能建立起类似于法国和西班牙的反法西斯人民阵线；而这一局面的出现，又反过来为日本法西斯势力夺取国家大权提供了有利条件。

日本右翼势力对工农运动的破坏，主要表现在以暴力方式直接介入劳资纠纷和租佃纠纷并酿成流血事件上。主要有：决心"以实力粉碎社会主义运动"的大日本国粹会挑起的与水平社之间的流血事件；大和民劳会破坏《每日新闻》社工人罢工和袭击社会主义者堺利彦事件；大正赤心团袭击左翼工会演讲集会和刺杀社会主义者高尾平兵卫事件；大日本正要团介入目蒲电铁公司和江之岛电车公司劳资纠纷事件等等。此外，他们还在镇压"米骚动"过程中发挥了重要作用。

2. 对外积极从事侵略活动

在对外侵略方面，不仅军人法西斯势力起了中坚作用，而且民间右翼势力在推动政府实行强硬外交、进行舆论动员、为关东军刺探情报等方面，均发挥了特殊的作用。

首先，看军人法西斯势力的侵略活动。日本帝国主义继发动甲午战争和日俄战争"两赌国运"侥幸胜利之后，又在 1927 年六七月间召开的"东方会议"上制定了灭亡中国和征服世界的"大陆政策"。此后，在日本帝国主义实施这一狂妄的侵略扩张计划过程中，日本军人法西斯分子发挥了中坚作用。但务须指出的是，军部法西斯势力的侵略行动绝非"独断行为"；[①] 恰恰相反，它是逐步法西斯化的日本政府"惟欲征服中国，必先征服满蒙；如欲征服世界，必先征服中国"这一"大陆政策"的既定步骤。1929 年 7 月，以法西斯高级军官、关东军高级参谋板垣征四郎和作战部主任参谋石原莞尔两人为核心，开始制定更加具体的侵占满蒙计划。[②] 1931 年 3 月，板垣征四郎强调：解决"满蒙"问题不能只用外交的和平手段。同年 5 月，石原在自己的手记《"满蒙"问题私见》中提出：为了占领"满蒙"，要用武力行动迫使国家跟着走，而这种机会要用策略来创造。[③] 据参与策划"九·一八"事变的关东军参谋花谷正后来回忆说："1931 年春，关于柳条沟（应为'柳条湖'——本书作者）事件的大致计划制定出来。"[④] 8 月 1 日，熟悉中国情况的另一名法西斯高级将领本庄繁被任命为关东军司令官。8 月 3 日，他在写给陆军大臣的信中说："本庄繁熟察帝国存在及充实一等国地位，势非乘此世界金融凋落，露国（指苏联——本书作者）五年计划未成，支那统一未达以前之机，确实占领我三十年经营之满蒙，并达大正八年出兵西伯利亚各地之目的，使以上各地与我朝鲜及内地打成一

---

① ［日］重光葵：《昭和の動乱》（上），中央公論社 1952 年版，第 52—56 页。

② ［日］国際政治学会：《太平洋戦争への道》（7），朝日新聞社 1963 年版，第 86—87 页。

③ ［日］角田順：《石原莞爾資料·国防論策編》，原書房 1967 年版，第 76 页。

④ ［日］《文献昭和史·2·満州事変と二·二六事件》，平凡社 1975 年版，第 72—91 页。

片。"[1] 为此，本庄繁与参谋本部第一部长建川美次少将开始战争部署。1931 年 9 月 18 日，这股军部法西斯势力借口"万宝山事件"、"中村事件"，以贼喊捉贼的方式发动了"九·一八"事变。结果，在蒋介石的不抵抗政策之下，日军在不到一百天的时间里仅以日俄战争伤亡人数百分之一（1199 人）的微小代价，就占领了相当于日本本土面积 2.5 倍的中国东北三省。

其次，看民间右翼势力的侵略活动。在日本国内，随着军阀田中义一上台组阁，日本右翼势力的活动越发猖獗起来。早在 1928 年 3 月，玄洋社、黑龙会的头面人物田锅安之助、田中弘之、末永一三、内田良平等人，就向田中义一首相呈上意见书，要求政府"必须摆脱历来内阁动摇不定的大陆政策"，"迅速解决满蒙问题，将满蒙与支那本土分离，确立东洋和平之基础，以完成我日本之天职和使命"。[2] 4 月 3 日，头山满、内田良平、田中弘之、副岛义一等人又主持召开了"内治外交振作有志大会"，宣布成立内治外交振作同盟，以敦促和推动政府采取强硬措施，迅速解决满蒙问题。5 月 13 日，该同盟在东京召开"济南事变殉难同胞国民追悼会"和"暴力膺惩国民大会"，歪曲济南惨案真相，支持田中内阁出兵山东的强硬政策，同时推动国民将注意力投向海外。其各地支部也相继召开演讲会，公开主张不惜以武力确保日本的"满蒙生命线"。皇姑屯事件之后，滨口内阁取代田中内阁，币原喜重郎再度出任外相。一向视币原外交为"软弱外交"、"无为无策外交"的玄洋社、黑龙会等民间右翼团体，再次掀起抨击币原外交的高潮。1929 年 2 月，内治外交振作同盟联络东亚联盟协会、大亚细亚民族会、大日本会、内外更始俱乐

---

① 陈觉：《国难痛史资料》，东北问题研究会 1932 年版，第 33—35 页。

② ［日］葛生能久：《東亜先覚志士記伝》（下），黑龍会 1933 年版，第 68 页。

部、满蒙研究会、满蒙同志会等民间右翼团体以及在乡军人会，在全国各地举行各种集会，指责"币原外交""软弱无力"，叫嚷誓死保卫日本的"满蒙权益"。与此同时，这些右翼团体还派浪人赴中国东北考察"排日"实情，回国后在日本的 60 多个地方举办了"排日实情展览会"、"支那政情展览会"等。恰如右翼分子事后自诩的那样："毋庸置疑，这对于盼望满蒙问题激化的人们来说，给予了极大的影响。"① 同年，为了直接配合关东军在中国东北采取侵略行动，大川周明在陆军当局赞助下，以东亚经济调查局理事长的身份纠集千余右翼分子，在南起鹿儿岛北至北海道的日本各地举行演讲会，向国民大肆宣传"在满日本人的经济战线遭到破坏"、"条约权力被践踏"等，目的在于"使日本国民懂得为了日本的生存，必须解决满蒙问题"，并为"必要时不惜以武力解决"做好"精神准备"。大川周明不无得意地说：对日本国内的这种大规模的宣传，"是运筹对中国东北侵略的第一个步骤，听众数目超过了预料，造成了全国性的影响"② 可以看出，这些演讲活动在煽动日本国民狭隘的民族主义情绪，对日本军部法西斯势力实施早已拟制好的侵略中国东北的阴谋计划，造就了极为有利的社会舆论氛围。大川周明还于 1931 年 4 月建立了"满洲问题研究室"，专门研究"满洲"动向及其对策。不久，他又派遣谋杀了张作霖的凶手河本大作赴中国东北协助关东军做情报工作。"九·一八"事变的前两天，大川周明在紧张筹划"十月事件"的同时，派特使中岛信吾携 3 万日元飞抵旅顺拜会关东军要员。根据大川周明在"九·一八"事变准备和实施过

---

① ［日］葛生能久：《東亜先覚志士記伝》（下），黒龍会 1933 年版，第 72 页。

② ［日］桥川文三：《现代思想大系·31·超国家主義》，筑摩书房 1964 年版，第 360—370 页。

程中做出的卓越"贡献","满铁"发布了"大川功绩调查书",对他进行表彰和嘉奖。"调查书"宣称："大川周明对满洲事变前后创造出完整而统一的舆论基础,建立了巨大功勋。他与满铁和参谋本部合作,游说各地,对国民进行激励和鼓舞。……不可把满洲事变与大川氏的名字分开加以思考。"① 及至"万宝山事件"、"中村事件"发生,日本民间右翼势力的嚣张气焰膨胀到极点。1931 年 7 月 21 日,他们在上野精养轩召开"满鲜问题有志大会",向社会各界发布宣言和决议。会后,由头山满、内田良平等右翼头目亲自出面,先后走访了若槻首相、币原外相、南次郎陆相,呈递大会宣言和决议,敦促当局迅速改变"软弱"外交,采取果断措施,从根本上解决满蒙问题。8 月 25 日,71 个民间右翼团体联合召开声势浩大的"满蒙问题研究大会",要求政府"发动我之实力"、"贯彻我之主张"。②

在中国东北,一些右翼分子还鱼贯进入梦寐以求的"满洲新天地",与"满铁"社员一道建立了类似大雄峰会、满洲青年联盟的"满洲现地"右翼组织,直接配合关东军的侵略行动。他们或为关东军刺探情报、献计献策,或替关东军回国游说当局、欺骗民众。以满洲青年联盟为例,该团体成立后,立即展开舆论宣传攻势。除散发传单和编印宣传小册子外,还会同另一个右翼团体大雄峰会的成员先后三次组成"母国游说团"回国演讲。在玄洋社、黑龙会等国内民间右翼团体的支持和配合下,游说团在日本各地巡回演讲,鼓噪煽动,目的在于激起民众的仇华情绪。派

---

① 辽宁省档案馆、辽宁省社会科学院编：《满铁秘档选编》,1991 年版,第 405—408 页。

② ［日］满州国史编纂刊行会：《满州国史》,满蒙同胞援護会 1971 年刊行,第 92 页。

到仙台的会员美坂扩三甚至演出了登台剖腹自杀的丑剧（未遂），其狂妄和嚣张由此可见一斑。另外，被称为"满洲国胚胎"的"满洲自治议案"，也是由满洲青年联盟在 1929 年 6 月炮制出来的。

这样，在 20 世纪一二十年代，随着右翼团体的激增和完整系统的法西斯思想的形成、蔓延及向军队渗透，已在天皇制日本社会内部出现了"传统右翼"与"法西斯右翼"、"民间右翼"与"军队右翼"并存的局面。整个日本社会加速法西斯化。

三　日本右翼势力的肆虐(1931—1945)

从"九·一八"事变到日本战败投降，是日本右翼势力逞凶肆虐、为祸东亚最疯狂的一个时期。此间，日本右翼势力对内通过制造血盟团事件、"五·一五"事件、"二·二六"事件等一系列恐怖、政变事件，最终建立起军部法西斯独裁政权；对外通过协助政府发动"九·一八"事变、"一·二八"事变、华北事变、卢沟桥事变、珍珠港事件等一个又一个侵略事件，使日本国走上侵略战争不断升级的不归之途，不仅给亚洲邻国造成了亘古未有的惨祸，而且也使日本民族陷于毁灭境地。换句话说，对内制造恐怖、政变事件和对外发动侵略战争同时进行，是为这一时期日本右翼势力的主要特点，也是日本社会法西斯化的一大特征；同时，它又具有德意法西斯的一般特征——"公开抛弃资产阶级民主而乞灵于残暴的封建统治手段，实行赤裸裸的军事专制"[1]。它集中了一般军事封建帝国主义的野蛮性、侵略性，且有过之无不及。

---

① 吕万和：《简明日本近代史》，天津人民出版社 1984 年版，第 266 页。

(一) 右翼组织

据日本警察厅统计，时至1939年，日本全国共有右翼团体1733个，成员达182192人，是战前右翼势力的最高峰，[①] 且多数团体具有法西斯性质。其中影响较大的法西斯右翼团体有：国粹大众党 (1931年)、大日本生产党 (1931年)、明伦会 (1932年)、血盟团 (1932年)、神兵队 (1932年)、拥护国体联合会 (1932年)、新日本国民同盟 (1932年)、日本国家社会党 (1932年)、日本劳动同盟 (1932年)、打开国难联合协议会 (1932年)、勤劳者前卫同盟 (1932年)、皇道会 (1933年)、爱国勤劳农民同志会 (1933年)、日本产业军 (1933年)、大日本国家社会党 (1934年)、勤劳日本党 (1934年)、爱国政治同盟 (1934年)、时局协议会 (1936年)、大日本青年党 (1936年)、日本革新党 (1937年)、日本政治革新协议会 (1937年)、皇诚会 (1939年)、大东塾 (1939年)、东亚联盟协会 (1939年)、神篱塾 (1939年)、大日本党 (1940年)、大和联合会 (1940年)、东方会 (1940年)、大政翼赞会 (1940年)、大日本一新会 (1942年)、大日本劳务报国会 (1943年) 等等。在上述右翼团体中，又尤以大政翼赞会最为典型。

大政翼赞会为第二次近卫内阁为推进"新体制运动"而于1940年10月12日成立的官办团体。其成立的主要背景是：陷入侵华战争泥潭的近卫内阁，试图通过成立新的举国一致的国民组织——"近卫新党"，一举解决中日战争问题。在经历了一个复杂的筹备过程之后，1940年9月29日近卫内阁阁议建立大政

---

① ［日］荒原朴水：《增補大右翼史》，大日本一誠会出版局1974年版，第519页。

翼赞会；同年10月12日召开成立大会，正式宣告大政翼赞会成立，领导全国的翼赞运动。透过其十七条"规约"不难看出，成立大政翼赞会和开展大政翼赞运动的目的，是通过建立"万民翼赞，一亿一心，职务奉公"、"实践臣道"① 的体制，动员全体国民支持不断升级的侵略战争和进一步强化国内的法西斯恐怖统治。从其领导层的构成不难看出，这是一个全国性的纯官办性质的右翼组织。首相近卫文麿兼任总裁，海相及川古志郎、法相风见章、陆相东条英机、内相安井英二、众议员中岛知久平5人兼任常任顾问，贵族院议员后藤文夫、陆军预备役大佐兼大日本青年党头目桥本欣五郎等11人兼任常任总务，海军省军务局长冈敬纯、陆军省军务局长武藤章等6人兼任常任参与，贵族院议员有马赖宁担任事务总长（兼常任总务）。而且"规约"规定：以上人选以及事务总长的下属局长、部长、副部长、部员，一律由总裁指定。同年12月19日又公布了"实践要纲"，提出：本会"要与政府建立起表里一体的合作关系，谋求上意下达、下情上通，以努力建立高度国防体制"②。由于一度遭到政党人士、财界人士、内务官僚、部分右翼分子的批评和攻击，平沼骐一郎内相不得不在1941年1月28日的议会答辩中重新阐述道："翼赞会不是政治结社，而是公事结社"③，并明确禁止政治活动。国会甚至提出了变更名称和予以改组提案。结果，同年3月26日有马赖宁事务总长及其下属局长、部长、副部长等干部提出总辞职。大政翼赞会实际上遇到了挫折。4月28日进行了第一次改组，法相柳川平助出任副总裁，原内阁书记官长石渡壮太郎担任

---

① ［日］堀幸雄：《右翼辞典》，三岭书房1991年版，第364页。

② 同上书，第366页。

③ 同上。

事务总长，现职议员脱离翼赞会，各都道府县的支部长由知事兼任。这样一来，大政翼赞会的主要职位都被内务官僚和皇道派军人所把持。大政翼赞会在一扫"革新色彩"并向精神运动转变过程中，已经成了"内务行政的转包机关"。另外，在东条英机内阁和小矶国昭内阁时期，大政翼赞会还将产业报国会、大日本妇人会、町内会、邻组等全部置于自己的指导和控制之下。铃木贯太郎内阁成立（1945 年 4 月）后，随着国家向"本土决战"体制转变，大政翼赞会在 1945 年 6 月 13 日解散，其成员多被吸收到"国民义勇队"中。

（二）右翼思想主张

这一时期日本右翼势力的思想主张不仅反映在右翼团体的纲领里，而且已经渗透于国家对内对外政策中，是其思想主张全面实施阶段。随着法西斯势力掌控国家政权和军国主义战争体制的形成，日本右翼法西斯势力实际上已演变成为国家军国主义势力，法西斯思想也与日本政府的"大陆政策"完全重叠，逐渐系统化为"东亚联盟"论、"亚洲协同体"论和"大东亚共荣圈"思想，既指导了这一时期的侵略战争，也出乎意料地成为战后日本右翼势力战争翻案的"理论依据"。

首先，在右翼团体中，神武社的纲领主张具有代表性。拥有 4500 名会员并明显具有法西斯性质的神武社宣称：本会"发誓忠诚于皇室，弘扬神武建国之精神，永远维护神圣之国体，坚定布天业于四海之信念，首先领导和解放有色人种，进而向统一世界道义之目标勇往直前地迈进。"其三条纲领是：（1）阐明日本建国之精神、日本国家之本质和国民之理想，改革主客颠倒、本末倒置的教育弊端，创造能培育真正日本国民的皇国教育体系；（2）遵循天皇亲政之本义，铲除以党利为主、国策为辅的政党政

治之陋习，使亿万国民一心，以期建成能布天业于四海的皇国政
治之体系；（3）基于一君万民之国风，扫除以私利为主、民福为辅
的资本主义经济剥削，以期建成使全体国民生活稳定的皇国经济
体系。① 透过这一全面涉及政治、经济、军事、教育的右翼纲领
不难看出，既包括了以天皇中心主义为基础的"国家改造"思想
内容，也包含了以大亚细亚主义为基础的"布天业于四海"的侵
略扩张思想。由于会员众多，具有完整的纲领，又非常注意宣
传，所以该团体一度成为国家主义运动的中心。

其次，看"东亚联盟"论、"亚洲协同体"论、"大东亚共荣
圈"思想又兜售了一些什么货色。

1. "东亚联盟"论

这是由策划"九·一八"事变并卵翼出伪满洲国的罪魁祸首
之一石原莞尔兜售的侵略理论。石原莞尔（1889—1949）生于日
本山形县鹤冈市一个国学家家庭，自幼接受传统的武士道教育。
从 1902 年入仙台陆军地方幼年学校到 1918 年陆军大学毕业，进
一步系统接受了近代军国主义教育。1919 年加入国柱会后，又
受到了具有浓厚尚武色彩的日莲宗佛教思想的影响。1922 年至
1925 年赴德国留学数年，又接受了德国的军事教育和军事思想。
所有这些思想教育，以及日后又直接受到具有强烈扩张欲的南次
郎的点拨，对他日后成为"精英"军人并走上军国主义道路产生
了重要影响。用他自己的话说就是："由于受幼年学校以来的教
育，从没有动摇对国体的信念。"② 自 1928 年 10 月被河本大作
荐任关东军参谋到 1932 年 8 月离任归国的四年间，他亲自策划
了"九·一八"事变和"催生"了伪满洲国，在侵华过程中官运

---

① ［日］堀幸雄：《右翼辞典》，三岭书房1991年版，第233页。

② 王册：《石原莞尔的侵华思想渊源》，《社会科学辑刊》1997年第6期。

亨通。从 1932 年 8 月回国进入参谋本部担任课长到 1937 年晋升为少将，这是他的第二个得意期。在此期间，他通过镇压"二·二六"政变，一举成为军部实权人物，但在拥立板垣征四郎组阁流产后失势。几乎与此同时，他还发起了"东亚联盟运动"，但因与东条英机政见分歧并受其压制无果而终。战后他又转而提出"放弃战争"论，直至 1949 年死去。

石原莞尔通过发表和制定《现在及将来的日本国防》、《战争史大观》、《从军事上看日美战争》、《关东军领有满蒙的计划》等一系列文章和"计划"，形成了所谓"石原构想"。"石原构想"具体包括"最终战争"论和"东亚联盟"论两个内容。如果说前者是目标，那么后者就是手段。

关于"最终战争"论。石原提出：发源于中亚的人类文明分为东西两支，时至今天，这两支文明已形成隔太平洋互相对峙的局面。这一局面最终将演变成为以日美为中心的"人类最后的大战争"；人类将经过这次战争走向统一，从而"创造最后最高的文明"。他还认为，这次战争先是持久战，后是大决战。因此要取得战争的胜利，必须首先"领有满蒙"[1] 并加以开发，使之成为"以战养战"的战略基地。总之，"石原构想"所妄想的目标是：日本要用武力征服世界，实现"神武大帝""八纮一宇"之皇谟，而第一步就是首先占领"满蒙"。可见，石原莞尔的"世界最终战争"论绝不像日本右翼学者池田谕所说，"是从期待人类最终真正的和平出发产生的思想"[2]。正是

───────────────────────

[1]　石原于 1931 年 5 月提出：日本"作为东洋的保护者，为了国防的稳定，我深感满蒙问题的解决办法除将满蒙划归我国领土外，绝无他法"。——［日］山田郎：《近代日本の拡張と侵略》，新日本出版社 1997 年版，第 227 页。

[2]　［日］池田谕：《日本の右翼》，大和书房 1973 年版，第 112 页。

在这一侵略思想指导下，石原积极策划了"九·一八"事变并炮制出伪满洲国。

关于"东亚联盟"论。"东亚联盟"论是石原莞尔基于"最终战争"论提出的以"东亚各国提携"为主要内容的侵略思想，是"石原构想"的核心内容，直接指导了以伪满洲国"协和会"[①] 为中心的"东亚联盟"运动。在他看来，要取得这场"最终战争"的胜利，整合和利用东亚各国的全部资源是必不可少的条件；而动员和利用东亚各民族的全部资源，只能通过结成以"日满支"为核心的"东亚联盟"和"建设大东亚大同国家"来实现。因为"必将到来的以太平洋为中心的为东西两种文明的统一而进行的战斗……不单单是为了（日本）自己的利益和生存，同时也是为了拯救世界人类这一伟大的天职"[②]。日本虽然在该联盟中理应居于"盟主"地位，但"那必须是与各国平等的提携，靠我们的德与力赢得各国的自然推举。我们要强调，在争执中如若提出自我强权式的主张，那与皇国精神是不相符的"[③]。换言之，就是要求政府反省包括"日韩合并"在内的"大陆政策"，通过在亚洲各国建立类似于伪满洲国的傀儡政权——"自主独立"的政权，动员和要求亚洲各国将本国的人力、物力、财力自觉贡献于"盟主"日本所领导的对美"最终战争"，这无疑是在为日本掠夺东亚各国的资源和准备发动日美战争制造"理论

---

① 1932 年 3 月底，石原莞尔与小泽开策等人成立协和党；1932 年 7 月改称协和会；1939 年秋又更名为东亚联盟协会。协和会明确提出以"东亚联盟"论——"思想统一、国防协同、经济一体、政治独立"——为基本理念。

② 转引自王屏：《近代日本的亚细亚主义》，商务印书馆 2004 年版，第 203 页。

③ ［日］关静雄：《近代日本外交思想史入門》，ミネルヴァ书房 1999 年版，第 209 页。

依据"。尽管"石原构想"中的"满洲国理念"①和"东亚联盟"论的部分设想获得了实现，但从整体上说，伪满洲国并没有成为其"东亚联盟"论的样板，反而成为太平洋战争的导火线。随着石原对伪满洲国控制力的丧失和与东条英机矛盾的加深，这一理论后来为"大东亚共荣圈"思想所取代。总之，"东亚联盟"论是介于传统的大亚细亚主义和后来的"大东亚共荣圈"思想之间的影响时间比较长的一种侵略理论。

2."东亚协同体"论

是为这一时期中存在时间比较短（1938年底至1941年初）的一种侵略理论。1938年11月3日，日本政府发表了"帝国不动方针"——"东亚新秩序"声明（即第二次近卫声明），提出帝国战争的目标"在于建设确保东亚永久稳定的新秩序"。具体包括："为了实现日满支三国的提携，建立政治、经济、文化等各方面的互助连环关系，在东亚树立国际正义，实现共同防共之目的，创造新文化，实现经济联合。"② 以此为契机，日本御用文人主要是昭和研究会的成员蜡山政道、杉原正巳、尾崎秀实等，出于为日本统治当局寻找侵略战争依据之动机，围绕"东亚新秩序"声明展开了"热烈"的讨论。"东亚协同体"论就是在这一背景下出笼的。

与"东亚联盟"论一样，"东亚协同体"论也标榜要把中国从西方帝国主义统治下"解放"出来，"构筑日满支协作关

---

① "满洲国理念"的核心内容是：建立"满洲国"；在"满洲国"这块"实验田里实现在日本国内无法实现的中小资产阶级的计划经济"理念；把"满洲国"建设成为"五族协和"的"王道乐土"等等。

② ［日］山田郎：《近代日本の拡張と侵略》，新日本出版社1997年版，第272页。

系"。具体包括三种主张：（1）应正视中国的民族问题，充分认识和积极评价中国民族解放运动的作用和意义；（2）"东亚协同体"与"国民协同体"不可分割，后者是前者的先决条件；（3）"东亚协同体"论不是东亚地区的特殊理念，而是"对世界和平也将有所贡献"的一种"普遍原理"，因而具有"世界史意义"。[①]　其中，持"普遍原理"说的蜡山政道的观点最具代表性。

蜡山政道的"东亚协同体"论的核心内容是区域主义。早在20世纪20年代，蜡山政道就提出了与国民革命后的中国共同构筑亚太地区新秩序、在亚太区域内建立一个区域性的和平机构等项主张，这无疑是具有一定合理性的国际政治学理论。但由于他的"亚太新秩序"毕竟不是建立在区域内各民族真正平等的基础上，同时与日本政府推行的"大陆政策"也相去甚远，所以在当时也仅是纸上谈兵，未对现实发生实际影响。进入30年代，蜡山政道因深感日本缺乏为自己的侵略行动——1931年发动"九·一八"事变、1932年炮制伪满洲国、1933年退出国联等等进行辩护的"理念"，故在以往"亚太新秩序"论的基础上又"适时"提出了"东洋统一的原理——区域主义"。蜡山政道的区域主义理论主要反映在《东亚协同体与帝国主义》等著作中。其具体内容包括：第一，区域主义追求的主要目标是克服中国的抗日民族主义；第二，区域主义是"日本大陆发展的内在原理"，它"不是帝国主义，而是为了防卫和开发"；第三，区域主义应在日本的领导下并只能通过政治运动来实现；第四，区域主义是开放的、折衷主义的，它将锐意吸取新事物来完善自身。无论他怎样标榜自己的理论是开放的"普通原理"，其中把"克服中国

---

① 参见王屏：《近代日本的亚细亚主义》，商务印书馆2004年版，第273页。

的抗日民族主义"确定为该理论"追求的主要目标",把日本对中国的侵略说成为了"防卫和开发"而"不是帝国主义",把区域合作置于"日本的领导之下"等等,都明显暴露出将日本的国家利益置于首要地位的侵略本质,暴露出为日本帝国主义的侵略行径进行辩护的险恶用心。正如有学者精辟指出的那样:"日本军国主义政府当局根本就不需要什么东亚协同体理论。他们的目标是对亚洲实行纵向军政统治;只是在驱赶西方列强这个竞争者时,他们才利用一下亚细亚主义以及区域主义理论。"① 正因如此,包括蜡山政道的区域主义在内的"东亚协同体"论,在历史上仅昙花一现就被与日本政府的"大陆政策"更为密切或完全重叠的"大东亚共荣圈"思想所取代。

3. "大东亚共荣圈"思想

"大东亚共荣圈"思想是由日本战争当局提出的用以指导所谓"大东亚圣战"的侵略理论,也是战前完全付诸实施的最具欺骗性和影响力的一种侵略理论。

首先,看"大东亚共荣圈"概念的提出。早在 1938 年,陆军省的岩畔豪雄中佐和参谋本部的堀场一雄少佐就制成了一份《国防国策案》文件。该文件的几乎所有条目都提到了"东亚共荣圈"一词,② 与后来的"大东亚共荣圈"提法仅一字之差。1940 年 4 月,日本外相有田八郎发表声明称:日本与东亚诸国和南洋地区"相依相援"、"共存共荣";日本政府"随着欧洲战争的激化,对招致荷印现状的任何改变的事态,具有深切的关

① 王屏:《近代日本的亚细亚主义》,商务印书馆 2004 年版,第 249 页。

② [日]冈本幸志:《近代日本のアジア観》,ミネルヴァ书房 1998 年版,第 250—251 页。

注"①。同年 6 月，由陆军省武藤军务局长制成的《综合国策十年规划》文件提出：把建设"包容大东亚的协同经济圈"作为日本的国策；"协同经济圈的范围包括东西伯利亚、内外蒙古、满洲、支那、东南亚各国、印度及太平洋"。② 有田八郎外相几乎同时发表的广播讲话，进一步使"大东亚共荣圈"构想更加清晰。他说："要实现世界和平的大理想，在地理、人种、文化、经济方面有密切关系的各民族必须建立共存共荣领域，先确立这个领域内的和平与秩序"；但要以每个领域中的一个"安定势力"为中心，与其他领域"有无相通"、"互不侵犯，协力合作"。③ 这样一来，日本就理所当然地成了东亚这个"共存共荣领域"的中心——"安定势力"。同年 7 月 26 日，第二届近卫内阁阁议通过了以军务科少佐牧达夫拟制的《综合国策基本纲要》为原型的帝国《基本国策纲要》，进一步构想了包括"整个大东亚在内"（"纲要"三·3·甲）的"大东亚共荣圈"："皇国的国是是遵循八纮一宇的肇国精神，以确立世界和平为根本。首先以皇国为核心，建设以日满华坚强团结为基础的大东亚新秩序。"④ 尽管直至此时尚未使用"大东亚共荣圈"的提法，但其实质性内容已经作为政府的"基本国策"被固定下来。1940 年 8 月 1 日，日本外相松冈洋右在关于日本政府外交政策的讲话中首次使用了"大东亚共荣圈"一词，称："我们当前外交政策的直接宗旨是，根

① ［日］外务省：《日本外交年表並主要文书（1840—1945）》（下），原书房 1969 年版，第 426 页。

② 转引自王屏：《近代日本的亚细亚主义》，商务印书馆 2004 年版，第 283 页。

③ ［日］外务省：《日本外交年表並主要文书（1840—1945）》（下），原书房 1969 年版，第 433—434 页。

④ ［日］服部卓四郎：《大東亜戦争全史》，原书房 1993 年版，第 17 页。

据皇道的崇高精神，建立以日满华集团为一环的'大东亚共荣圈'，然后宣布强有力的皇道，贡献于公正的世界和平的树立。"① 至此，"大东亚共荣圈"概念正式出笼。

其次，看"大东亚共荣圈"的地理范围。1940 年 9 月 6 日的"四相会议"② 和 9 月 16 日的大本营政府联席会议，讨论了在与德意两国谈判时如何确定日本的势力范围问题，提出："作为皇国建设大东亚新秩序的生存圈，以日满支为骨干，包括委任统治之原德属诸岛、法属印度支那及附属诸岛、泰国、英属马来亚、英属婆罗洲、荷属东印度、缅甸、澳大利亚、新西兰、印度。"③ 1941 年 11 月初，日本陆海军总参谋部制定的作战计划所规定的占领地包括："菲律宾、关岛、香港、英属马来亚、缅甸、俾斯麦群岛、爪哇、苏门答腊、婆罗洲、西里伯斯、帝汶"④。1942 年 2 月 23 日，日本大本营政府联席会议将"大东亚共荣圈"的范围明确划定为："日满支及从东经 90 度到东经 180 度之间的南纬 10 度以北的南北诸地区。"⑤ 可以看出，日本已经把本不属于"大东亚"的澳大利亚、新西兰、印度也都囊括在了"大东亚共荣圈"内，而被北一辉的《国家改造案原理大纲》和以往的"北进论"所确定的侵略目标——西伯利亚，则因 1941 年 4

---

① ［日］奥村房夫等：《近代日本战争史·4·大东亚战争》，同台经济恳谈会 1995 年版，第 289 页。

② 即近卫首相、东条陆相、松冈外相、吉田（善吾）海相参加的"荻洼会议"。

③ ［日］外务省：《日本外交年表亚主要文书（1840—1945）》（下），原书房 1969 年版，第 450 页。

④ ［英］F.C. 琼斯等：《1942—1946 年的远东》，上海译文出版社 1995 年版，第 7 页。

⑤ ［日］防卫厅防卫研究所战史部：《史料集·南方の军政》，朝云新闻社 1985 年版，第 41 页。

月 13 日日苏《互不侵犯协定》的签订而被暂时排除在外。所以如此是因为，在日本帝国主义看来，"决定共荣圈地域界限最重要的必要条件是经济条件。如果东亚地区不能充分满足必要的经济条件，那么只要地理上相邻，就必须扩大到东亚以外的地域"①。不过，后来真正被纳入"大东亚共荣圈"的，除朝鲜和中国的部分地区外，只有前述 1941 年 11 月初日本陆海军总参谋部计划占领的地方。

再次，看"大东亚共荣圈"思想的主要内容。"大东亚共荣圈"思想主要包括三方面的内容：第一，政治上建立以日本为"盟主"，其他成员国为仆从的"大东亚共荣圈"。即要在"八纮一宇"这一崇高的肇国精神指导下，根据"阶序秩序"和"自主协同"理念，在大东亚建立以日本为"本家"或"宗家"，以其他国家为"分家"的"共存共荣"圈。② 当时，也有把日本传统的"兄长特权"运用于"大东亚"政策中并表达得淋漓尽致的事例。1942 年春天，陆军省发言人曾就"大东亚共荣圈"问题作了如下发言："日本是他们（指东亚其他国家——本书作者）的兄长，他们是日本的弟弟。这一事实要使占领地区的居民们家喻户晓。对当地居民过多体恤会在他们心理上造成一种滥用日本好意的倾向，以致对日本的统治产生不好的影响。"③ 就是说，什么事情对"弟弟"有益，要由"哥哥"来判断和决定，而且在强行做的时候不能"过分体恤"；日本与"共荣圈"其他成员之间

---

① ［日］前原光雄等：《大東亜共栄圏の民族》，六盟館 1942 年版，第 14 页。

② ［日］尻田愛義：《大東亜新秩序の原理》，日本青年外交協会 1942 年版，第 11 页。

③ ［美］鲁思·本尼迪克特：《菊与刀》，吕万和等译，商务印书馆 2002 年版，第 38 页。

是"命令与服从的关系",日本高居于"大东亚共荣圈""阶序秩序"分明的金字塔的最顶端,是这一"秩序的中心和统帅者";①其他国家和民族必须"自主协同""日本的军政指导"。② 这样一来,日本成为当然的盟主,而亚洲各国不但毫无独立可言,而且还要"随着战局的发展"随时准备接受日本这个"统率者""做出各种适当的处置"。③ 第二,经济上要把"大东亚"建设成一个"共存共荣"的经济圈。"共荣圈"的经济组织应该是一元的有机组织,"共荣圈"的经济应是按计划而编成的一体化的经济;而"产业分工"是实现"共存共荣"的必要条件。用石原广一郎的话说就是:"以日本为工业国,以其他各国为资源国,则举东亚共存共荣之实矣。"④ 目的是通过对东亚各国的经济掠夺,支持"大东亚圣战"和实现日本一国之繁荣。关于这一点,大鹰正次郎当时就公开提出:"日本为了东亚的解放,正在与英美等国进行长期的消耗战,因此'大东亚共荣圈'的经济首先应以此为中心",即"必须动员全东亚的人力和物资资源"充实日本的国力。⑤ 1943 年 11 月"大东亚会议"发布的"大东亚共同宣言"中"大东亚各国……开放资源,以此为进军世界做贡献"一

---

① [日]大鹰正次郎:《大東亜の歴史と建設》,輝文堂書房 1943 年版,第 708页。

② [日]冈本幸志:《近代日本のアジア観》,ミネルヴァ書房 1998 年版,第258 页。

③ 复旦大学历史系编译:《日本帝国主义对外侵略史料选编》,上海人民出版社1983 年版,第 391 页。

④ [日]石原広一郎:《南日本の建設》,清水書房 1942 年版,第 159 页。

⑤ [日]大鹰正次郎:《大東亜の歴史と建設》,輝文堂書房 1943 年版,第 22页。

句,① 可谓一语道破天机。第三,文化上要求"大东亚"各国在
东方文化的"代表"和"救世主"——日本的领导下,实现东洋
文化之"复兴"。他们把日本与美英之间的对立扩大为东方文化
与西方文化、东洋道德与西洋道德间的对抗,宣称:只有堪称
"典范"的日本文化,才能担负起拯救和复兴东洋文明的使命,
而拯救和复兴的动力就是日本正在进行的"大东亚战争";中国
因不理解日本的这一苦衷才受到了惩罚,② 所以,东亚其他各国
今后要主动协同日本的战争政策,为形成"大东亚文化自给自足
体"和"复兴东洋文明"做出贡献。③

　　总之,"大东亚共荣圈"思想的成因恰如有学者深刻分析的
那样:第一,是日本封建时代(从丰臣秀吉开始)就企图称霸世
界的扩张思想的延续,由来已久;第二,是近代以来日本蔑视亚
洲近邻即优越意识的恶性膨胀;第三,是日本军国主义为了给自
己发动的侵略战争披上合法外衣而提出的又一个口号;第四,
还缘于总体战略思想和喧嚣一时的经济圈理论以及国际局势的诱
发。④ 就其实质而言,它不是为亚洲"共存共荣"而提出,而仅
为日本一国繁荣而炮制,不过是打着"兴亚"旗号行"侵亚"之

---

①　王屏:《近代日本的亚细亚主义》,商务印书馆 2004 年版,第 287—288 页。

②　大鹰正次郎说:"我国为了防止中国被分割,一方面不得不成为强国;一方
面为了成为强国,就得在中国有特殊权益,并认真保护此权益。当时就是这样一种
状况,这可以说是比欧美经济落后的日本的困境吧。……如果这时缺乏道义的精神,
没有爱护近邻中国及东亚各国的心胸,日本便会和欧美列强一样,乘中国内乱之时
进行侵略了。"——[日]大鹰正次郎:《大東亜の歴史と建設》,辉文堂书房 1943 年
版,第 682—684 页。

③　李玉、骆静山主编:《太平洋战争新论》,中国社会科学出版社 2000 年版,
第 233—234 页。

④　同上。

实而已。即"大东亚共荣圈的实质就是要亚洲各国绝对服从日本的天皇制领导，为日本贡献各国的资源，以保证日本与西方殖民主义者争霸的实际需要。圈内各国如不服从便遭膺惩、屠杀。'大东亚共荣圈'的欺骗性、侵略性昭然若揭"①。

（三）右翼政治活动

以 1929 年世界经济危机的冲击为转折点，日本右翼势力进入 30 年代后进一步猖獗起来。他们打着"反权门"、"反资本"、"救济农村"、"改造"、"革新"等旗号，煽动学生出身的青年军官和来自农村的广大士兵断然实行所谓"昭和维新"。当时流行着一首《昭和维新之歌》，其中数节云："汨罗之江波涛涌，巫山之雪乱纷飞。混浊之世我独立，义愤然兮血如潮。""权门在上骄且奢，忧国之诚则毫无。财阀但知夸豪富，全无心思为社稷。""昭和维新春之空，正义结成大丈夫。胸中足有百万甲，化作樱花万点红。""休唱离骚之悲曲，慷慨悲歌已非时。吾侪惟仗三尺剑，血涤寰宇舞雄姿。"② 正是在这种美妙动听而又充满血腥味的极具煽动性的口号声中，民间传统右翼特别是在日本社会开始扮演主要角色的军部法西斯势力，企图通过对内制造一系列迫害、恐怖、政变事件和对外充当日本帝国主义侵略的急先锋，来实现北一辉、大川周明等人提出的"国家改造"计划，推动整个日本社会迅速法西斯化。

1. 对内制造迫害、恐怖、政变事件

这方面的典型事件有以下几起：

_____

① 王屏：《近代日本的亚细亚主义》，商务印书馆 2004 年版，第 294 页。

② ［日］犬丸義一、中村新太郎：《物語日本近代史》（第 3 卷），新日本出版社1972 年版，第 277 页。

滨口首相被刺事件　1930年初，世界性经济危机波及到日本，全国笼罩在动荡不安中，日美矛盾也进一步激化。在此背景下，民政党滨口雄幸内阁派代表出席了伦敦裁军会议，并与美英法意等国签订了妥协性的限制海军舰艇条约——《伦敦海军条约》。日本政府同意日美拥有大型巡洋舰的比例由原来的7：10改为6：10。由于这个妥协案没有满足军部的要求，遂激起日本民间右翼分子和军部法西斯分子的不满，攻击滨口首相侵犯了天皇对军队的"统帅大权"。出席伦敦会议的海军军令部的少校参谋草刈英治，甚至以剖腹自杀来煽动法西斯右翼分子反对《伦敦海军条约》和滨口内阁，致使该约4月22日签字，10月1日才被批准，10月27日方得互换批准书。就在美英等国大肆宣传伦敦会议"成就"的时候，也在自诩世界已从列强对立的"冒险时代"走向了国际协调的"安定时代"的滨口首相，于同年11月14日被右翼团体爱国社成员佐乡屋嘉昭（原名佐乡屋留雄）枪杀于东京火车站，翌年8月26日不治身亡。滨口首相被刺事件揭开了以暗杀、政变为主要特征的"昭和维新"的序幕，故被日本右翼分子美其名曰"昭和维新第一枪"。

三月事件　滨口雄幸被刺后，民政党的若槻礼次郎上台组阁，日本法西斯右翼势力更加嚣张。如前所述，桥本欣五郎等法西斯军官早在1930年9月就建立了当时最有影响和代表性的军人法西斯团体——樱会。1931年一二月间，樱会核心人物桥本欣五郎、田中弥等人勾结大川周明、龟井贯一郎等民间右翼骨干分子，在陆军次官杉山元、参谋本部次长二宫治重、参谋本部第二部长建川美次等军部首脑的默许和支持下，酝酿发动一场以宇垣（一成）组阁为目标的武装政变。其具体行动计划是：预计在3月20日首先由民间右翼头目大川周明组织万余人在东京大规模示威游行，冲击正在召开的第59届国会，并向政友会和民政党总部、首相官邸发射模拟炮弹；然后再调动第一师团部分军队以"保护"为名包围国会，并由小矶国昭中将直接进入议会，强迫币原代理首相和内阁总辞职，拥戴陆相宇垣一成建立法西斯军事独裁政权，以实现"国家改造"计划。但该计划终因陆军省军事课长永田铁山等人反对和宇垣陆相中途动摇而未能付诸实施。是为"三月事件"。三月事件开了日本军部法西斯势力阴谋发动军事政变的先河。

十月事件 三月事件后不久，军部法西斯势力（以一夕会成员为主）直接策划并制造了被石原莞尔称作"昭和维新之前驱"[①]的"九·一八"事变。受此鼓舞，也为了与在"满洲"的关东军遥相呼应，三月事件的主谋桥本欣五郎、大川周明等人又策划在10月21日发动政变，打倒"妨碍完成事变"的民政党内阁。桥本亲自起草了具体行动计划：在民间右翼分子配合下，动用十六七架飞机，由陆海军中坚将校率10个步兵中队和两个机枪中队袭击首相官邸和政府机关，刺杀首相及其以下官员，拥戴另一个法西斯军人头目荒木贞夫建立军事独裁政权。此次政变计划虽因事前走漏消息而同样归于流产，但它却迫使若槻礼次郎内阁于同年12月总辞职。是为"十月事件"，也称"锦旗事件"。经过十月事件，特别是在"九·一八"事变的刺激下，军部在日本政坛的发言权大为增强，政党内部的法西斯力量也在迅速壮大，法西斯右翼势力的活动更加猖獗，并出现统一趋向。这是适应对外侵略战争需要而必然出现的一种新动向。

血盟团事件 民间右翼团体血盟团的盟主井上日召，是日本佛教日莲宗僧侣、茨城县立正护国堂的住持。血盟团打着"救济农村"的旗号，鼓吹"农本自治主义"，积极训练敢死队，决心

---

① ［日］角田顺：《石原莞尔资料·国防论策编》，原书房1971年版，第91页。

做"国家改造的铺路石",[①] 试图建立一个"天皇中心主义的反资本主义社会"[②]。鉴于以往主要由军人法西斯分子搞的政变均以失败而告终,遂决定由农村青年和农村出身的官兵实施血腥的"一人一杀"暗杀计划,杀死那些在他们看来有碍军事法西斯独裁政权建立的政、财两界要人。当时,井上日召制定了一份暗杀犬养毅首相等9名政界和财界要人的具体计划。1932年2月9日,血盟团成员小沼正枪杀了反对增加陆军拨款的民政党核心人物、藏相井上准之助。同年3月5日,血盟团的另一个成员菱沼五郎又在坐落于日本桥一带的三井银行总部入口处,枪杀了三井财团总裁团琢磨。通过对小沼正和菱沼五郎审讯才获知,他们是在执行一个叫血盟团的秘密组织的暗杀计划。后盟主井上日召向警方自首,其他成员亦均被逮捕,暗杀计划中途夭折。是为"血盟团事件"。

"五·一五"事件　血盟团事件后的同年5月15日,在东京又发生了由10名海军将校、11名陆军士官生和10名民间右翼分子联合发动的大规模政变。他们计划袭击东京主要场所,暗杀政要,搅乱帝都,胁迫政府颁发戒严令,建立以荒木贞夫为核心的军事法西斯独裁政权。结果,他们袭击了首相官邸、内大臣官邸、警视厅、日本银行、政友会总部、三菱银行、田端变电所和鬼怒川变电所等要害场所,并刺杀了犬养毅首相。他们在《告国民书》中宣称:"目前挽救国家的惟一道路就是采取'直接行动',杀死天皇左右的奸贼。"[③]"五·一五"事件虽被镇压下去,

---

①　李玉、骆静山主编:《太平洋战争新论》,中国社会科学出版社2000年版,第80页。

②　[日]高木正幸:《右翼·活动と团体》,土曜美术社1989年版,第46页。

③　[日]《现代史资料》(第4卷),三岭书房1965年版,第104页。

但以此为契机，军部不仅以"时局非常"为借口拒绝继续由政党组阁，而且恢复了由元老在事先征得军部首脑同意后提出组阁人选，最后由天皇加以任命的老办法。此次政变后建立的以预备役海军大将斋藤实为首的包括军部、官僚和政党在内的所谓"举国一致"内阁，就是这样产生的。至此，日本近代史上的一个重要历史时期——"政党内阁时代"（从1924年护宪三派的加藤高明内阁成立到1932年"五·一五"事件导致政友会犬养毅内阁下台）宣告结束，"这也就意味着军事法西斯体制正在形成"①。正是在这次形式上失败而实质上获胜的政变鼓舞下，由民间右翼分子和军人法西斯分子组成的日本右翼势力，仅在1932年至1943年的十余年间就制造了五十多起恐怖事件和武装政变。如，1933年3月大日本生产党制造的"神兵队事件"、1935年3月国粹大众党制造的"挺身队暴行事件"、1935年8月皇道派军官相泽三郎中佐刀斩军务局长永田铁山事件、1936年2月皇道派制造的日本百年右翼运动史上规模最大的"帝都叛乱事件"——"二·二六"事件、1939年国策社制造的"袭击中岛知久平事件"、1941年10月国粹大众党制造的"反美事件"、1943年10月的"东方同志会事件"等等。其中对日本法西斯化进程影响最大者，要数"二·二六"事件、"泷川事件"和"天皇机关说事件"。

"二·二六"事件 十月事件后，樱会走向解体，日本军部法西斯势力从此分裂成为对立的两大派系：一派鼓吹皇道精神、国体明征，主张用自下而上的赤裸裸的军事政变手段推翻现内阁，由天皇执政，建立天皇制军事独裁政权，然后实行对外侵略，这一派被称作"皇道派"。该派核心人物是前陆相荒木贞夫（大将）和教育总监真崎甚三郎（大将），成员多为在现政权中没

---

① 吕万和：《简明日本近代史》，天津人民出版社1984年版，第285页。

有地位的下级少壮军官（以尉级军官为主）。另一派则反对"直接行动"，主张运用军部中央机关的现有统治地位，通过自上而下的合法手段，建立以天皇为中心的"高度国防国家"——天皇制军部法西斯独裁政权，之后进行对外侵略扩张，这一派被称作"统制派"。该派核心人物是林铣十郎、永田铁山、石原莞尔、东条英机等，成员多为在现政权中有地位的中高级军官（佐级以上）。不难看出，两大派系集团在建立天皇制军部法西斯独裁政权和对外侵略扩张两点上完全一致，只是在建立法西斯军事独裁政权的手段和途径上，在对外侵略的步骤和时机的选择上有所不同而已。"永田铁山事件"发生后，两派矛盾进一步激化，结果皇道派又发动了"二·二六"兵变。

1936年2月26日清晨，在民间法西斯头目北一辉、西田税等人的支持和配合下，皇道派青年将校村中孝次、矶部浅一、栗原安秀等20多人，率第一近卫师团步兵1400余人在东京发动武装政变。乱军踏着夜里刚下的积雪，兵分七路袭击了首相等政要的官邸。内大臣斋藤实、教育总监渡边锭太郎、前藏相高桥是清均遭枪杀，侍从长铃木贯太郎身负重伤，首相冈田启介（其秘书被误认为首相而当了替死鬼）和前内大臣牧野伸显侥幸逃脱。乱军一度攻占了永田町一带的首相官邸、陆军省、警视厅，并向陆军大臣川岛义之呈上"蹶起趣意书"，提出实行"昭和维新"、充实国防、解散国会、重用皇道派和惩处统制派等8项要求。事变发生后，统制派为了抑制和打击皇道派势力，在天皇的直接干预和支持下，以"肃军"的名义镇压了叛乱。结果，设在东京的临时军法会议判处包括北一辉、西田税在内的政变直接间接领导人19人死刑、5人无期徒刑、30人有期徒刑，部分军官被降职或调离。这次政变之后，皇道派瓦解，统制派掌握了陆军省实权。

"二·二六"事件后，冈田启介内阁垮台。征得军部同意，民间右翼团体玄洋社成员、法西斯分子广田弘毅出面组织新内阁。至此，不仅恢复了军部大臣现役制，而且内阁大政方针和人事安排也悉由军部决定，法西斯军部全面控制了内阁。广田内阁在"庶政一新"的名义下采取一系列措施，加速日本法西斯化：第一，改组政府机构，强化法西斯体制。规定：由听命于军部的五相会议（首、藏、外、陆、海）制定军国大政方针，执掌国防、外交等项大权。第二，加强对人民的控制和镇压。1936 年 5 月，日本政府以镇压叛乱为名，颁布了《思想犯保护观察法》等一系列反动法案，禁止群众集会和游行。第三，制定对外侵略扩张政策。1936 年 8 月 7 日，"五相会议"制定了"外交国防互相配合，一方面确保帝国在东亚大陆的地位，另一方面向南方海洋发展"的基本国策。可以看出，日本不仅要扩大对华战争，而且开始准备"南进"。这些内外政策表明，"二·二六"事件和广田内阁的成立，标志着日本右翼势力实现了长期梦寐以求并为之"奋斗"的对内建立军部法西斯独裁政权和对外扩大侵略战争的目的。

泷川事件和天皇机关说事件　这是两起迫害资产阶级自由主义者事件。所谓"泷川事件"，是指 1932 年 11 月日本法西斯分子迫害京都帝国大学教授泷川幸辰的事件。泷川教授在自己的著述中提出，犯罪问题必须追究其社会根源，即犯罪产生于国家组织的不完善，是对国家的一种制裁。右翼分子指责他的这一观点是违背国体的"赤化"思想。他们甚至把泷川教授提出的"日本刑法中规定妻子有通奸罪而丈夫没有是不妥当的"这一观点，指责为破坏日本家族制度进而危及国体的思想。翌年，文部省勒令泷川幸辰教授辞职，其著作《刑法讲义》、《刑法读本》也被禁止发行。为了表示对政府和法西斯右翼势力的抗议和愤怒，京都帝国大学法学院的全体教授与泷川幸辰教授一道集体辞职。

所谓"天皇机关说事件"，是指持"天皇机关说"的日本贵族院议员、东京帝国大学教授、法学博士美浓部达吉遭日本右翼分子迫害的事件。美浓部教授的宪法学说认为，国家是"法人"，统治权属于国家；天皇只是作为国家最高机关行使统治权。他的这一学说与上杉慎吉等人主张的"天皇主权说"发生对立，并与之进行了长达十余年（1921—1931）的激烈争论，一度在学术界被认为是定论，成为大正民主政治和政党内阁的思想基础。但随着日本法西斯势力的迅速膨胀，美浓部教授的这一学说在 1935年 2 月受到法西斯分子、陆军中将、贵族院议员菊池武夫的指责，被认为是违背国体和有损天皇尊严的"明显的叛逆思想"，民间右翼分子也群起呼应，于是掀起了一场批判"天皇机关说"的运动。同年三四月间，日本众议院通过了所谓"国体明征"决议，明确日本国体是天皇制，并迫使美浓部辞去贵族院议员职务。文部省和教育总监还下达了"国体明征"训令，禁止销售美浓部教授的著作，并以"不敬罪"对其起诉。美浓部达吉抗辩不屈。1936 年 2 月 21 日，美浓部教授竟遭到右翼分子小田十壮袭击而身负重伤。面对这起粗暴侵犯学术自由和葬送议会政治理念之事件，日本知识分子和新闻界几乎没有进行任何抵抗，更没有出现类似泷川事件时由教师和学生掀起的声援运动。这是因为，随着日本法西斯化进程的加快，进步的核心组织已大多遭到了破坏，甚至连资产阶级自由民主思想也被视为洪水猛兽，因此也就很难再有为民主自由而战的活动了。

进入 30 年代以后，日本法西斯右翼势力为了建立军部法西斯独裁政权和扩大侵略战争，除了制造一系列恐怖、政变和迫害资产阶级自由主义者的事件外，继续破坏国内日益高涨的工人运动。民间右翼分子经常渗透到工人队伍内部并收买工贼，不遗余力从内部瓦解工人运动，试图把工会变成为战争政府效劳的御用组织。全日本劳动同盟、产业报国会、日本产业劳动俱乐部等，就是此类御用工会组织。1936 年，又在此基础上成立了全国性的统一的法西斯工会组织——爱国工会全国恳谈会，可谓日本工人阶级队伍中的"法西斯别动队"。日本右翼势力通过把一些工人群众拉入法西斯"工会"或推进统治阶级发起的"产业报国运动"，使日本工人阶级的一部分成了军国主义战争政府和法西斯势力的帮凶；而这又反过来推动了日本法西斯力量的膨胀，其活动也愈加猖獗。

特别值得注意的是，尽管上述几起恐怖、政变事件的凶手犯罪事实铁证如山，但如同当年朝日平吾刺杀安田财阀首脑时的情形一样，凶手比受害者更受公众和当局的同情。十月事件的策划者被捕后所受到的处罚仅仅是：为首者被禁闭 20 天，助手被禁闭 10 天，其余同伙仅受到一定的斥责。血盟团事件中的两名杀人凶手竟未判处死刑，只判了无期徒刑。"五·一五"事件后对凶手的审判，就更令人沉思。与以往一样，很多民众基于对"腐败"的深恶痛绝，不但没有把同情给予被杀死者犬养毅，反而对凶手表示出前所未有的同情。当一名被告宣称：我和同伙的行动只不过是为唤醒祖国而敲起警钟，"生死对于我无关紧要。我要对那些为我的死表示沉痛的人说，不必为我流泪，在改革的祭坛上牺牲自己吧！"① 在场的人们竟报以雷鸣般的掌声。甚至有多达 11 万份用鲜血签名或完全用鲜血写成的要求宽恕凶手的请愿书，雪片般地从全国各地飞到审判官那里。新潟县有 9 位青年要求替凶手服刑。他们为了表示真诚，还寄来了泡在酒精里的 9 根小手指（每人剁下 1 个小手指）。结果，"五·一五"事件的杀人凶手同样没有一人被判处死刑，而被判刑的 40 人数年后也全被

① ［美］约翰·托兰：《日本帝国的衰亡》（上），郭伟强译，新华出版社 1982年版，第 13 页。

释放出狱。可见，在公众和审判官心中已经形成这样一种思维定式：任何已经采取或计划采取暴力行动者，只要是为了国家的荣誉，就都应该特赦。而这样一种思维定式所以形成，是因为当人们面对出身低下的刺客和生前高高在上的被杀者时，心里普遍存在着这样一些想法：一个人被杀，难道不正说明被杀者缺少才德吗？为崇高目的而杀人的凶手不正是为了保护平民、反对暴虐吗？还有谁会为结束严重的经济萧条而采取如此"忘我"的激烈行动呢？又有谁敢对腐败的政客、朝廷命官和财界巨头公开进行袭击呢？换句话说，在部分民众和法官的心目中，凶手已不再是"凶手"，而是英勇无畏的"斗士"。这是推动日本右翼势力继续发展壮大和整个日本社会加速法西斯化的社会基础。

2. 对外充当侵略战争的"中坚"和急先锋

日本法西斯化与德意两国的法西斯化有所不同。主要表现在：第一，法西斯势力的夺权途径不同。"德意法西斯是通过自下而上的途径上台的，即以欺骗宣传蒙蔽部分群众，再通过议会选举掌握议会多数，然后用发动政变的办法，将资产阶级政权改变成为法西斯政权；而日本法西斯是通过自上而下途径上台的，即在没有改变原有天皇制专制主义政权体制的情况下，由掌权的军部和日本政府以及右翼势力，逐渐使原有政权法西斯化的。"① 第二，在建立国内法西斯独裁政权和发动对外侵略战争的先后顺序上也有所不同。德意两国是先建立法西斯独裁政权，后发动对外侵略战争；而日本则是对内建立军部法西斯独裁政权和对外发动侵略战争同步进行。与在国内建立法西斯独裁政权相类似，在日本帝国主义制造"九·一八"事变、"一·二八"事变、"华北事变"、"七·七"事变等一系列侵略事件和进行侵略战争的整个

---

① 吴廷璆主编：《日本史》，南开大学出版社 1994 年版，第 693 页。

过程中，日本右翼势力中的军人法西斯势力充当了"中坚"和主力，而民间右翼势力则一直发挥了先锋和后盾的作用。这在"九·一八"事变前后尤为明显。

鉴于日本军部法西斯势力制造"九·一八"事变等一系列侵略事件已如所周知，故在此仅就日本民间右翼势力配合侵略战争之实态略加论述。

首先，看日本国内。"九·一八"事变后，日本政府碍于国际舆论和同美英苏等大国的关系，制定并通过了满洲事态"不扩大方针"。对此，玄洋社、黑龙会等民间右翼团体一面为关东军的"断然行动"鼓噪喝彩，一面煽动国民情绪向政府施加压力。9月19日，满蒙问题国民同盟召开干部会，会后内田良平、松田祯辅、小山田剑南、葛生能久等右翼骨干分子立即走访了南次郎陆相，次日又游说了参谋总长金谷范三和参谋次长二宫治重。9月21日又召开"实行委员会"，内田良平大放厥词，不仅把"九·一八"事变的责任归咎于"支那侮慢我方"和"我外交当局推行软弱外交"，而且强烈要求政府当局借此"彻底严惩"中国，从根本上唤起人心。会议还发表了《致政府及国民声明书》，宣称："发挥我炮火之威力，乃是解决满蒙问题的惟一办法，不仅能慑服满蒙，也能慑服整个支那，倘若期望外交交涉解决，乃是隔靴搔痒之蠢举。"① 10月24日，国联理事会通过了"限期撤兵"的对日劝告案。针对政府某些要员犹像徘徊之态度，满蒙问题国民同盟联络政友会、民政党以及对外同志会、满蒙问题解决同盟、在乡军人会、鲜满协会和部分贵族院议员，决定成立"举国一致各派联合会"，办事机构设在黑龙会自由俱乐部内。1931年11月14日，该会在东京芝公园召开了有数万人参加的"国民

───────────────

① ［日］葛生能久：《東亜先覚志士記伝》（下），黑龍会1933年版，第87页。

大会"，并由头山满领衔分别向国联主席、英国首相和美国总统发去"宣言电"，妄称："我日本国民从来祈念东洋和平，希望恢复满洲秩序，然而支那方面毫不觉醒。支那各地的事态也决定国军（指日军——本书作者）断不能从满洲撤兵。吾人兹代表日本国民决意声明，以唤起世界公论，促使支那觉醒和国际联盟的觉醒。"① 大会还选出代表，准备分别与政府当局、国联、美英驻日公使交涉，以便把"民意"传达给各方。实际上，在日后日本发动的一系列侵略"事变"中，都能看到这些所谓民间"志士"（即民间右翼分子）在推动政府扩大战争和动员、胁迫国民参战方面活跃的影子及其特殊作用。

其次，看日本国外。"九·一八"事变爆发后，在中国东北的大雄峰会和满洲青年联盟的许多成员，直接投身于侵华战争和从事侵华活动。诸如维持占领地的"治安"，收买汉奸充当傀儡，运输战争物资，慰问和护理伤员，修复铁路、电厂、机场等，俨然关东军的后勤补给部队。另外，在炮制伪满洲国的过程中，这两个右翼团体更发挥了国内右翼团体无法替代的作用，被称为伪满洲国的"催生婆"。大雄峰会把工作重心放在县一级傀儡政权的建立上。1931 年 10 月 24 日制定的"地方自治指导部设置要领"规定，县级傀儡政权要"以日本人为主体"，以便操控地方汉奸势力。11 月 10 日，在关东军支持下，"自治指导部"宣告成立。除老汉奸于冲汉挂"部长"衔外，其他要职大多为大雄峰会骨干笠木良明、庭川辰雄等人把持。截止 1932 年 3 月，"自治指导部"向辽、吉两省 58 个县派出的日本"指导员"，几乎全部都是大雄峰会和满洲青年联盟的成员。他们在关东军驻屯部队的支持下，扶植汉奸组建伪军警，建立伪政权，疯狂镇压东北人民

———————————

① ［日］葛生能久：《東亜先覚志士記伝》（下），黑龍会 1933 年版，第 91 页。

的反满抗日运动，掀起了所谓自下而上的"伪满建国运动"，推动了伪满洲国的出笼。各基层伪政权建立后，日本人军事指导员出任军事长官（后称副县长），凌驾于伪县长之上，掌握县政一切大权。满洲青年联盟的活动，则重点放在组织协和会上。1932年4月，联盟骨干分子山口重次、小泽开策等人建立了"协和党安东支部"，宣称以协和满蒙现存民族、排除封建弊政、确立民众政治、专念治安维持为宗旨。接着各地纷纷设立支部，成立宣抚班，追随日伪军讨伐队到各地"宣抚"，旨在分化瓦解抗日武装，建立和维持殖民统治秩序。1932年7月25日，协和会正式成立。其成立宣言称：本会之目的，在于"遵守建国精神，以王道为主义，致力于民族协和，以巩固我国政治之基础，希图王道政治之宣化"①。协和会自出笼之日起，尽管几经改组，但作为关东军御用工具的功能始终未变。它在维持和强化殖民统治秩序，残酷奴役中国东北人民，愚弄和毒害青少年一代等诸多方面，都发挥了法西斯政党的作用。此外，在以后的"一·二八"事变、华北事变、"七·七"事变以及全面侵华战争期间，日本民间右翼团体的许多成员，或为日军充当间谍、刺探情报，或在中国当地挑起事端、制造侵略借口。他们作为侵华日军的"别动队"，确实发挥了马前卒和急先锋的作用。

以上不难看出，日本挑起"九·一八"事变等一系列侵华事件和进行长达14年之久的侵华战争，固然是日本政府"大陆政策"的必然结果，是日本军部法西斯化的必然产物，然而日本民间右翼势力在推动整个日本社会法西斯化和延长战争进程、扩大战争灾难方面，确曾起了不容忽视的特殊作用：第一，其主张为日本政府制定和推行强硬的外交方针和武力征服政策，提供了

────────────────

① ［日］《満州国と協和会》，満州評論社1935年版，第74—79页。

"理论根据"。第二，民间右翼团体通过吸收军人参加或派人置身于军队之中，以及通过对军人进行法西斯理论教化，加速了军人法西斯势力的形成和整个军队的法西斯化。第三，民间右翼势力通过成立和壮大为数众多的右翼团体和举行各种集会、演讲会，不仅把部分日本国民拉到了法西斯战争政府一边，而且为日本统治阶级发动和扩大侵略战争制造了舆论氛围。第四，他们还通过充当间谍、刺探情报，通过挑起事端、制造侵略借口，通过战争物资的调度和运输、伤病员的慰问和护理、占领区伪政权的建立和"治安"维持等等，直接投身于侵略战争，发挥了日军别动队和侵略战争急先锋的作用。这股孽生于明治时期、膨胀于大正时代、肆虐于昭和前期的社会恶势力，犹如癌瘤一样不断恶化着日本社会的肌体，不仅给亚洲邻国带来了亘古未有的巨大灾难，最终也使日本民族濒临毁灭的边缘。这一沉痛的历史教训特别是日本右翼势力的极端危害性，值得今天每一个日本人冷静思索和时刻铭记。

第二章

战后日本右翼势力的演变

　　战前，日本走上军国主义战争歧途并为祸亚洲邻国的历史，实质上就是日本右翼势力"孳生"、"膨胀"、"肆虐"的过程。曾几何时，较之今天为害世界的恐怖主义要凶残得多的这股社会恶势力，不仅给亚洲其他民族带来了创深痛剧、亘古未有的浩劫，而且也使大和民族自身遭遇了前所未有的惨祸，甚至使其本国被国际社会目为"蒙文明皮肤，具野兽筋骨之怪兽"①。本来，附在日本社会肌体上的这个"政治癌瘤"理应随着其依附体——"大日本帝国"的败亡而被彻底割除，但遗憾的是，由于历史的和现实的、国内的和国际的诸多因素所致，② 日本右翼势力在战后初期度过了一个短暂的"冬眠"期之后，很快又随着日本国内

---

　　① 李玉、骆静山主编：《太平洋战争新论》，中国社会科学出版社2000年版，第38页。

　　② 最关键的因素是美国占领当局人为地保留了日本的天皇制和法西斯残余势力。对此，名古屋大学名誉教授安川寿之辅指出："保留天皇制和没有彻底追究战争责任就直接进入民主化阶段这种做法本身隐伏着极大的祸患，而且这种祸患正在逐渐暴露。"——许岩：《福泽谕吉研究的新挑战——安川寿之辅及其新著〈福泽谕吉的亚洲认识〉》，见南开大学日本研究院编《日本研究论集·2004》，天津人民出版社2004年版，第497页。

外政治气候的变化而复苏过来，并在战后半个多世纪中又划出了一道"削弱"、"复活"、"抬头"、"蠢动"的行进轨迹，时至今日再度对日本政局走向、中日关系走势和东亚和平构成了潜在的威胁。换句话说，战前战后日本右翼势力具有明显的继承性和相似性。本章仅就战后日本右翼势力的演变轨迹和各阶段特点，略作探讨。

一　战后日本右翼势力的削弱(1945—1951)

1945 年 7 月 26 日发出的《中美英三国促令日本投降之波茨坦公告》明确规定："欺骗及错误领导日本人民，使之妄欲征服世界之威权及势力，必须永远根除。盖吾人坚持非将负责之穷兵黩武主义驱逐出世界，则和平、安全及正义之新秩序的建立势不可能。……吾人无意奴役日本民族或消灭其国家，但对于战罪人犯，包括虐待吾人俘虏者在内，将处以法律之制裁。"[①]　日本投降后，盟军总部特别是美国为了"保证日本不再成为世界和平与安全之威胁"[②]，尤其为了"确保日本今后不再成为美国的威胁"[③]，又根据《波茨坦公告》之精神，制定和帮助日本政府制定了多个铲除法西斯军国主义残余势力的文件，如美国《战后初期的对日政策》(1945 年 9 月 22 日)、盟军总部的"神道指

---

　　① 田桓主编：《战后中日关系文献集（1945—1970）》，中国社会科学出版社1996 年版，第 2 页。

　　② 《日本问题文件汇编》（第 1 集），世界知识出版社 1955 年编辑出版，第 13页。

　　③ 汤重南等：《日本帝国的兴亡》（下），世界知识出版社 1996 年版，第 1477页。

令"——《关于废除政府对国家神道、神社神道的保障、支援、
保全、监督及弘布之文件》(1945 年 12 月 15 日)、天皇的《人
格宣言》(1946 年 1 月 1 日)、《联合国总司令部 1946 年 1 月 4 日
致日本政府备忘录》——《关于开除不宜从事公务者的公职之文
件》(1946 年 1 月 4 日)、《关于废除若干政党、政治结社、协会
及其他团体之文件》(1946 年 1 月 4 日)、远东委员会《关于投
降后日本的基本政策的决议》(1947 年 6 月 19 日)等等。其中,
"神道指令"、天皇的《人格宣言》、《关于开除不宜从事公务者的
公职之文件》、《关于废除若干政党、政治结社、协会及其他团体
之文件》等四个文件,是直接铲除日本右翼势力的重要相关文
件。如果说否定天皇"神格"和禁止国家神道是对狂热崇拜天皇
和信奉国家神道的日本右翼势力精神上的摧毁,那么强行解散右
翼团体和大规模解除右翼分子公职则是对日本右翼势力组织层面
的沉重打击。例如,《关于开除不宜从事公务者的公职之文件》
明确规定:"为了实施波茨坦宣言上述条款,现命日本政府对符
合下列条款的一切人等开除公职、罢免官职。a. 军国主义、国
家主义和侵略的积极倡导者;b. 一切极端国家主义团体、暴力
主义团体或秘密爱国团体,以及与之有关系的团体等当中的骨干
分子;c. 活动于大政翼赞会、翼赞政治会或日本政治会的骨干
分子。"[1] 日本政府根据盟军总部发来的备忘录,相应制定和颁
布了"敕令第 101 号"——《关于禁止政党、协会、其他团体结
社的敕令》(1946 年 2 月 23 日)、《内务府告示第 19 号》(1946
年 2 月 25 日)、《内务府告示第 20 号》(1946 年 2 月 25 日)、"敕
令第 1 号"——《关于禁止与公职有关的就业、退职之敕令》
(1947 年 1 月 4 日)等一系列"整肃"文件,限期解散右翼团体

---

① [日] 堀幸雄:《戦後の右翼勢力》,劲草书房 1983 年版,第 8 页。

和解除右翼骨干分子的公职，没收其财产充公，禁止传播右翼思想。截止1948年5月盟军总部停止对个人战争责任的追究，被列为"解除公职"审查对象者达717415人，其中实际被解除"公职"者多达210288人，同时还从各级学校驱逐了113000多名职业军人和法西斯分子。截止1951年12月，被解散的右翼团体多达233个，[①]其中由盟军总部直接命令解散的27个主要团体是：大日本一新会（吉田益三）、大日本兴亚联盟（水野鍊太郎）、大日本生产党（荒原朴水、吉田益三）、大日本赤诚会（桥本欣五郎）、大东亚协会（井户川辰三）、大东塾（影山正治）、言论报国会（鹿子木员信）、玄洋社（进藤一马）、时局协议会（一条实孝）、鹤鸣庄（摺建一甫）、建国会（赤尾敏）、金鵄学院（安冈正笃）、黑龙会（葛生能久）、国际反共联盟（平沼骐一郎）、国际政经学会（增田正雄）、国粹大众党（笹川良一）、国体拥护联合会（入江种矩）、明伦会（田中国重、石原广一郎）、瑞穗俱乐部（大井成元）、尊攘同志会（摺建富士夫）、大化会（岩田富美夫）、天行会（头山秀三）、东亚联盟（石原莞尔）、东方同志会（已故中野正刚）、东方会（已故中野正刚）、大和むすび（佐佐井一晃）、全日本青年俱乐部（影山正治）。另外，被列为甲级战犯嫌疑被追究战争责任的右翼头目有：德富猪一郎、大川周明、笹川良一、进藤一马、葛生能久、桥本欣五郎、鹿子木员信、儿玉誉士夫、平沼骐一郎；被解除公职的右翼头目有：井上日召、头山秀三、橘孝三郎、本间宪一郎、清水行之助、影山正治、寺田稻次郎、三上卓、三浦义一、佐乡屋留雄、小沼正、许斐氏利、松木胜良、茂木久平、铃木善一、下中弥三郎、津久

---

① ［日］堀幸雄：《戦後の右翼勢力》，劲草書房1983年版，第9页。

井龙雄、安冈正笃、蓑田胸喜、齐藤忠、齐藤晌、赤尾敏。[①]

在美国占领当局发布"神道指令"、审判法西斯战犯、解散右翼团体、解除右翼骨干分子公职等一系列"日本非军事化"政策的打击下，战前充当日本统治阶级侵略亚洲急先锋的日本右翼势力被大大削弱，跌入其百年右翼运动的最低谷。当然，日本右翼势力的精神支柱天皇的人格化、其政治靠山军阀的瓦解、其经济支柱财阀的解体、其后备力量的提供者农村的农地改革等等，也都是导致日本右翼势力走向削弱的重要因素。[②]但必须指出的是，在战后初期的混乱时期，甚至在 1946 年 1 月至 1951 年 4 月的数年"整肃"期间，不但被勒令解散的右翼团体从未销声匿迹、停止活动，而且还孳生了一批以新民族主义面孔出现的新右翼团体。这一方面与众所周知的冷战时期的过早到来密不可分，[③] 同时也与战后初期日本政府企图利用右翼势力挽救天皇制国体息息相关。例如，战后日本第一任内阁首相东久迩稔彦，不仅邀请"九·一八"事变的罪魁祸首之一石原莞尔出任了内阁顾问，而且欲把被盟军总部列为甲级战犯的右翼头目儿玉誉士夫拉入内阁。他曾就准备启用儿玉的原因这样说道："我不太了解儿玉，但鉴于儿玉与海军和右翼有很深的关系，所以为了与之（指海军和右翼——本书作者）联系而予以启用。"[④] 这就道出了新政府通过启用右翼头目来利用受其影响和控制的右翼势力之企图。

---

① ［日］堀幸雄：《戦後の右翼勢力》，勁草書房 1983 年版，第 45—46 页。

② 同上书，第 9—10 页。

③ 1947 年莫斯科外长会议的召开和杜鲁门遏制共产主义势力发展的冷战政策（杜鲁门主义）的出笼，标志着历时近半个世纪的冷战时期到来。

④ ［日］堀幸雄：《戦後の右翼勢力》，勁草書房 1983 年版，第 6 页。

（一）旧右翼残余势力对战败的回应和挣扎

面对战败，日本右翼势力做出了以下四种回应：

1. 发动一系列武装叛乱，以阻挠日本战败投降

日本战败前后，尽管很少大规模的抵抗行动，但还是发生了一系列由顽固和死硬分子制造的小规模的叛乱事件。其中，最典型的叛乱事件有以下四起：

近卫师团青年将校叛乱事件　是为日本军界死硬分子制造的企图阻挠战败投降的一起右翼叛乱事件。1945年8月14日、15日，反对结束战争、主张"本土决战"的陆军省部分将校发动叛乱，阴谋夺取"终战诏敕玉音放送录音盘"。他们杀害近卫师团长森赳中将后，发布伪造的师团作战命令，敦促各部队继续作战，并放火焚烧了铃木贯太郎首相的官邸、平沼骐一郎枢密院议长的私邸等。但结果是：陆军省军事课的井田正孝中佐以及民间右翼分子共7人被宪兵队逮捕；事件核心人物、陆军省军事课的椎崎二郎中佐、畑中健二少佐在皇宫广场自杀身亡；亲手杀死森赳中将的胸骨航空士官学校的上原重太郎大尉也在校内护国神社中剖腹自杀。这起叛乱事件中的自杀行动，对其他右翼分子特别是民间右翼顽固分子给予很大的刺激，故此后又接二连三发生了一系列自杀事件。①

国民神风队事件　由日本战败时担任东京警备队第三旅团所属旭部队横滨支队长的陆军大尉佐佐木武雄领导的一起企图阻挠日本投降的右翼叛乱事件。1945年8月15日2时许，佐佐木率领由士兵和横滨工业专门学校的学生十余人组成的"国民神风

_____

① ［日］《右翼運動要覽·戦後編》，日刊労働通信社1976年編輯出版，第85页。

队"乘火车来到东京。他们先用机枪扫射首相官邸，继之冲入欲杀害铃木贯太郎首相；扑空后转而袭击首相私邸，但仍未找到铃木首相，遂纵火予以焚烧。在由东京返回横滨途中，又袭击了枢密院议长平沼骐一郎的私邸，但同样没有找到平沼男爵，遂又纵火予以烧毁。事后，佐佐木武雄向宪兵队自首，但很快被释放；而其他追随者则以扰乱国政、预谋杀人和纵火等项罪名受到了追究。

岛根县厅事件　是为佐佐木武雄与尊攘同志会成员共同制造的一起反对日本投降的右翼叛乱事件。曾经制造国民神风队事件但很快被释放、参与爱宕山事件又侥幸撤出的佐佐木武雄，又会同住在松江市的尊攘同志会成员冈崎功、波多野安彦、长谷川文明等 48 人于 1945 年 8 月 24 日在厚木基地发动叛乱，袭击了岛根县厅、县府公用宿舍、发电所、新闻社、邮电局等处，并纵火焚烧了岛根县厅。事前，冈崎功等人曾下定决心说："此次终战并非陛下之圣意。我等青年为奉献忠诚而奋起，只要以一亿玉碎之决心继续战斗，就一定能够胜利捍卫皇国。"① 结果，冈崎功被判处无期徒刑，但不久就被释放出狱。后来他在岛根县建立了一个新的右翼团体——青年皇道队，还参加了战后初期的国会议员选举。

爱宕山事件　由尊攘同志会和鹤鸣庄的死硬分子饭岛与士雄、摺建富士夫等 10 余人制造的一起反对日本投降的右翼叛乱事件。基于对政府投降决定的不满，他们首先于 1945 年 8 月 12 日贴出准备袭击重臣的告示，并制定了一份袭击木户幸一内务府邸和暗杀首相铃木贯太郎等 20 多名政要的行动计划。8 月 15

---

① ［日］《右翼運動要覽·戰後編》，日刊勞働通信社 1976 年編輯出版，第 86 页。

日，裕仁天皇发表投降诏书后，他们又暗中与厚木航空队联系，妄图做最后挣扎。8 月 16 日，他们袭击了木户内务府邸，但没有达到杀害木户幸一之目的。之后，摺建富士夫、稻垣幸太郎、茂吕宣八等 12 人退守爱宕山，被警察包围。在完全绝望之后，摺建富士夫、谷川仁等 10 人于 8 月 22 日傍晚引爆手榴弹集体自杀，另两人接受警察劝告下山投诚。8 月 27 日，摺建富士夫、稻垣幸太郎、茂吕宣八三人之妻，竟在丈夫自杀的同一个地方用手枪自杀殉死。① 不过，也有两名妻子自杀殉死之说。②

2. 用自杀或集体自杀方式承担战败责任，以此向天皇表示"歉疚"和"谢罪"

这类事件除前述具有"叛乱"和"自杀"双重意义的爱宕山事件外，还有两起事件比较典型：

明朗会成员集体自杀事件　明朗会原本是日本邮船株式会社的高级船员于 1936 年建立的一个海员工会组织，后来逐渐右倾化为右翼团体，并很快加入了右翼联合组织——日本主义青年会议。1945 年 8 月 23 日，其头目日比和一率领包括一名女性在内的 12 个门徒径奔皇宫前广场，在身旁放下遗书和 3000 日元善后费用后，或用日本刀剖腹自杀，或以手枪自裁，或服毒自尽。他们既是在以集体自杀方式反对投降，也是想"以死向天皇表示对战败的歉意"③。

大东塾生集体自杀事件　又称"代代木事件"，是大东塾塾

---

① ［日］《右翼運動要覧・戦後編》，日刊労働通信社 1976 年编辑出版，第 86 页。

② ［日］堀幸雄：《戦後の右翼勢力》，勁草書房 1983 年版，第 5—6 页。

③ ［日］《右翼運動要覧・戦後編》，日刊労働通信社 1976 年编辑出版，第 86 页。

生在东京代代木练兵场演出的一起集体自杀丑剧。大东塾代塾主影山庄平（塾主影山正治之父）等，在闻悉天皇发布了投降诏书后发誓道：战败"是因为我们的诚意和努力不够所致，故（吾等）决心以死向天皇表示歉意"。1945 年 8 月 25 日，影山庄平和塾生野村辰夫、福本美代治等共 14 人来到代代木练兵场，留下"共同遗书"后集体自杀。遗书宣称："奉献纯洁之诚心的吾等十四尊皇魂，一定守护天壤无穷之皇城。"①

3. 制造一系列袭杀日共干部事件，以维护天皇制国体

从剖明心迹的一些言论来看，与战前一样，他们普遍视日本共产党人为"卖国贼"或天皇制国体的"破坏力量"。为此，他们竟敢在日本战败即失去靠山的情况下，继续迫害和谋杀日共干部。战后初期的这类事件主要有四起：

谋杀志贺义雄未遂事件　无业右翼青年、法政大学学生渡边信之，对日本共产党抱有强烈的反感。他认定："日本共产党在终战后的混乱时期煽动工人，不断制造争议，助长混乱，伺机搞共产革命。为了指明这一点，必须暗杀德田、野坂、志贺等日共干部。"②他首先将暗杀目标锁定在志贺义雄身上。1947 年 4 月 30 日，渡边信之在携手枪赴大阪实施杀人计划的途中，在门司车站被警察发现而败露。

谋杀德田球一未遂事件　日本反共联盟大鹤支部核心人物古贺一郎和会员古谷晃、高桥嘉照、稻叶实等人认为，为了重建日本，除扫清日共干部外别无他途，必须下决心杀死日共干部。他们把日共主要领导人德田球一确定为第一个谋杀目标。他们把炸

---

①　[日]《右翼運動要覽·戰後編》，日刊劳働通信社 1976 年编辑出版，第 87 页。

②　同上书，第 88 页。

药装进两个果汁瓶做成自制手榴弹，并事先写好了"斩奸趣旨书"，内称："类似德田、野坂、志贺这种是日本人又非日本人之奴辈，我等代天诛之。"① 1948 年 7 月 19 日，古贺等人在佐贺市公会堂向正在演讲的德田球一投掷了自制手榴弹，致其重伤。

谋杀日共干部未遂事件 高知县海外同胞归还促进联盟常务理事日和佐庄马认为，阻碍海外同胞归还者是日本共产党。所以，必须下决心伺机杀掉德田球一、野坂参三等日共干部，并制定了谋杀两人的具体计划。1949 年 8 月 10 日，日和佐庄马携炸药赴京。他在召开于日比谷公会堂的海外同胞归还促进大会结束后，访问了位于东京代代木的日本共产党总部，要求日共领导人接见，以便乘机下手。当时，德田、野坂均不在总部，其暗杀计划夭折。1950 年 7 月 31 日，日和佐庄马向高知县警察署自首。

对风早众议员施暴事件 1950 年底，日本共产党掀起了一场反对召开片面媾和会议和拟制片面媾和条约的斗争。对日共的这一正义斗争感到"激愤"的防共新闻社社员平田盛之、追川秀雄等人，决定对日共干部施暴，以"促其反省"。② 1950 年 11 月 21 日，平田盛之等四人伪装成日立工会会员访问了在众议院第一议员会馆的日本共产党籍议员风早八十二，并就媾和条约等问题进行了讨论，于是发生了一起轰动一时的将罐装粪便泼向风早议员前襟的施暴事件。③

4. 通过改头换面和隐匿各地搞经济活动，以保存和积蓄右

---

① ［日］《右翼運動要覽・戦後編》，日刊労働通信社 1976 年編輯出版，第 88 页。

② 同上书，第 89 页。

③ 文国彦、兰娟：《战后日本右翼运动》，时事出版社 1991 年版，第 27—28 页。

翼实力

国粹同盟（国粹大众党）系统的全国劳动者同盟（1945 年 10 月笹川良一、吉松正胜建立）、兴亚青年运动本部系统的日本国民党准备会（1945 年 10 月儿玉誉士夫建立）、东方会系统的新日本建设同志会（1945 年 11 月本领信治郎建立）等，就都是改头换面继续从事政治活动的右翼团体。而隐匿各地通过搞经济活动积蓄力量者，尤以石原莞尔为首的"东亚联盟同志会"最为典型。该组织被解散后，其成员组织了肥料自给普及组、粮食增产研究会、增产研究组合等，在各地开展经济活动。另外，以参加过"五·一五"事件的法西斯分子三上卓为核心的一伙右翼分子，还在各地建立了多个一边从事生产一边积蓄力量的右翼组织。主要有：埼玉县所泽双职工归农组合、茨城县霞浦双职工归农组合、新潟县山岸归农组合、日本独立国民党、黑岩开拓团等等。

战后初期，尽管盟军总部取缔日本右翼组织和整肃法西斯分子的工作由于日本统治阶级的阻挠、部分日本国民的不觉悟不配合，以及美国对日占领政策的变化而进行得不够彻底，但它毕竟使日本右翼势力遭受了迄今百年历史上空前的打击，其政治活动在这一特定时期里不得不有所收敛。从这个意义上说，我们应当对美国占领当局在这段时间里铲除日本右翼残余势力的进步历史作用给予恰当的评价。

（二）新右翼团体的孽生及其活动

由于美国占领当局未在意识形态领域加以清算和批判，因此不仅日本法西斯军国主义思想体系尚存，而且在老右翼团体或被强行解散、或被迫改头换面隐匿下来的同时，又新孽生了一批新右翼团体——"战后派右翼"。这些新右翼团体的头目多为无名青年，组织规模也很小。它们能在战后初期纷纷孽生，主要是因

为披上了"和平"、"民主"的外衣，即几乎都在自己的纲领中写
进了"实现民主主义"、"履行波茨坦宣言"、"反对再军备"等冠
冕堂皇的一些内容。仅 1945 年 9 月到同年底的数月间，就有近
20 个新右翼团体孳生，即小川友三的亲美博爱勤劳党、荒原朴
水的和平确立联盟、太田三吉的日本天狗党、一条实孝的新日本
党、太田为吉的道义日本确立协会、长野朗的日本自治农民党、
真锅富次的日本革新党、白石清的日本民主同盟、龟井贯一郎的
独立社会党、宫田光雄的日本农本党中央联盟、小田荣的大日本
革命党、片桐胜昌的日本青年党、西森久记的日本民生党、满井
佐吉的正义自由党、加藤好正的自治皇民党、吉田贤一的全国农
本同盟、河野林治郎的日本共和党、埼五百枝的茨城农民党。其
中，小川友三在 1945 年 9 月 3 日建立的亲美博爱勤劳党，是战
后孳生的第一个新右翼团体。进入 1946 年以后，又有高桥义人
的新日本义人党（1946 年 2 月）、松尾明敏的香月青壮年同志会
（1946 年 4 月）、盐塚诚也的日本鲤登同志会（1946 年 5 月）、真
木康年（康平）的新锐大众党（1946 年 6 月）、福岛青史的日本
革命菊旗同志会（1947 年 3 月）、天羽四郎的敬爱同润联盟
（1947 年 7 月）、古川义哉的日本反共联盟大鹤青年部（1947 年
11 月）、渡边捷三的民族新生运动（1949 年 4 月）等为数众多的
战后派右翼团体纷纷孳生，呈现出新老右翼团体并存的局面。另
外，在新孳生的右翼团体中，新锐大众党、新日本义人党等，是
具有浓厚反共和暴力团色彩的右翼组织；民族新生运动、协和党
等，是明确主张"反对再军备"的团体；而菊旗同志会、民族新
生运动、大和党、救国青年联盟四个团体，则因具有"新种国家
主义团体"① 色彩而最引人注目。在此，仅详介其中五个有代表

_____

① ［日］堀幸雄：《右翼辞典》，三岭书房 1991 年版，第 55 页。

性的"战后派右翼"团体。

日本革命菊旗同志会 又称"菊旗同志会",是战后初期日本新右翼团体中备受注目的反共团体和"新种国家主义团体"之一。1947年3月18日,由曾担任过伪满洲国新京大同学院职员的福岛青史成立于九州熊本市,后向各地发展,并在东京设立了支部。福岛青史自任委员长。会员以20多岁的青年居多,其中工人、农民又占绝大多数。创办《菊旗》(月刊)为机关刊物。该团体所以引人注目,是因为其纲领完整、活动具体。它以福岛青史自著的《革命十年之路》为行动纲领,主张维护天皇制,打倒共产党,恢复国家独立主权,"建设高贵的社会"①。其"工运纲领"是:组织生产协议会,废除阶级斗争;其"农运纲领"是:建立农业合作组织制度。其政治活动以会员在各地搜集有关共产党的情报为主,并按月向总部报告。1946年裕仁天皇巡幸九州时,该会会员打着菊水旗热烈欢迎天皇的驾临,由此势力一度有较大发展。1950年,因福岛(青史)派与岛津(定泰)派发生对立而分裂,遂更名"菊旗同志会"。该团体仍由福岛青史出任委员长,但从此走向衰落。

新锐大众党 1946年6月,由真木康平创立于东京。这是一个具有浓厚封建色彩和暴力团性质的右翼团体。其纲领表面标榜"推行正义,实行和普及真正的民主主义",但主旨是"排斥和打击共产主义"。②该团体在配合日美当局镇压工人运动方面,起了极其恶劣的作用。例如,在1947年"二·一罢工"前的1月20日,该团体的两名成员大塚广男、佐久间隆太郎访问了罢工领导人、产别会议议长听涛克巳的私邸。两人在要求停止罢工

---

① 文国彦、兰娟:《战后日本右翼运动》,时事出版社1991年版,第30页。

② [日]堀幸雄:《戦後の右翼勢力》,勁草書房1983年版,第11页。

的谈话过程中，突然抽出藏在身上的菜刀向听涛议长砍去，致其重伤。其杀人动机用大塚广男的话说就是："为了国家之存立，有必要使其（指工会——本书作者）丧失全部机能而停止。为此，袭击其领导人听涛议长并促其反省，将效果最好。"① 该团体还因党首和党员经常制造恐吓、伤害事件而臭名远扬。其魁首真木康平竟七次受到东京地方法院起诉。该团体在 1947 年 12 月被勒令解散，真木康平等人受到整肃。

敬爱同润联盟 该联盟的前身是 1945 年 8 月经中国国民党政府同意建立于北京的"在华北日本民主党"。该党以天羽四郎为魁首，党员包括"中国通"村上知行等 130 多人。其成立宗旨是："回国联络志同道合者组建政党，以三民主义为基础，同中国国民党合作，打倒共产党，实现东洋之安定与繁荣。"② 1946 年 4 月日本众议院大选时，该联盟经中国国民党同意，先派 80 人回国为天羽竞选议员大肆活动。至大选前夕，其成员全部回国参加投票，结果在高知县选区竞选落败。1947 年 7 月，天羽四郎、活田兼一以这班人马为基础，在东京建立了敬爱同润联盟，主要头目有新泷夫、白木茂三郎、大塚政博、森巍、今井祐直等，成员多达 277 人。③ 该联盟最初以文化启蒙团体面目出现，自称以"敬天爱人；从天命，服天理；以诚为道，以和结力"为"信条"。④ 但随着中国革命的迅速胜利和日本进步力量的急剧壮大，它很快变成了一个具有明确反共意识和国际意图的政治团

_____

① ［日］《右翼運動要覧·戦後編》，日刊労働通信社 1976 年編輯出版，第 87 页。

② ［日］堀幸雄：《右翼辞典》，三岭书房 1991 年版，第 130 页。

③ 文国彦、兰娟：《战后日本右翼运动》，时事出版社 1991 年版，第 34 页。

④ ［日］堀幸雄：《右翼辞典》，三岭书房 1991 年版，第 130 页。

体。该联盟最引人注目的一点，在于直接插手中国内部的政治斗争，公然表示支持台湾当局的反共政策。它公开宣称：为了完成"把中共军队从中国完全驱逐出去"这一"当务之急"，愿意向"以台湾为基地的反共阵营提供人力与技术的支援"。所谓"人力支援"是指，让会员"直接作为战斗士兵编入国民政府军，参加对中共作战"；所谓"技术支援"是指，让会员中"具有军需生产方面技术的人，参加到国民政府军的军需生产部门中去，援助对中共军队的作战"①。该团体为此组织盟员学习汉语，研究台湾情况，甚至派盟员远赴台湾与国民党要员联系，具体筹划援助事宜。美国占领当局鉴于该团体既反对美国的对日占领政策，又到处宣传"日本民族优秀论"，甚至公然叫嚣建立以日本为盟主包括中朝两国在内的东洋联邦国家，遂于 1947 年 12 月将其解散。

日本反共联盟大鹤青年部　简称"大鹤青年部"。1947 年 11 月 2 日，由古川义哉、佐佐木孝男、砂川惠美雄等人成立于佐贺县东松浦郡入野村鹤牧。70 多名成员几乎都是大鹤矿务所的从业人员。该团体建立的宗旨是："打击日本共产党及其支持者，增进共同福祉，增加生产，建设民主的日本，培养健全的精神，谋求文化提高，协调劳资关系，建立自主性工会组织。"②实际上主要从事反共活动和破坏工人运动。他们声称，日本共产党的破坏是造成大鹤煤矿生产效率低的主要原因，为此古贺一郎等暴徒在 1948 年 7 月 19 日袭击了出席佐贺市公会堂演讲会的日共领导人德田球一，并用炸弹将其炸伤。有鉴于此，该团体在 1948 年

---

① ［日］木下半治：《日本右翼の研究》，现代評論社 1977 年版，第 145—146 页。

② ［日］堀幸雄：《右翼辞典》，三岭书房 1991 年版，第 487 页。

8 月 14 日被解散，主要头目受到整肃。应当指出的是，该团体虽然非常短命，但却以人员精干、组织机构庞大和注重培养新右翼骨干而名噪一时。

　　民族新生运动　日本新右翼组织中的激进团体之一。1949年 4 月 29 日，由渡边捷三、木下彻等人创建于东京。该团体以"自主中立、防止内乱、独立自由"为"运动三原则"，以"唤起国民舆论"为口号，并具体提出了八项诉求："建立以青年为基础的救国组织；还东洋以本来面目；以绝对和平为日本之理想；亚洲人不打亚洲人；剔除失败主义、逃避主义；遵循拒绝外征、自主自立之原则；根绝内乱之要因；为预防最坏状态而实现经济自立。"[①]该团体在 1953 年的参议院选举中，一度有数人成为候选人，但均未当选。该团体因活动过于"激进"而很快陷于孤立，并随其头目渡边捷三等人"转向"商业领域而迅速解体。

(三) 战后初期日本右翼势力的特点

　　从战后初期由残余右翼和新生右翼构成的日本右翼势力的纲领和活动情况看，主要具有以下三个特点：

　　1. 规模小、寿命短

　　仅就新孳生的战后派右翼团体的情况看，其组织规模很小，多数团体在 10 人以下，甚至有"一人一党"者，多者也不过百余人。其头目多为无名青年，活动范围也比较窄，一般只在一个地方活动，跨几个县的右翼团体很少。其中，规模最大的敬爱同盟同志会也只有 130 人。另外，这些右翼团体的寿命也很短，多者四五年，少者不足一年即被解散。"日本皇道党"1946 年 3 月成立，12 月就寿终正寝；寿命最长的新日本义人党（1946 年 2

---

　　① 　[日]堀幸雄：《右翼辞典》，三岭书房 1991 年版，第 570 页。

月至 1950 年 8 月）和新日本青年党（1946 年 8 月至 1950 年 6
月），其存在亦不过五年，可谓昙花一现。①

2. 具有明显的过渡性

在玄洋社、黑龙会等老牌右翼团体被强行解散，其头目亦受
到整肃的情况下，无论从战时残存下来的旧右翼组织，还是在新
民族主义旗号下孳生的新右翼团体，它们都具有明显的过渡性
质。如果说日本右翼势力从战时的猖獗之巅跌入了战后初期的衰
落之谷，那么处于低谷中远未绝迹的日本右翼势力的暗中活动，
却为其日后走向复活和重新抬头起了承上启下的作用。例如，这
些规模不大的右翼团体通常以"战后救济"、"战争遗留问题处
理"为掩护，网罗蛰居民间的右翼分子大搞黑市买卖，为日后发
展成为具有呼风唤雨能量的大型右翼联合组织积蓄了力量。

3. 思想主张上既与战前右翼一脉相承，又有战后初期鲜明
的"时代特征"

就前者而言，战前日本右翼势力对内拥护天皇制和反共、反
民主主义，对外鼓吹排外主义和侵略扩张；而战后右翼势力几乎
一脉相承地承袭了前者的衣钵，表现出明显的继承性。例如，在
反共方面，战后工人运动和共产主义运动的迅猛发展，使日本国
内的反共活动迅速组织化、规模化。以 1947 年的"二·一罢工"
为转折点，截止 1949 年，日本国内新建反共右翼团体多达 300
多个。② 菊旗同志会就自我宣称是"全国惟一的彻底开展打倒共
产党运动的革命集团"③。前述袭杀日共干部志贺义雄、德田球

---

① 文国彦、兰娟：《战后日本右翼运动》，时事出版社 1991 年版，第 38 页。

② ［日］《右翼運動要覧·戦後編》，日刊労働通信社 1976 年编辑出版，第 6
页。

③ ［日］木下半治：《日本右翼の研究》，現代評論社 1977 年版，第 133 页。

一、野坂参三、风早八十二等一系列恐怖事件，就是日本右翼势力在"打倒日本共产党"的口号下制造的。不仅如此，它们还将反共矛头指向邻邦中国和民主朝鲜。前述公然叫嚣要从人力和技术两个方面援助台湾当局反共作战的敬爱同润联盟，即为这类右翼团体之典型。再如在拥护天皇制方面，几乎所有的右翼团体都誓死维护天皇制，拒不承认天皇的"人格宣言"，拒不接受战后宪法规定的"天皇象征说"，要求恢复天皇的"神圣"地位和明治宪法中的绝对权威。可见，"打倒日本共产党和维护天皇制"不仅"是这些（战后）反共团体的共同主张"，[①] 而且是战前战后整个日本右翼势力惊人一致、坚定不移的政治立场。就后者而言，战后初期日本右翼思想主张鲜明的"时代特征"，即与战前右翼思想主张的明显不同之处主要表现在两个方面：一是由战前的全面"排外主义"──"反美反华"，转向战后的选择性"排外主义"──"亲美反华"；二是从战前的反民主、反和平，转向战后高唱"民主主义"、"和平主义"论调。例如，提出"以建设自由平等的民主主义日本为目的"的新日本义人党，提出"弘扬自由民主的政治理念"的菊旗同志会，提出"实行和普及真正的民主主义"的新锐大众党，提出"实现无战争的世界，彻底实施波茨坦宣言"的救国青年联盟，提出"切实履行波茨坦宣言，通过实行民主主义实现彻底的国民革新，通过强化世界联邦确立和平和废除武力"的大和党等等，就一致向世人打出了"民主主义"、"和平主义"的旗号。还有一些右翼组织如国民党、民族新生运动、新日本同盟等，不仅标榜"民主主义"、"和平主义"，甚至提出了"反对重新武装"的主张。这是它们"采取不迎合占

---

① ［日］《右翼運動要覽・戰後編》，日刊労働通信社 1976 年編輯出版，第 7 页。

领军就无法存在的实用主义"的必然结果。总之，一如既往地坚持反共立场和维护天皇制，一改以往做法而高唱"民主主义"、"和平主义"、"反对重新武装"，这是战后初期日本右翼势力最鲜明的"一个特征"。① 当然，类似主张日本空袭珍珠港是战争"正常之道"、日本发动对外侵略战争是"正当"的、现在仍应按人口比例平均分配世界资源的日本皇道党的右翼团体也为数不少。这些论调与战前右翼的思想主张如出一辙。不难设想，如果仅仅在组织层面解散战前的主要右翼团体而不彻底铲除其存在的思想基础——军国主义残余思想，那么日本右翼势力的复活和重新抬头就一定只是一个时间问题。事实正是如此。

二　战后日本右翼势力的复活(1952—1960)

（一）50年代前中期的日本右翼势力及其特点

如前所述，战后初期，美国占领当局为了"保证日本不再威胁美国"，加之亚洲各国人民强烈要求铲除日本军国主义势力，确曾通过发布一系列文件，推行了以惩办战犯、制定和平宪法、实行经济民主化为主要内容的对日政策。在惩办战犯和实行政治整肃方面，尽管由美国控制的远东国际军事法庭对日本战犯的审判与纽伦堡军事法庭对德国战犯的审判相比较，具有起诉人数少、量刑轻、社会追究面小、追查时间短、包庇了头号战犯裕仁天皇等各种严重问题，但毕竟将东条英机、木户幸一等一批甲级战犯处死或判刑，20多万军国主义分子也受到了整肃。但随着冷战时期的到来，特别是朝鲜、中国革命的胜利以及朝鲜战争的爆发，日本作为国际反共堡垒的地位突然重要起来。因此，美国

---

① ［日］堀幸雄：《戦後の右翼勢力》，勁草書房1983年版，第11—12页。

在重点扶蒋失败后很快把扶植的重点转向日本，将占领初期推行的"日本非军事化"方针政策改变成为重新武装日本和复活日本军国主义的新的方针政策。1948 年 5 月 26 日美国国务院向国家安全保障会议提出的《关于美国对日本政策的劝告案》，从"对抗共产主义势力扩张政策"出发，提出有必要调整美国的对日占领政策，并以恢复经济"需要人才"为借口，明确提出"今后应解除褫夺公职处分"。1949 年 12 月 30 日，美国国家安全保障会议又通过了《美国在亚洲的立场》之决议，提出美国将在亚洲"行使影响力"，"帮助亚洲非共产主义势力掌握主导权"。① 作为这一"松绑"政策的继续，美国又进一步于 1951 年 9 月一手操纵召开了将中国、民主朝鲜、民主越南三个主要对日作战国家排除在外的旧金山会议，并签署了片面的对日媾和条约——《旧金山和约》和《日美安全保障条约》。从这两个条约的内容来看，不仅抹煞了中国抗战对世界反法西斯战争胜利的重大贡献和暴露了美国企图长期霸占台、澎之野心，而且具有明显扶植日本军国主义势力的内容。"和约"不但没有对日本军队作出任何限制性规定，而且明确载明日本有单独或集体自卫之自然权利；在赔偿问题上，无视亚洲被侵略国家所蒙受的巨大战争损失，以日本"缺乏"赔偿能力为借口，将原定惩罚性的"拆迁赔偿"方式改为象征性的"劳务技能赔偿"方式，致使日本战时的军火工业设施完好无损地保留下来。《日美安全保障条约》则使日本得以最大限度地利用美国提供的安全保障和扶植日本军国主义复活的新政策重整旗鼓，进而实现其再度称雄东亚的野心。至此，战后初期颁布的解散右翼团体、褫夺右翼分子公职的一系列整肃文件全部失效，这就为日本右翼势力的复活开了绿灯。美国占领当局除

---

① ［日］中村政则：《占領と戦後改革》，吉川弘文館 1994 年版，第 83—84 页。

了授意吉田茂政府在 1950 年组建起一支拥有 7.5 万人的警察预备队和扶植发展日本的军火工业外，还提前释放了全部在押战犯和解除了对右翼分子的整肃。截至 1951 年末，在 210288 名被褫夺公职者中，有 201507 人被解除整肃，恢复了公职。[①] 这里包括战争的幕后导演——三井、三菱、住友等大财团的首领，也包括岸信介、儿玉誉士夫这样的甲、乙级战犯。这些重返政坛、军界、财界重操权柄的战犯，很快成为战后日本右翼势力的核心。这样，在战后初期日本开始"走回头路"的过程中，整肃时期暂时蛰伏下来的老右翼团体纷纷复活，打着各种旗号的新右翼团体大量孳生。截至 1951 年夏，在日本公安当局登记的右翼团体已有 540 个。[②]新老右翼汇合成一股较大的政治势力，开始对日本政局施加影响。

1. 旧右翼团体的复活

在美国占领当局审判战犯和整肃右翼分子期间，很多右翼头目玩弄"韬晦"伎俩蛰伏下来，待机东山再起。例如，右翼理论家、神武会头目大川周明本来作为甲级战犯被逮捕，但他却在远东国际军事法庭上装疯卖傻拳打另一个甲级战犯东条英机，结果混入松泽精神病院侥幸躲过绞刑之灾。其后，他隐居厚木市以翻译《古兰经》、研究"学问"为掩护，与美国谍报军官秘密往来，并暗中指使弟子悄悄复活旧右翼组织。在美国占领当局解除"整肃令"后，类似大川周明的右翼头目认为东山再起时机已到，于是纷纷结束蛰居生活，开始公开活动。尤其在《旧金山和约》生效后，旧右翼团体的复活更加迅速和明目张胆。不过，这些复活的右翼团体大多更换了名称。在复活类右翼团体中，除防止赤化团、新日本国民同盟、

---

① ［日］堀幸雄：《戦後の右翼勢力》，劲草书房 1983 年版，第 14 页。

② ［日］木下半治：《日本右翼の研究》，现代評論社 1977 年版，第 159 页。

日本国体学会、八千矛外，以下四个具有代表性：

立宪养正会 这是 1923 年 11 月 3 日由田中智学、田中泽二父子为参加总选举而在东京明治神宫建立的国家主义色彩浓厚的右翼团体。日本投降后被取缔。1946 年 3 月 7 日宣布重建。同年 9 月 17 日，田中泽二因受到整肃而辞去总裁一职。1951 年 11 月 18 日，被解除整肃的田中泽二复任该会总裁。1955 年田中泽二死后，由菊池清太郎继任会长。该会下设 132 个支部，会员多达三千余人。其重建宗旨是："在日本实现以天皇精神为指导的政治，依据日本建国的根本精神——人类同善、四海一家的崇高理想，实现人类的终极愿望——绝对和平的世界。"[1] 其主要活动有：第一，大力发展会员，争取突破百万大关。第二，积极筹集资金。仅 1951 年 11 月至 1952 年 5 月的半年中，就筹集到了 100 万日元。第三，开展否定战后宪法运动，以制定"自主宪法"，恢复国家主权。第四，同日本共产党进行"斗争"。第五，加强对美英法德等国的工作，以便在海外掀起恢复天皇政治之浪潮。第六，恢复政治讲习会，在全国进行"启蒙宣传"活动，尤其对会员进行再教育，计划每年训练 1000 名会员。[2]

协和党 1951 年 9 月 30 日，由战时颇有实力的东亚联盟协会成员和战后成立的日本国民党的骨干分子共同建立的典型的复活类右翼团体。成立于 1939 年的东亚联盟协会，在日本战败时被强行解散。1945 年 10 月，其头目石原莞尔将自己的"最终战争"论写成《新日本的方向》建议书，提交给驻日美军总司令麦克阿瑟，声称他的"东亚联盟理论"是能够对抗马克思列宁主义的"惟一理论"，解散东亚联盟协会是错误的，要求当局收回解

---

① ［日］堀幸雄：《右翼辞典》，三岭书房 1991 年版，第 603 页。

② 文国彦、兰娟：《战后日本右翼运动》，时事出版社 1991 年版，第 43 页。

散令，① 但遭到拒绝。石原莞尔在 1949 年 8 月 15 日死后，其门
徒继承"遗志"，以山形县西山农场为基地，进行"实业"活动，
借以集结力量，待机再起。原东亚联盟协会的少壮派在听到驻日
盟军总部将解除对右翼分子的"整肃令"消息后，于 1951 年 8
月 15 日即石原莞尔去世两周年之际，发表了《新党结成纲要》，
不仅立即得到了原会员的积极呼应，而且以和田金次为首的成立
于 1946 年的日本国民党，竟有 500 人表示自愿参加该党。1951
年 9 月 30 日，曾在战前追随石原到过中国东北的原东亚联盟协
会的骨干武田邦太郎与日本国民党党首和田金次共同建立了协和
党。武田邦太郎任委员长，以和田金次、田村真作、石原六郎
（石原莞尔之弟）等为骨干。该党"宣言"声称："第一，人类历
史已突进到最终战争时代，世界统一就在眼前。吾等拟以最小的
牺牲，开创崭新的历史。第二，以都市解体、农工一体、简朴生
活三原则为基础，建设新日本，誓作创造无剥削、无战争的人类
文化的先驱。"其"结党声明书"宣称："吾党不要资本主义，也
不要共产主义，而以天皇为中心。"该党发表的"新党结成要
纲"，不仅打出了"放弃战争、严守中立、乡土防卫"三原则，
而且提出了"从再军备转向粮食增产"之主张。② 1951 年 10 月

---

① 关于"最终战争"论，"建议书"说："今天，我当然不认为东亚联盟的主张
全部是正确的。我承认预见最终战争会在东亚和欧美两大国家集团之间展开的见解
不但过于自负，而且事实上明显是错误的。但我仍然坚信世界进入了最终战争时代，
并真心希望尽量能够予以回避。与此同时，只要看一看现实世界的状况，特别是在
共产党进攻态势加强的今日，我认为非常有必要重新检讨在真正和平理念指导下所
开展的东亚联盟运动的实质及其足迹，并确信至少可以从其构想中发现日本今后正
确的前进道路。"——［日］池田谕：《日本の右翼》，大和书房 1973 年版，第 113—
114 页。

② ［日］堀幸雄：《右翼辞典》，三岭书房 1991 年版，第 118 页。

1 日，在千叶市召开了第一次全国大会。1952 年 3 月，在东京掀起"贯彻粮食自给运动"，声称"与其扩充军队，不如增产粮食"，据说有 50 万人签名支持。可见，协和党最大的特点在于"反对再军备"，因此也就反对修改宪法。然而以旧东亚联盟协会骨干和田劲被解除整肃为契机，情况开始有所变化。1952 年 7 月 22 日，和田劲不仅明确揭出再军备主张，而且恢复了战前右翼组织东亚联盟同志会。该会打出的旗号是："自卫中立，政治独立，经济自立，亚洲解放"。很快，辻政信、曹宁柱、木村武雄等人从协和党转入该会。在 1953 年 8 月 15 日召开的"同志会"第一次大会上，辻政信纠集旧军人发表"脱离声明"，后在自己的故乡金泽成立了自卫联盟。这样，旧东亚联盟同志会一分为三，各自活动。其中，协和党还在 1954 年 4 月参加了世界和平会议，但拒绝了日共山形县委员会关于共同斗争的建议。

　　大东塾 是为"日本国家主义的主流"和"右翼民族派阵营中的先驱"团体。1939 年 4 月 3 日，影山正治、藤村又彦、白井为雄等人在东京代代木西原町召开大会，正式将成立于 1936 年 2 月 11 日的维新寮改称大东塾。鉴于大东塾战时是一个狂热主张日本主义、天皇中心主义和不惜采取直接行动的右翼团体，[①] 加之又在日本战败之际（1945 年 8 月 25 日）演出过集体剖腹自杀的丑剧，故于 1946 年 1 月被作为超国家主义团体加以取缔。然而，当时大东塾只是在形式上被取缔。影山正治不仅继

───────────────────

　　① 战时大东塾的纲领云："一、所说大东，即大统世界之谓也。吾人期待基于皇道的大统世界之实现。二、所说大东，即大东洋维新之谓也。吾人期待基于全世界大统的大东洋维新之实现。三、所说大东，即大东国日本之谓也。吾人期待基于神命的道义之国、光明之国的大东国日本之实现。"──［日］堀幸雄：《戦後の右翼勢力》，勁草書房 1983 年版，第 50 页。

续宣传大东塾的思想，而且还成立了代代木园、代代木出版、大和公社等机构继续从事右翼活动，即"塾的本质未变"①。在《旧金山和约》生效、日本获得形式上"独立"后的1954年4月3日，影山正治重建大东塾。其重建"宣言"声称："昭和二十年被解散以来，历经了悲惨的十年地下时期。今天，大东塾终于以其英姿再现于人间。"② 复活后的大东塾奉行独立的政治路线，拒绝参加右翼"统一战线"性质的组织——救国国民总联合。其主张是："敬神、尊皇、爱国"，"以日本皇道主义精神指导世界"；"修改宪法，重建自卫队"；"国家护持"和"首相正式参拜"靖国神社等。③ 出版《不二》月刊为机关刊物。大东塾重建后，主要从事了"赞助伊势神宫定期迁宫、赞助明治神宫复兴、请求设立皇宫警卫部队、责难二重桥事件、纪元节复活运动、明治维新百年祭运动、国家护持靖国神社运动、宫中勤劳服务"等一系列复活性质的政治活动。④ 1955年，在青梅创建大东农场，大东塾迁居其中。1960年"安保"斗争期间，大东塾从保卫天皇出发，与从事反对"安保条约"斗争的"全国学联"相对抗，同时强烈要求岸信介辞去首相之职。1979年，塾长影山正治在大东农场自杀。以后长谷川幸男、铃木正男先后接任其职，直至1990年。大东塾可谓是不折不扣继承战前精神和继续"脚踏实地"开展政治活动的有代表性的复活类右翼团体。

大日本生产党　是为继承玄洋社、黑龙会衣钵的复活类右翼

①　[日]堀幸雄：《右翼辞典》，三岭书房1991年版，第372页。

②　王希亮：《论战后初期日本右翼势力的复活及其主要特征》，《日本学刊》2003年第2期。

③　文国彦、兰娟：《战后日本右翼运动》，时事出版社1991年版，第155页。

④　[日]堀幸雄：《右翼辞典》，三岭书房1991年版，第372页。

团体。1931 年 6 月，在黑龙会头目内田良平的策划下，成立了以黑龙会成员为核心的大日本生产党，邀请玄洋社创始人、右翼巨头头山满担任顾问。中间一度因推进"纯正维新运动"而被解散。1942 年，原大日本生产党的成员重新纠集在一起，成立了大日本一新会，在日本战败后又被取缔。1954 年 6 月 28 日，以白井为雄、吉田益三、河上利治等人为核心，在大阪重建大日本生产党。同年 11 月 8 日，在东京共济会馆召开了有 373 人参加的第一次全国大会。出版《中央情报通信》旬刊和《中央情报通信生产党报》不定刊。战时担任过总裁的吉田益三出任顾问，京都赤化防止团头目河上利治出任党首，白井为雄担任书记长。该团体最明显的一个特点是政治主张系统而完整。其"纲领"宣称："我等期待日本完全独立；我等期待亚细亚自主实现大同；我等期待世界绝对和平。"其"宣言"宣称："我党与其他既存政党不同，彼等均为只代表资本家阶级或劳农阶级利益的阶级政党；相反，我党是代表整个民族和国家福祉的'国民的党'。故我党坚决抨击保守各党及社会、劳农、共产诸党的阶级倾向，并在国际上反对左的和右的帝国主义之侵略及其对和平之扰乱。在此，我等与主张相同的道义国家合作，以迅速建立新的世界和平秩序为目标。……值此之际，我党将通过振兴民族正气，集中救国革新的国民政治力量，创造道义生活与经济生活相一致的新的社会制度。"其"运动方针"强调："从采取政治行动这一点上来说，本党是政党。但与其他政党非常不同之处在于，本党又不是建立在议会至上主义基础上的选举政党。不过，我党并非完全否定议会、否定政党政治。本党把选举视为政治运动之一环，将积极参加中央和地方的选举。"其"纲领细则"又提出："废除占领宪法，制定自主宪法；建立政治、经济、军事上的自卫力量；美苏立即停止干涉内政；保全日本领土，归还北方地区；贸易和移居海外自由；消灭武装的共产党；发扬民族精神，实施彻底的民族教育；纠正依附经济，树立自主经济；建立（农村）生产劳动体制，积极培育中小企业。"① 这实际上就形成了一条以废除和平宪法、反苏反共、对抗"日教组"（即进步的日本教职员工会）、归还北方领土为主要内容的完整的政治路线，并依此从事右翼政治活动。

2. 新右翼团体的孳生

《旧金山和约》签订前后，在旧右翼团体纷纷复活的同时，新右翼组织也以异乎寻常的速度孳生于日本列岛。1951 年，比较固定的新右翼团体有 266 个；至 1957 年，有 102 个团体发展成为规模较大的右翼组织。② 这些新孳生的右翼团体大多主张恢复天皇制，反对共产主义。其中，除战后初期建立和残留下来的日本革命菊旗会等团体外，这一时期比较重要者是以下三个：

救国青年联盟　由毕业于东京文理大学、东亚联盟系统出身的织田正信 1946 年 3 月 22 日创建于香川县高松市的一个新右翼团体。在 1947 年的大选中，织田正信在香川一区以 4 万张高票当选，成为战后日本最年轻的国会议员。以此为契机，盟员迅猛增至 2700 多人，组织迅速扩大到拥有 50 多个支部。"联盟"确定的三大"抱负"是："一、维护万世一系之皇统；二、建设具有高度道义和文化之国家；三、建立无不公正之社会。""联盟"还提出了五大纲领，即："一、实现没有战争的世界；二、严肃实施波茨坦宣言；三、认真履行新宪法；四、勤奋劳动，复兴经济；五、打倒赤色法西斯和白色恐怖，防止内乱。"③ 该"联盟"

① ［日］堀幸雄：《戦後の右翼勢力》，勁草書房 1983 年版，第 17—18 页。
② 文国彦、兰娟：《战后日本右翼运动》，时事出版社 1991 年版，第 45 页。
③ ［日］堀幸雄：《右翼辞典》，三岭书房 1991 年版，第 112 页。

政治主张之核心是维护"皇统",只是为了掩盖右翼性质才在纲领中提出了上述颇具欺骗性的看似"进步"的主张。后来,"联盟"先因地方选举失败而与协和党合流;继之又因织田正信在东京新宿车祸身亡而与日本健青会合并为金曜会。

祖国防卫同志会("民防")　1951 年 8 月 18 日,由战前众议员木崎为之效仿美国民防体制创立于大阪的新右翼团体。成员包括旧军人、特务、打手和关西地区的右翼知识分子。岸信介、佐藤荣作、杉田一次出任顾问,木崎为之担任委员长,佐野正志担任事务局长,高岛辰彦等 5 人担任参议,山崎孝三等 106 人任中央委员。在各都道府县设立了分部、支部,拥有会员 29750 人。出版机关刊物《民防》月刊,发行量多达 5000 份。其纲领声称:"把重建日本与保卫和平联系在一起,进行超党派、超阶级的国民运动;民防是出于国民的责任心自发开展运动的组织;不追求但也不回避军备,坚持日美安全保障条约,确立自主自立的国防体制。"[①]　其活动主要集中在两个方面:一是亲美反共。1969 年 11 月召开的第 17 次大会,作出了支持佐藤访美的决议。1970 年 4 月与其他右翼团体一道,出动 400 多辆宣传车进行示威游行,高呼"确立自主防卫"、"粉碎共产主义"等口号。二是要求归还北方领土。1968 年 11 月召开的第 16 次大会,专门讨论了收复北方领土问题。1973 年 11 月,与日本健青会等 10 多个右翼团体一道召开大会,成立了收复北方领土大阪联络协议会筹备会。"民防"是当时与政界联系密切、能量很大、气焰十分嚣张的新右翼团体之一。

民族运动社　1954 年 5 月 11 日,由加藤昭成立于京都的新右翼团体。加藤昭担任主干,藤田昌治等 5 人担任运营委员。其

---

①　文国彦、兰娟:《战后日本右翼运动》,时事出版社 1991 年版,第 47 页。

成立"宗旨"是：发扬民族自立精神，消除一切邪恶思想，为世界的持久和平和日本民族的真正独立，为实现社会福利、国民自由、保障人权、博爱与正义的政治，为建设经济高度发达的国家和安定的国民生活而努力。其"纲领"主张是：制定新宪法；严整纪纲，提高民族意识；消灭共产党，使共产党成为非法政党。该团体成立后，不仅先后掀起了反对全日本学生自治会总联合会（左翼）、日本教职员工会、禁止原子弹氢弹世界大会的示威游行，而且对中国经济贸易展览会大肆进行破坏。从1966年主干加藤昭行凶入狱起，该团体再很少政治活动。

3. 新老右翼团体的大联合

战后日本新老右翼团体采取联合行动，始于1949年8月15日日本再建国民大会的召开。《旧金山和约》生效前的1952年4月1日，老右翼分子津久井龙雄等人纠集成立东风会，右翼联合趋势日渐明朗。1953年的两个活动，进一步推动了战后新老右翼团体的联合。一是前田虎雄的"同志葬"。1953年3月29日，右翼团体为"神兵队事件"的头目前田虎雄举行了大规模的"同志葬"，参加者多达200人。津久井龙雄、大川周明、井上日召、影山正治、吉田益三等右翼巨头全部到场，可谓战后日本右翼头目的一次大集会。本间宪一郎、井上日召等人趁机发出了右翼联合"号召"。二是右翼头目三上卓的议员助选活动。同年4月，竟有10万多名右翼分子倾巢出动，为参加过"五·一五"事件的老右翼头子三上卓竞选参议员大肆活动。这两个活动使右翼分子看到了自身的力量，"信心"大增，对推动新老右翼团体走向联合产生了重要影响。从此，在日本全国迅速刮起了新老右翼联合之风。1953年4月6日，成立了九州地区右翼联合组织——九州救国协议会。同年6月13日，橘孝三郎等人又在水户市弘道馆召开救国恳谈会，决定设立促进右翼团体联合的联络

协议会。7 月 2 日，成立了东海爱国运动统一战线协议会。7 月
8 日，成立了关西地区第一个新老右翼团体的联合组织——全关
西爱国战线协议会。7 月 27 日，在参议院会馆成立了维新运动
关东协议会。9 月 22 日，在大阪中之岛公会堂召开了救国运动
全国协议会筹备会。1954 年 5 月 2 日，建立了救国国民总联合。
至此，战后日本新老右翼暂时实现了大联合。其中，典型的右翼
联合组织是全关西爱国战线协议会、维新运动关东协议会、救国
国民总联合。

全关西爱国战线协议会　1953 年成立于大阪的日本关西地
区右翼联合组织。1953 年 4 月 6 日，为了响应本间宪一郎、井
上日召、吉田益三等右翼头目发出的右翼联合"号召"，在白井
为雄等人的积极筹划下，日本反共联盟、东亚联盟福冈支部、日
本健青会、菊旗同志会、创生会、协和党、水交会、偕行会等右
翼团体的一些成员，首先在九州成立了九州救国协议会。6 月 13
日，前爱乡塾头子橘孝三郎、前柴山塾头子本间宪一郎纠集右翼
分子 180 多人在水户市弘道馆召开救国恳谈会，讨论并议决右翼
团体的联合问题。6 月 20 日，右翼团体借为内田良平举行祭祀
活动之机，进一步协商了建立关西、九州地区的右翼统一战线问
题，议决由白井为雄负责联络九州救国协议会，首先实现关西、
九州地区右翼大联合。7 月 8 日，在大阪正式成立了全关西爱国
战线协议会，九州救国协议会所辖团体和其他新老右翼团体均派
代表参加。其成立宗旨是："在全关西爱国战线的带领下，共同
研究，交换情报，互相亲善，共同斗争，共同行动"，以便"在
日本民族主义的旗帜下实现日本的完全独立；修改屈辱的宪法，
创建独立的自卫军"。[①]　其成立，标志着关西地区的右翼"统一

───────────────

① 文国彦、兰娟：《战后日本右翼运动》，时事出版社 1991 年版，第 49—50 页。

战线"正式形成。

维新运动关东协议会　1953年成立于东京的日本关东地区右翼联合组织。1953年7月27日，在参议院会馆召开了维新运动关东协议会成立大会，本间宪一郎、井上日召、中村武彦、影山正治、铃木善一、津久井龙雄、佐乡屋嘉昭、梅津勘兵卫等右翼头目均参加或到会祝贺。大森一声出任议长，铃木善一、中村武彦、三上卓担任运营委员，影山正治、白井为雄等8人担任常任委员，德富苏峰、葛生能久、大川周明、橘孝三郎、井上日召等老右翼头目出任参议或顾问。创办《救国运动》为机关报。其"公约"确定的"奋斗目标"是："一、我们认为，应依据紧张的国内外各种形势，以日本民族的历史和传统为基础，在思想、政治、经济、文化、国防等诸方面断然实行全面、持久、彻底之革新，以形成国民的政治力量。二、我们认为，为了实现（日本的）独立和革新，应以集结国民政治力量为目标，在其准备阶段，要通过加强目前处于分立状态的各团体、各种运动之间的联络与合作，实现思想上的统一和组织上的整顿，以推进基层组织的大团结。三、我们要将运动的基础根植于劳动大众和农民之中，以便结成以其青壮年为主体的全国性的能够实际运转的组织。四、我们认为，作为日本革新之原则，为了足以推进以集结新的政治力量为目的的国民运动，要着手就指导原理、宣言、纲领、政策及其战略战术等，进行具体研究、调查和立案。五、作为第一步，我们要火速在中央建立联络协议会之机关。"① 可见，该右翼联合组织成立的主要目的，是企图通过整合与集结关东地区的右翼力量影响乃至主导战后初期的日本政治走向。该组织的成立，标志着关东地区的右翼"统一战线"正式形成。

---

① ［日］堀幸雄：《右翼辞典》，三岭书房1991年版，第55—56页。

救国国民总联合 1954 年成立于大阪的全国性右翼联合组织。1954 年 5 月 2 日至 4 日，在大阪召开了救国国民总联合成立大会，一时实现了日本新老右翼的全国性大联合，标志着战后日本右翼势力一时实现了全国性的统一。大森曹玄担任委员长，中村武彦担任书记长。该右翼联合组织的最大特点是，其内部不仅存在着老年层与青年层两大派系间的斗争，而且存在着"政党运动论"与"政党运动尚早论"之间的对立，长期争论不休。生产党和大东塾两个有影响的右翼团体拒绝加入该联合组织。其拒绝参加据说是因为要求加入其中的护国团是一个暴力团性质的右翼团体。这样一来，以"单一政党化"为目标的右翼"大团结"事实上以失败而告终。自 1954 年 10 月起，救国国民总联合实际上已由原来的右翼联合组织变成了一个单一性的右翼团体。1955 年 5 月 3 日，该组织发表《国内形势分析备忘录》，公开承认日本的右翼"统一战线"运动失败，并正式确认该组织不再具有"联合"性质。1956 年 12 月，救国国民总联合改称国民总联合，从此处于"开店不开张状态"。

4. 50 年代前中期日本右翼势力的特点

从 1952 年至 1957 年间复活类右翼团体和新生类右翼团体的主流来看，其特点主要有四：

第一，大多披上了"和平"、"民主"、"自由"的外衣。这一时期日本右翼团体纷纷披上"和平"、"民主"、"自由"的外衣，是有深刻原因的。一方面，战前与保守政党、军阀、财阀有着密切关系，并在对外进行侵略战争和对内镇压进步力量过程中一直充当急先锋的日本右翼势力，在战后初期军阀、财阀和反动政客受到整肃的背景下顿失靠山，右翼团体不得不淡化自己的政治色彩和收敛越轨的政治活动，即不得不暂时掩盖自己的本来面目；另一方面，随着日本帝国主义的崩溃，战前受到巨大压迫和严重摧残的进步力量迅速壮大起来，并掀起了声势浩大的铲除右翼势力和清算法西斯思想的民主化运动，为在日本实现民主政治而不懈斗争。在此背景下，任何政治势力要想在日本生存并获得发展，都不能无视日本人民的民主化要求。有着丰富政治经验的日本右翼势力，当然明了这一点。为了使自己的形象有别于战前右翼以便争取到更多的国民东山再起，他们暂时纷纷披上了"民主主义"、"和平主义"的外衣，并宣称"与老右翼诀别"。首先，在团体的名称上冠以"和平"、"民主"、"自由"字样。如静冈县的日本第三民主同盟、东京神田的民主日之丸党、横滨的关东民主青年同盟、前桥市的关东言论自由联盟、东京武藏野市的人类和平会本部等等。其次，在自己的口号和纲领中塞进"和平"、"民主"、"独立"、"自由"一类的词藻。例如，民族新生运动提出："日本的理想是实现绝对和平"；救国青年联盟提出："要实现没有战争的世界，切实履行波茨坦宣言"；日本反共同志会提出："要建设自由主义的明朗活泼的新日本"；新锐大众党提出："实现真正的民主主义、和平主义"；日本反共联盟提出：要"促进日本的民主化，努力实现世界和平，确立自由与和平精神，捍卫人类的尊严"；日本第三民主同盟提出：要"在地球上完成民主使命"；独立自由联盟准备会宣称："要明确提出新国民运动之路线，就必须以清算过去老右翼国家主义的谬误为前提，必须承认老右翼起了军阀、财阀、官僚、天皇制卫士的作用"；爱国青年有志委员会创建人、老右翼泰斗头山满之子头山秀三声称："共产主义的理想不是用暴力杀人。……共产主义的优点是有容人的雅量。……现在虽然有人打着红旗搞骚乱，但这不是共产党议员的思想"①；大日本生产党甚至提出了"建设新生日本"、

---

① 文国彦、兰娟：《战后日本右翼运动》，时事出版社1991年版，第53—54页。

"排除误国的军国主义"① 等口号。可见，在《旧金山和约》生效之前，无论死灰复燃的右翼团体还是战后孳生的右翼组织，其纲领和口号中绝少看到军国主义、国家主义字样，可以说与战后初期美国的对日占领政策保持了高度一致。然而，他们所玩弄的这些冠冕堂皇的词藻，很快被《旧金山和约》生效后提出的"忠君、反共、修宪、强兵"、"民族至上""天皇制国体"、"排除共产主义运动"、"反共亲美，反中共援蒋"② 等一系列反映真实心态的口号和一系列反动行径所取代、所洞穿，即无论他们怎样乔装打扮，也掩盖不了自己反民主、反自由、反和平的右翼本质。③ 用日本右翼问题研究专家木下半治的话说就是：复活后的右翼势力已经"脱下了民主主义、和平主义的法衣，露出了侵略主义、军国主义的铠甲"④。

　　第二，积极参加议员竞选。这既是战后日本右翼团体向社会显示"民主"、"自由"、"和平"的重要环节，也是其图谋通过参政把日本拉回到战前老路上去的一种策略和途径。在他们看来，《旧金山和约》签订后的议员选举，为自己向政界进军提供了难得的机遇。为此，他们迫不及待地投入到50年代前中期的国会选举

---

　　①　王希亮：《论战后初期日本右翼势力的复活及其主要特征》，《日本学刊》2003年第2期。

　　②　文国彦、兰娟：《战后日本右翼运动》，时事出版社1991年版，第55页。

　　③　日本右翼势力在《旧金山和约》生效前后这种扮做俩人的伎俩，以右翼头目井上日召最为典型。他曾在1947年写就的《日召传》中虚假地声称："非合法运动的时代已经过去"，因此要通过合法方式"致力于日本的新建设"。但在《旧金山和约》生效的第二年（1953年）重版该书时，他不仅把书名改成了充满血腥味的《一人一杀》，而且公开叫嚣说："现在日本结束了占领"，"已经进入了强力时代"，"我也恢复了自由"，"我意识到自己是一个革命者"。——〔日〕井上日召：《一人一杀》，新人物往来社1972年版，第397页。

　　④　〔日〕木下半治：《日本右翼の研究》，现代评论社1977年版，第199页。

中。在 1952 年 10 月的众议员选举中，参加竞选的右翼人物竟有 1243 人，其中的 26％即 329 人又都是当年受到"褫夺公职"处分者。结果，原陆军大佐出身的自卫同盟委员长辻政信、日本人民党总裁只野直三郎、原东方会头目木村武雄、原爱国学生联盟头目平井义一、原祖国会头目北畔吉等 5 人成功当选众议员。在 1953 年 4 月的众参两院议员选举中，除上述 5 人继续当选众议员外，木村笃太郎在参议院地方区的选举中竟获得 177638 张选票高票当选参议员。在参议院全国区的选举中，17 名右翼候选人虽然全部落选，但却获得了共计 497592 张选票。其中，原海军中尉三上卓一人就集中了 89641 张选票，在全部 234 名候选人中名列第 122 位。[①]这样的选举"业绩"无疑是对右翼势力的莫大鼓舞，大大增强了他们通过和平途径——"合法选举"夺取政权的信心。

第三，逐渐暴力团化。这一时期日本右翼团体"暴力团化"特点的产生既有政治根源，也有经济原因。就政治原因而言，战前右翼的丑行在战后初期整肃期间昭然于世，可谓声名狼藉。尽管后来美国占领当局改变了整肃政策，但一时也难以像战前那样取得政府的支持。为了壮大势力和扩大影响，特别是为了获得政府当局的再度垂青，他们认为有必要一边积极参加议员选举以树立"和平"、"民主"之形象，一边对日本共产党、社会党等进步势力采取暴力行动以博得统治阶级的好感。就经济原因而言，战前右翼的活动资金主要源于财阀捐赠，战后随着财团被解散和财阀本人受到整肃，右翼团体经费来源的主要渠道被堵塞。为了解决资金问题，它们或与黑社会暴力团、流氓团伙勾结敛取不义之财，或干脆自己直接变成暴力团从事敲诈勒索勾当。这一时期从事暴力活动的右翼团体主要有护国团、日本国粹会、大东塾、大

① ［日］堀幸雄：《戦後の右翼勢力》，劲草书房 1983 年版，第 20—24 页。

日本生产党、殉国青年队、护国青年队、爱国联盟等。尤其以井上日召为首的护国团，在 1955 年底 1956 年初屡因暴力恐吓和勒索见诸报端，甚至采取了战前血盟团"一人一杀"的残暴手段。以众议员小西寅松为会长的日本国粹会，则专门对日本工会总评议会、社会党、共产党施暴。护国青年队甚至闯入民主党副总裁重光葵的办公室强索活动经费，并殴打其秘书。据统计，仅 1954 年秋至 1955 年秋的一年当中，因实施暴力而被捕的右翼分子多达 11539 人，其中被起诉者多达 3860 人。①

　　第四，大肆进行恐怖活动。战后右翼继承了战前右翼的恐怖"传统"，猖狂进行恐怖活动。1953 年 3 月 12 日，右翼分子田中正美以"当前的一切政争都源于石桥湛山的存在"为借口，持刀闯入议员石桥湛山私宅行刺，未遂被捕。1954 年 5 月 3 日，右翼分子葛原法生以"吉田把国会当成私有物"为借口，私闯吉田茂首相官邸行刺，未遂被捕。同年 7 月 9 日、8 月 10 日、9 月 21 日，右翼分子大野一郎、土工佐百进、丸善利之先后三次试图闯进首相官邸行刺，均未遂被捕。1954 年 11 月 22 日，又发生了一起皇道实践会成员越前荣八制造的自民党本部纵火未遂事件。战后日本右翼势力所以如此热衷制造恐怖事件，"究其原因，既有崇尚和赞美恐怖活动的旧右翼的'传统'，又有战后右翼的所谓'新'的理论武器——'民族正当防卫论'"②。而且，这一

---

　　①　［日］木下半治：《日本右翼の研究》，现代評論社 1977 年版，第 220 页。

　　②　所谓"民族正当防卫论"，是大东塾提出的一种谬论。其核心内容是："个人因遭受他人的暴力行为而面临危险时，为了自卫即使导致对方死伤，也属于正当防卫。这是全世界刑法中的共同理念。在此情形下，不能把防卫行为当作'暴力'。作为民族，也应该承认这一原理。对外，叫自卫权；对内，当民族生命面对反民主集团的暴力行为而面临危险之时，为与之对抗而实施的民族自卫行动，同样具有充分的

"民族正当防卫论""不仅是战后右翼在国内开展恐怖活动的借口，也是他们把目光瞄向海外的'依据'"。①

（二）50 年代末期的日本右翼势力及其特点

1.50 年代末期的日本右翼势力

1957 年 2 月底，石桥湛山内阁因首相突然病倒而短命夭折，政权落入双手沾满中国人民鲜血的原甲级战犯、时任外相的岸信介手里。战后日本右翼势力由此迎来了一个转折期。

岸信介（1896—1987），1920 年东京帝国大学法学系毕业后进入农商务省任职，从此走上宦途。1936 年至 1939 年，先后出任伪满洲国实业部总务厅次长、产业部次长、商工部次长，是掌控伪满洲国经济命脉的核心人物，也是伪满洲国五大头目之一。1939年回国后，先后担任了阿部信行内阁、米内光政内阁、近卫文麿内阁、东条英机内阁的商工大臣、国务大臣兼军需省政务次官。1942 年在大政翼赞会的支持下，被选为众议员。岸信介在日本侵华战争中罪恶昭彰，故日本投降后被定为甲级战犯，在巢鸭监狱服刑三年。在美国占领当局改变对日占领政策出狱后重新活跃起来，伙同右翼政客建立了箕山社。1952 年恢复公职后，又建立了日本重建联盟，自任会长。1955 年出任自由民主党干事长。1957年出任内阁总理大臣，"奇迹"般地登上了战后日本权力的巅峰。②

正当防卫性质，决不能单纯视为'暴力'。"——［日］警備実務研究会：《右翼運動の思想と行動》，立花書店 1989 年版，第 173 页。

① 王希亮：《论战后初期日本右翼势力的复活及其主要特征》，《日本学刊》2003 年第 2 期。

② 参见文国彦、兰娟：《战后日本右翼运动》，时事出版社 1991 年版，第 58—59 页。

恰如日本著名评论家大野达三所说："打破右翼沉闷局面并为之带来活力的，是岸内阁的上台。像岸（信介）这样的Ａ级战犯当上总理大臣本身，足以表明日本政治的极端落后性。说岸内阁是由战犯或战犯性天皇制官僚构成的，也不为过。"[①] 一个罪恶累累的甲级战犯能够登上首相高位重掌政权，这在战后德意两国是绝对不可想象的，也大出世人意料。究其原因，主要有二：一是得到了主子美国的扶持。因为他提出的"排除共产主义"、"加强日美经济合作"等政策主张，与美国新的对日政策完全合拍。二是得到了国内右翼势力的支持。大选期间，右翼团体不仅向岸信介提供了数量可观的助选资金，而且派人赤膊上阵、摇旗呐喊，为老战犯岸信介重掌权柄立下了汗马功劳。岸信介上台后，右翼分子无不欢欣鼓舞。正因为有岸信介这个强大政治靠山的包庇、纵容和提供宽松的政治环境，日本右翼势力迅速复活并随之壮大；而日本右翼势力也知恩图报，毫不迟疑地扮演了岸信介政府镇压日本人民斗争的帮凶和打手角色。

　　就前者而言，这一时期不仅又有关西护国团（1957年11月3日足立悟建立）、新日本协议会（1958年1月30日安部源基建立）、日本国粹会（1958年7月30日青沼辰三郎建立）、大日本菊水会（1958年8月15日川井春三建立）、三曜会（1958年12月14日足立悟建立）、日之丸青年队（1959年3月1日高桥正义建立）、日本国民会议（1959年3月10日野村吉三郎建立）、全日本爱国者团体会议（简称"全爱会议"，1959年3月19日荻岛峰五郎建立）、国之础（1959年6月3日护松庆义建立）等右翼独立团体和右翼联合组织应运而生，而且很多政界、财界头

---

　　① ［日］大野達三：《〈昭和維新〉と右翼テロ》，新日本出版社1981年版，第287页。

面人物置身其中兼任头目。如果说此前日本保守的执政党与右翼势力还保持着一定的距离，那么自岸信介上台起，两者便如同战前一样公然勾结起来。这除了岸信介本人曾是一个老牌的军国主义分子、甲级战犯外，主要还是由岸内阁的政治路线与右翼势力的政治主张惊人一致所使然，即二者都鼓吹"修改宪法"、"强化日美安保体制"、"亲美反华"。可以说，如果没有右翼势力充当打手和帮凶，岸信介就不可能登上战后日本权力的巅峰，其执行反动内外政策的统治也将难以为继；反之，如果没有岸内阁这个总靠山和硬后台的包庇、纵容及其所提供的宽松政治环境，战后日本右翼势力也不会从此迅速壮大并很快抬头。这样，战前恶贯满盈的老牌军国主义者、甲级战犯岸信介，就成为战后日本政界右翼势力的鼻祖和民间右翼势力的总后台。

就后者而言，与战前惊人相似，当日本统治当局推行反动政策遭到人民强烈反对、二者矛盾迅速激化时，日本右翼势力便会毫不迟疑地站到人民的对立面，扮演统治阶级的帮凶和打手角色。这主要表现在：

第一，协助岸内阁破坏和镇压日本人民反对"勤务评定"制度的正义斗争。

所谓"勤务评定"制度，就是按照对教员评定的成绩给予相应的待遇，实质是日本统治阶级通过制造教职员内部矛盾来瓦解教职员工会并对广大教职员加以控制的一种反动制度，因此遭到日本教育界的强烈反对。日本教职员工会（"日教组"）、日本工会总评议会（"总评"）、日本社会党等迅速行动起来，掀起了声势浩大的反对"勤务评定"制度的斗争。这一斗争到1958年初因全国教育协议会作出实施该项制度的决定而走向高潮。面对这一斗争，同年6月，各地右翼团体纷纷向斗争最激烈的和歌山县集结，成立了促进勤务评议斗争协议会，并多次与反对"勤评"

的正义力量发生冲突。在高知县，同年7月20日，国民社会党、自由文教人联盟等右翼团体举行了有5000人参加的"批判日教组县民大会"，与县教组组织的集会相对抗。时至同年底，又在高知县发生了群殴日教组委员长小林武和县教组委员长东元善次郎并致两人重伤的严重事件。对此，警察当局不但不严惩凶手，反而以种种借口逮捕斗争领导人。岸内阁与右翼沆瀣一气的丑恶嘴脸昭然若揭。

第二，协助岸内阁破坏和镇压日本人民反对修改"警职法"的正义斗争。

1958年10月9日，岸内阁突然向第30届临时国会提交了一份扩大警察权限、践踏人民人身自由的《警察官职务执行法》修正案，目的是为国会强行通过新日美"安保条约"和为警察镇压群众斗争提供法律依据。对此，"总评"、日本社会党等390多个政党和团体联合起来，成立反对"警职法"国民会议领导这一斗争。为使国会通过该法案，岸内阁决定利用右翼势力破坏这一斗争。10月17日，大日本爱国党总裁赤尾敏和防共新闻社主干浅沼美知雄，从众议院总会场旁听席上散发了题为"扑灭反对修改警职法的中苏第五纵队社会党"①传单。11月7日，全学生运动纯正会在殉国青年队等右翼团体协助下，动员千余人在东京虎之门共济会馆召开"捍卫法和自由学生集会"，议决从学生立场出发，与左翼集团的"暴力"作斗争。另外，此间还发生了诸如右翼暴徒在众议院阻止进步议员就"警职法"质询、在产经会馆打断著名活动家黑田寿男演说等一系列野蛮事件。但日本人民的正义斗争，终使岸内阁修改"警职法"的图谋化为泡影。

———————————

① ［日］《右翼運動要覽·戰後編》，日刊劳働通信社1976年编辑出版，第30页。

第三，协助岸内阁破坏和镇压日本人民反对修改日美"安保条约"的正义斗争。

1951年9月8日，在片面的《旧金山和约》签字的同时，日美两国又以政府协定的形式签署了《日美安全保障条约》。该同盟条约使日本以牺牲自己外交自主性和对美平等地位为代价，换取了美国的安全保障。为了进一步强化日美军事同盟关系，并实际修改宪法第九条关于禁止日本拥有军队的规定，岸内阁在即将退出政治舞台的1960年6月，将该条约强行修订为《日美共同合作和安全条约》。此前，日本人民掀起了声势浩大的反对修改日美"安保条约"的伟大斗争。1959年3月28日，日本社会党、"总评"、拥护宪法国民联合会等134个团体共同成立了阻止修改安全条约国民会议，明确提出彻底废除"安保条约"、日本"不得参加任何军事集团和军事同盟"等响亮口号。从1959年4月至1960年10月，日本人民先后发动了20多次大规模的全国统一行动，参加者前后达上亿人次，最多一次仅罢工工人就达620多万人。面对声势浩大、席卷全国的反抗怒涛，岸内阁感到单纯依靠警察的力量难以抵御人民群众的正义斗争，遂决定再次利用右翼势力和黑社会势力共同扑灭这场熊熊烈火。在岸内阁疯狂镇压日本人民反对修改"安保条约"的伟大斗争过程中，到处都可以看到受命于自民党和岸政府的右翼分子冲锋陷阵的影子。1959年7月25日，大日本爱国党等19个右翼团体2000余人，在东京日比谷公会堂召开"加强日美联盟、促进安全条约修改国民大会"，并成立了促进修改安全条约会议。1960年3月14日，日本社会党在爱知县守山市文化会馆举行了"阻止批准日美安全条约"演讲会，右翼分子大闹会场，使该党委员长浅沼稻次郎的演说一度中断。同年4月2日，松叶会的市桥利治等10余名右翼暴徒冲进曾刊载过批评右翼团体破坏行径文章的《每日新闻》

社，打碎办公室玻璃，向印刷厂的轮转机里撒沙子。6 月 4 日，尼崎市民举行"阻止日美'安保条约'誓师大会"时，护国团关西本部青年行动队队长永田民三率 20 多名暴徒挥舞棍棒和木刀冲击会场，殴打与会群众。6 月 15 日，随着斗争走向高潮，竟在象征着权力和公正的日本国会大院发生了一起警察和右翼分子共同行凶的事件——警察殴打被诱入院内的学生，右翼分子向院外的学生和工人施暴行凶。结果，不仅很多群众被殴致伤，而且东京大学女学生桦美智子竟被右翼团体维新行动队的卡车人为轧死。其时，在日本各地负伤的群众多达 555 人，酿成了一起又一起政府与右翼势力共同镇压人民群众的血案。然而，政府的残暴和右翼的嚣张并没有吓倒日本人民。不久，由全国性的罢工、罢课、罢市、罢教汇成的强大的人民运动终于使岸信介政权垮台，美国总统艾森豪威尔甚至被迫取消了访日计划。6 月 17 日，右翼暴徒户间真三以积极参加反对修改日美"安保条约"运动、反对艾森豪威尔总统访日斗争为由，拔刀刺伤了 71 岁的社会党顾问、众议员河上丈太郎。10 月 12 日，在东京日比谷公会堂参加社会党、民社党、自民党"三党首演讲会"的社会党委员长浅沼稻次郎，竟被年仅 17 岁的右翼暴徒山口二矢当场刺死。据凶手供认，行刺浅沼是因为他在 1959 年率社会党代表团访问中国演讲时，提出了"美帝国主义是日中两国人民的共同敌人"的口号，并积极领导了反对修改日美"安保条约"的斗争。11 月 2 日，凶手山口二矢在收容所房间的墙壁上留下"七生报国，天皇陛下万岁！"[①] 的字句后，上吊自杀。这起震惊世界的刺杀政党领袖事件在光天化日和警察众目睽睽之下轻易得手，不能不说与

————————————————

① ［日］《右翼運動要覽·戰後編》，日刊労働通信社 1976 年編輯出版，第 99 页。

岸信介政府的姑息、纵容息息相关。对此，横滨国立大学学者堀幸雄指出："山口采取恐怖行动，可以说是岸政权对右翼宽容的结果，是它允许右翼暴力所致。"[1]

可见，在破坏和镇压日本人民上述正义斗争的过程中，确已形成了岸政府在幕后策划、操纵，右翼在前台"冲锋陷阵"的局面。二者靠山与打手的关系昭然若揭。

2.50 年代末期日本右翼势力的特点

50 年代末期日本右翼势力的特点，主要表现在以下两个方面：

第一，组织发展迅速。有岸信介政府这个强大靠山政治上的支持，有三菱财团等大财阀雄厚的资金保障，这一时期日本右翼分子的人数急剧增加、组织迅速扩大。新日本协议会、自由国民联合等右翼团体，就都是在岸内阁政治上一手扶持并得到财阀巨额经费支持的情况下孳生的。尤其需要指出的是，一些自民党籍国会议员或卸任阁僚，甚至兼任了这些右翼团体的魁首。以新日本协议会为例，前内务大臣兼警视厅总监安倍源基出任了该会事务局长，前防卫厅长官、"反共健将"木村笃太郎出任了该会代理理事，财界巨头、三菱电机公司董事长高杉晋一出任了该会顾问。再如，自由国民联合的理事长、事务局长分别由自民党籍参议员前田久吉和前情报局次长村田五郎担任；大型右翼联合团体全日本爱国者团体会议，因成立伊始就得到了自民党的鼎力支持而发展迅速：1959 年拥有会员团体 76 个，1961 年拥有会员团体 181 个，1968 年会员团体迅速增至 480 个。

第二，政治活动猖獗。50 年代末期日本右翼势力的政治活动主要指向两个方面：一是充当岸内阁镇压国内人民斗争的帮凶

---

[1] ［日］堀幸雄：《戦後の右翼勢力》，劲草书房 1983 年版，第 40 页。

和打手。据统计，仅 1957 年到 1960 年的三年时间里，就在日本国内发生了 27 起破坏群众运动的右翼暴力事件；而在 1961 年至 1970 年的 10 年里，仅发生同类事件 22 起。[①] 可见，在岸内阁执政期间，日本右翼势力的暴力活动十分频繁。二是充当岸内阁"反华仇华"、阻挠中日邦交正常化的马前卒。岸信介在走马上任的第一年继遍访南亚、东南亚、美国之后，又破例"出访"了台湾。他在会晤蒋介石时，对蒋氏父子的处境"甚为同情"，甚至公开叫嚣支持"蒋公"反攻大陆。主子加靠山的这一反华立场，不能不直接影响帮凶和打手的行动。日本右翼势力为此制造了一系列反华事件，旨在配合岸政府的"亲蒋反共"、"亲美反华"政策，气焰十分嚣张。其中，最典型的事件是"长崎国旗事件"。

1958 年 5 月 2 日下午，在岸信介政府的怂恿下，两名右翼暴徒将悬挂在长崎（滨屋百货商店）"中国邮票剪纸展览会"会场上的五星红旗扯下撕毁、粗暴践踏，酿成侮辱中国国旗的严重外交事件。长崎警察局虽在当时逮捕了两名暴徒，但在简单询问后竟以未触犯"毁坏器物"条款予以释放。岸内阁和日本右翼势力敌视中国的政策至此发展到登峰造极、令人忍无可忍的地步。对此，陈毅副总理兼外长代表中国政府提出了强烈抗议，并宣布：断绝同日本的贸易往来和文化交流；不再延长中日民间渔业协定；撤回正在日本访问的代表团；不接待日本来访人员（除少数友好人士外）等。然而，岸内阁对此置若罔闻，继续怂恿右翼势力挑起反华事端。大日本爱国党大搞"双十节"庆祝活动，并召开所谓"援蒋反共激励台湾国民大会"；防卫新闻社干将浅沼美知雄用打火机点燃并烧毁中国国旗；前述右翼暴徒山口二矢在

──────────

① 参见文国彦、兰娟：《战后日本右翼运动》，时事出版社 1991 年版，第 72 页。

光天化日之下刺杀主张中日友好和共同反对美帝国主义的日本社会党委员长浅沼稻次郎等等，均旨在阻碍中日邦交正常化的实现。

三 战后日本右翼势力的抬头(1961—1980)

池田内阁和佐藤内阁执政的 20 世纪六七十年代，是日本经济高速发展、国力迅速增强的一个时期。由此前岸信介政府庇护、扶植而走向复活的日本右翼势力，在此期间重新燃起了称雄世界的野心。一方面，在他们的鼓噪下，"大和民族优秀论"沉渣泛起；另一方面，他们通过整顿组织、培养骨干，不仅迅速实现了右翼的新老交替，而且出现了进一步发展壮大的势头。据日本《警察白皮书》统计，截至 1980 年，已有右翼团体 700 个左右，约 12 万人。[①] 其中，青年右翼是这一时期日本右翼势力的主力，其主张和影响也最具有代表性。

(一) 民间青年右翼的崛起

在迅速崛起的民间青年右翼团体中，最具代表性的是以下三个：

青年思想研究会 简称"青思会"，是由青年右翼团体组成的右翼联合组织，有反共反华"特攻队"和新右翼"防卫厅"之称。1960 年 4 月 20 日，隶属于全日本爱国者团体会议（"全爱会议"）的爱国青年会议宣告成立。1961 年 4 月 8 日，爱国青年会议更名为青年思想研究会。它实际上是在老牌军国主义分子儿玉誉士夫一手酝酿和策划下成立的行动派右翼的"先锋"团体。

─────────────

① ［日］日本警察厅：《警察白書》，大藏省出版局各年版。

除日之丸青年队外，还有犹存社、防共挺身队、昭和维新联盟、大日本生产党、国民同志会、爱国青年同盟、大日本樱花队等众多右翼团体加盟其中。出版《青年思想》期刊。日之丸青年队的总队长高桥正义出任议长，筑紫次郎担任实行委员长，北上清五郎、白垣章、永井龙担任副议长。该组织拥有直系会员3000多人，旁系会员逾15万人，具体来源于四个方面：纯粹右翼分子；右翼青年学生；右翼青年工人；右翼退役军人。该会以"为国家流血，为朋友流泪，为家族流汗"为信条，以"废除占领宪法，制定自主宪法，打倒赤色革命战线"为口号。[①] 自1967年成立七周年大会上提出"加强民族青年战线的统一"起，该团体不仅有计划地组织会员系统学习右翼理论，而且大搞武斗训练，积极准备政变。为了提高会员的战斗力和应变能力，经常严格按军人标准对会员进行军事训练，[②] 与此同时，它还经常采取过激行动，对内迫害进步人士，对外猖狂进行反苏和"亲蒋反共"活动。该会一直是进步的日本教职员工会的死敌，叫嚣埋葬"国贼"、"容共"的教职员工会。1969年4月23日，派会员80多人闯进社会党总部，用棍棒等袭击、打伤社会党干部多人。1968年，该会组织了反对苏联红军合唱团访日活动，并掀起了要求归还北方领土运动。中日邦交正常化谈判前后，"青思会"曾在1972年8月向即将访华的田中角荣首相和太平正芳外相投递了"警告信"，威胁他们不要访问中国，并要求首相辞职。1978年3月，又进行了反对缔结中日和平友好条约的"抗议"活动，并向

_____

① ［日］堀幸雄：《右翼辞典》，三岭书房1991年版，第327页。

② 例如，1969年2月8日，儿玉誉士夫开始在东京池上本门寺着手组织武斗训练；同年8月4日，在新潟县的越后三山进行了"第一号军事训练"，成为右翼势力武斗训练的开端。类似的武斗训练直至今天亦未停止。

外务省、首相官邸投递了"警告信"。同年 10 月 22 日，"青思会"和其他 30 多个右翼团体的 420 人乘坐 66 辆汽车前往羽田机场，反对邓小平副总理访日和交换《中日和平友好条约》批准书。与此相反，该会明确宣布拥护"日台和约"。以议长高桥正义为首的主要头目在 1972 年至 1974 年间，竟"访问"台湾六次之多。1975 年 4 月 23 日，又在东京召开了"恢复日华（台）邦交国民大会"，叫嚣"要同台湾在反共事业上相互合作"。① 直至今天，"青思会"仍然是日本最有影响的右翼团体之一。

日本青年社　是为日本"行动派右翼"的主力团体。其前身是 1961 年 10 月 30 日成立的右翼暴力团体楠皇道队。为了"应付 1970 年的'安保斗争'"，小林楠男解散楠皇道队后，召集日本学生革新联盟等右翼团体的部分成员于 1969 年 3 月 18 日建立日本青年社。总部设在东京，在九州、新潟设地区本部，在大分、山梨、佐贺、熊本、新潟县的村上市等地设立 50 个支部，并下设行动队。其组织分布之广和势力之大，由此可见一斑。该团体一度加盟青年思想研究会成为会员团体，但旋于 1973 年 2 月以开展独立活动为由退出。出版机关报《日本政经新报》、《青年战士》。小林楠男担任会长，小笠原计三、西山幸辉、鸳海正平出任顾问，平尾龙右出任事务局长，卫藤丰久出任行动队总队长。其纲领宣称："一、实现昭和维新，建设道义国家；二、同国内外的恶势力作斗争，在肃清共产革命势力的同时，粉碎占领宪法和波茨坦体制；三、学习楠公精神，毫无私心地挺身而出完成己任。"② 可以看出，它不仅反对日本共产党和国内信奉社会主义、共产主义的一切进步人士，而且誓与国外以共产主义为奋

①　文国彦、兰娟：《战后日本右翼运动》，时事出版社 1991 年版，第 148 页。

②　［日］堀幸雄：《右翼辞典》，三岭书房 1991 年版，第 484 页。

斗目标的国家为敌。其直接"斗争目标"有二：修改现行宪法；
摘掉战败国帽子。该团体还猖狂进行反华活动。1973 年 6 月，
卫藤丰久等人乘两辆广播车到中国驻日大使馆门前践踏中国国
旗，并公然叫嚣："你们是日本的敌人，快滚出去！"同年底即
"日台断交"一周年时，由小林楠男率日本青年社代表团"访问"
台湾，共商"反华事宜"，其喉舌《日本政经新报》亦大造"亲
蒋反共"舆论。1974 年 9 月，为反对在东京举办"中国展览
会"，该团体竟出动 20 多辆汽车堵塞进入展览会的通道。进入
80 年代以后，不仅反对中曾根首相停止"公职"参拜靖国神社
行动，要求他辞职，而且制造了一系列反苏、反华和破坏日本教
职员工会的事件。1985 年，该团体从反苏立场出发，派人前往
阿富汗向那里的反政府武装提供资金援助；其成员多次登上我钓
鱼岛制造事端。在 1989 年的参议院选举中，尽管有成员取得了
候选人的资格，但仅获 18953 张选票而落选。该团体被认为是
"80 年代最具有动员能量的（右翼）组织"[①]。由于日本青年社是
"行动派右翼"团体，其前身楠皇道队又隶属于黑社会暴力团体
住吉会系统，因此也有人把它视为右翼暴力团体。

　　日本学生同盟（"日学同"）　日本最过激的"行动派右翼"
学生团体。1965 年 12 月，早稻田大学因学费上涨而发生纠纷。
为了对抗"全学联"，首先成立了早稻田大学学生同盟。1966 年
7 月，以早稻田大学、国士馆大学、日本大学的学生为主，酝酿
成立日本学生同盟，得到了国士馆大学校长柴田德次郎、早稻田
大学的玉泽德一郎和矢野润的暗中支持。同年 11 月 14 日，来自
东京 23 所大学的 250 名学生代表在东京尾崎纪念会馆召开大会，
宣告正式成立日本学生同盟。该团体实际上由国士馆系统、早大

　　① ［日］堀幸雄：《右翼辞典》，三岭书房 1991 年版，第 484 页。

的玉泽系统、早大的矢野系统三派构成。国士馆大学的丸山一幸出任议长、早大的月村俊雄出任委员长、早大的斋藤英俊出任副委员长、早大的仲谷俊郎出任书记局长。发行机关报《日本学生新闻》。其纲领宣称："一、我们自知学生的本分，谋求知识与行动的统一，以努力形成完善的人格。二、我们尊重日本的历史和道德传统，努力弘扬民族精神和创造文化。三、我们遵守道义，服从法律，寓理念于中道精神中。四、我们热爱自由与和平，通过确立真正的民主主义，给人类以福祉。"①1967 年围绕国会总选举，玉泽派和国士馆派采取了支持自民党的行动，与以早大的日本文化研究会、国防研究会为主体的矢野派发生对立，并于同年11 月 25 日最终分裂。两派都自诩是"日学同"的正统，矢野派被称为主流派，玉泽派被称为自由派。主流派从 1967 年 10 月14 日起，由斋藤英俊担任委员长。为了推动与大学自治会之间的夺权斗争，"日学同"主流派与生长之家学生会全国总联合（"生学联"）于 1968 年 5 月 12 日共同成立了全国学生团体协议会（"全学协"），但不久又分道扬镳。分裂出来的"日学同"重新提出了如下口号："打倒全学联；制定自主宪法；废除日美安保体制，确立自主防卫体制；收复失地，夺回北方领土；粉碎核防条约。"②后来，该团体一度随着 1970 年安保斗争后右翼学生运动走入低潮而停止活动。同年底，在三岛自杀事件刺激下重新活跃起来，自 1975 年起再度走向衰落。有鉴于此，"日学同"委员长三浦重周遂于 1977 年 4 月建立重远社，权作"日学同"的支撑。发行机关杂志《新民族主义》。1987 年即成立 10 周年时，又制定了如下纲领："一、基于爱国心而改变战败国家之形象；

---

① ［日］堀幸雄：《右翼辞典》，三岭书房 1991 年版，第 470 页。

② 同上书，第 471 页。

二、由国家重新确立国祖建国之理想；三、从根本上改革生活和产业组织；四、建立亚细亚联合体；五、统一世界道义；六、解决爱国革命党纲领等诸问题。"①隶属于"日学同"系统的学生组织还有全日本学生国防会议（1968年）、全日本学生宪法会议（1969年）等。另外，"日学同"的自由派早在1973年7月就已经解散。"最初提出'雅尔塔·波茨坦体制'的是日学同，从这个意义上说，它可谓新右翼的始祖"②。

（二）军人右翼的再兴

如所周知，战前军人在日本社会地位极高，势力也很大。从权力中枢来看，先是陆军总参谋长、海军军令部长拥有直接上奏天皇、密议国事的权利，后又扩大到陆军大臣、海军大臣具有同样的特权，结果造成军职阁僚在内阁中拥有特殊地位，甚至发展到完全由军人掌权的政治局面。战前日本29位首相中，半数以上是现役军人。从日本国民对军人的崇敬程度来看，战前整个日本社会形成了对军人的绝对崇敬和爱戴。多数百姓或以能有儿子参军参战而倍感自豪，或以能将自己的女儿嫁给军人为妻而感到无限光荣。③ 日本战败后，美国等盟国帮助日本制定了和平民主宪法。这部宪法规定："日本国民衷心谋求基于正义与秩序的国际和平，永远放弃以国权发动的战争、武力威胁或武力行使作为

---

① ［日］堀幸雄：《右翼辞典》，三岭书房1991年版，第471页。

② 同上。

③ 据藤村道生的著作载，战时日本民众中身为双亲者，不仅普遍存在"如果有女儿，就找一个军人作女婿"之心理，而且存在"如果没有军人，简直天都不会亮了"的极端心态。这恐怕能够折射出军人在日本国民心目中的地位。——［日］藤村道生：《日清战争》，米庆余译，上海译文出版社1981年版，第194页。

解决国际争端的手段。为达到前项目的，不保持陆海空军及其他战争力量，不承认国家的交战权。"①据此，战前的陆军省、海军省以及陆军参谋部、海军军令部等军事机构均被撤销。从此，军人的地位一落千丈，威风扫地。不仅如此，其高级将领不是受审入狱就是被整肃而失去公职，其数以万计的中下级军官和士兵也都一时处于"冬眠"状态。然而，随着中华人民共和国、朝鲜民主主义人民共和国的建立，远东地区的政治力量对比发生了巨大变化，美国的亚洲称霸图谋受到遏阻。为此，美国在扶蒋、侵朝均告失败之后，决定把扶植的重点转向日本。于是，美国将占领初期实行的日本"非军事化"方针改变成为重新武装日本和复活日本军国主义的政策，以便使日本成为它在远东地区对抗共产主义势力的基地和"防波堤"。随着警察预备队建立、全部在押战犯被释放和军国主义分子被解除整肃，战后初期暂时蛰伏下来的旧军人逐渐蠢动起来，成立了形形色色的军人右翼团体。其中，较有影响者有三：

偕行社　1952年成立于东京的旧陆军军人右翼团体。1952年4月《旧金山和约》生效后，原陆军士官学校毕业的旧军人围绕"日本防卫问题"猖狂活动起来，先后建立了市谷同窗会、水曜恳谈会、土曜会等团体。1952年8月23日，在旧陆军中将沼田多稼藏等人的策划下，打着"增加战死者遗族福利"的旗号，解散上述团体成立偕行会，后更名偕行社。菰田康一任会长，辰巳荣一、杉山茂、大桥武夫任副会长。出版《偕行》月刊。下设32个支部，会员有6万之众。其政治主张是：增加旧陆军伤残者及死者遗族的福利，谋求会员之间的亲密交往。其主要活动是：为旧陆军伤残者及其遗族在就业、住房、医疗、婚丧等日常

---

① 赫赤等著：《日本政治概况》，中国社会科学出版社1984年版，第391页。

生活各方面提供便利。该社是战后日本国内较有影响的旧陆军军人右翼团体。

水交会　1952 年成立于东京的旧海军军人右翼团体。1952 年 9 月 14 日，旧海军大将泽本赖雄等人为了继承原水交会衣钵，纠集一批旧海军军官重建水交会。参加成立大会的代表多达 228 人，包括战前海军军官学校毕业的旧军人和原水交会成员两部分人。开始由旧海军大将山梨胜之助担任会长，后由佐薙毅接任。下设水交青年部和 75 个支部。出版《水交》月刊。其政治主张是：向旧海军伤残军人及战死者遗族提供帮助，使其能够自立，并谋求会员间的相互亲睦。其日常活动主要围绕两个方面进行：一是经常从事扩军宣传等政治活动；二是帮助解决旧海军伤残人员及其遗族在就业、住房、医疗、婚丧、子女教育等诸多方面存在的具体困难。旧陆军军人右翼团体偕行社和旧海军军人右翼团体水交会的成立，为全国性的旧军人右翼组织——日本乡友联盟（"乡友联"）的孽生奠定了基础。

日本乡友联盟（"乡友联"）　1955 年成立于东京的全国性旧军人右翼组织。1954 年 5 月，原陆军大将冈村宁次等人成立了樱星俱乐部；同年 10 月，樱星俱乐部改称日本樱星会筹备会；翌年 6 月 6 日，在此基础上成立了日本战友团体联合会（"战友联"）。原陆军大将村田谦吉出任会长。"战友联"的成立决议书宣称："在发生动乱、灾害之际，我们要率先挺身而出，维持治安，减少损失。"其纲领的核心内容是力主重新武装和修改宪法。该团体大搞宣传攻势，全面动员旧军人、青年学生和广大妇女参加"修宪"运动。1956 年 10 月，"战友联"正式更名为日本乡友联盟（"乡友联"）。1963 年 3 月，"乡友联"吸收合并了全日本在乡军人会，战犯冈村宁次一度出任会长。1968 年 5 月，又建立了由有末精三出任会长的乡友政治联盟，成为具有"日本防卫厅外围组织"性质的右翼团体。"乡友联"此时确定的政治目标是："搞清日本的内外形势，普及国防知识，促进民防体制的建立；表彰英灵，促进海外滞留者的归还，继承和发扬日本的光荣历史传统，为重建日本作出贡献。"它继续力主"修改宪法，制定自主宪法，以明确天皇的元首地位；强调祖国之爱，保持防卫力"。① 该组织还经常与其他右翼团体一道搞庆祝"建国纪念日"活动，举行集会和游行，要求政府直接管理靖国神社，为复活日本军国主义制造舆论氛围和社会条件。该团体还与日本政界、军界、财界人物关系密切。其内部建立了实战部队——"乡友挺身队"，运用自己丰富的军事经验训练盟员，以便更好地为当局服务。例如，1974 年 11 月美国总统福特访日时，该组织曾派出 1000 名挺身队员前往欢迎，并协助警察维持秩序和担负保卫任务。1975 年 9 月，又派代表团赴汉城与韩国右翼团体联系，以加强两国右翼势力之间的"亲善"关系。该团体特别重视宣传活动，通过发行机关刊物《乡友》月刊和《乡友青年通信》月刊扩大组织影响。它在各地建立了 48 个支部，盟员逾 45 万人，其规模由此可见一斑。该军人右翼团体已越来越引起世人的关注。如果随着日本政治右倾化趋势的发展而再度出现军人掌权的局面，那么日本必将重新走上军国主义道路，亚洲邻国被侵略被奴役的历史势必随之重演。

（三）20 世纪六七十年代日本右翼势力的特点

在日本人民反对修改日美"安保条约"的斗争渐趋平息、政治斗争相对沉寂的 20 世纪六七十年代，日本右翼势力呈现出一

────────────────────────────

① 文国彦、兰娟：《战后日本右翼运动》，时事出版社 1991 年版，第 87—88 页。

些新的特点。除直接表现为青年右翼的迅速崛起外，还具体体现在以下几个方面：

1. 主张上与战前右翼接近

从吉田茂到岸信介执政时期，日本社会的左右两翼可谓针锋相对、你死我活，右翼团体的反共色彩和作为统治阶级帮凶和打手的角色也非常明显。他们曾明确提出：要消灭日本共产党、日本社会党、"总评"等"赤色势力"，并为此制造了刺杀社会党委员长浅沼稻次郎、谋杀日共领导人和袭击日共领导机关等一系列暴行。尽管总的来说右翼团体"没有一个不高举反共的大旗"[①]，尽管进入六七十年代特别从 60 年代末起右翼反共活动仍在不时发生，[②]但数量上显然大为减少，反共色彩也有所淡化。正如一日本学者所说："战后右翼一贯奉行反共、反苏、亲美、支持日美安全条约、拥护自民党政权的路线。而民族派学生则主张反苏、反美、反日美安全条约和反自民党，毋宁说他们并不把反共看得那么重要。从右翼历来的动向看，这完全是一种新主张。但是，仔细地研究一下就会了解到，这种主张其实同战前右翼主张'革新体制'的思想相当接近。在纠正战后右翼运动由于过分反共而靠拢现体制的意义上，反倒可以说新右翼是对战前右翼思想的回归。"[③]该看法应当说是非常深刻的。那么，为什么会出现这种向战前"回归"的现象呢？这既是由日本右翼势力反资本主义

───────────────

① ［日］荒原朴水：《大右翼史》，大日本国民党 1966 年版，第 471 页。

② 如，1967 年 3 月 22 日袭击野坂参三议长未遂事件；1970 年 6 月 19 日袭击日共佐久事务所事件；1973 年 5 月 13 日暗杀宫本显治委员长未遂事件；1973 年 6 月 7 日袭击日共群马县事务所事件；1973 年 7 月 25 日预谋杀害不破哲三书记长事件等等。

③ 转引自文国彦、兰娟：《战后日本右翼运动》，时事出版社 1991 年版，第 75 页。

的本质决定的，同时也与 20 世纪六七十年代日本经济高速增长密不可分。关于前者，右翼势力本身毫不隐讳。右翼头目赤尾敏曾经坦言：“我的亲美反共不是从属于美国，而是谋略。因为单靠自卫队无法保卫国家，必须依靠美国。”① 右翼理论家荒原朴水也坦承：“亲美政策不是本质，是战术策略。现在美国为了保卫自己不得不加强日本。我们正可以利用这一点强大战败以来凋敝不堪的祖国，提高祖国的地位。”② 另一位右翼理论家池田谕在检讨右翼势力以往的“亲美反共”路线时进一步袒露心声说：“支持腐败的自民党政府、要国民赞成从属于美国的‘安保’等，与右翼传统毫无关系；肯定安保条约这一不平等条约，背离了明治维新以后的右翼传统。……不要忘记，惟有资本主义经常是右翼最大的敌人。”③ 至于后者，如所周知，国与国之间的关系通常在强弱悬殊的情况下容易保持稳定，而一旦呈现实力接近或力量相当之态势，摩擦甚至对抗就会接踵而至。日美关系当然也不例外。20 世纪六七十年代日本国内出现的这种反美倾向，以及此间发生的用剖腹自杀的极端方式煽动自卫队政变的“三岛事件”（1970 年 11 月 25 日），就具有与战前的民族主义和国家主义相类似的新民族主义、新国家主义政治色彩。

2. 行动上与“新左翼”相似

随着 1960 年大规模反对日美“安保条约”斗争的渐趋平息，左翼阵营开始分化。一些激进的左翼学生坚持开展所谓“武装斗争”，经常搞暴力活动。他们头戴钢盔帽，面缠白手巾，身着战斗服，手持木棒和燃烧瓶，今天袭击警察署，明天攻击皇宫，给

---

① ［日］猪野健治：《赤尾敏評伝》，连合出版株式会社 1991 年版，第 219 页。
② ［日］荒原朴水：《大右翼史》，大日本国民党 1966 年出版，第 470—471 页。
③ ［日］池田諭：《日本の右翼》，大和书房 1973 年版，第 18 页。

国民留下了极坏的印象，很多民众敬而远之。这些人被称为"新左翼"。"新左翼"的这些做法与充当统治阶级帮凶和打手的右翼势力的行径，至少在形式上没有多大区别。日本右翼作家、右翼团体楯会的头目三岛由纪夫，就非常欣赏"新左翼"的做法。他曾对"新左翼"说："只要你们说一句'拥戴天皇'，我们就可以携起手来。"[1] 这说明："新右翼和新左翼除了在是否保卫天皇这一点上主张南辕北辙外，其他政治主张、活动方式没有什么区别。"[2]

3. 活动呈分散、小型、多样化特点

以往，右翼团体经常搞统一的大规模的集体行动，动不动就成百上千横行街头，或用高音喇叭播放旧军歌，或充当统治阶级的帮凶群殴进步人士，致使人们失去了安全感，在百姓中不得人心。为了改变自己欠佳的社会形象，他们尽量不采用统一、大规模的集体行动，也尽可能不搞暴力活动，而是尽量使自己的活动分散、小型、多样化。正如当时日本最大的右翼联合组织——"全爱会议"头目岸本力男在团体大会上的讲话中所说："以往在开展反对日本教职员工会等团体的活动时，常常弄出噪音，给当地人添了麻烦，因此使得人们对我们持不合作态度。所以，希望今后停止这种给当地人添麻烦的活动，要改为谋求当地人理解的行动。"[3]

4. 百般阻挠中日邦交正常化

竭力阻挠中日邦交正常化，是这一时期特别是 70 年代日本

---

[1] 文国彦、兰娟：《战后日本右翼运动》，时事出版社 1991 年版，第 75 页。

[2] 《朝日新闻》记者伊波新语，转引自文国彦、兰娟：《战后日本右翼运动》，时事出版社 1991 年版，第 75 页。

[3] 文国彦、兰娟：《战后日本右翼运动》，时事出版社 1991 年版，第 76 页。

右翼势力政治活动的一项主要内容。1971 年 1 月新华社发表了《铁证如山的大战犯》一文，3 月又发表了《中日备忘录贸易会谈声明》。对此，防共新闻社等右翼团体向日本政府发出"抗议书"、"警告书"，认为：新华社的文章"是对天皇、日本国民的侮辱"，要求日本政府、自民党和新闻界"不要保持沉默"；而《中日备忘录贸易会谈声明》则是中国"干涉日本内政"，要求自民党对"民族的敌人"——古井喜实、藤山爱一郎等参与会谈的访华议员给予处分，开除党籍，"严肃党纪"。① 围绕同年 7 月尼克松访华声明的发表和 9 月讨论恢复中国在联合国的合法席位问题，右翼团体同样进行了一系列"抗议"活动。它们提出："在现阶段，让具有世界革命野心的中共登上联合国的舞台是极其危险的。"要求政府"确立自主外交，遵循日华条约，遵守国际信义"。② 10 月，它们又要求日本政府向联合国提出"逆重要事项指定"和"双重代表制"两项提案，其反华和制造"两个中国"的险恶用心暴露无遗。1972 年 9 月底即田中首相访华实现中日邦交正常化前后，右翼势力不仅攻击田中内阁奉行"叩头外交，是对国府背信弃义的行为"，而且搞了一系列阻挠和破坏中日复交的活动。9 月 25 日，大日本爱国党等右翼团体的成员前往首相官邸"抗议"、"示威"，试图阻挠田中首相按期访华。田中回国后的 9 月 30 日，犹存社等右翼团体大搞非难《中日联合声明》的街头演说。10 月 1 日，又向首相、外相、众参两院议长、自民党干事长和各在野党党首发出"抗议书"，宣称："承认波茨坦体制的日中国交的建立，不外乎是日本的赎罪、服从罢了。"10

---

① ［日］《右翼運動要覧·戦後編》，日刊労働通信社 1976 年編輯出版，第 65—66 页。

② 同上书，第 64 页。

月9日，全国民族主义学生共斗会议的四名代表前往首相官邸发表"声明书"，叫嚣："共同声明是巨大的耻辱和彻底的屈服。要彻底追究政府的责任。"① 与此同时，大日本爱国党总裁赤尾敏、大东塾塾长影山正治等四百多名右翼分子鱼贯"访台"，以进一步强化"亚洲反共同盟"——"日台韩三国的合作"。以后，每逢两国协定或条约谈判之际，日本右翼势力总是以"抗议"、"示威"、在中国驻日使馆前闹事等方式加以阻挠和破坏。《中日和平友好条约》所以在《中日联合声明》签订后延宕六年之久方才缔结，正是日本政界、民间右翼势力向本国政府内外施压的结果。

四　战后日本右翼势力的蠢动(1981—2000)

（一）20世纪八九十年代日本右翼势力的主张和活动

日本经过战后半个世纪特别是六七十年代的经济高速增长，至八九十年代已从一个战败国一跃成为世界第二经济大国，并在许多高科技领域向头号经济强国美国显示出咄咄逼人的气势。据统计，20世纪90年代初世界年国民生产总值约为20万亿美元，美国和欧共体（12国）各为5万亿美元，而日本一国即为3万亿美元。经济实力的迅速增强，加快了日本走向政治、军事大国的步伐。为了改变日本"经济巨人，政治侏儒"的国际形象，1983年首相中曾根康弘正式提出了"战后政治总决算"口号，不久又确定了日本"政治大国"奋斗目标。他主张要大胆地触动过去纷纭的意见，统一看法，以推动日本作为一个"正常"的国家和民族在世界上堂堂正正地前进。从此，日本政府在国际政治舞台上的一切活动，都是围绕着成为"政治大国"这个总的目标

---

① ［日］《右翼運動要覽・戰後編》，日刊労働通信社1976年編輯出版，第68页。

展开的。正是在日本已经成长为"经济巨人",日本政府又相应确立了"政治大国"目标并制定了"战后政治总决算"政治路线这个大背景下,日本右翼势力在八九十年代迅速壮大起来。据日本《选择》月刊1989年统计,1988年有右翼团体840个,成员12.5万人;① 同刊2000年统计时,右翼团体增至900个,人数降至10万人。②其实,这一统计数字是不准确的。因为它既未包括遗族会这类半官半民性质的右翼团体及其成员,也未包括国家基本问题同志会这类政界右翼团体及其成员,而仅指那些走上街头从事暴力犯罪活动从而被警方记录在案的狭义的右翼团体和成员。如果将被"遗漏"的这两部分团体和成员(即"潜在右翼",在日本被称作"穿西服的右翼")计算在内,目前日本右翼团体逾千个,人数当超过500万人,至少也有荒原朴水所说的"353万人"。此间,日本右翼势力的思想主张和政治活动主要集中在六个方面:第一,竭力美化头号战犯裕仁天皇,重树军国主义精神支柱,阴谋恢复战前天皇制;第二,再三篡改历史教科书,否认侵略历史,全面进行战争翻案;第三,顽固参拜靖国神社,为战犯"鸣冤",为军国主义招魂;第四,百般阻挠国会通过"不战决议",顽固奉行不反省、不道歉、不谢罪的"三不主义";第五,不断挑战和平宪法③和强化日美同盟关系,急于向政治大国

---

① [日]《现代〈右翼〉の研究》,《选择》(月刊)1989年1月号。

② [日]《日本右翼势力の现况》,《选择》(月刊)2000年5月号。

③ 截至目前,日本右翼势力的"修宪努力"到了这样一种程度:民意测验虽然表明绝大多数日本民众反对"修宪",但这毕竟只是民间呼声。根据日本法律,"修宪"议案在国会获得通过的有效票数为334票。目前自民党在国会中有239席,脱胎于自民党的新进党有155席,两者相加足以通过"修宪"提案。现在已不再是"修宪"提案能否在国会获得通过的问题,而是日本政府在何时、以何种方式、如何来修改"和平宪法"的问题。

演变和向军事大国急进，妄图重温军国主义老路；第六，对内暴力恫吓进步人士，对外不断制造反对中朝韩等近邻国家的外交事件。鉴于前五个方面的主张和活动在以后章节中有所涉猎，故在此仅就第六个方面略作探讨。

1. 暴力恫吓国内进步人士之丑行与战前如出一辙

无论战前右翼还是战后右翼，都继承了其先辈们的"皇国史观"。谁不把天皇奉为"至高无上"，他们就攻击谁。1988年发生的"本岛事件"，就是典型事例之一。1988年在昭和天皇病危期间，日本国内围绕裕仁天皇在二战中的战争责任问题议论纷纷。在12月7日召开的长崎市议会上，当一名市议员就裕仁天皇的战争责任问题提出质询时，信奉天主教的自民党党员、长崎市市长本岛，当即做出了"我认为天皇负有战争责任"这一符合史实的回答，[①] 成为日本地方官员中第一位明确承认天皇负有战争责任者。本岛市长的这一讲话被媒体报道后，不仅他所属的自民党对其采取了敌视态度，而且直接引来了右翼势力的仇恨、恫吓和迫害。1989年12月21日，全国62个右翼团体的数百名右翼分子，开着82辆汽车向长崎市集结，在市政府门前辱骂本岛市长是"国贼"，应"天诛地灭"，要求他立即辞职，并向市府建筑物开枪恫吓。本岛义正词严、抗辩不屈，结果进一步引来了右翼分子的仇恨。1990年1月18日，右翼团体正气塾成员田尻和美用手枪击中了本岛市长，伤势严重。右翼分子的凶残行径使一些地方官员感到畏惧，从此再很少发表真实想法。例如，1995年，日本全国有19个县议会就"战后50年的有关问题"作出了决议，但几乎都不敢把"侵略行为"、"殖民统治"和"谢罪"字

---

① ［日］高木正幸：《右翼·活动と团体》，土曜美术社1989年版，第91页。

样写进决议。在决议中写进"反省"一词的，只有香川、岩手、富山三个县的议会。1993年，当细川护熙首次以首相身份承认日本的侵略历史之后，也曾引来右翼分子的鸣枪恫吓。战后日本右翼势力的这般行径，几乎与战前右翼势力不相上下，甚至可谓如出一辙。

2. 制造反华反韩反朝外交事件之气焰与战前相较毫不逊色

这一时期，日本民间右翼势力攻击的主要邻国是中国。他们在70年代阻挠中日邦交正常化和《中日和平友好条约》签订的图谋遭到失败后仍不死心，又在八九十年代与自民党内的"台湾帮"和政界右翼势力一道制造了多起反华事件，致使来之不易的中日友好关系很快步入低谷。1985年8月12日至14日，几个右翼团体多次将宣传车开到我驻日使馆门前，反对我国批评中曾根首相以"公职"身份参拜靖国神社，高呼"打倒中共"、"反对中国干涉日本内政"等口号。9月18日，大日本爱国党、新生日本协议会的右翼分子也将宣传车开到我驻日使馆门前，用高音喇叭呼喊"中共从日本滚出去"、"中华民国万岁"等口号。亚洲民主党成员甚至携带一面台湾"国旗"闯入我驻日使馆闹事。1987年6月25日，日本右翼分子把红漆涂抹在位于京都岚山公园内的周恩来总理纪念诗碑上，用锤子敲坏碑上的"周恩来"三个字，并在诗碑附近散发写有"日本不是中国共产党的附属国"、"粉碎日中阁僚会议"字样的反华传单。以后，此类用油漆涂抹象征着中日友好纪念碑的事件屡屡发生：1987年7月13日，右翼分子把油漆涂抹在名古屋市久屋大通公园里的"名古屋——南京友好纪念碑"上；同年10月17日，昭和维新同盟的成员到新华社驻东京分社门前闹事，叫嚷"支持西藏独立"、"支持'中国之春'的斗争"；同年12月12日，右翼分子又用红漆破坏了胡耀邦访日时赠给长崎市的和平少女雕像等等。1988年3月，极政会会长沟下秀男指使本田秀三等暴徒开枪袭击我驻福冈总领事馆，对我驻日外交机构构成直接威胁；同年6月21日，右翼暴徒冲入在岐阜县政府大厦举行的"日本岐阜县·中国江西省友好省县"签字仪式会场，将中国五星红旗从旗杆上扯下来，制造了第二起"长崎国旗事件"。① 1989年4月，日本全国上百个右翼团体出动500人、130辆车，在中国驻日大使馆和其他外交机构前"抗议"李鹏总理访日。1990年三四月间，统一战线义勇军等右翼团体的成员在法务大臣和首相的官邸前闹事，反对日本政府引渡中国劫机犯张振海。1996年，日本右翼分子围绕钓鱼岛问题大肆进行反华活动。当时，有400多个右翼团体、约1500人游行"示威"，高呼反华口号，攻击政府的对华政策；还有右翼分子登陆钓鱼岛建造灯塔，极尽挑衅之能事。在反韩、反朝方面的主要活动有：1996年7月，韩日独岛（日本称"竹岛"）纠纷时，日本右翼分子竟制造了一起冲击韩国驻日使馆并烧毁车辆的严重外交事件；1997年1月，韩国总统金泳三访日期间，右翼势力动员800多个团体、3600多人、1000多辆车次的汽车大搞"示威"、"抗议"活动，并向韩国驻大阪领事馆投掷燃烧瓶；1998年8月，来自800多个右翼团体的3800多名右翼分子，出动1000多辆车次的汽车，对所谓朝鲜发射导弹穿越日本领空进行"抗议"，并于同年底刺伤了主张开展日朝贸易的新潟市市长。战后日本右翼实际上继承了战前日本右翼配合政府外交行动的传统，彻底暴露了其破坏日本与亚洲邻国关系和觊觎邻国领土之野心。

———————————

① 文国彦、兰娟：《战后日本右翼运动》，时事出版社1991年版，第143—144页。

（二）政界右翼势力的"异军突起"

进入 20 世纪 80 年代以后，日本政界特别是执政的自民党内的右翼政客，或自我组建右翼政治团体，或身兼民间右翼组织头目，形成一股人数不多但能量不小的政界右翼势力。"目标明确，活动频繁，势力膨胀，锋芒毕露"①，是政界右翼团体的一个显著特点；而政界右翼势力的迅速崛起，又是这一时期整个日本右翼势力最明显的一个特征。这与日本政治右倾化的总体趋势息息相关。然而，需要特别指出的是，一些欧美、日本学者在研究战后日本右翼势力时，只把民间极右分子和极右团体视为"右翼势力"，而将野心和能量更大更具危险性的政界、军界、财界、学界的右翼分子及其团体排除在外，这等于放跑了战后日本右翼势力的"中坚"部分，必须纠正这一危险的研究倾向。下面就让我们通过几个有代表性的政界右翼团体，来管窥 20 世纪八九十年代日本政界右翼势力的主张、活动及其影响。

宗教政治研究会　该会最初由 45 名自民党籍议员创建于 1977 年 11 月 1 日。除创价学会、耶稣基督教外，其他宗教团体都是其联络对象。成立大会召开时，不仅自民党的干事长大平正芳、总务会长中曾根康弘、全国组织委员会委员长竹下登等政界巨头纷纷到会祝贺，甚至连时任自民党总裁和内阁首相的福田赳夫都亲临会场，以示支持。该会"会则"确定的奋斗目标是：在国家政治中确立以宗教为根基的政治理念，从而在即将来临的新的世纪里给亚洲和世界带来和平与繁荣。同时还把"宗教、教育、福利、外交、国防、经济及其他"问题规定为该会研究的具体课题。这个被日本媒体视为鹰派政治集团的右翼团体自成立伊

---

① 文国彦、兰娟：《战后日本右翼运动》，时事出版社 1991 年版，第 89 页。

始，就开始对日本政府的内外政策施加直接或间接的影响。正如
该会魁首玉置和郎所说："本会是政治家组成的研究集团，因此
不能停留在为研究而研究上，研究的成果当然要通过宣传活动和
立法活动反映在政治上。"他甚至提出："宗教必须在政治路线中
生动有力地开辟一条出路；宗教政治研究会作为政教大联合的中
枢，要成长为自民党最强的派系。"① 实际上，自民党籍议员 8
人中就有 1 人是该会成员。因为有三分之一左右的会员是福田派
议员，因此又有"福田别动队"之称。该政团是日本自民党右倾
路线的制定者和执行者，具有把战后民主主义的日本拉回到战前
军国主义的日本老路上去的可能，值得特别重视和研究。

　　国家基本问题同志会　该会由龟井静香等 18 名自民党籍众
参两院议员成立于 1986 年 7 月 31 日。村上正邦、樱井新是发起
人，龟井静香担任会长，浦田胜担任干事长，平沼赳夫担任事务
局长。至 1988 年人数增至 41 人，且都是至少四次当选过众议
员、两次当选过参议员的政治家。它自我标榜是一个"没有背叛
自民党立党根本宗旨的、品格高尚的、志向远大的政治家集团"；
"既不是国家主义者的集合体，也不是军国主义分子的团体"；
"不使战争再次发生是本会的基本信念"。② 然而，只要看一看该
会的"成立宗旨书"和分析一下它在一些重大问题上的政治主张
就会发现，这是一个言行悖逆的实实在在的政界右翼团体。其
"成立宗旨书"宣称：成立该团体是因为"在外交和内政两个方
面，来自外国的对于我国的不正当干涉一次接一次地发生。举例
说，像在正式参拜靖国神社、教科书问题等事情上，直接关系到
国家主权的干涉继续执拗地进行着。我们要求政府从长远的观点

---

① 文国彦、兰娟：《战后日本右翼运动》，时事出版社 1991 年版，第 94 页。

② 同上书，第 90 页。

出发，准确地处置这种干涉，以便取得真正的国际协调之成果。为此，我们发誓要超越派系团结起来，采取行动，于是设立了'国家基本问题同志会'"①。这就将攻击矛头主要指向了对日本政要参拜靖国神社和文部省篡改历史教科书等恶行提出严肃批评的中国政府和人民，完全暴露出其右翼嘴脸。该团体把东京审判说成是"战胜国制裁战败国"②、要求首相和阁僚正式参拜靖国神社、要求必须拥有"使侵犯国放弃侵犯意志"③的进攻力量等主张，则进一步自我剥落了"既不是国家主义者的集合体，也不是军国主义分子的团体"之画皮。今后，我们要密切关注该团体的发展动向。

终战50周年国会议员联盟　这是一个专门为阻止国会通过"不战决议"而孳生的政界右翼团体。在世界各国即将迎来反法西斯战争胜利50周年的1994年6月，日本自民党、社会党、新党魁三党联合政权拟由国会通过一个"不战决议"，以此对侵略历史作一个了断。然而，反对通过这样一个决议的人数之多出人意料。为了阻止国会通过这项决议，自民党籍部分国会议员纠集在一起，于1994年12月1日成立了终战50周年国会议员联盟。国务大臣、国土厅长官奥野诚亮出任会长，自民党干事长森喜朗、总务会长木部佳昭、内阁通产相桥本龙太郎、防卫厅长官玉泽德一郎、前副首相兼外相渡边美智雄等出任顾问。置身其中的国会议员竟多达161人，几乎占自民党籍国会议员的半数。该"联盟"在其"成立宗旨书"中宣称："对过去战争的处理已用缔结和平条约的方法加以解决。如果对上次大战重新作出国会决

---

① 文国彦、兰娟：《战后日本右翼运动》，时事出版社1991年版，第90页。

② 同上书，第91页。

③ 同上书，第93页。

议，就会在国际社会中给下一代留下历史的祸根，对此我们决不能容忍。"① 可以看出，该"宗旨书"意在将侵略战争说成是"自卫战争"、"解放战争"，进而反对道歉和谢罪。该"联盟"还搞了一个反对国会通过"不战决议"的签名运动，签名者竟多达456万之众！正是在终战50周年国会议员联盟等政界右翼团体的施压下，日本国会在1995年6月9日通过了一个根本没有"不战"、"反省"字眼的不伦不类的"战后决议"，其政治图谋可谓完全得逞。尤其需要指出的是，有这么多人加入到"不战决议"的反对者行列中来，并在其左右下通过了这样一个令世人特别是亚洲各国人民大失所望的"战后决议"，恐怕不能再说是"一小撮"，而是一股不小的政治势力。

　　正确认识历史国会议员联盟　这是一个由新进党籍国会议员专门为阻挠国会通过"不战决议"而结成的政界右翼团体。1995年2月22日成立。会长小泽辰男，干事长永野茂门，会员约30人。该"联盟"在"成立宗旨书"中说："我国曾被置于战胜国的占领下，失去主权，并有许多被称为战犯的将士被夺去生命、逮捕、扣留、强行劳役。后来通过缔结和约，我国支付了巨额赔款和无偿援助后才恢复了主权。今天，我国作为独立国家存在这一事实便可完全表明上次大战的赔偿及战争谢罪已经结束。如果现在这个时候还搞'谢罪'，只能是践踏先人的努力和名誉，让我们扣着残暴不仁道的民族这顶帽子而万劫不复。"② 该"联盟"在反对国会通过"战后决议"方面可谓不遗余力，结果以其政治图谋得逞而告终。

　　"光明的日本"国会议员联盟　因所谓"失言"而丢官卸

---

　　①　肖世泽：《历史事实是掩盖不了的》，《现代日本》1995年第3期。

　　②　同上。

任的前国务大臣、国土厅长官奥野诚亮，在组织终战 50 周年国会议员联盟并达到罪恶目的后仍不满足，又于 1996 年 6 月纠集 92 名自民党籍国会议员成立了旨在"重新看待历史教育等问题"的"光明的日本"国会议员联盟。他们在"联盟""成立宗旨书"中宣称："决不赞成把我国罪恶地视为侵略国家的自己虐待自己的历史认识和卑屈的谢罪外交。"① 他们反对"谢罪"，意在肯定"大东亚战争"。前运输相江藤隆美说的最露骨，称："问题是如何断定历史，否定大东亚战争就是否定宣战诏书。"② 把当年裕仁天皇发布的"宣战诏书"搬出来作为肯定"大东亚战争"的根据，这绝不是对历史的无知，而是反映出这些右翼政客内心世界的真实意图——继承军国主义衣钵。文部大臣岛村宜伸甚至颠倒黑白说："大肆争论是不是侵略，这本身就是战争。难道这不正是优胜劣败，是获胜的一方侵略对方吗？"③ 用"胜者王侯败者寇"的强盗逻辑为自己或自己前辈的强盗行径辩护，正是日本右翼政客的一贯伎俩，也是他们为战犯扬幡招魂的一大骗术。

除上述这些纯政界右翼团体外，还有一个对 20 世纪八九十年代的日本政局走向起着举足轻重作用的半官半民性质的右翼团体必须引起我们的重视，这就是日本遗族会。

日本遗族会　日本遗族会的前身是 1947 年 11 月 17 日成立的日本遗族厚生联盟。当时"联盟规约"确定的"活动方针"是："开辟遗族相互扶助、安慰、救济之道。"它声称代表 200 万战争牺牲者的 800 万遗族的利益，并实际从事了一些遗族福利救

①　［日］《朝日新闻》1995 年 2 月 10 日。

②　［日］《朝日新闻》1996 年 6 月 5 日。

③　［日］《赤旗》1996 年 2 月 21 日。

济事业。但与其他右翼团体一样，在《旧金山和约》签订后，特别从1953年11月"联盟"正式更名为财团法人日本遗族会（简称遗族会）起，它便撕去伪装，彻底背离了"扶助、安慰、救济"遗族之初衷，而将"英灵显彰及慰灵事业"确定为"最优先目标"。换句话说，遗族会已将活动重心由最初为遗族谋取经济利益，转移到了"慰灵显彰"，陈情政要"公职"参拜靖国神社、为侵略战争翻案等政治活动上来。在其压力下，1952年4月30日日本政府正式公布和实施了《战伤病者战殁者遗族等援护法》。根据该法案，战伤病者及战死者遗属每年可从政府那里获得一定额度的年金，但"援护法"不适用于非军人之遗属。1953年，政府不仅恢复了战时的《公务扶助金》制度，而且颁布了《恩给改正法》。依据此法，不仅旧军人遗族的绝大多数、被处决之战犯和在押中死去之战犯的遗族都享受"军人恩给"，甚至连在押战犯在押期间也享受"在职恩给"；而在押战犯中的伤病者除"在职恩给"外，还享受"公务伤病恩给"。1958年1月，遗族会纠集34个团体成立了"贯彻国家管理靖国神社国民会议"，向国会提交了征得295万人签名的"请愿书"，掀起一股推动"国家护持"靖国神社的浊浪。在这股浊浪的推动下，1966年7月日本海上自卫队的106名官兵同地方政权首脑一起，着军装集体参拜了靖国神社，造成军、政两界集体"公职"参拜靖国神社的既成事实。进入70年代，遗族会开始倾全力开展敦促首相和阁僚"公职"参拜靖国神社的活动。1976年，该会联合靖国神社本厅、"乡友联"等右翼机构和团体组建"报答英灵会"，要求日本阁僚迅速采取"公职"参拜靖国神社之行动。在其推动下，1981年4月由自民党的311名国会议员成立了"国会议员全员参拜靖国神社之会"，正式提出"国会议员集团参拜"之主张。结果，1985年8月15日，日本首相中曾根康弘置亚洲各国政府和人民的强烈反对和国内抗议呼声于不顾，公然以"内阁总理大臣"的名义"公职"参拜了靖国神社。在中曾根首相的"表率"作用推动下，这一年共有 18 名阁僚、172 名国会议员"公职"参拜了靖国神社。但日本遗族会非常清楚，欲实现"国家护持"靖国神社之目的，其前提必须否定侵略历史和为侵略战争翻案。其否定侵略战争的观点概括起来不外乎以下几种：一是"自卫战争史观"，即日本发动的战争纯粹是为了"自卫"，迫于"无奈"；二是"靖国史观"，即战死者是为了国家、民族而"英勇献身"，今天的政要及其后继者理应顶礼膜拜；三是"和平与繁荣之基石观"，即由于战死者的"献身"，才换来了日本今日之和平与繁荣。遗族会的这一反动战争史观，对日本朝野各界认识和反省侵略历史，起到了其他团体无法替代的阻挠和破坏作用。另外，从以下几个方面更能看清遗族会的真面目和影响力：第一，从其头目来看，大多是老右翼分子、战犯或持错误战争史观的新生代政治巨头。遗族会的首任会长（第一任称理事长）是原贵族院议员长岛银藏。1962 年至 1977 年"贺屋—板垣体制"时期的会长和事务局长，分别是当年的甲级战犯贺屋兴宣和被处以绞刑的甲级战犯板垣征四郎之子、战时"皇军"少尉板垣正。[1] 甚至连卸去

---

[1]　1962 年 1 月，遗族会第三任会长安井诚一郎病故，遗缺由贺屋兴宣接替。贺屋其人，战时担任近卫文麿内阁、东条英机内阁的大藏大臣、北支那开发会社总裁等要职，战后被远东国际军事法庭列为甲级战犯，判处终身监禁。1955 年获释，1957 年加入自民党，1958 年当选为众议院议员和自民党政务调查会长。与此同时，被远东国际军事法庭作为甲级战犯处以绞刑的板垣征四郎之子、战时作为陆军少尉参加过侵略战争的板垣正，也于 1957 年加入遗族会，后出任该会组织企划部长，1972 年起担任事务局长，并于 1980 年当选为参议员。除贺屋、板垣外，自民党副总裁大野伴睦曾出任遗族会顾问。"贺屋—板垣体制"维持达 15 年（1962—1977）之久，也是日本遗族会与官方合作最为密切和进行所谓"战后政治总决算"最活跃的一个时期。

首相职务的桥本龙太郎，也一度出任过该会会长。第二，从其经济基础来看，有政府作后盾。遗族会自成立伊始，就得到了日本政府经济上的鼎力支持。1953 年 8 月，日本政府颁布了《法第200 号》，宣布将国有财产、位于东京千代田区的九段会馆无偿借给遗族会经营使用。据资料记载，1993 年九段会馆的营业额达 57 亿日元，1994 年为 55 亿日元，为遗族会的活动提供了雄厚的资金。第三，从长岛银藏就任遗族会第一任会长（理事长）是由靖国神社事务总长大谷藤之助（海军中佐）大力推荐、从成立伊始就在靖国神社内设立联络所、从把争取"国家护持"靖国神社作为核心活动等情形来看，遗族会与靖国神社关系非同一般。正因为日本遗族会政治上有执政党和政府作靠山（既有不少政要置身其中兼任头目，又有相当数量的遗族会干部当选为参众两院议员），经济上有政府无偿"借给"的年收入达数十亿日元的九段会馆作经济后盾，组织上又号称拥有 500 万之众，因此它是 20 世纪八九十年代能量巨大、绝不宜忽视的右翼团体之一。

当然，在政界右翼势力崛起的同时，民间右翼势力在这一时期的活动也十分嚣张，大有与政界右翼遥相呼应，把日本拉回到战前老路上去之势。例如，为了阻挠国会通过"不战决议"，民间右翼势力在 1995 年成立了一个人数众多、规模庞大的右翼组织——终战 50 周年国民委员会。该团体到处刮阴风、兴恶浪、混淆是非、颠倒黑白，一度征集到 450 万人的签名来"誓死"反对国会通过"不战决议"，气焰之嚣张可谓无以复加。

（三）20 世纪八九十年代日本右翼势力的特点

进入 20 世纪八九十年代，日本右翼势力明显呈现出以下五个方面的新特点：

1. 能量更大、更具危害性的政界右翼势力"异军突起"

20 世纪八九十年代，日本右翼政客通过纷纷组建右翼团体或如同战前一样身兼民间右翼组织头目，[①] 形成一股人数不多但能量不小的不宜忽视的政界右翼势力。可以说，政界右翼势力"异军突起"并迅速成为主力，是八九十年代日本右翼势力最大、最明显的一个特点。这既是日本民间右翼势力长期推动、日本成长为"经济巨人"和日本政治整体右倾化的结果，也与此间日本几任内阁总理大臣错误的"二战史观"息息相关。从中曾根康弘"战后政治总决算"的提出和第一个以首相身份参拜靖国神社，到竹下登过去的战争是否是侵略战争"要由后代历史学家去评价"[②]的观点；从羽田孜只承认是"侵略行为"而不认为是"侵略战争"，到小泉纯一郎"今后我还要继续参拜靖国神社，希望能够得到邻国理解"[③]的顽固态度和立场，既为国会中的一般政治家和政府阁僚在采取政治行动时定了基调，也在一定程度上反映出身为一国首脑的真实心理。甚至可以说，他们本身就是日本的右翼政客和日本右翼势力的政治靠山。

2. 民间右翼势力与黑社会势力开始同流合污

众所周知，作为与阶级社会相生相伴的黑社会势力和作为资

---

① 战前，1936 年上台的广田弘毅首相，是老右翼团体玄洋社的骨干成员；参谋本部第二部部长、陆军中将有末精三，兼任过军人右翼团体帝国在乡军人会会长；内务大臣、警察总监安倍源基，兼任过右翼团体新日本协议会的头领等等。战后，类似政治巨头桥本龙太郎兼任遗族会会长和其他政客成为右翼团体骨干者同样大有人在。其做法与战前毫无二致，甚至可以说已然形成了传统。

② ［日］四国教区靖国问题特别委员会编辑委员会：《靖国问题学习资料集》，万成社 1996 年版，第 472 页。

③ 《国会会议录检索システム－3》，http//kokkai. ndl. go. jp/cgi－bin/KEN-SAKU/swk－dispdoc－text.

本主义赘生物的社会右翼势力，二者间是有区别的。前者一般不过问政治，没有明确的政治主张、纲领和活动方针，只为榨取钱财而称霸一方，经常用赌博、贩毒、走私、抢劫、贩卖人口等手段残害百姓，因此是各国政府镇压的主要对象。后者则是一个政治概念，有明确的政治主张、行动纲领和具体活动方针，与政府当局关系密切，即平时经常充当统治阶级镇压人民斗争的工具，一到历史转折时刻便开始为实现自身的既定政治目标采取行动。但在日本，这两股黑暗势力都被统治阶级派上了用场。日美统治当局出于对付日本国内进步力量考虑，积极拉拢擅长街头宣传的右翼势力和善于使用暴力的黑社会势力同为自己所用。正是在日美当局的"中介"作用下，右翼和黑社会两股恶势力走到了一起，时至八九十年代迅速同流合污。除很多人同时身兼黑社会组织和右翼团体头目外，一些黑社会组织还纷纷并入右翼团体。据统计，吸收黑社会组织的右翼团体的具体情况是：1981 年为 150 个，1982 年为 160 个，1983 年为 70 个，1985 年则有 40％的右翼团体吸收了黑社会组织。[①]

　3. 更具顽固性、煽动性和影响力

　　首先，看其顽固性。虽然无论民间右翼还是政界右翼继承的都是军国主义衣钵，宣扬的都是"皇国史观"，并都企图重温"大日本帝国"旧梦，但能明显看出这一时期的日本右翼势力比 80 年代以前的右翼势力更具有顽固性。他们至今还把《宣战诏书》当作"圣旨"，试图使侵略战争"合理化"。奥野诚亮说：关于那场战争，"1941 年 12 月颁布的《宣战诏书》中表明了国家的意思"；"大东亚战争对建立亚洲人的亚洲做出了贡献"。[②] 战

———————————————

　① 文国彦、兰娟：《战后日本右翼运动》，时事出版社 1991 年版，第 214 页。

　② 同上书，第 123 页。

时日军大佐永野茂门居然以当年"皇军"的口吻宣称：那场战争是为了"解放殖民地"而进行的战争。所以如此，是因为战后的日本在美国的包庇下，不仅使天皇制保留了下来，而且使一大批战犯也被保护起来，并很快成为战后日本右翼势力的核心。这样，他们顽固地为"大日本帝国"招魂和妄图重温军国主义旧梦也就不足为怪了。其次，看其煽动性。由于战前的"皇国史观"远未彻底清算，这就使得日本军国主义思想沉渣与80年代随着经济大国地位的确立而产生的"民族优越感"扭曲地结合在了一起。相当一部分缺乏"历史自觉"的日本人，在情感上很难与战前的军国主义日本彻底决裂。掌握政权和舆论工具的日本右翼政客正是利用这一点大肆歪曲侵略历史和煽动民族情绪的。他们否定远东国际军事法庭审判的正义性；一味地为原子弹的死难者鸣冤叫屈却绝口不提为什么日本遭受了原子弹的轰炸，以及亚洲邻国所蒙受的更大的牺牲；以捍卫日本的"民族尊严"、"不能（给日本）贴上残忍民族的标签"为借口，"誓死"反对国会通过"不战决议"。日本右翼势力就是用这种颠倒黑白、混淆是非的欺骗手法煽动民族情绪和宣扬国粹主义，并得到部分不觉悟的国民回应的。再次，看其影响力。即使时至20世纪八九十年代，日本右翼分子在其国内也仍然是少数。尽管如此，他们特别是政界右翼势力的思想主张和政治活动之影响不宜低估。众所周知，战前日本长期推行侵略国策，殖民朝鲜、加害中国、肆虐东南亚各国，可以说几代日本人不同程度地参与了对外侵略战争，甚至许多人的父兄或亲朋抛尸海外、客死异邦。战后虽然在战败的冲击下绝大多数人厌恶战争、渴望和平，但由于战争责任远未追究，军国主义思想远未清算，所以很多日本人对当年统治阶级发动的对外战争的侵略性和加害性缺乏明确的认识和"历史自觉"。他们往往以"不得已"、"没办法"去理解那场战争，致使不少日人迄今没有摆脱战前"大东亚战争理念"的束缚。这就为一些尚未真正走向觉醒的日本民众接受右翼势力兜售的谬论提供了条件，使日本右翼势力贩卖的"皇国史观"和复活军国主义的活动在日本国内继续有市场和继续发挥影响。日本右翼势力在广岛市公园内为第十一步兵连队竖起一块写有"各自英勇战斗的乡土部队"赞语的纪念碑、在广岛市护国神社内为第五军团竖起一块书有"赫赫战功"、"永传后世"字样的纪念碑、在当年绞死七名甲级战犯的刑场遗址处竖起一块高两米以示"追悼"的"战犯"纪念碑、在福冈市竖起一块书有"永远传祭英灵崇高精神和伟大业绩"文字的高7.3米的"大东亚战争阵亡者之碑"……凡此为当年的"皇军"和战犯树碑立传之行径能够毫无阻碍地顺利为之，说明在日本国内存在着容许右翼势力兜售"皇国史观"和进行战争翻案的社会土壤；而这一社会土壤的产生，又恰恰是战前军国主义思想遗毒远未彻底清算，法西斯残余势力远未彻底铲除，以及战后日本右翼势力长期宣传毒化和活动影响所致。恰如日本津田塾大学的蔡史君先生所言："如果不彻底根除这种渗透于日本人心灵深处的'英灵思想'和'靖国思想'，日本人就无法真正反省，而日本的战争也就无法了结。"①

---

① 蔡史君：《文字游戏又一年》，新加坡《联合早报》1995年8月13日。

第 三 章

战后日德两国右翼势力之比较

日本与德国、大和民族与德意志民族是东西方特殊而又相似的两个国度和民族。首先，两国在近代史上几乎同时崛起。一个是通过1868年开始的"明治维新"勃兴于西太平洋上的海洋帝国，一个是通过俾斯麦的"铁血政策"和始于1871年的王朝战争崛起于欧洲腹地的内陆帝国。由于前者继承了中世纪的"武士道"传统和后者继承了统一前普鲁士王国的军国主义传统，两国又很快分别成为东西方的战争策源地，并在亚欧广阔地域为祸长达半个世纪之久。其次，两国继战前共同写下了一段充满血与火的侵略历史之后，又在战后不足半个世纪的"历史瞬间"写下了一段惊人相似的再度崛起的历史，以致世界各国特别是当年遭受过日德法西斯侵略迄今仍隐隐作痛的亚欧各国，即为之战后重新崛起而惊喜，更对其未来走向而担忧。这不仅仅因为日德两国都有着为祸巨深的侵略战争"前科"，更重要的是在这两个国度里又几乎同时出现了惊人相似的令人忧虑的情形，这就是否认侵略、歪曲历史的谬论纷纷出笼、甚嚣尘上，右翼势力重新抬头、蠢蠢欲动。法西斯幽灵在日德两国的徘徊游荡表明，大和民族和德意志民族再次走到了历史的十字路口，需要重新作出历史性抉择。那么，日德两国今后究竟会走向何方？是继续走和平发展道路，还是重走历史老路？笔者认为，这除了取决于两国国民的觉醒程度这一决定性因素外，还有两个重要因素将起着至关重要的作用：一是要看身为"国家舵手"和"民族领航员"的两国政要能否正确认识过去的侵略历史，真正反省本国的侵略罪行；二是要看两国右翼势力的规模、能量以及两国政府对其采取什么样的政策。通过对战后日德两国右翼势力规模、能量的冷静分析和透过日德两国政要的言行我们会不无遗憾地发现，两者间出现了与以往迥然不同的诸多差别，这就预示着曾经写下了几段惊人相似历史的日德两国有可能从此走上截然不同的道路。因此，在纵向考察了战前战后日本右翼势力的演变轨迹和各阶段的特点之后，有必要以德国为参照横向就日德两国右翼势力的规模、能量以及两国政要的"二战史观"作一比较，以便对战后日本右翼势力有一个较为清晰的认识和准确的把握。本章主要阐述三个问题：（1）日德两国右翼势力之比较；（2）日德两国政要"二战史观"之比较；（3）日德两国右翼势力和两国政要"二战史观"迥然不同之原因。

一 战后日德两国右翼势力之比较

（一）德国右翼势力的抬头及其政府的态度

第二次世界大战结束后，德国被一分为二，盟国在这里对法西斯思想和纳粹战犯进行了彻底的清算和铲除。截止20世纪80年代，盟国共将8万多纳粹战犯送上被告席，并对法西斯思想一直在进行清算，试图彻底铲除威胁人类和平的隐患。然而，在纳粹主义盛行了十几年的德国，欲将这一思想从所有德国人的心中抹掉并非易事。这一思想一旦遇到适当的气候和土壤，就会重新滋长。事实正是如此。随着德国在欧洲大陆的重新崛起，法西斯纳粹思想沉渣泛起，内心深处残留着这一思想意识的人则纠集在一起，形成了德国的新纳粹势力。据统计，德国目前有新老右翼团体150多个，人数大约5万人。他们或直接进行暴力恐怖活动，或图谋通过竞选达到重新掌控国家政权的目的。前者以德意志民族社会主义者同盟（1968年）、大德意志社会主义战斗团（1972年）、德意志民族共同体（1973年）、霍夫曼国防体育集团（1974年）等右翼团体为代表。其成员经常袭击银行，炸毁火车，焚烧民宅及制造凶杀事件；而袭击的目标主要是外国人，更多的是外籍劳工。仅1980年至1982年的三年中，就制造了5400起破坏事件，死伤甚多。德国右翼势力认为，600万外国人抢占了600万德国失业者的工作岗位和住宅，是造成德国社会问题和经济问题的根源，因此自己的所作所为是在"捍卫"德国人民的切身利益。这与当年希特勒屠杀600万犹太人的借口如出一辙。后者以德意志民族民主党（1964年）、德意志人民联盟（1971年）、共和党（1983年）三个法西斯党团为代表，约有党员4万人。为了达到通过合法渠道取得国家政权的目的，它们注意扩大宣传，加大竞选力度，使自己在州议会和联邦议会的选举中所获选票不断增多。共和党在1986年10月巴伐利亚州议会选举中获得了34万张选票，民族民主党在1987年1月联邦议会选举中获得了22.7万张选票，而巴登─符腾堡州5％的选民把选票投给了新纳粹党团。这些新纳粹党徒宣扬种族歧视，美化希特勒，主张领袖独裁，鼓吹建立"第四帝国"和准备发动第三次世界大战。

德国右翼势力的重新抬头，已经引起了欧洲各国特别是德国朝野本身的高度重视和警惕。人们高兴地看到，德国具有不同政治信仰的人们已经在共同反对新纳粹的斗争中结成了广泛的统一战线。特别是德国政要及其政府，对右翼势力采取了严厉打击、坚决取缔的政策。1992年11月8日，德国总统魏茨泽克、总理

科尔、联邦议会议长居斯穆特等政府要员亲自参加了在柏林举行
的有 30 万人参加的反纳粹集会，以此向世人表明德国领导人对
本国右翼势力的态度。紧接着，11 月 27 日德国政府采取统一行
动，在全德范围内查封了极右组织"民族主义阵线"的各级机
关，并有计划地对其他类似的组织加以取缔。至于右翼分子的游
行示威和暴力行动，更在严厉打击之列。为了更有效地遏制和打
击本国的右翼势力，联邦议会在 1994 年 9 月专门通过了一个新
的反纳粹刑事犯罪法案。除继续禁止使用纳粹党的各种标志、口
号及敬礼姿势外，还严厉禁止使用任何被认为具有纳粹象征意义
的标记符号、标语和徽章。该法案还明确规定：凡宣传种族歧视
和否认希特勒"第三帝国"的大屠杀为犯罪行为者，凡同情诽
谤、攻击、恶意伤害犹太人和其他外国人的新纳粹分子者，均可
判处三至五年徒刑。这就使打击新纳粹势力（右翼势力）的斗争
有了法律保障。不仅如此，在主要打击新纳粹势力的同时，德国
领导人并没有放松对漏网的老纳粹分子的追查和惩治。战后，不
少隐匿他国的法西斯战犯一经被发现，就会立即押回德国进行审
判。20 世纪末在南美巴西隐姓埋名的纳粹战犯巴比被押回德国
绳之以法，就是其中一例。这充分反映出德国政要及其政府反纳
粹复活的决心。

（二）日本右翼势力的抬头及其政府的态度

如前所述，尽管战后初期美国占领当局实施了惩办日本战
犯、褫夺右翼骨干分子公职、解散右翼团体等一系列对日政策，
但随着朝鲜战争的爆发和冷战时期的到来，很快就将这一铲除日
本军国主义残余势力的政策改变成为扶植日本军国主义复活的政
策。即一面下令提前释放日本的全部在押战犯，扶植老牌军国主
义分子重返政坛、军界，一面解除对右翼团体和 20 多万右翼骨

干分子的整肃。这样，日本右翼势力在经历了战后初期一个短暂的低潮之后很快重新活跃起来。据日本警察当局统计，从1950年到1975年的25年中，右翼组织接近战时的数量，而人数则超过战时水平。目前日本全国有右翼组织逾千个，人数已多达500万左右（包括"潜在右翼"）。与德国右翼势力比较，日本右翼势力至少有以下五个方面的鲜明特点：第一，德国的新纳粹组织和新纳粹分子几乎都是在战后成立成长起来的，与战前的纳粹组织和纳粹分子没有直接的内在联系；而日本右翼势力战前战后具有明显的继承性。第二，德国的右翼党团尚处于在野地位，还在为重新执掌国家政权而积极扩大竞选；而日本的部分右翼分子和组织由于本身就是执政的自民党议员和由这些议员组成的政界右翼团体，因此两国的右翼组织和右翼分子不仅在数量上不可同日而语，就是在能量上也相差十分悬殊。1995年日本国会通过的令亚洲人民大失所望的"战后决议"，就是日本右翼势力施压的结果。第三，在主张上，日德两国右翼势力虽然都美化侵略历史，宣扬"民族优越论"，鼓吹重建昔日的"帝国"，但日本右翼势力更侧重于为侵略战争翻案和"恢复天皇的国家元首地位"上，其思想主张也与战前军国主义者鼓吹的"皇国史观"一脉相承或如出一辙。第四，在行动上，德国右翼势力施暴的对象主要是外国人特别是外籍劳工，而日本右翼势力攻击的目标主要是国内进步人士（如暗杀浅沼稻次郎等）；德国右翼势力关于建立"第四帝国"、建立一支新的纳粹战斗部队和准备发动"第三次世界大战"的主张还更多停留在口头上，而日本右翼势力则已经将自己的主张具体而有计划地付诸了行动：或建立军事训练营集训骨干成员，或派党徒置身于自卫队长期受训，或擅自登陆我钓鱼岛制造国际事端等等。第五，与德国右翼势力受到本国政要和政府严厉打击、坚决取缔不同，日本右翼势力不仅得到了本国政要和政府的默认、庇护和支持，而且二者彼此勾结、遥相呼应。民间右翼势力企图依靠政府和政要的庇护、支持达到自己尚无法达到的目的；而日本政府和政要则欲借右翼之口说出自己想说而暂时不便说的话。例如，日本独协大学教授中村粲就曾经说过这样一段话："几年前……在这里担任顾问的奥野诚亮先生在读赖肖尔的历史书时，发现其中写到卢沟桥事件是偶然发生的事件。一说自己也有同感……奥野辞去了国土厅长官职务"；"然而，所有经过文部省审定的日本历史教科书都认为这是偶然发生的事件。……日本政府采取的也是偶发说立场。然而，为什么奥野说是偶然发生的事件就要被追究责任？这实在是奇怪的事情。如果说要追究责任，那应该追究文部大臣和总理大臣的责任。奥野只不过说出了日本政府的立场。这实在是荒唐可笑的事情。"[1] 可见，两国右翼势力的处境也迥然不同。

二　战后日德两国政要"二战史观"之比较

日德两国政要"二战史观"之不同，主要表现在以下三个方面。

（一）在战争性质和侵略罪行的反省上，一个坦率承认、真诚反省，一个遮遮掩掩、图谋翻案

战后以来，德国的绝大多数政治家特别是总统、总理、议长等政界要人，对本国侵略历史的认识是明确的。他们不但坦率承认侵略战争性质和纳粹德国犯下的滔天罪行，而且利用一切机会主动向受害国受害民族频频道歉、真诚谢罪，表现出德国领导人

———————————

① ［日］中村粲：《大东亚战争的起因》，见［日］历史研究委员会：《大东亚战争的总结》，东英译，新华出版社1997年版（内部发行），第23页。

特有的政治远见和高度的历史责任感。

　　早在 1949 年 12 月 7 日，联邦德国首任总统特奥多尔·豪斯曾就纳粹屠杀犹太人的罪行这样指出："这段历史现在和将来都是我们全体德国人的耻辱。"① 1951 年 9 月 27 日，联邦德国首任总理阿登纳在联邦议会的演说中明确表示："纳粹以德国人民的名义犯下了滔天罪行，对此我们有义务进行道德的物质的赔偿。"② 1970 年 12 月 6 日，联邦德国总理勃兰特访问波兰时，冒着严寒驱车来到犹太人殉难者纪念碑前，在众目睽睽之下猝然下跪，以此向长眠地下的犹太冤魂表示深切的哀悼和愧悔之意，他为此获得了 1971 年度的国际和平奖。1985 年 5 月 8 日，联邦德国总统魏茨泽克在纪念二战胜利 40 周年之际，不仅郑重告诫国民"如果对过去闭目不看，将不能看到现在"③，而且建议将 5 月 8 日这个德国战败日定为德国人民的解放日，使德国政要对二战历史的认识大大前进了一步。1994 年 8 月 1 日，德国总统赫尔佐克在波兰纪念反法西斯华沙起义 50 周年仪式上，再次代表德国发表了发自肺腑的谢罪讲话。他说："德国人对于德国这个名字永远和数百万波兰人和犹太人的苦难联系在一起，我的心中充满愧意。……我在华沙起义的战士和战争受害者面前低下我的头，我请求你们宽恕德国人给你们造成的痛苦。"④ 根据他的提议，德国议会决定把每年的 1 月 27 日定为纳粹受害者哀悼日。

---

　　①　肖季文等：《日本：一个不肯服罪的国家》，江苏人民出版社 1998 年版，第 31 页。

　　②　李正堂：《为什么日本不认账——日本国战争赔偿备忘录》，时事出版社 1997 年版，第 45 页。

　　③　同上书，第 453 页。

　　④　黄永祥、代天宇：《不要忘记德国》，中国城市出版社 1997 年版，第 307 页。

1995 年是世界反法西斯战争胜利 50 周年，德国领导人继续纷纷发表讲话，一再重申：德国要永远牢记历史教训，并对纳粹罪行永志不忘。科尔总理再次跪倒在以色列的一座犹太人纪念碑前谢罪，并痛苦地说："我的内心充满羞愧。"① 而就在 2005 年 4 月 11 日纪念布痕瓦尔德纳粹集中营解放 60 周年纪念仪式上，我们再次聆听到了来自德国总理施罗德"德国决不向试图忘却或不承认那段历史的任何企图让步"② 这一令人感佩的声音。尤其值得大书特书的是，同是当年法西斯侵略国家的战后国家元首和政府首脑，德国政要却在不断地向日本政要发出忠告，敦促其反省侵略历史。1995 年 3 月 31 日，德国总理施密特在接受日本记者采访时诚恳地建议日本首脑说：只要日本首相向亚洲表明这样两种态度——承认"日本发动了战争这一历史事实"和"旗帜鲜明地处理'慰安妇'问题"，那么日本"在亚洲就能取得巨大的象征性成果"。③ 1995 年 8 月 7 日，德国前总统魏茨泽克在访问日本东京时发表了《战争结束 50 年后的德国和日本》演说，深刻指出："处于领导地位的政治领导人，如果不能从历史角度对本国在战时的行为做出估价，如果在判断究竟是谁发动了战争以及本国军队对其他国家究竟做了些什么这类问题上犹豫不决，如果一面迅速地染指战利品，一面把对其他国家的进攻解释成自卫，那么邻国就会认为你在政治和逻辑上缺乏判断力，就会把你看成是一个不知道你将意欲何为的危险国家。"他还警告日本人说："不

---

① 《德国对第二次世界大战真正表示悔罪》，《法新社》1995 年 6 月 7 日电讯。

② 文鸣：《德纪念布痕瓦尔德集中营解放 60 周年》，《解放日报》2005 年 4 月 12 日。

③ 肖季文等：《日本：一个不肯服罪的国家》，江苏人民出版社 1998 年版，第 294 页。

认真对待自己历史的人，就无法理解自己现在的立场为什么是这样；否认过去的人，有让历史重蹈覆辙的危险。"① 这着实难能可贵。既令人感动，更让人沉思！

以上不难看出，战后德国的历届领导人对二战历史的认识是一致的、明确的。透过德国领导人富于政治远见和感人肺腑的言行，我们清楚地看到了德意志民族敢于直面历史、勇于解剖自我的宝贵品质，看到了德国政要誓与过去彻底决裂、痛改前非、共创人类美好未来的决心。

那么，同是当年的侵略国、战败国的日本政要在这个问题上究竟是什么态度呢？只要回顾一下战后日本政要的言行就不难发现，包括裕仁天皇、多数首相和阁僚在内，他们不但奉行不反省、不道歉、不谢罪的"三不主义"，而且时刻图谋为侵略战争翻案，令亚洲人民大失所望。

众所周知，裕仁天皇是造成中国伤亡 3500 万人（其中死 2000 万人）的名副其实的日本头号战犯。早在 1945 年 8 月 9 日晚举行的御前会议上，当他作出接受《波茨坦公告》的"圣裁"后曾这样对臣下说道："为国家前途计，在大局上应效法明治天皇在三国干涉时所作的决断，忍其所不能忍。"② 在 8 月 14 日战时最后一次御前会议上，裕仁天皇再次要臣下们取"忍辱负重"之态度。他说："回想明治大帝忍气吞声，断然接受三国干涉的苦衷，但愿此时此刻，忍所难忍，耐所难耐，团结一致，以求将

---

① 肖季文等：《日本：一个不肯服罪的国家》，江苏人民出版社 1998 年版，第 294 页。

② ［日］外务省：《日本外交年表並主要文书（1840—1945）》（下），原书房 1969 年版，第 631 页。

来之复兴。"① 可以看出，当时的裕仁天皇是怀着与其祖父明治天皇接受"三国干涉还辽"时一样的心情来接受投降的，其卧薪尝胆、誓报战败之仇于来日的复仇心理溢于言表。继之，裕仁天皇又在"大东亚战争终战诏书"中，不仅把对美英宣战的目的说成是"期望帝国之自存与东亚之安定"，而且对那些效忠"圣战"的军国臣民们大加赞许说："交战四载，朕之陆海将士勇战，朕之百僚有司精励，朕之一亿众庶奉公，各尽最善。"② 至于侵略战争的责任和罪行只字不提，俨然一副"虽败犹荣"的架势。不仅如此，战后以来裕仁天皇在美国的庇护下一直念念不忘"侵略富国"的治国之道和复活军国主义。1963 年，裕仁天皇在皇宫举行的一次宴会上对作家们说："时至今日，应该忘却了广岛的创伤，着手振兴日本战前和战时这一历史时代的真正精神。打第二次世界大战已不再像 1946 年时那样看来是一个大错误，而是积极地加速完成日本工业化的治国之道。"③ 技术上大学西方和物质上疯狂侵略掠夺亚洲近邻，是日本近代化成功的两大要因。然而，裕仁天皇在此不但充分肯定了靠巨额战争赔款和巨大殖民地收益实现了日本工业化的侵略"治国之道"，而且仍在明目张胆地号召他的臣民们"着手振兴日本战前和战时这一历史时代的真正精神"——军国主义精神，其复活军国主义之心态可谓昭然若揭。1973 年 5 月，裕仁天皇还进一步鼓励防卫厅长官增原惠

---

① 汤重南等:《日本帝国的兴亡》，世界知识出版社 1996 年版，第 1458 页。

② ［日］裕仁:《終戦詔書》，《東京新聞》1945 年 8 月 15 日。需要指出的是，不仅当年裕仁天皇根本没有使用"战败"、"投降"字眼，而且时至今日日本的官方文书也一直在沿用着"终战诏书"这一称谓，未曾使用"投降诏书"的叫法。这是日本统治阶级不承认战败即"不认输"心理的反映。

③ 肖季文等:《日本:一个不肯服罪的国家》，江苏人民出版社 1998 年版，第36 页。

吉说:"要抛弃旧军队的缺点,吸收其优点,努力干吧!"① 1983年10月19日晚,裕仁天皇竟驱车来到靖国神社,在黑暗和绝对肃静中用古老的神道教仪式向死于当年"圣战"的全体"皇军"官兵和战犯的亡灵致敬。在最近发现的昭和天皇的《谢罪诏书草稿》中,裕仁尽管对自己"未能"扭转时局从而使国家"战败"并"招致惨祸"感到"忧心如焚",甚至说出了"为朕不德,深感愧对天下"② 的话,但我们仍会不无遗憾地发现:令他感到"忧心如焚"的,仅仅是日本国的"战败"和本国所招致的"惨祸";而他"深感愧对"的"天下",也仅仅是"暴尸于战场"上的"皇军"将士和蒙受战争灾难的本国国民。就是说,裕仁天皇在这份未公开发表的"谢罪书"中,只对效死疆场的"皇军"将士和遭受了战争苦难的本国国民表达了"谢罪"心情,丝毫也没有对蒙受了更大牺牲的亚洲邻国的人民表示愧悔之意。1989年1月7日,裕仁天皇病逝。对于这样一个战前是头号战犯,战后又死不改悔的天皇,竹下登首相竟在《总理大臣谨述》中美化说:"大行天皇"一直是一位和平主义者和立宪君主;他在62年的动荡岁月里,"一心祈求世界和平和国民幸福,日日实践躬行"。"在那场并非出自本愿而发动的大战中,他不忍见国民为战祸所苦,痛下决心、奋不顾身地作出了结束战争的英明决断。"③ 在日本当局的这一基调下,日本国内对裕仁天皇的美化和宣传很快

---

① [日]井上清:《天皇的战争责任》,吉林大学日本研究所译,商务印书馆1983年版,第8页。

② 参见王屏:《近代日本的亚细亚主义》,商务印书馆2004年版,第299—300页。

③ [美]赫伯特·比克斯:《真相——裕仁天皇与侵华战争》,王丽萍、孙盛萍译,新华出版社2004年版,第515页。

进入高潮。就这样，裕仁天皇直到 1989 年寿终正寝，也没有对自己犯下的滔天罪行有丝毫愧意，更没有向蒙受了巨大灾难的亚洲邻国的人民说上一句道歉的话。身为日本民族精神支柱的裕仁天皇的上述姿态和天皇制的保留，大大鼓励了一种集体不负责任的态度，也大大阻碍了日本政要以及部分日本国民从更深的层次上认识和反省那场侵略战争。

再看日本首相和阁僚。在战后日本的 20 多位首相中，只有三位首相曾对侵略历史有过比较正确的认识。1993 年 8 月 10 日，时任首相的细川护熙在回答记者提问时，一改以往历任首相在这个问题上的暧昧态度，首次公开承认过去的对外战争是"侵略战争"。然而，他的这一正确表态立即遭到了来自政界、民间右翼势力的强烈反对，不得不很快在"施政演说"中改口为"侵略行为"。1995 年 8 月 15 日，村山富市首相就日本战败 50 周年发表谈话说："我国过去不远的一段时期，国策错误，走上战争道路，使国民陷入生死存亡的危机，由于进行殖民统治和侵略，给很多国家特别是亚洲各国人民带来了极大的损害和痛苦，我为将来不再犯错误，虔诚地接受这些无可怀疑的历史事实。在此再次表示沉痛的反省、由衷的歉意。同时对因这段历史而受害的国内外所有牺牲者深表哀悼。"① 由于同样的原因，他也很快重新表态说"谈话"只代表社会党。1998 年 11 月，小渊惠三首相继在中日首脑会谈中口头向中方表示反省和道歉之后，首次把"侵略"二字写进了《中日联合宣言》——"日方表示，遵守 1972 年的中日联合声明和 1995 年 8 月 15 日内阁总理大臣的谈话，痛感由于过去对中国的侵略给中国人民带来重大灾难和损害的责

———————————

① 田桓主编：《战后中日关系文献集（1971—1995）》，中国社会科学出版社 1997 年版，第 933—934 页。

任，对此表示深刻反省。"① 尽管《宣言》在历史认识问题上的表述仍然不能令人满意，即仍然未把"侵略战争"四个字完完整整和将"道歉"二字痛痛快快地写进《宣言》，尽管《宣言》也未像以往的《声明》和《条约》那样为以昭信守而正式签字，②但毕竟较过去的文件和"谈话"又前进了一步。至于其他首相和阁僚，他们不但不能像德国政要那样利用一切机会向受害国人民道歉、谢罪，告诫本国人民铭记历史教训，而且恰恰相反，一有机会便就战争性质和战争罪行大放厥词，试图翻案。20世纪八九十年代以来，已有10多位阁僚公开否认侵略历史和战争罪行。1988年时任国土厅长官的奥野诚亮称："日本一直不是一个侵略国家"，大东亚战争是"解放战争"；1994年时任法务大臣的永野茂门说："南京大屠杀是捏造出来的"，"把太平洋战争说成是侵略战争是错误的"。③ 以致"失言"、"收回"、"辞职"成了80年代以来日本政坛的特有"景观"。尤其令人忧虑的是，在日本的新生代政治家中，具有类似错误历史观的人大有人在。女议员高市早苗在2000年推出的《21世纪日本的繁荣谱》一书中宣称："根据战后条约，已经履行了赔偿，做了定论的，就没有必要由国家来道歉。用现在的价值观裁定过去的事情是不妥当的，

_____

① 《中日发表关于建立致力于和平与发展的友好合作伙伴关系的联合宣言》，《人民日报》1998年11月2日。

② 在中日此次会谈中，关于历史问题，中方要求像前不久发表的"日韩宣言"一样，把"谢罪"一词明确写进《中日联合宣言》，但遭日方拒绝，结果小渊首相仅以口头形式表示了"谢罪"；关于台湾问题，中方希望日本能像此前美国总统克林顿那样表明"三不支持"的立场，但仍遭日方拒绝，仅表示继续遵守1972年《中日联合声明》的有关精神。结果，双方未在该文件上正式签字。

③ 李正堂：《为什么日本不认账——日本国战争赔偿备忘录》，时事出版社1997年版，第422—423页。

现在的政府也没有资格对昔日由国家出面发动的战争定罪"；"在拓展亚洲外交过程中，要坚持一般外交事项、经济援助事项与历史问题分离开来"；"首相和大臣要对为国献身的英灵表示感谢，正式参拜靖国神社。当然，在首相和阁僚访问外国时，也要参拜所在国家的英灵的墓地。"① 日本首相在国会演说或出访时，对历史问题能回避则回避，实在回避不了就暧昧作答；有时即使含糊其辞表了态，但说归说、做归做，他会马上用自己的行动表明真实的态度。频频参拜靖国神社便是其中最能表明心迹的行动之一。

　　1869 年 6 月，为追悼在明治维新前死于内战的将士，由军务官在东京九段开设了招魂场，又称招魂社。1879 年 6 月 4 日，招魂社改称靖国神社（"靖国"，即"安国"之意），并被确定为特殊官币社，一直由陆军省和海军省管辖。当时，说明改变名称和定为特殊神社理由的祭文这样宣称："你们赤胆忠心，忘家献身，各自死去。正因为有此伟大功勋，才使我大皇国得以安邦治国，故改称靖国神社。"② 就是说，天皇和皇族以外的日本国民，只有在靖国神社里才有机会成为国家祭祀的"神灵"，而成为"靖国祭神"的惟一条件就是要为天皇陛下"光荣战死"；至于这些人生前是怎样的人，则概不过问。可见，靖国神社在使日本国民成为"天皇的军队"上起着特殊的纽带作用。靖国神社作为直接反映天皇与国民之间军事关系的中介设施（天皇—靖国神社—国民），具有既是宗教设施又是军事设施之特点。说它具有国家

---

　　①　［日］松下政経塾出身の国会議員の会：《21 世紀日本繁栄譜》，PHP 研究所 2000 年版，第 146 页。

　　②　［日］大江志乃夫：《靖国神社》，沈志平译，世界知识出版社 1990 年版，第 108 页。

军事设施性质，不仅因为该神社最初由政府军务官创立，后又由陆军省、海军省管理，还因为它的院内设施和附属设施都具有综合性军事设施的特点。战前，靖国神社院内的很大一块用地租借给军队的各种外围组织使用：1877 年将院内约 5393 平方米的地方租借给陆军，作为陆军现役军官俱乐部——偕行社的总部建筑用地；1904 年将院内 3202 平方米的地方出租给爱国妇女会，作为总部建筑用地；1928 年又将 3966 平方米的外部庭园租给帝国复员军人会，作为军人会馆建筑用地（即现在的九段会馆）。战后即 1957 年，日本政府将美国占领当局退还回来的军人会馆交给了日本遗族会。现在的靖国神社大院已不包括外部庭院（靖国大街以南的牛渊附属地）和出租给偕行社等作为建筑用地的部分。靖国神社的附属设施游就馆（1881 年竣工）和国防馆（1934 年开馆），特别是规模宏大的游就馆，实是一个综合性的国立军事博物馆，在对国民进行军国主义教育方面发挥了特殊作用。"游就"二字源于荀子的"君子居必择乡，游必就士"一句，意为崇尚高洁之人。战后，游就馆一度被废止和更名。但到 80年代，随着祭祀和参拜靖国神社活动愈演愈烈，游就馆恢复开馆。其馆内设有十几个展厅，展示历次战争留下来的遗物。这是一座宣扬军国主义、推崇"圣战"、颠倒历史的陈列馆。各种血腥的刺刀、枪炮、坦克、军旗、鱼雷、炸弹、飞机、军舰模型，包括山本五十六等军国主义分子的遗像、军服、信件、战刀等遗物，充斥于各展厅内。还有不同年代日本军人的塑像和大量的战争油画。这些陈列品其实正是几十年间日本在亚洲大地上恣意蹂躏、屠杀无辜的罪证。此外还有当时情况的详细介绍，其解说词颠倒黑白，对侵略战争和战犯妄加辩护。例如，1894 年至 1895年的"日清战争"（甲午战争），被解说成日军接受朝鲜邀请和为保护日侨而与中国交战；1928 年的"济南惨案"，被解说成"为了保护日本侨民的利益"而出兵；1931 年的"九·一八"事变，被解说成东北人民的"反日情绪"超出了日军的"忍耐度"，为了防止内乱波及东北三省才促成了"满洲国"的独立；1932 年的"一·二八"事变，被解说成上海地区抗日团体的增加迫使日本政府派军队实施了镇压，等等。对中国和中国人的贬毁贯穿于整个解说词中，不仅对侵略罪责没有一点愧疚之意，而且处处给人留下一个错觉——当年日本发动的所有侵略战争都是"被逼出来的"，日本也是"受害者"。

在战前的半个多世纪里，在"靖国祭神""万世不灭"、"受人景仰"这一军国主义神话的驱使下，靖国神社终于迎来了"浩浩荡荡"的 246 万所谓"神灵"。现在，被供奉在靖国神社里的死于历次战争的战死者具体数字如下：

明治维新前后内战（主要是 1868 年至 1869 年的戊辰战争）中的战死者 7751 名；

西南战争（即 1877 年平定西乡叛乱的国内战争）等的战死者 6971 名；

日清战争（即 1894 年至 1895 年的甲午中日战争）中的战死者 13619 名；

出兵台湾（甲午战争后进驻台湾过程中）等的战死者 1130 名；

义和团事件（即八国联军侵华战争）中的战死者 1256 名；

日俄战争中和镇压朝鲜人民斗争的战死者 88429 名；

第一次世界大战中和出兵西伯利亚等的战死者 4850 名；

济南事变（即 1928 年的"济南惨案"）等的战死者 185 名；

满洲事变（即"九·一八"事变）等的战死者 17161
名；

日中战争（即从"七·七"事变开始的中日战争）中的
战死者 188196 名；

太平洋战争中的战死者 2123651 名。

以上合计 2453199 名。[①]

从以上数字不难看出，在 2453199 名战死者中，死于内战者
只有 14722 人，占总死亡人数的 0.6％强；而战死于对外侵略战
争中的人则多达 2438477 名，几乎占总死亡人数的 99.4％。尽
管靖国神社后来统计的战死者增加到了 246 万余人，但增加部分
也几乎都是在侵略战争中的战死者。这 246 万所谓"神灵"的名
字，全部被记录在正殿的一尊灵位上。此外，还有一尊专门为两
个皇族成员设立的灵位，即甲午战争后出兵台湾过程中染病而死
的近卫师团长北白川宫能久亲王和中日战争期间战死于内蒙古的
能久亲王的孙子北白川宫永久王。这一数字恐怕最能说明《靖国
神社章程》第三条所说的"为国捐躯者"究竟是一些什么样的
人；祭祀这样的战死者并给人以神秘感的靖国神社又到底是何去
处。

1946 年 5 月 3 日 11 时 15 分至 1948 年 11 月 12 日 16 时 12
分，远东国际军事法庭对包括 28 名甲级战犯在内的日本战犯进
行了历史性审判。其中，东条英机等七人被判处绞刑。1948 年
12 月 23 日（这一天恰巧是明仁天皇的生日）零时 1 分至零时 35

---

① ［日］大江志乃夫：《靖国神社》，沈志平译，世界知识出版社 1990 年版，第
14—15 页。不知何故，大江志乃夫未将战死于 1874 年"征台之役"中的 600 余人统
计在内。

分，七名甲级战犯分做两批被执行绞刑：第一批是土肥原贤二、东条英机、武藤章、松井石根；第二批是板垣征四郎、广田弘毅、木村兵太郎。当时，美英中苏四国代表都在场。随后，七人的遗体被美军用卡车运到了横滨市的久保山火葬场火化。遗骨处理后，剩下的骨灰被扔到了久保山的骨灰场。为被告小矶国昭辩护的三文字正平律师、久保山火葬场的飞田场长和附近兴禅寺的市川住持三人经过商量，深夜秘密潜入久保山火葬场的骨灰场，拾回了被丢弃在那里的七名甲级战犯的骨灰，暂时以施主的骨灰名义秘密存放在兴禅寺的遗骨箱中。后来，这些人的骨灰被埋在了松井被告生前建在热海伊豆山上的"兴亚观音"的像下。1960年7月17日，参加辩护的有关人员在爱知县幡豆町三根山的山顶建起了"殉国七士之墓"，一部分骨灰被转移到这里。1978年10月，日本右翼分子将包括这七人在内的14名甲级战犯的亡灵以"昭和殉难者"的名义偷偷"请进"了靖国神社。从此，这些罪大恶极的甲级战犯便与其他被盟国判处死刑的一千多名乙、丙级战犯供奉在一起，靖国神社随之成为战后日本右翼分子趋之若鹜、顶礼膜拜的去处，同时也成为世人特别是遭受过日本侵略的亚洲各国人民关注和不断给日本同亚洲邻国的关系带来麻烦的场所。

战后，日本首相参拜靖国神社大体经历了这样一个过程：

美国占领日本初期，盟军总司令部发布了"神道命令"，禁止国家公务员以官方即"公职"身份参拜神社。但吉田首相却不理睬这一禁令，公开参拜了明治神宫，并在留言簿上签上了"内阁总理大臣吉田茂"。当时，神社的神职人员曾担心地问道："总理大臣，这样做行吗？"吉田茂回答说："没有问题。如果有人怪罪下来，我就去找麦克阿瑟说说。"这样，吉田茂就首先开了战后日本首相公开参拜神社（尽管不是靖国神社）

的先例。正因如此，吉田茂的这一行动被今天的日本右翼分子
称赞为"在限定的范围内进行了坚决抵抗"的、"做得尤为突
出"和"很了不起的"行动。① 战后，首开"八·一五"以
"私人"身份参拜靖国神社恶例的内阁总理大臣是三木武夫
（1975 年）。此后，福田赳夫、大平正芳、铃木善幸、中曾根
康弘等历届首相均以"私人"身份参拜了靖国神社。尤其从
1978 年东条英机等 14 名甲级战犯的"亡灵"被"请进"靖国
神社起，每年的"八·一五"参拜靖国神社就几乎成了日本首
相和阁僚必不可少的日程。特别需要指出的是，中曾根康弘继
1983 年以"私人"身份参拜靖国神社之后，1985 年 8 月 15 日
竟率 18 名阁僚以"公职"身份参拜了靖国神社，又开了战后
40 年来日本首相正式参拜靖国神社的恶例。在日本国内外舆论
的压力下，日本首相"公职"参拜靖国神社的行动一度有所收
敛。然而，仅事隔十余年即 1996 年 7 月 29 日，时任首相的桥
本龙太郎步中曾根的后尘，再次以"公职"身份参拜了靖国神
社。继前首相中曾根康弘、桥本龙太郎"公职"参拜靖国神社
之后，现任首相小泉纯一郎又开了同一位首相在任内每年"公
职"参拜靖国神社的恶例：2001 年 8 月 13 日第一次、2002 年 4
月 21 日第二次、2003 年 1 月 14 日第三次、2004 年 1 月 1 日第四
次。2004 年 1 月 1 日参拜结束后，小泉就参拜理由回答记者说：
"日本的和平与繁荣建立在战争牺牲者的基础之上。我参拜是为了
祈求日本的和平与繁荣。"当记者问为什么选择 1 月 1 日参拜时，
小泉"理直气壮"地反问道："初诣（日本人新年时前往神社朝拜

---

① ［日］大原康男：《终战 50 年之思考——关于"终战"的五个观点》，见
［日］历史研究委员会：《大东亚战争的总结》，东英译，新华出版社 1997 年版（内
部发行），第 516 页。

的习惯——本书作者）不是日本的传统吗？很多人不都是在今天
到各地神社参拜吗？"针对记者关于首相参拜靖国神社可能给与邻
国的关系造成恶劣影响的担忧，小泉态度强硬地表示："每个国家
都要尊重自己国家的历史、传统和习惯，对此我不想再多说。我
认为（这种行动）会渐渐得到邻国的理解。我每年都要来参拜。"①
对此，律师津留雅昭指出："很难想象这是一个理应遵守宪法的国
家首脑的发言。"② 2004 年 4 月 7 日，日本福冈地方法院判决日本
首相小泉纯一郎 2001 年 8 月 13 日参拜靖国神社违反了日本宪法政
教分离的规定。由于原告和被告均未提出上诉，因此到上诉截止
日期 4 月 22 日，这一判决结果被最终确立。尽管这项判决属于地
方法院的判决而不是最高法院的裁定，但法院一经判决参拜违宪，
那么就是一次历史性的判决。然而，小泉对媒体表示以后将继续
参拜，并希望其他国会议员的参拜"能继续下去"。结果，2004 年
4 月 22 日又有 84 名国会议员在小泉首相的"号召"和"表率"作
用下集体参拜了靖国神社。

　　的确，近代日本的繁荣是建立在被供奉于靖国神社的数百万
"亡灵"所进行的一系列对外侵略战争及其殖民地掠夺基础上的。
小泉首相的参拜行动和上述答记者问，既表达了他本人和他所代
表的日本政府对当年日本"皇军"侵略掠夺功绩的肯定和感
谢，③ 同时也暗含着日本企图通过重走侵略掠夺的"治国之道"

———————————

　　①　曹鹏程：《小泉新年又去拜战犯》，《环球时报》2004 年 1 月 2 日。

　　②　张焕利：《福冈法院对小泉参拜违宪判决最终确定》，《人民日报》2004 年 4 月
23 日。

　　③　日本右翼分子、历史研究委员会顾问原田宪也曾明确说过："日本是因为他
们的功劳才变得伟大。"——［日］中村粲：《大东亚战争的起因》，见［日］历史研
究委员会：《大东亚战争的总结》，东英译，新华出版社 1997 年版（内部发行），第
56 页。

重建日本未来繁荣之寓意。另外，从坚持顽固立场的小泉首相答记者问的上述谈话还可以看出，对于国内的批评和邻国的反对，他不但视而不见、态度强硬，而且明确表示要将这种严重伤害受害国人民感情的行径继续下去，直至"得到邻国的理解"而成为一种"惯例"为止。

还需指出的是，近年来每逢"八·一五"战败日，日本报纸就一定纷纷报道以总理大臣为首的大臣们参拜靖国神社的消息。例如，他们是以"私人"名义还是以"公职"身份去参拜（即是否在签名簿上注明了大臣的官衔）？他们乘坐的汽车是私人车还是公用车？他们是在前殿台阶下参拜还是在上殿参拜？诸如此类，报纸对每一位大臣的参拜情况都作详尽报道。媒体看重这些区别无非是想说明大臣们的参拜性质，即说明这一行动是否代表了政府和国家。但在笔者看来，区别以"私人"名义还是以"公职"身份、乘坐私人车还是公用车、在前殿还是在上殿参拜都不重要，是否在"八·一五"这一天参拜也不重要，关键是他们作为现任首相和阁僚，只要步入供奉着大大小小战犯灵位的军国主义阴魂的聚集地——靖国神社的门槛，就已然表明这些首相和阁僚以及他们所代表的日本政府对侵略战争的真实态度。而且，无论东条英机等 14 名甲级战犯的灵位是在 1978 年"请进来"还是在以后的某一天再"被迫"移出去（这种可能性不大），也都无法改变这里是军国主义阴魂聚集地的性质。因为，这里毕竟还供奉着其他 246 万为天皇的侵略"圣战"效死疆场的刽子手门的"亡灵"。何况，天皇或国务大臣只要正式参拜靖国神社，就意味着是国事行为，不管怎样解释，都违反了日本国宪法第 20 条"国家及其机关"禁止参加"宗教活动"之规定；同时，不论以何种形式向靖国神社支付国费或公费，毫无疑问也都属于宪法第 89 条所禁止的"方便和维持宗教组织或团体"的"支出"费

用。① 实际上，日本三位在任首相率群僚以"公职"身份参拜供
奉着战犯亡灵的靖国神社的行动，再清楚不过地代表日本政府向
世人表明了对侵略历史的态度。事实也正是如此。1991 年 9 月，
中国中央电视台播放了 10 集连续剧《荒原城堡 731》，引起国际
影视界的关注。该剧的一些录像带在日本非正式上映时，引起当
代日本青年的极大震惊。因为在此之前，包括青年在内的许多日
本人从未听说过有一个杀人不眨眼的 731 细菌部队。然而，日本
政府竟下令绝对禁止以任何形式播放该片，凡已播出的影视场所
或文化沙龙，均限期销毁录像带，否则后果自负。与此同时，凡
播映过该片的影视场所，也都先后收到了内容大致相同的来自右
翼势力的恐吓信和威胁品。前些年大陆和香港合拍的影片《黑太
阳 731》，几乎世界各国都上映了，惟独日本拒绝引进。1995 年，
本来在日本国内外舆论压力下日本政府和执政党曾在《战后 50
年问题计划书》中载明："作为'战后 50 年问题计划'，政府和
执政党首先要对包括随军慰安妇问题在内的我国的侵略行为和殖
民统治给亚洲近邻国家带来的难以忍受的苦难和悲伤表示深刻的
反省。"②并准备在 10 年时间里拿出 1000 亿日元来促进这一事
业。然而，由于日本右翼势力特别是右翼政客的百般阻挠和拼死
反对，日本国会在 1995 年 6 月 9 日通过了如下内容的一份"战
后 50 年决议"——《关于以历史为教训重下决心走向和平的决
议》："本院值此战后 50 年之际，对全世界的战死者及因战争而
牺牲者，致以悼念之意。而且，本院在对世界近代史上许许多多

---

① ［日］大江志乃夫：《靖国神社》，沈志平译，世界知识出版社 1990 年版，第 9 页。

② ［日］高桥史朗：《战后 50 年与占领政策——日本人的战争赎罪意识是如何
形成的》，见［日］历史研究委员会：《大东亚战争的总结》，东英译，新华出版社
1997 年版（内部发行），第 429 页。

殖民统治和侵略性行为进行回顾时，认识到我国过去进行过的这种行为给与他国人民特别是亚洲各国人民带来的痛苦，对之表示深刻的反省。我们必须超越关于过去战争的不同的历史观，谦虚地吸取历史教训，并建立和平的国际社会。本院在此声明：决心在日本国宪法所揭示的持久和平的理念下，与世界各国携手开创人类共生的未来。特此决议。"① 只要对这份不到 300 字的"战后决议"稍加解读就会发现，其中不但根本找不到"谢罪"、"不战"字眼，而且含糊其辞地把侵略战争说成"侵略性行为"；而这一行为也只不过是"世界近代史上许许多多"此类"行为"之一。如此这般毫无反省之意的"战后 50 年决议"，又怎能不令世人特别是亚洲邻国人民大失所望呢？

其实，在日本政要中就连"中道政治家"田中角荣前首相，在历史问题上也存在着错误的认识。众所周知，在 1972 年 9 月中日复交谈判过程中，田中角荣不仅在宴会的答谢辞中用"添了很大的麻烦"这一轻描淡写的话表示对过去的"反省"，② 而且坚持在《联合声明》中这样表述道："日本方面痛感日本国过去由于战争给中国人民造成重大损害的责任，表示深刻的反省。"③这一表述存在的问题是：战争历来就有"侵略战争"和"被侵略战争"、"正义战争"和"非正义战争"之分；任何战争的结果也从来都是两败俱伤、彼此受损。但日方却坚持在《联合声明》中只笼统地说"由于战争……"并未明确日本对华战争的侵略性

——————————————

① 田桓主编：《战后中日关系文献集（1971—1995）》，中国社会科学出版社 1997 年版，第 924 页。

② ［日］日中国交回復促進議員連盟：《日中国交回復関係資料集》，日中国交资料委员会 1974 年刊行，第 1 页。

③ 《中日条约集》，外文出版社 1983 年版，第 1 页。

质。这就为日后日本右翼势力进行战争翻案留下了余地。事实
上，在中日复交第二年即 1973 年 2 月 2 日众议院预算委员会会
议上，田中首相曾这样回答了不破哲三议员关于战争问题的质
询。他说：过去的战争"是不是侵略战争，我只能回答应由后世
的历史学家去评价"①。据此不难推断，中日复交谈判时日方坚
持在《中日联合声明》中这样措辞以及在宴会答谢词中使用"添
了很大的麻烦"的说法，都是煞费苦心的。

**（二）在历史教育问题上，一个编撰合格的历史教科书对下
一代进行正确的"二战史观"教育，一个篡改历史教科书不让下
一代了解历史真相**

"历史"是一个国家一个民族健康走向未来最好的教科书。
有远见的政治家既应重视记录本民族历史上的辉煌业绩，以此激
励国人创造更加光辉的未来，又应当有勇气将本民族历史上的污
点郑重载入史册，以此警示后人不再重蹈历史覆辙。对战后的日
德两国来说，能不能将自己在历史上特别在二战期间犯下的罪行
如实地写进历史教科书，向下一代讲明历史真相，是对负有重大
政治责任和历史责任的两国政治家的严峻考验。在这个问题上，
日德两国政要同样表现出重大差别。

战后，有远见的德国政治家不仅重视拍摄反映纳粹罪行的影
片和把纳粹犯罪遗址辟为历史纪念馆，而且特别重视学校的历史
教育。在德国，历史教科书由各州自行编撰，但必须遵循国家教
育法有关历史教育的规定来编写。德国联邦文化部长理事会先根
据教育法的规定制定出一个基本框架，各州的教科书审定委员会

---

① ［日］四国教区靖国问题特别委员会编集委员会：《靖国问题学习资料集》，
万成社 1996 年版，第 470 页。

再根据这个基本框架来审订本州编撰的历史教科书。联邦文化部长理事会规定："对纳粹专制统治历史进行详细深入的讲解，是各学校必须完成的任务；而大屠杀这段历史又是其核心内容。"巴伐利亚州教育局据此制定的本州历史教学大纲进一步明确指出："尽管大屠杀的恐怖和罪恶是史无前例的，但后人绝不能忽略或对这段历史保持沉默，而必须向犹太人和非犹太人正确地解释这段空前绝后的历史。"① 德国历史教科书的编撰不仅有法律保障，而且始终受到德国政要的高度重视。前联邦德国总统魏茨泽克曾指出："应该帮助青年人理解为什么牢记过去是极其重要的。我们要帮助他们面对历史真相。"② 1977 年，联邦德国总统谢尔严肃批评了学校在历史教学中不讲希特勒罪恶的倾向。1978年，联邦德国各州教育部长联席会议专门通过决议，强调：在学校教育中要坚决抵制对"第三帝国"及其代表人物所犯罪行的掩饰和美化，要求教师积极鼓励学生就二战历史提问，以培养学生的历史责任感。德国政府和政要所以如此重视二战历史教育，用德国教育官员和教师的话说，是为了让年轻一代正确认识这段令人痛心的历史，"保持对犹太人大屠杀的清醒回忆"，"培养起（学生）正确的是非判断能力"，③ 即提高年轻人对纳粹思想的免疫力。正因为政府和政要如此高度重视，德国的中小学生接受了真实的正确的历史教育。除了每周用四五个学时的历史课来讲授纳粹历史特别是大屠杀罪行外，有关纳粹历史的教育还融入德语、宗教、思想道德等其他课程中。例如，宗教课讲到犹太教时，一定要讲述犹太人被屠杀的历史；德语课中的不少范文是有

① 郑汉根：《德国：让学生面对真正的历史》，《半月谈》2001 年第 5 期。

② 黄永祥、代天宇：《不要忘记德国》，中国城市出版社 1997 年版，第 310 页。

③ 郑汉根：《德国：让学生面对真正的历史》，《半月谈》2001 年第 5 期。

关纳粹历史的，受纳粹迫害的犹太小女孩安妮的日记就是其中之一。与此同时，联邦德国政府还主动与法国、波兰、以色列等受害国家建立了教科书双边委员会，共同讨论历史教科书中有关二战史的一些敏感问题，使编撰出版的历史教科书经得起国际社会的检验和评价。德国在编撰历史教科书过程中充分听取二战受害国意见的做法，不但表现出德国政治家尊重历史事实的政治觉悟和宽阔的胸襟，而且对消解德国与这些国家的交往障碍和实现德意志民族与这些民族的历史性和解，均具有特别重要的意义。

反观日本，在历史教育问题上日本政治家的目光是短视的。

日本的教科书审定标准是在1946年2月4日由美国占领当局主导制定的。战后以来日本中小学使用的历史教科书，主要是由类似家永三郎的一些有正义感的学者为尽到教育后代的责任而编撰的，比较客观地叙述了二战史实，完全符合该教科书审定标准。例如，1983年6月出版的由日本教职员工会联合会编写的《教科书白皮书第20号》，就南京大屠杀事件这样写道："南京事件乃是日本所干下的残暴行为中有代表性的一桩，以至有'奥斯威辛·南京·广岛'的说法。小学要按小学的情况，中学要按中学的情况，对南京事件必须用简明易懂的文字加以记述。说这一事件是编写日本教科书的绝对条件，并不过分。"①然而，自冷战伊始，得到美国占领当局支持的日本右翼势力就开始鼓噪修改历史教科书，企图把日本的年轻一代重新引上歧途。就是在这一背景下，家永三郎编撰的一直被文部省采用的高中历史教科书《新日本史》，在1963年被文部省审定为不合格。家永三郎为此向东

① ［日］上杉千年：《历史教科书教给孩子们什么——历史教科书关于侵略和残暴的记述》，见［日］历史研究委员会：《大东亚战争的总结》，东英译，新华出版社1997年版（内部发行），第110—111页。

京地方法院起诉文部省的违法违宪行为，开始了"教科书案"漫长而艰难的诉讼历程。在"教科书案"第三次裁判前，文部省曾就家永教科书中的"侵略"用语附上了这样的"改进意见"："希望尽可能不要这么做下去。但是，如果你要写，那也没办法。作为文部省，认为这是不可取的。"于是，家永三郎决定第三次起诉文部省的违法违宪行为。然而，法院却说："你并没有按照改进意见办，不会受损失。因此，你诉讼也无济于事。"①就这样，家永三郎的第三次诉讼又以败诉而告终。在此期间，家永三郎不仅长期受到文部省的冷遇，而且经常面临着来自右翼分子的威胁。时至1982年，日本文部省悍然对高中二三年级和小学历史教科书进行了全面的篡改：把"侵略"华北改为"进入"华北；把惨杀30万人的"南京大屠杀"改为，日本"占领南京时，在一片混乱中，日军杀害了很多中国军民"；把惨无人道的"三光政策"改为，中国"抗日运动的展开，迫使日本军队保证治安"②等等。当这场教科书风波在日本国内外舆论的强烈抨击下刚刚有所平息时，日本文部省又于1986年5月审定通过了由右翼势力编写的全面篡改历史事实的《新编日本史》。虽然这次教科书事件在日本国内和国际正义力量的斗争下再度平息下来，但日本右翼势力"修改教科书运动"却愈演愈烈；而长达30多年的"教科书诉讼案"，也以家永三郎的败诉宣告结束。在人类刚刚跨进新世纪的2001年4月3日，日本文部省再次审定通过了

---

① ［日］上杉千年：《历史教科书教给孩子们什么——历史教科书关于侵略和残暴的记述》，见［日］历史研究委员会：《大东亚战争的总结》，东英译，新华出版社1997年版（内部发行），第115页。

② 王俊彦：《警惕日本——昨日的侵略与今日的扩张》，内蒙古人民出版社1996年版，第559页。

由右翼学者编撰的准备在 2002 年 4 月开始使用的初中历史教科书，制造了中日复交以来的第三次教科书事件。与前两次被篡改的历史教科书一样，这些教科书否认日本军国主义发动的侵略战争性质，大肆鼓吹"侵略有功论"，不但对日本侵略亚洲国家造成的深重灾难没有任何反省，而且竭力为日本军国主义者开脱罪责和歌功颂德。例如，新历史教科书编撰会编写的教科书这样写道：战争末期"被逼无奈的日军开始以飞机和潜艇轮番对敌舰展开有去无回的'特攻'。……当时，对许多年轻人来说，谁也不愿意去送死，但是为了保卫家乡父老，都甘愿为了日本做出牺牲"[①]。2005 年 4 月 5 日，又制造了第四次教科书事件。这次由文部省审定通过的历史教科书不仅对南京大屠杀的"真实性"、东京审判的"合法性"等提出挑战，而且对"九·一八"事变、卢沟桥事变以及侵略朝鲜和东南亚的历史进行了全面篡改，尤其"慰安妇"一词，竟从 8 家出版社出版的教科书中彻底消失（只有一种版本还保留着"慰安设施"一词）。[②] 日本政要在学校教育中掩盖历史真相的做法，使日本年轻一代对本国的侵略历史或是非难辨，或知之甚少，或茫然无知。1996 年日本东京以中学生为对象进行的一项调查结果显示，知道太平洋战争爆发年份的学生只有 15％；知晓日本战败年份的也只有一半左右；知道"从军慰安妇"史实的仅有 1/3；知道"南京大屠杀"事件的也仅有 34％。[③] 正如日本前驻华大使中江要介所说："日本人特别是年轻一代，对日本在亚洲都干了些什么，几乎是既无这种知

---

① 郑汉根：《德国：让学生面对真正的历史》，《半月谈》2001 年第 5 期。

② 参见《日本歪曲历史新版教科书出笼》，《参考消息》2005 年 4 月 6 日。

③ 肖季文等：《日本：一个不肯服罪的国家》，江苏人民出版社 1998 年版，第 222 页。

识，又无这种认识。"①事实上，日本右翼势力篡改历史教科书的
行径，早已引起日本国内外的忧虑和批判，并纷纷向日本提出自
己的忠告。例如，早在 2001 年版篡改历史的教科书审定通过之
前，日本国内以朝尾直弘为首的有正义感的学者就联名发表了
"60 人声明"，揭露右翼势力篡改侵略历史之事实，并结合历史
指出了这一行径的危害性。"声明"指出："在日本，从 1890 年
前后到 1945 年战败，关于国家和军队的机密或者皇室的事情，
即使是事实，也不能自由地谈论或记录发表。历史教育的目的被
规定为制造向天皇尽忠的'臣民'，历史教科书是为了把孩子们
镶进'臣民'的模具中。与此不一致的事实被排斥，虚构的故事
成了日本历史教育的主干。这样，依据制造出来的自赞自赏的排
外的意识和思想，日本和日本人一再进行战争，在国内外造成了
巨大的牺牲，最终迎来了悲惨的战败。我们不能忘记错误的历史
教育起到的这些重大作用。"② 身为旁观者的德国历史学家博格
也指出：日本官方对历史教科书的处理"完全不能接受。……罪
过并不会因为歪曲或者沉默而减轻。在这一点上，日本应该毫无
保留地向德国学习"③。而作为日本当年对外侵略最大的受害国
和今天篡改教科书行径最主要的受伤害国，我国领导人在表示极
大愤慨的同时，也向邻邦日本提出了自己的忠告。1982 年 10 月
24 日，邓小平在会见日本公明党委员长竹入义胜时尖锐地指出：
"我们为什么对'教科书'问题这么注意？因为在'教科书'问

---

① 肖季文等：《日本：一个不肯服罪的国家》，江苏人民出版社 1998 年版，第
223 页。

② 杨宁一：《日本学者声明——不能把历史教育委于歪曲史实的教科书》，《抗
日战争研究》2001 年第 1 期。

③ 郑汉根：《德国：让学生面对真正的历史》，《半月谈》2001 年第 5 期。

题上有一个教育日本后代的问题。在日本的教科书中，实际上是
用军国主义的精神教育后代，这样，怎么谈中日两国人民世世代
代友好呢?"① 1998 年 11 月 28 日，江泽民在回答日本记者提问
时向日本提出忠告说："我们认为，日本本着对历史负责的态度，
遏制这些人的错误言行，并用正确的历史加强对青少年一代的教
育和引导，这对中日关系长远发展有利，最终对日本也有好
处。"② 2001 年 4 月 4 日即第三次教科书事件发生时，外交部长
唐家璇紧急约见日本驻华大使阿南惟茂指出："这样的教科书一
旦登上讲坛，将严重毒化日本的历史教育，给日本的未来走向埋
下重大隐患。……这次事件始作俑者是这些人，但日本政府也难
辞其咎。"③ 战前，日本长期进行"皇国史观"、极端民族主义、
军国主义和武士道教育的结果，曾使日本广大的受教育者长期惟
我独尊、丧失理智、为所欲为，最终在亚洲犯下了滔天罪行；今
天，日本右翼政治家在学校教育中继续毒害下一代的短视行为，
很可能使日本民族再一次丧失理智，不仅可能再次祸及亚洲近
邻，而且一定会使日本国自身再度付出沉重的历史代价。

**（三）在战争赔偿问题上，一个主动向受害国、受害民族支
付巨额战争赔款，一个百般抵赖、拒不赔偿**

历史上的战争赔偿有两种：一种是战胜的侵略国向战败的被
侵略国索要战争赔款，这不是真正意义上的战争赔偿，而是进一

---

① 中共中央文献研究室：《邓小平思想年谱（1975—1997）》，中央文献出版社
1998 年版，第 238—239 页。

② 《江泽民在日本举行记者招待会》，《人民日报》1998 年 11 月 29 日。

③ 《唐家璇就日本政府审定通过右翼教科书问题约见日本驻华大使向日方提出
严正交涉》，《人民日报》2001 年 4 月 5 日。

步的掠夺。中国近代史上的历次战争赔款就全部属于这一种。另一种是战胜的被侵略国向战败的侵略国索取战争赔款，这才是真正意义上的符合战争赔偿本意的赔偿行为。尤其需要指出的是，这种索赔不纯粹是为了经济目的，更重要的是具有惩罚侵略行为的政治意义和深远的历史意义，有助于促使侵略国深刻反省，不再重蹈侵略覆辙。[①]一战结束后德奥等国的战争赔偿就属于这一类，二战结束后日德两国的战争赔偿也理应属于这一种。但令人遗憾的是，由于二战后日德两国政要在战争赔偿问题上同样采取了截然不同的态度，致使两国的战争赔偿额度出现了天壤之别。

战后，德国政要对二战历史的反省并未仅仅停留在口头上和道义上，而是通过主动向当年的受害国受害民族支付巨额赔款来表达自己的真诚反省之意，并欲以此提醒和告诫国人：发动侵略战争是要付出昂贵代价的，最终一定会自食其果。联邦德国政府制定的《联邦补偿法》在前言中明确承认："纳粹迫害是一种犯罪"，要对受害者给予补偿。联邦德国政府据此有计划地向波兰、以色列等国支付了巨额赔款。据统计，到 1993 年 1 月，联邦德国和统一后的德国已支付战争赔款 904.93 亿马克，计划到 2030 年再支付 317.72 亿马克，总数将多达 1221 亿马克（约合 866 亿美元）。特别值得指出的是，其中相当一部分赔款不属于"国家战争赔偿"，而是"个人战争受害赔偿"，只是分配上委托各国政府代行。除由政府支付巨额"国家战争赔偿"和"个人战争受害赔偿"外，民间企业如克虏伯、弗兰克、西门子、奔驰等，也主动向战时受过本公司奴役和压榨的犹太受害者进行了赔偿。德国

---

① 1928 年由法国外长布里昂和美国国务卿凯洛格领衔签署的《非战公约》规定："不正当的攻击战争"（即侵略战争）是违法的，发动"不正当的攻击战争"（即侵略战争）的国家负有赔偿损失和恢复原状的责任。

政府能够支付如此巨额的赔款，特别是能够在本国经济尚十分困难的战后初期就开始有计划地进行支付，实属难能可贵。

在日本，美国占领当局和远东委员会在战后初期曾制定过一个拆迁日本工业设施以充赔偿的计划，为的是彻底铲除日本军国主义复活的基础。但时隔不久，美国出于冷战政策的需要，决定重新武装日本，于是很快放弃了对日索赔要求。1951 年由美国操纵签署的《旧金山对日和约》，将最初的惩罚性"拆迁赔偿"改变成日本与索赔国之间平等磋商的象征性"劳务赔偿"。接着，日本不仅压迫蒋介石在 1952 年的"日台和约"中宣布放弃战争赔偿要求，而且用投资贷款、技术合作等为诱饵，诱使柬埔寨、老挝等东南亚国家也纷纷放弃了纯粹意义上的对日索赔。中国政府为了不给日本人民加重负担，也在 1972 年的《中日联合声明》中宣布"放弃对日本国的战争赔偿要求"[①]。就是说，战后以来日本充分利用世界冷战格局和亚洲一些国家内部动荡的有利形势，实行了在"国家战争赔偿"上尽量不赔偿或少赔偿，在"个人战争受害赔偿"上坚决不赔偿的政策。据日本学者金子道雄统计，日本对亚洲各国的战争赔款总额是 6166.8 亿日元（按现在汇率计算，约合 70 亿美元）。但按日本政府计算，则为 1 兆日元（约合 114 亿美元）。这是日本政府把亚洲各国接收的日本"海外资产"3500 亿日元作为"事实赔偿"统计在内"凑成的一个数字。由此可见日本尽可能想使数字看上去显得多一点的意图"[②]。由于中国、印度和苏联政府放弃了对日本的国家赔偿请求权，因此这笔赔款也仅以象征性"劳务赔偿"和投资贷款的形式给了老

---

① 《中日条约集》，外文出版社 1983 年版，第 2 页。

② ［日］金子道雄：《日本的战争赔偿责任》，毛惠玲译，《抗日战争研究》1995 年第 4 期。

挝、缅甸、菲律宾、柬埔寨、印度尼西亚、南越、北越、马来西亚、新加坡、韩国等一些国家。尤其需要指出的是，这笔赔偿金具有以下几个特点：（1）其中绝无"个人战争受害赔偿"。日本当局不但没有制定出一部针对外国人的补偿法，而且以"时效论"为幌子，对外国人的个人受害赔偿请求完全不予考虑，这是毫无道理的。据金子道雄介绍，美国政府依据1988年制定的《市民自由法》，对在太平洋战争期间迫害驻美日裔的不法行为进行了谢罪和补偿，即支付给受害者本人或其遗属每户2万美金，并附有总统的谢罪文书。加拿大政府在1989年向东京派出官员，还在报纸上登出广告寻找补偿对象，也对战时受过迫害的驻加日裔给予了补偿。苏联政府不仅承认了在卡廷森林虐杀过波兰将校和曾将日本战俘扣留在西伯利亚强制劳动的事实，而且用为死亡日俘扫墓的形式表示谢罪并准备做出相应的赔偿。美加苏等国的上述赔偿都是"个人战争受害赔偿"。就连这些战胜国都已经或正在考虑对侵略的战败国国民进行"个人战争受害赔偿"，作为当年的侵略国战败国的日本又有什么理由和权利拒绝赔偿呢？（2）这笔赔款与德国已经支付和准备继续赔付的866亿美元不可同日而语，更与中国在历次战争中所蒙受的损失差若天渊。日本通过甲午一战，勒索白银2.3亿两，按当时汇率，本息合计3.6亿日元，相当于日本四年的国家预算额。即使抛开甲午战争的赔款不计，也与日本发动的最后一次侵华战争给中国造成的直接间接损失6000亿美元存在天壤之别。何况，即使已经赔付的这笔赔款，也几乎与中国无涉。当年，中国政府放弃的仅仅是"国家战争赔偿"权，并未放弃国人的"个人战争受害赔偿"请求权。（3）这笔赔款也与日本政府对其本国国民的战争补偿金额不可同日而语。战后以来，日本政府不但制定了10余部以本国国民为对象的战争补偿法律（如《恩给法》、《援护法》等），而且通过

"战争殉难者遗族特别抚恤金"等形式，支付给旧军人及其遗族的补偿金已多达 37 兆日元（约合 4214 亿美元）以上，仅原子弹轰炸医疗补偿费一项，就多达 16 兆日元（约合 182 亿美元）。这样，日本政府支付给亚洲各国的赔款总额 6166.8 亿日元不及这个天文数字的 1.7%。换句话说，日本政府对其本国旧军人及其遗族的补偿金总数相当于对整个亚洲受害国家赔偿总额的 58 倍强。[①] 特别需要指出的是，日本政府赔付给本国人的这笔巨款，不但几乎全部给了旧军人、军属和战争遗族，而且根据日本法律，就是在这些人中间也存在着严重的等级差别。给予将军的遗族和士兵的遗族的补偿金数额相差七倍之多。甚至连当年被判处死刑的东条英机等甲级战犯的遗属也成为抚恤对象，一直在享受着巨额的遗族年金。与此形成鲜明对照的是，在战时日本军法会议上被错判有罪即受过"处分"的那些有良知的旧军人及其遗族，竟没有领到任何补偿金。这种内外有别、上下不同和根据对侵略战争的态度及贡献大小予以差别对待的战争补偿政策，明显具有鼓励战争犯罪的主观故意和客观影响，不容忽视。(4) 这笔赔偿金与真正意义上的战争赔偿名实不符。首先，在通常情况下战争赔偿一定是在承认战争责任和谢罪的基础上进行，而日本的这笔赔偿金则是在拒不承认战争责任和大多没有正式谢罪的情况下进行的。用金子道雄的话说就是："日本的赔偿是一种基本上不承认战争责任，仅仅因为战争失败了才做出的赔偿。"[②] 其次，这笔赔偿金几乎都给了吴庭艳、朴正熙这样的亚洲独裁政权，还有一部分通过与这些国家的独裁者幕后交易又回流到了日本的保

─────────────

① ［日］金子道雄：《日本的战争赔偿责任》，毛惠玲译，《抗日战争研究》1995年第 4 期。

② 同上。

守政权手里，根本没有落到各国真正的战争受害者——国民的手上。再次，日本的这一"有限赔偿"行动完全是一个阴谋，即以确保日本未来的经济利益为目的。恰如前首相吉田茂供认的那样："只是因为对方不喜欢投资这个词，我们才选用了赔偿一词而已。"[1]近年来，面对亚太地区汹涌澎湃的民间索赔即"个人战争受害赔偿"之怒潮，无论是日本政府还是民间公司，都继续采取了死不认账、拒不赔偿的态度。例如，当中国"花冈惨案"的幸存者耿谆等人向日本方面提出谢罪、赔偿要求时，不仅当年残酷奴役压榨过中国劳工的日本鹿岛建设公司百般抵赖、拒不赔偿，而且时任日本首相的海部俊树在回答议员质询时，也以"有关战争的中日问题已在1972年的中日联合声明中得到解决，此后不再存在"作答。对此，村山富市内阁官房长官五十岚广三指出："同德国相比，日本等于没有进行任何战后赔偿。"[2]可见，中国人"以德报怨"所换来的，仅仅是日本人的"以怨报德"和死不认账。

至此还需指出两点：一是中国究竟缘何放弃了对日战争索赔？当时我国政府的考虑主要有四：第一，中国不想依靠其他国家的赔款建设自己的国家；第二，向战败国课以巨额战争赔款明显有害于和平，第一次世界大战后的德国即为先例；第三，让没有战争责任的下一代支付战争赔款是不合理的；[3] 第四，此前国

---

[1] ［日］金子道雄：《日本的战争赔偿责任》，毛惠玲译，《抗日战争研究》1995年第4期。

[2] ［日］安村廉：《社会党史观占上风将导致国家灭亡》，见［日］历史研究委员会：《大东亚战争的总结》，东英译，新华出版社1997年版（内部发行），第563页。

[3] 蒋立峰等：《中日关系三论》，黑龙江教育出版社1996年版，第82页。

民党蒋介石集团在"以德报怨"的名义下怀着不可告人的目的
"放弃"了对日战争赔偿要求，共产党的度量不能比蒋介石差。
关于这些想法，周恩来在中日复交数日后的 1972 年 10 月 6 日有
所披露。他说："赔款不能要，我们自己吃过赔款的亏的。甲午
战争，中国赔款 2 亿两白银；庚子事件，中国赔款 4.5 亿两白
银，直到抗日战争，还没有赔完。鉴于这个教训，毛主席说，赔
款要不得，要了会加重日本人民的负担。虽然半个世纪来日本欺
负我们，现在平等了。我们和日本人民友好，才能使他们起变
化。"①可见，中国政府放弃对日战争赔偿要求，实出于对日本人
民友好和维护国际和平两个光明磊落的目的，而蒋介石宣布"放
弃"对日战争赔偿要求则是"慷他人之慨"（周恩来语）和别有
用心，② 二者目的完全不同。二是中国放弃对日战争索赔对战后
的中日两国究竟意味着什么？关于这一点，我们仅从几位日本政
要和学者的评论便能看得非常清楚。1972 年 7 月 27 日，日本公
明党委员长竹入义胜衔命来华与周恩来会谈中日复交的细节问
题。当周恩来表示"可以把放弃赔偿要求权写进联合声明"后，

---

① 　外交部外交史研究室：《周恩来外交活动大事记》，世界知识出版社 1993 年
版，第 651 页。

② 　早在 1949 年夏，蒋介石就曾向菲律宾总统季里诺的特使道出了自己准备放
弃对日战争赔偿要求的真正动机。他说："挑起这次大战的是军阀而不是日本国民。
因此让日本国民承担赔偿责任是绝对不公平的。……何况在赤色帝国主义正虎视眈
眈之时，如果使日本实力减弱，决得不到亚洲的稳定与和平。不如让它成为亚洲未
来强大的反共国家。"蒋介石通过放弃对日战争赔偿要求保存日本实力，进而使之成
为包围新中国链条上的重要一环之险恶用心，暴露无遗。——蒋立峰等：《中日关系
三论》，黑龙江教育出版社 1996 年版，第 80 页。

竹入立即回答说："万分感谢。"① 同年 9 月 29 日，大平正芳在《中日联合声明》签署当天举行的记者招待会上，这样回答了记者的相关提问："中国方面处于战胜国、被害者的立场，因此，尽管处于可以提出任何要求的地位，但中国放弃了要求赔偿的权利。所以，日本应取对此进行坦率评价的立场。"② 同年 10 月 28 日，大平外相在日本第 70 次国会上的外交演讲中再次对中国此举评价说："中华人民共和国政府在这个声明中宣布放弃战争赔款。如果想到过去在中国大陆的战争所带来的灾难之大，我国应对中国方面在这个问题上所表明的态度表示深切的感谢。"③ 除政治家外，日本人民特别是从事中日友好事业的民间著名人士，对中国政府的这一善举更是心存感激。中国人民的老朋友、日中友好协会会长宇都宫德马，一有机会就说："假使要日本拿出 500 亿美元的赔款，按当时的日本经济能力来说，也需要用 50 年才能支付清，即肯定会阻碍日本经济的成长发展，结果也不会有今天的日本，这一点是不应忘记的。"④ 日本社会心理学家、东海大学教授入谷敏男则在书中这样写道："今天，日本得以成为经济大国，当然是日本国民放弃战争和勤奋工作及其高度教育水平的结果。然而我深信，盟军各国在日本战败时为日本的复兴而采取的政治决策也有很大作用。试想，如果当时的日本被各个占领国肢解而分割统治，则现在的日本将成何情景？思念及此，

① ［日］石井明等：《日中国交正常化·日中和平友好条約締結交渉》，岩波書店 2003 年版，第 14 页。

② 田桓主编：《战后中日关系文献集（1971—1995）》，中国社会科学出版社 1997 年版，第 113 页。

③ 同上书，第 127 页。

④ 李正堂：《为什么日本不认账——日本国战争赔偿备忘录》，时事出版社 1997 年版，第 131 页。

我至今仍然不寒而栗。在各国的对日政策中，我认为应当高度评价中国放弃对日索赔的政策。"他还指出："从明治维新到战败投降，日本对于当时的中国国民施加的屈辱是难以形容的，给中国造成的物质损失是当时日本无法赔偿的。如果当时让日本承担战争责任而付给中国巨额赔偿，则可以断言，无论如何也不会实现今日日本之迅速复兴，这一历史事实必须承认。"[①]

三　战后日德两国对侵略历史态度迥异之原因

日德两国虽然同是当年的侵略国、战败国，共同对人类犯下了滔天罪行，但两国政要对二战历史却采取了截然不同的态度：一个对侵略战争性质和罪行坦率承认、真诚反省，一个遮遮掩掩、图谋翻案；一个编撰合格的历史教科书对下一代进行正确的"二战史观"教育，一个处心积虑篡改历史教科书不让下一代了解历史真相；一个主动向受害国受害民族支付巨额战争赔款，一个百般抵赖、拒不赔偿。而且战后两国右翼势力的情形也迥然不同。究其原因，主要由以下七个方面的因素综合作用所致。

（一）日德两国的文化思想底蕴不同

审视德国历史就会发现，德国是一个具有双重性格的特殊国度，即一个培育了歌德、贝多芬、康德、黑格尔、马克思等众多文坛巨匠和思想巨子的伟大民族，却一再挑起世界大战、为祸人类。这完全是由战前的德国精神世界与国家政治现实相

---

① 李正堂：《为什么日本不认账——日本国战争赔偿备忘录》，时事出版社1997年版，第131—132页。

脱节所致。当这个国家强盛的时候，其思想精神总是遭到摧残和涂炭，反之思想精神就大为发扬。也正因如此，德国才能够数度爬出灾难的深渊而幸存于列强环伺的欧陆中心。斯大林就说过：德国作为一个国家能够被摧毁，但作为一个民族是不能被摧毁的。尤其在国家濒临衰亡之际，德国知识分子能够比其他任何国家的知识分子更深刻更彻底地剖析本国和本民族的劣根性，能够冷静而审慎地反思本民族的心路历程和国家的行进轨迹。换句话说，德国是一个有着厚重文化思想底蕴的国家，德意志民族是一个富于思想、善于思辨的伟大民族。这个诞生过灿烂群星的善于思辨的伟大民族，曾以自己博大精深的思想睿智推动了整个人类认知世界和改造世界的历史进程，同样这个伟大民族也能够对给本民族和整个人类创下巨祸的法西斯思想及其引发的侵略战争进行理性的思考。德国政治家勃兰特、哲学家卡尔·雅斯贝斯、历史学家汉斯·雅格布森的演说，就足以说明这一点。1971 年 12 月 11 日，刚刚获得诺贝尔和平奖的勃兰特总理在挪威奥斯陆大学发表的演说中这样反思道："今天，一个优秀的德国人，不能是一个民族主义者，他必须面向欧洲。因为只有在欧洲，德国才能获得自己的地位，才能重新描绘自己的历史。欧洲生存的基础是共处，和平友好的共处，因此我们要放弃宿怨。德国要敢于直面历史，以一个新的友好的德国出现，而不是二战时危险的德国。"[1] 著名哲学家卡尔·雅斯贝斯也在大学里发表演说指出：战犯应当受到惩处，纽伦堡审判是必要的和公正的。但另一方面，德国人也要对容忍纳粹政权而未反抗承担一定的责任，用勤奋的工作为战争造

──────────────────

[1] 黄永祥、代天宇：《不要忘记德国》，中国城市出版社 1997 年版，第 306 页。

成的破坏进行补偿。德国人要进行深刻反省，反思自己的感情、思想和行为是在什么地方误入了歧途。他还说："如果没有在深刻认识罪行的基础上经历一个净化过程，德国人就不会发现真理。"要使他们"由忍耐顺从的、无个性的动物，变成独立而觉悟的、注意保护自己的自由人的集体"①。他希望德国人既要敢于正视痛苦的过去，更要正确地把握民族的未来。在1993年4月于日本举行的一次国际学术研讨会上，德国波恩大学的历史学和政治学教授汉斯·雅格布森曾代表德国知识分子与日本右翼知识分子就纽伦堡审判与东京审判相同与否进行了激烈的辩论。他针对日本右翼学者提出的"德国人进行的战争与日本的战争在性质上是完全不同的"观点，不仅明确指出了日德战争具有相同的侵略性质，而且直言不讳地说道："德国人已经自责并进行了反省。在这一点上，日本人的反省恐怕是不够的。"② 可见，战后德国政治家利用一切机会主动向受害国受害民族频频道歉、真诚谢罪、巨额赔偿，德国人民主动协助政府缉拿漏网战犯和举行声势浩大的游行集会与新纳粹势力进行斗争，以及在此基础上形成的绝不允许法西斯幽灵卷土重来和绝不让战争悲剧重演的"民族共识"，正是德意志民族理性反思的结果。

日本民族也是一个伟大的民族。但与德意志民族不同的是，在自中世纪起积淀于日本民族心理潜层的神国观念、天皇崇拜思想以及由此派生出来的岛国集团根性和愚忠盲从心理的

---

①　潘俊峰、杨民军主编：《是总结，还是翻案——兼评〈大东亚战争的总结〉》，军事科学出版社1998年版，第319页。

②　［日］小堀桂一郎：《剖析战败国史观》，见［日］历史研究委员会：《大东亚战争的总结》，东英译，新华出版社1997年版（内部发行），第465页。

久远而深刻的影响下，在近代以降国家主义、军国主义教育的灌输毒化下，以及在当年巨额的战争赔款和巨大的殖民地收益大大推动了日本近代化进程这一"利益"误区的心理驱动下，日本民族对战争是非的鉴别能力和反思水平受到了极大的限制和束缚。就是说，既然认为日本是"神国"，"天皇是神的嫡系，臣民是神的支系"，那么广大臣民就应当在任何情况下绝对服从大家长——天皇的意志。这样就又相应派生出了日本民族特有的岛国集团根性和愚忠盲从心理，形成了民族整体向某一特定目标趋进的心性。只要是天皇的意志或冠以天皇的名义，日本人就会视为神的召唤，举国一致趋之若鹜予以响应。古时"我誓为君盾"、"不顾我身家"[①] 一类的诗句，战时发誓"将自己的身躯奉献给大君……为能死在战场而感到无比荣幸"[②] 的幼稚青年之言行，战后恨恨地发誓说"此仇必报"、"下次一定要打一场必胜的战争"[③] 的中小学生们的复仇心态，以及80年代以来为侵略战争翻案和频频参拜靖国神社的日本政要缺乏政治远见的短视行为等等，可以说都是神国观念、天皇崇拜思想束缚和岛国集团根性、愚忠盲从心理驱动导致对战争是非失去判断力所使然。美国人类学家鲁思·本尼迪克特在其名著《菊与刀》中关于日本与欧美国家文化差异的探讨，对我们认识这一问题颇具启示意义。她认为，与欧美国家的"罪感文化"不同，日本文化可谓是"耻感文化"。具有这样两种

---

① ［日］《万叶集》（卷20，下册），杨烈译，湖南人民出版社1984年版，第798页。

② ［日］大岛孝一：《戦争のなかの青年》，岩波书店1985年版，第118页。

③ ［日］岩崎昶：《日本电影史》，钟理译，中国电影出版社1981年版，第244页。

不同文化的人的区别在于：第一，具有"耻感文化"的人缺乏明确而恒定的是非标准，真伪不辨，是非模糊；具有"罪感文化"的人有明确、恒定的是非标准，是为是，非为非，是非分明。第二，具有"耻感文化"的人犯罪之后会感到，"只要不良行为没有暴露在社会上，就不必懊丧，坦白忏悔只能是自寻烦恼。因此，耻感文化中没有坦白忏悔的习惯"；具有"罪感文化"的人犯罪后会产生强烈的自责心理，"即使恶行未被人发觉，自己也会有罪恶感，而且这种罪恶感会因坦白忏悔而得到解脱"。第三，"真正的耻感文化依靠外部的强制力来做善行"；而"真正的罪感文化则依靠罪恶感在内心的反映来做善行"。① 这样，是非标准的有无、忏悔坦白习惯的有无、做善行的动力来自外部压力还是源于内心服罪等等，是造成战后日德两国政要有无悔罪意识文化层面上的原因。

（二）日德两国的宗教信仰不同

众所周知，德国人百分之九十以上都是基督教徒。基督教的基本教义之一，是"原罪—认罪—赎罪"的说教。对基督徒来说，"原罪—认罪—赎罪"是一个追求理性复归的很自然的过程。他们不但认为人生来就有可能犯罪，不但不把"认罪"视为可耻，而且要求认罪者必须真诚"谢罪"，用行动来"赎罪"。

日本民族信仰的主要是神道教。天皇是"神"，日本是"神国"，国家至上，忠君爱国，这是神道教的基本要求和主张。换言之，对神道教徒来说，天皇和国家从来都是正确的，按照天皇的意愿所作所为没有错误和悔罪可言，所以日本人普遍视"认

---

① ［美］鲁思·本尼迪克特：《菊与刀》，吕万和等译，商务印书馆 2002 年版，第 154—155 页。

罪"、"谢罪"为耻辱。日本战败投降时，不但有很多军人为没能打赢"圣战"而纷纷剖腹自杀，以此向天皇"谢罪"，而且部分日本国民无论在战争中蒙受了多大的痛苦和牺牲，都拒绝批评"祖国"和天皇，拒绝揭发战争犯罪人（这与当时德国民众自觉揭发纳粹犯罪人的情况形成了鲜明的对照），甚至有很多老人跪在道路的两旁向巡幸驾到的裕仁天皇痛哭流涕地说："陛下，真对不起！战争打败了！"以至战争结束50年后的1995年前后，认为"谢罪绝不是可耻的事"（羽田孜语）[①] 的人，仍然寥寥无几。这样，战后日本政要拒不承认侵略战争性质和罪行，拒不向被侵略国家和受害民族道歉、谢罪、赔偿，也就不十分令人费解了。

（三）日德两国的侵略战争历史和两国政要的个人经历不同

德国在20世纪上半叶两次发动世界大战，四处扩张、疯狂侵略，结果不但没有给本国带来任何战争利益，而且几乎将国家和民族推向毁灭的边缘。第一次世界大战的结果，德国被迫向协约国支付了1320多亿金马克的巨额战争赔款，被迫将波兹南、西普鲁士、什列威斯北部等大片土地割给波兰、丹麦等国，而萨尔、莱茵河西岸的重要地区则由协约国军事占领15年。第二次世界大战的结果，德国不但仍要支付巨额战争赔款，而且整个国家由苏美英法四国分区占领和管制，直至国家被长期一分为二。发动两次世界大战所导致的国家分裂、支付巨额赔款和在国际上陷于孤立这种空前残酷的事实，深深地教育了德国领导人，使他们尤为深刻地感受到了纳粹统治的极端危害性，认识到靠发动侵略战争来确立德国在世界上的强国地位是代价极其昂贵的办法，

---

① ［日］田中正明：《虚构的"南京大屠杀"》，见［日］历史研究委员会：《大东亚战争的总结》，东英译，新华出版社1997年版（内部发行），第367页。

而应该走另外一条道路——和平发展之路。而日本则完全不同。在明治维新以后的半个多世纪中，日本进行了那么多次外交讹诈和发动了那么多次侵略战争，除最后一次战争失败外，以往的外交讹诈和侵略战争均以日本得手和胜利而告终。它先后通过1874年的"征台之役"和《北京专条》、1875年至1876年的"江华岛事件"和日朝《江华条约》、1894年至1895年的甲午中日战争和《马关条约》、1900年的八国联军侵华战争和《辛丑条约》、1904年至1905年的日俄战争和《朴次茅斯条约》、1910年的《日韩合并条约》、1915年的《二十一条》、1914年至1918年的第一次世界大战和翌年缔订的《凡尔赛和约》、1931年的"九·一八"事变和翌年卵翼出来的伪满洲国等一系列外交讹诈和侵略战争，不仅获得了巨额的战争赔款，而且对台湾、朝鲜和中国东北进行了多者半个世纪少者亦长达十数年的残酷无匹的殖民统治和掠夺。日本资本主义发展史上的第一、第二次产业革命的完成和从债务国一变为帝国主义债权国、"暴发户"，便是相应进行甲午中日战争、日俄战争和参加第一次世界大战的结果。巨额的战争赔款和巨大的殖民地收益，是促进近代日本崛起的"双轨"之一，大大加快了日本走向近代化的步伐。尤其必须指出的是，尽管1937年至1945年的最后一次侵略战争失败了，但由于盟国陆续释放了日本战犯和受害国纷纷放弃了对日战争索赔，致使日本国的侵略行径始终未受到应有的惩罚。这就使充分尝到了侵略战争甜头而从未吃过战败苦头的日本政要，很想重温军国主义老路。

就两国政要的个人经历来看。战后联邦德国的首任总理阿登纳，战时在科隆市市长任上时就是一位坚定的反纳粹主义者，并遭受过纳粹政权的迫害。在波兰犹太人纪念碑前非常一跪的勃兰特总理，战时也是一位坚定的反法西斯战士，积极从事反纳粹活动，一度被希特勒政府剥夺国籍，亡命国外。就是说，在战后的德国，当年的法西斯战犯已经全部被绳之以法，战犯重新上台执政是根本不可能的事情。在日本，由于美国的庇护和扶植，不仅头号战犯裕仁天皇仍然端坐在天皇的宝座上接受臣民的崇拜，而且大批被提前释放的战犯也都纷纷重返政坛、军界执掌了国家大权。像东条英机内阁商工大臣岸信介、战时日本铁道总务局长佐藤荣作、战时内务省特高课课长奥野诚亮、战时日本"皇军"大佐永野茂门、战时日本"皇军"中尉中曾根康弘等军国遗臣当上战后日本首相、大臣者，司空见惯。可以说，只要是从战前战时走过来的战后政治家，就基本上是旧思想的延续者。对此，日本右翼评论家西部迈在一次演讲中道出了实情。他说："不断有许多人联系到'五五年体制'的崩溃，说'战后时代终于结束'。但我持相反的看法。到目前为止，从思想上来说我认为不是战后。这样说的原因，只要看一看迄今为止政治领导阶层就会明白。无论是财界还是言论界都一样。领导阶层当然是由战前和战中派一代人组成的，上了年纪的一代或多或少都以某种形式把战前战中的经验和体验延续到战后时代。……从这个意义上来说，现在实际上不是战后。"① 除了从战前战时走过来的政要外，那些在战后成长起来的新生代政治家的"二战史观"所以也大成问题，同样与其个人经历密切相关。一方面，这些人虽然没有亲自参加过侵略战争，但孩提或少年时代"举国一致"盲从、协助侵略战争的狂热气氛和"军国青年"决心为天皇的"圣战"效死疆场的"感

———————————————

① ［日］西部迈：《日本人对历史的认识——关于细川首相的"侵略讲话"》，见［日］历史研究委员会：《大东亚战争的总结》，东英译，新华出版社1997年版（内部发行），第178页。

人情景"，不能不对他们的幼小心灵产生强烈而恒久的震撼，不能不久远而深刻地影响其未来的心理归向和思想走势；另一方面，加之战后又没有受过全面、正确的历史教育，其战争史观又怎能不成问题呢？例如，1996 年 7 月 29 日，时任首相的桥本龙太郎在"公职"参拜靖国神社后曾"无限深情地"对记者说道："不能说当了总理大臣就让我忘记了那些事。五十多年前我在孩提时代时，站在欢送出征人士的队伍里。当初人们是高呼着'光荣回到靖国神社'的口号把他们送上了战场的。今天我的参拜，仅仅是兑现孩提时代对那些英灵的承诺。"[①] 可见，桥本龙太郎在孩提时代受到的"震撼"和影响，并没有随着半个多世纪时间的流逝而淡化。战后部分日本政要本身就是当年的军国主义分子或是战后成长起来的没有接受过正确"二战史观"教育的新生代政治家，靠他们怎能真正反省本国的侵略历史呢？

（四）日德两国政要反省战争的群众基础不同

战后，由于德国政府高度重视对国人特别是下一代进行正确的"二战史观"教育，所以不论是亲身经历过战争的成年人还是战后成长起来的年轻人，基于对纳粹罪行的深恶痛绝，他们不但普遍把希特勒"第三帝国"的崩溃视为自己的解放，而且长期主动协助政府缉拿漏网战犯和不断举行声势浩大的游行集会同新纳粹势力进行斗争。1970 年 12 月勃兰特总理在波兰犹太人殉难者纪念碑前猝然下跪的惊世之举，不仅强烈震撼和打动了波兰人民和全世界爱好和平人民的心，而且赢得了祖国

---

① 肖季文等：《日本：一个不肯服罪的国家》，江苏人民出版社 1998 年版，第 38 页。

举国上下的赞赏。民间调查显示，约有 80％ 的德国民众认为，勃兰特总理的这一非常之举使他们产生了强烈的集体负罪感，他们以拥有如此高尚人格的国家领导人而感到自豪。1979 年联邦德国的调查统计显示，明确认为纳粹政权是"犯罪政权"的人已占到国民总数的 71％。战后迄今，德国人民曾组织了数十次大规模反纳粹复活的游行集会。仅参加 1992 年 11 月 8 日在柏林举行的反纳粹集会的群众就多达 30 万人。翌年，针对新纳粹分子纵火焚烧土耳其人的住宅事件，德国各大中城市的市民都自发行动起来，组织了大规模的群众烛光悼念活动，并积极协助政府缉拿凶犯。在左派人士组织的反法西斯群众集会上，群众高呼口号——"我们永远不要战争，永远不让法西斯主义复活！""外籍工人留下来，驱逐新法西斯主义！"[①] 德国人民正确的"二战史观"和高度的政治觉悟，使德国政治家在反省侵略历史时不但没有孤立感，反而感到身后有着巨大的支持力量和深厚的群众基础。

在日本，情形恰恰相反。如前所述，早在战时，部分日本国民在根深蒂固的神国观念和天皇崇拜思想久远而深刻的影响下，在近代以降国家主义、军国主义教育的灌输毒化下，在连战连捷的侵略战争频频鼓舞和巨额战争赔款、巨大殖民地收益这一经济动因的驱动下，曾盲从了统治阶级发动的对外侵略战争，即不觉悟或受蒙骗的部分日本国民实际上是以"受害者"和"加害者"的双重身份走进侵略战争的。在此，我们仅从日本侵华老兵东史郎在出征前与母亲告别时的情景，便可略见一斑。他回忆说："1937 年 9 月 1 日，母亲和弟弟重一来与我告别。我们在旅馆楼

─────────────

① 黄永祥、代天宇：《不要忘记德国》，中国城市出版社 1997 年版，第 34 页。

上相见。母亲很冷静，重一也很冷静。接着，母亲说：'这是一次千金难买的出征。你高高兴兴地去吧！如果不幸被支那兵抓住的话，你就剖腹自杀！因为我有三个儿子，死你一个没有关系。'接着，她送给我一把刻有文字的匕首。母亲的话让我多么高兴啊。我觉得母亲特别伟大，没有比这时更知道母亲的伟大了。于是，我在心中坚定地发誓——我要欣然赴死！"①正因如此，美国占领当局在战后初期制定的一份对日文件——《战争犯罪宣传计划》中，做出了两条可谓真知灼见的规定："要表明使日本国民陷入目前困境的主要责任在战犯，但同时，日本国民自身对允许和支持军国主义也负有共同的责任（第 4 条）；要明确日本国民的责任，以避免容忍战争犯罪制度的复活（第 5 条）。"②战后，

———————————

① ［日］《东史郎日记》，王奕红等译，江苏教育出版社 1998 年版，第 38 页。关于部分日本国民盲从侵略战争问题，除请参见拙文《日本民众与侵华战争》（载《世界历史》1994 年第 4 期）外，鲁迅先生就"暴君"与"臣民"的关系问题留下的一段宝贵文字，对我们认识不觉悟或受蒙骗的部分日本国民在侵略战争中的作用问题具有启示意义。他说："暴君治下的臣民，大抵比暴君更暴；暴君的暴政，时常还不能餍足暴君治下的臣民的欲望。……暴君的臣民，只愿暴政暴在他人的头上，他却看着高兴，拿'残酷'做娱乐，拿'他人的苦'做赏玩，做慰安。"——鲁迅：《随感录 六十五·暴君的臣民》，《鲁迅选集》（第 1 卷），四川人民出版社 1983 年版，第 64 页。但务须指出的是，在研究部分日本国民盲从侵略战争问题时，必须遵循四个基本原则：第一，必须把一般国民的退步作用与主谋者的战争责任区别开来；第二，必须把进行反战斗争的国民与盲从侵略战争的国民区别开来；第三，必须把日本国民的战争受害程度与被侵略国家国民的战争受害程度区别开来；第四，正视部分日本国民盲从侵略战争这一历史事实的目的是为了促其走向觉醒并吸取沉痛的历史教训，进而不再盲从今天日益抬头、蠢蠢欲动的日本右翼势力。

② ［日］高桥史朗：《战后 50 年与占领政策——日本人的战争赎罪意识是如何形成的》，见［日］历史研究委员会：《大东亚战争的总结》，东英译，新华出版社1997 年版（内部发行），第 421—422 页。

由于根深蒂固的神国观念和天皇崇拜思想远未彻底动摇，由于战后学校教育的误导使战前军国主义思想毒素远未彻底清除，不但过去盲从了侵略战争的部分日本民众没有全部走向觉醒，而且日本民众中年轻一代的保守主义倾向和战争"受害意识"也在不断发展和强化，其"战争史观"尤其令人忧虑。早在日本战败初期的1945年12月，美国国务院调查分析局曾以身在北京的385名日本民间人士和战败军人为对象进行提问调查，结果是：认为"日本为了生存下去必须吞并满洲"者占45％；认为"满洲的中国人没有能力经营由日本建立起来的产业组织"者占69％；认为"中国并非国家，而是没有政治性结合的各种人的集合"者占50％；认为"台湾不应该归还中国"者占61％；认为"'日华事变'（即'七·七'事变──本书作者）如果不是中国的煽动者制造混乱的话，本来是能够解决的"占69％；认为"没有美国的援助中国打不赢战争"者占87％；认为"日本国民优于其他远东国民"者占80％。[①] 1948年8月，《读卖新闻》又进行了一项关于天皇和天皇制的舆论调查。被调查的3080人中，主张"天皇制"宜继续保留者多达90.3％，主张"天皇制"不宜存在者仅占4.0％，回答"不知道"者占5.7％；认为裕仁天皇"应继续在位"者占68.5％，认为"应退而让位于皇太子"者占18.4％，认为"应退位并永远废除天皇制"者仅占4％，回答"不知道"者占9.1％。[②] 1952年片面的《旧金山和约》生效前后，日本国内曾掀起了一场大规模的要求释放日本战犯的"国民运动"。翌年11月11日，"贯彻完全救出被扣留同胞和全部释放巢鸭战犯国民大会"在两国旧国技馆举行。与会代表竟达13000

---

① ［日］吉田裕：《日本人の戦争観》，岩波書店1995年版，第53页。

② 同上书，第46页。

多人，讲坛上甚至堆起了 3000 万人签名的要求释放战犯的请愿书。① 从这些舆论调查结果和这场要求释放战犯的"国民运动"的规模不难看出，即使处于战败和"大日本帝国"崩溃的冷酷现实之中，仍然在部分日本国民的内心深处根深蒂固地残存着对亚洲其他民族的蔑视和优越感。正如日本学者吉田裕所说："在战败后的国民中间，'帝国意识'如此根深蒂固地残存着，对于形成妨碍正视战争的侵略性质和日本人对亚洲的责任问题的精神土壤具有重要意义。"② 时至 1977 年 4 月，日本内阁曾就如何看待过去的对外战争问题进行"世论调查"。结果：日本国民中对侵华战争持否定态度者仅占 26.4%，认为是"自卫战争"者占 8.4%，而认为"不得已而为之"者多达 46.6%，③ 即半数以上的国民认为过去的对外战争是"自卫战争"或是"不得已而为之"。进入八九十年代，日本国民的战争"加害意识"进一步淡化，战争"受害意识"进一步增强，即有关过去战争的是非观念更趋模糊。1982 年《读卖新闻》的舆论调查结果，将侵华战争看成是侵略战争的人已锐减到不足十分之一。中小学生们在看了《山丹之塔》、《听，冤魂的呼声》等反战影片后，不但不从反战方面来欣赏，反而情不自禁地恨恨发誓说："此仇必报！下次一定要打一场必胜的战争！"④ 1997 年，日本总理府以 3000 人为对象（70% 回收率）进行了一次问卷调查。结果，"对中国没有好

---

① ［日］吉田裕：《日本人の戦争観》，岩波書店 1995 年版，第 82 页。

② 同上。

③ 肖季文等：《日本：一个不肯服罪的国家》，江苏人民出版社 1998 年版，第 225—226 页。

④ ［日］岩崎昶：《日本电影史》，钟理译，中国电影出版社 1981 年版，第 244 页。

感的人"占到了 51％，超过了"对中国有亲近感"的人数。①
2000 年 10 月 14 日，访问日本的朱镕基总理在与日本民众对话
时，竟有一位中年人向朱总理发问道："中国总是要求日本道歉，
这样的道歉到什么时候才能结束？"朱总理就此郑重指出："我想
提醒一点，在日本所有正式文件里面，从来没有向中国人民道
歉。……我们希望日本方面考虑这个问题。"②军国主义思想和
"受害意识"蛰伏于日本民众意识的潜层和民众主流的这种保守
主义倾向，一方面使仗义执言的家永三郎、东史郎等进步人士在
受到政府冷遇和右翼势力威胁的同时，还经常遭到来自周围民众
"卖国贼"、"叛徒"、"亵渎英灵"、"罪该万死"一类的讽刺和谩
骂；另一方面，也为日本右翼人物乃至战犯重返政坛、军界，为
日本右翼势力特别是右翼政客推卸战争责任、否认侵略罪行提供
了土壤。正如一日本学者所说："日本执政党政要关于战争历史
的发言表现出两面性：对内态度暧昧，甚至否认战争的侵略性
质，以迎合日本民众的心理；对外不得不做出正视侵略历史的姿
态，以减轻国际社会的压力。然而，日本战争历史认识问题的根
本解决，还在于日本民众的觉悟。"③今天，日本国内还有侵略老
兵 150 多万人，战争遗属 200 多万人，参加遗族会的旧军人及其
遗属 110 多万人，仅此三项合计就有 450 多万人，是影响日本政
要政治立场和日本政局走向不容忽视的一股社会力量。可见，部
分不觉悟的日本国民是包括右翼政客在内的日本右翼势力否认和

---

① ［日］安田佳三：《为了世世代代的友好——纪念中日和平友好条约缔结 20
周年》，《中日关系史研究》1998 年第 4 期。

② 《朱总理与日本民众对话实录》，《东亚经贸新闻》2000 年 10 月 16 日。

③ 转引自吴广义：《正视侵华历史，寻求中日共识》，《党史信息报》2000 年 11
月 22 日。

美化侵略历史的社会群众基础。

（五）盟国对日德两国的战后处理和受害国对两国的态度不同

这主要表现在以下三个方面：

（1）占领方式不同进而导致日德两国政权体系承继上的差异。希特勒"第三帝国"分崩离析后，美英法苏四国对德国实施了分区占领政策。在此基础上，到1949年产生了两个德国。无论通过资产阶级民主选举诞生的德意志联邦共和国政府，还是由苏联在占领区内通过实行非纳粹化和民主改革建立起来的德意志民主共和国政府，都与战时的纳粹政权没有直接的承继关系，明显可以看出德国政权战前战后的中断性。日本投降前后，美国改变了《波茨坦公告》等有关国际协议关于由盟国共同占领日本的规定，实行了对日本的单独占领。美国出于一己私利，即为了实现占领时期对日本的顺利统治，不但满足了日本"保留天皇制"这一最大的愿望，实现了有条件投降，而且没有解散日本的战时政府，而是使其几乎原封不动地存续下来。这样，由美国对日本的单独占领又进而造成了日本政权战前战后的连续性、继承性。

（2）对战犯的惩罚程度不同。对德国，盟国吸取了一战结束后由德国自行组织的"莱比锡审判"对战犯惩处过轻从而留下祸患的历史教训，决定在纽伦堡共同组织国际军事法庭审判纳粹战犯。美英法苏四国分别派出法官、副法官各一人，审判长和检察长采取四国轮流担任制，确立起四大国对等组织审判的原则。纽伦堡国际军事法庭于冷战到来前的1945年11月20日至1946年9月30日完成了对21名纳粹首犯的严厉审判，因此几乎没有受到冷战的影响。结果，戈林等11人被判处死刑，赫斯等其余10人被分别判处无期徒刑、有期徒刑和无罪释放。其他次要战犯则由美英法苏四国分别在各自的占领区内组织法庭予以制裁。盟国仅在联邦德国就起诉大小战犯 230 多万人，定罪人数超过 15 万。仅第一次接受公审的 5025 人中，就有 806 人被判处死刑，486 人被立即执行。不仅如此，战后以来德国本身和各盟国也从未停止追捕漏网战犯。可以说，德国纳粹战犯几乎都受到了应有的惩罚。

然而，与美英法苏四大国对等组织的纽伦堡国际军事法庭不同，名义上由十一国组织的远东国际军事法庭的主导权一直操纵在美国人手里。盟军总司令麦克阿瑟不仅有权遴选审判长和首席检察官，而且"有权批准、减轻及改变法庭之判决"①，致使东京审判成为一次极不彻底的审判。这一局面的出现，完全是"冷战"背景造成的。

如前所述，按《远东委员会对投降后日本之基本政策的决议》规定，盟国击败日本后，将集中力量铲除日本再次发动战争的可能性，"完成在物质上及精神上解除日本武装之任务"②。美国占领日本初期，为了保证日本不再威胁美国也确曾推行了包括惩办战犯在内的一系列政策，但从 1947 年莫斯科外长会议召开和杜鲁门主义出笼开始，美国很快将以往推行的惩办战犯政策改变为保留日本军国主义残余力量的新政策。这样，1946 年 5 月 3 日业已开始的东京审判自 1947 年 3 月起，随着美苏对抗的加剧而"成了冷战中的审判"③。随着美英两国惩办日本战犯热情的

---

① 吴天威：《从纽伦堡审判的成功看东京审判的失败》，《侨报》1995 年 11 月 21 日。

② 《日本问题文件汇编》（第 1 集），世界知识出版社 1955 年版，第 13 页。

③ ［日］北住炯一：《日本与德国的战争责任及战后补偿》，《外国问题研究》1998 年第 3 期。

迅速消失，远东国际军事法庭在 1948 年 12 月 19 日草草闭庭。东京法庭虽然将首批 28 名甲级战犯中的东条英机等七人判处并执行了死刑，荒木贞夫等其他战犯也受到了相应的惩处，但其审判的不彻底性是显而易见的。首先，头号战犯裕仁天皇未被起诉。美国不顾中国、澳大利亚法官的反对和国际舆论的强烈呼吁，竟操纵检察官把名副其实的头号战犯裕仁天皇的名字从被告名单上抹去，使得裕仁天皇直至 1989 年才寿终正寝。头号战犯裕仁天皇被免于追究战争责任，自然淡化了其他大大小小战犯的负罪意识，也为他们日后重返政坛、军界并进行战争翻案保留了精神支柱。其次，计划也由该法庭审判的关押于巢鸭监狱待审的第二、三批 70 名甲级战犯，不但因法庭匆匆闭庭而未受到审判，而且至 1955 年竟被全部释放。这些获释战犯中的很多人，后来重返日本政治舞台。类似岸信介、重光葵之类的甲级战犯当上战后首相、大臣者，并不鲜见。他们事实上成为战后日本右翼势力的核心。再次，731 细菌部队魔王石井四郎也"奇迹"般地逃避了审判。美国为了获取 731 部队的人体细菌实验资料，作为交换条件，麦克阿瑟下令豁免 731 细菌部队长石井四郎中将及其所有部下。战后，这个杀人魔王一直逍遥法外，直至 1959 年才自然死去，命归西天。除东京审判外，盟国方面设在远东太平洋地区的 50 多个军事法庭共起诉日本战犯 5423 人，判刑 4226 人，判处死刑 941 人，而且除已经被执行死刑的极少数战犯外，绝大多数日本战犯（包括一些已被判处死刑但尚未执行的战犯）都很快在战后初期被提前释放。与盟国在欧洲审判德国战犯相较，远东太平洋地区对日本战犯的审判具有起诉人数少、量刑轻、社会追究面窄、追查时间短等特点。即日本战犯大多受到包庇，该起诉的没有起诉，该判刑的没有判刑，已经判刑的又全部提前释放。特别需要指出的是，纽伦堡法庭与东京法庭虽然同是盟国组织的国际军事法庭，但却因其惩罚战犯力度上的天壤之别而具有截然不同的教育意义。法国代表弗朗索瓦·德芒东曾在纽伦堡军事法庭上致辞说："这次审判工作对于德意志民族的前途也是必不可少的。通过这个庄严的法庭对纳粹德国进行的判决是对该民族的第一次启迪，并表现为对重新教育及重新增长率的意义作出正确评价的最可靠的起点。在未来的岁月中，这种重新教育是对德意志民族的巨大关怀。"① 纽伦堡法庭上的美国首席检察官杰克逊也指出："纽伦堡审判的重要性并不在于它怎样忠实地解释过去，它的价值在于怎样认真地儆戒未来。"② 而受冷战影响草草收场的东京审判，其教育意义明显大打折扣。正如 1995 年 8 月 16 日的法国《世界日报》载文指出："与关心日本的民主化相比更关心使日本成为其反共政策枢纽的美国人宽恕了日本天皇并释放了战犯，从而鼓励了一种集体的不负责任的态度。"③

（3）对两国的战争索赔态度和结果不同。早在德国投降前，美英苏等盟国通过德黑兰会议、雅尔塔会议、波茨坦会议等一系列国际会议，制定了包括向德国索要巨额战争赔款在内的严惩德国的计划。斯大林在雅尔塔会议上提出，德国必须赔偿苏联 100 亿美元，后来的实际赔偿额远远超过了这一数字。截止 1953 年，德国的苏占区通过向苏联提供产品、支付占领费和拆卸设备，已共计赔偿了约 664 亿旧马克，相当于 171 亿美元。④此外，通过《卢森堡协定》、《总括协定》等一系列文件，以色列等受害国家

① 彭玉龙：《谢罪与翻案》，解放军出版社 2001 年版，第 282 页。

② 同上书，第 284 页。

③ 同上书，第 302 页。

④ 李正堂：《为什么日本不认账——日本国战争赔偿备忘录》，时事出版社 1997 年版，第 146 页。

也向德国索取了大笔战争赔款和"纳粹牺牲者赔偿"（即"个人战争受害赔偿"）。就是说，无论美英法苏等同盟国大国，还是以色列、波兰等受纳粹侵略和奴役的弱小国家，从未放弃对德战争索赔。同样，与对德战争索赔不同，1951 年 9 月 8 日由美国操纵签署的片面的《旧金山和约》中，不但根本没有追究日本战争责任和限制日本军备之条款，而且在对日索赔问题上采取了极为宽大的方针：第一，不向日本提出惩罚性的巨额赔偿要求，而是在保证日本国民基本生活的基础上由日方支付能够偿付的赔款额；第二，不进行现金赔偿，而是实行象征性的"劳务赔偿"；第三，赔偿数额不由战胜国单方面规定，而由索赔国与日本之间通过"平等磋商"来决定。正如时任日本经济团体联合会会长的石川一郎所说："考虑到现在的国际形势、对日感情以及日本犯下的罪过，大体上不妨说是我们所能期望的最大限度的宽大议和了。"①正是在《旧金山和约》确定的这一基本放弃索赔权的方针制约下，在已经确立起霸主地位的美国的压力下，国际地位尚低的亚洲受害国的多数国家，基本上自动放弃了对日战争索赔权。最后只有南越、缅甸、印度尼西亚、菲律宾等少数国家接受了日本的有限赔偿。

　　总之，盟国对日德两国的战后处理和亚欧受害国家对两国的态度如此之不同，似乎给日本人造成这样一种错觉：把日本引上战争歧途的天皇制和战时的政权机构被基本保留下来，盟国不惩办战犯，受害国又不要战争赔款，这样的战争能说是侵略战争吗？正因为没有受到应有的惩罚，没有尝到过破产的滋味，才使得日本右翼势力特别是部分日本政要失去了历史负罪感，并公然用否认侵略历史来回报"以德报怨"的亚洲各国人民。

_____

① ［日］《经济连合》1951 年 10 月号。

（六）战后日德两国的政权基础不同

德国战败后，盟国吸取了一战结束后战胜国向战败国只一味掠夺却不去铲除军国主义祸根，致使德国日后东山再起、再度为祸世界的沉痛教训，认识到在对德国进行"非纳粹化"改造之前，任何一个由德意志人自己建立起来的政府都不值得信任。于是，盟国占领当局担负起彻底铲除德国纳粹残余势力和打碎德国旧的国家机器的历史性工作。在1945年至1949年美英法苏分区占领期间，不仅解除了德国武装、取缔了德国全部纳粹党团，而且彻底打碎了德国原中央政权机构，由"盟国管制委员会"作为占领期间德国境内的最高权力机关行使中央政府职能。此间，尽管德国的一些旧的地方行政机关还在工作，但其原地方官员多已出逃，所剩无几。在此基础上，1949年9月7日和10月7日分别成立了崭新的德意志联邦共和国和德意志民主共和国。无论联邦德国还是民主德国，其政府官员基本上都是战时遭受过纳粹政权迫害的原抵抗运动成员、流亡民主人士等"历史清白者"和"政治上无负担者"，绝无旧纳粹官僚置身其中，做到了新旧政权的一刀两断。

反观日本，战后政府与战时政府具有明显的连续性、继承性。

日本战败初期，美国占领当局为了确保日本不再成为美国的威胁和在日本最终建立起一个和平的负责任的政府，曾制定并初步实施了包括解除武装、惩办战犯在内的对日政策。但随着1947年3月杜鲁门主义的出笼即冷战开始，美国迅速将对日政策由"惩罚"改为"扶植"，不但重新武装和释放战犯，而且几乎原封不动地保留了日本的战时政治体制和统治机构。表现在：（1）战争祸根天皇制被保留。尽管1946年1月1日的《人间宣言》使裕仁天皇走下了神坛，同年 11 月 3 日颁布的《日本国宪法》又使他仅仅成为日本国的象征，但身为二战罪魁祸首的裕仁天皇和作为侵略战争根源的天皇制的保留，意味着战时的日本思想政治核心和统治国体在延续。(2) 战犯重返政坛、军界掌控国家大权。战后日本的第一位（东久迩宫稔彦）、第二位（币原喜重郎）、第三位（吉田茂）首相，不是出身皇族就是出身旧官僚；而在 1957 年组阁的岸信介本人更是甲级战犯，其阁僚和长官中接受过"清洗"的人竟多达半数，以致战后日本政府具有明显的"战犯政府"色彩。(3) 战时的多数统治机构在继续运转。战后，美国占领当局除撤销了战时直接与军事有关的陆军省、海军省、大东亚省、内阁情报局等部门以及大本营、参谋本部等纯军事机关外，其他中央省厅仍在继续行使政府职能，并一直延续至今。换句话说，日本战时的多数政权机关未经裁撤或改造继续统治着日本，致使战时战后的日本统治机构呈现出明显的连续性、继承性。

　　战后日德两国政权基础之不同的影响在于：建立在全新基础上的战后德国政府，无疑有助于置身其中的与旧政权没有任何利益关系的德国新政要，能够客观地审视和彻底反省前政权的战争责任和战争罪行；而置身于与旧政权具有明显承继关系的战后日本政府中的日本政要，必然会因其统治核心、多数官僚和多数政权机关依旧而对战时政府的战争责任及其侵略罪行的反省受到极大的限制。这是导致战后日德两国政要对侵略历史态度迥异的重要原因之一。

（七）战后日德两国所处的地缘政治环境不同

　　20 世纪初，英国地缘战略学家麦金德提出："谁统治了东欧，谁就统治了心脏地带；谁统治了心脏地带，谁就统治了世界岛；谁统治了世界岛，谁就统治了整个世界。"[①] 战前，地处欧洲心脏地带的德国在这一"地缘政治"理论的诱惑下曾两次发动世界大战，结果身受其害，均以失败而告终；战后，德国又深受抛弃这一"地缘政治"理论之惠，经济腾飞，国家复归统一。尤其耐人寻味的是，战后德国政要自我抛弃这一传统"地缘政治"理论并能够正确认识本国的侵略历史，又恰恰是德国在战后所面临的新的地缘政治环境所使然。具体表现在：（1）地处欧陆中心这一地缘环境的影响。德国的周边国家波兰、捷克、法国、荷兰、比利时等国，都曾深受纳粹侵略之害。德国法西斯的过去和战后日渐强大的现实，使这些毗邻国家长期抱有"恐德心理"。因此，这些国家一直在警惕注视和不断敲打着德国，使德国领导人在历史认识问题上承受着巨大的压力。德国政要深知，要想让自己在欧洲站稳脚跟，必须首先消除周边邻国的"恐德心理"；而解除邻国恐惧心理的最好办法，就是不断地对给周边国家造成恐惧心理的根源——本国的侵略历史进行深刻反省和真诚忏悔，以此表明德国不再重走历史老路和维护世界和平的决心。（2）盟国分区占领和钳制的影响。由于德国两度为祸世界，所以战后初期很快被苏美英法分割占领，国家命运操诸于四大国手中。冷战开始以后，尽管美英的对德政策有所改变，但无论英国的"大陆均势"政策还是美国试图将德国重建为"遏制"苏联的前沿阵地的战略构想，都无法改变蒙受了亡国耻辱的法国和饱受德国法西斯侵略之害的社会主义苏联削弱德国的决心和政策。戴高乐曾多次表示："不许可再有中央集权的德国。……这是防止德国危险势力再起的首要条件。"[②] 苏联除了最大限度地索要战争赔款、拆

————————————————

① 转引自刘雪莲：《地缘政治学》，吉林大学出版社2002年版，第58页。

② 彭玉龙：《谢罪与翻案》，解放军出版社2001年版，第315、318页。

迁苏占区工业设备、平移德波边界外，还着手对自己占领下的民主德国进行彻底的改造，并试图用"东德模式"进一步统一西方占领区。正因为夙敌法国和冷战一极苏联的对德削弱、分割政策，使德国深受束缚并承受着巨大的国际压力。美国历史学家休斯就曾经指出："苏联统辖东欧并协助控制德国，英法两国分别在地中海和西欧大陆起主导作用，战时盟友的联合力量牢牢地钳制住德国。"①（3）冷战格局的影响。冷战时期处于势不两立的"北约"和"华约"两大军事集团夹缝中的德国，被一幅厚重的"铁幕"一分为二长达40余年。此间，两大集团一旦开启战端，两德势必首当其冲。尤其联邦德国，其国土东西长不过453公里，南北宽只有83公里，几无纵深可言。冷战格局给德国造成的压力，正如联邦德国前总理施密特所言："我住在汉堡，如果我坐上汽车向东驶去，大约45分钟便到达了所谓的铁幕。假使人们放我通行，我只需再开30分钟就到达俄国的第一个坦克营地。反之，俄国部队也只需一个多小时就到我家了。苏联的飞机则只需几分钟便可出现在汉堡上空。"② 德国在战后所面临的这般"恶劣"的地缘政治环境，使其领导人凡事特别是在涉及邻国民族感情的历史认识问题上不得不谨慎从事，使之认识到惟有如此，德国才能维持民族生存并最终实现国家统一。

　　战后，日本所处的地缘政治环境与德国迥然不同：（1）孤悬于茫茫大海中的岛国地理，制约了日本政要对战争的反省。一方面，国土狭小而人口众多，使少数日本政要始终对亚洲大陆心存扩张野心；另一方面，相对孤立的地理环境造就了日本人视野狭窄和惟我独尊的思想意识。他们只看到原子弹轰炸给日本民族造

① 彭玉龙：《谢罪与翻案》，解放军出版社2001年版，第319页。

② 同上书，第320页。

成的伤害和念念不忘本国在战争中死去的 310 万人，却视而不见本国发动的侵略战争给邻国特别是中国带来的创深痛剧的灾难。换言之，包括右翼政客在内的日本右翼势力只强调所谓"受害者"一面而无视"加害者"的另一面，特别是没有认清或者根本就不想认清"加害"与"受害"之间的因果关系，很大程度是受了这一岛国地理环境的间接影响。（2）美国对日本的单独占领及其提供的安全保护，使得只相信实力和奉行实力政策的日本政要敢于屡犯"历史禁区"，并大肆进行战争"翻案"。战败后的日本由美国单独占领，而不像德国那样被美英法苏多国分割占领。美国出于冷战政策的需要，一方面在扶蒋失败后转而扶植日本，对日本政要歪曲历史的言行置若罔闻、视而不见，甚至默许和鼓励日本军国主义复活；另一方面，美日安保体制的建立，又使日本政要由于有了美国提供的安全保护而敢于在历史问题上忘乎所以，大肆"翻案"。由于日本人历来只相信"实力"和奉行实力政策，始终以"实力"作为判断是非的尺度和标准，因此美国的单独占领和日美安保体制的建立，深刻地影响了日本人正确的战败观的形成。日本上智大学教授山雄道就曾经入木三分地指出："虽然德国和日本同为战败国，德国和日本对'战败'的理解很不同。德国被四个国家的军队占领，而日本实际上只被美国的军队占领。因此，德国认为自己输给了欧美各国，而日本却认为自己只输给了美国，甚至认为没有输给中国。这种对战败的极其错误的理解，是日本至今不肯对侵略战争作出深刻反省，不肯向中国谢罪的真实原因之一。"① 就是说，在日本右翼势力看来，既然日本当年败给了美国，战后又由美国提供安全保护，那么屈从

————————————————

① 高铁军：《从小泉参拜靖国神社看所谓"民族意识"》，《人民日报》2001 年 8 月 21 日。

比自己强大的美国理所当然；既然日本当年并没有败给亚洲邻国，既然直至今天亚洲邻国仍然落后于日本，那么又何必向实力远不及自己的亚洲国家道歉呢？（3）周边不存在真正构成威胁的强国，客观上为日本右翼势力特别是日本政要否认甚至美化侵略历史提供了宽松的环境。战后初期，遭受过日本侵略的亚洲多数国家虽然对日本深恶痛绝，但由于他们正忙于内战或民族独立斗争而大大降低了自己在对日问题上的发言权，因而处于不得不接受世界霸主——美国的意志之被动地位，根本无法影响美国政府的对日政策。换言之，在远东存在着使冷战当事国一方美国的全球战略和国家利益得到不折不扣贯彻的国际环境，这与美国在德国问题上的意图和政策备受欧洲强国牵制的情形迥然不同；与此相关联，与德国首当其冲成为美苏冷战政策最大、最直接的受害者截然相反，日本事实上成为美苏冷战政策最大、最直接的受益者。周边无强国特别是几乎不存在强烈要求惩罚日本的国家这一特殊的地缘政治环境，一方面使日本获得了专心致志发展经济的"天佑良机"，同时也深远地影响了日本政要反省侵略战争的"历史自觉"。

第四章

战后日本右翼势力存在的
社会基础和抬头的原因

战后 50 多年来特别自 20 世纪 70 年代以来，日本右翼势力所以重新抬头、蠢蠢欲动，必有其特定的社会基础和各种复杂的原因。本章试就此略作探究。

一 战后日本右翼势力存在的社会基础

（一）部分日本国民的"中流意识"和错误的"战争史观"，是战后日本右翼势力抬头和蠢动的社会条件

首先，看日本国民的"中流意识"之影响。

从 60 年代起，日本经济的高速增长对国民的思想意识走向产生了巨大影响。1976 年以来，日本总理府逐年对国民的生活满意度进行了调查。调查结果显示，被调查者中认为自己的生活属于中等程度者，占 80％到 90％。这里所谓中等程度，并非根据具体数据得出的结论，而是一种自我感觉和自我意识，我们称之为"中流意识"。"中流意识"一般表现为对经济生活的满足感和在政治上的"求稳怕乱"心理。1983 年日本广播协会的问卷调查显示，认为"日本是一个中流国家"的人，由 1973 年的41％上升到 1983 年的 57％；认为"日本民族比其他民族优秀"

的人，由 1973 年的 60% 上升到 1983 年的 71%；认为生活在日本比生活在其他国家好的人，占到了 96%。日本国民的这一"大国意识"和"民族优越感"，使当年倡导日本政治大国化的中曾根内阁一直维持了 50% 到 60% 的高支持率，这在战后历届内阁中是极为少见的。

其次，看部分日本国民错误的"战争史观"之影响。

1993 年 9 月，《每日新闻》社以山口县等八个县的 1000 名成年人为对象，进行了一次舆论调查，回收率为 100%。问答一："细川首相在会见记者时说：'太平洋战争是侵略战争，错误的战争'，你怎么看？"回答"是"者，占 50%；回答"大体是"者，占 9%；回答"未必如此"者，占 8%；回答"不认为是这样"者，占 8%；回答"不知道"者，占 24%；不回答者，占 1%。问答二："细川首相在国会作施政演说时对过去的侵略行为和殖民统治表示了深刻反省和道歉的心情。你认为今后有必要给予侵略行为和殖民地统治的牺牲者以一定的金钱赔偿吗？"回答"必要"者，占 34%；回答"在一定程度上必要"者，占 21%；回答"不怎么必要"者，占 9%；回答"不必要"者，占 20%；回答"不知道"者，占 15%；不回答者，占 1%。[①] 1982 年 10 月，日本 NHK 以全国 16 岁以上的国民为对象进行了一次广播问卷调查，回收数 2623 人，回收率为 72.9%。问答一："日本从明治开始到昭和二十年战败为止进行了多次战争和领土扩张，你对此如何评价？"具体围绕四个小问题回答：A. 关于"从日清战争到太平洋战争的 50 年，日本的历史是对亚洲各邻国侵略的历史"问题，回答"是"者，占 51.4%；回答"不是"者，占 21.9%；回答"因为是过去的事，与己无关"者，占 10.4%；

---

① 〔日〕吉田裕：《日本人の戦争観》，岩波书店 1995 年版，第 3 页。

回答"不知道"和不回答者，占 16.3%。B. 关于"资源贫乏的日本军事进出他国是为了求生存不得已而为之"问题，回答"是"者，占 44.8%；回答"不是"者，占 38.7%；回答"因为是过去的事，与己无关"者，占 4.7%；回答"不知道"和不回答者，占 11.9%。C. 关于"作为日本人，应该就明治以来对朝鲜·韩国人、中国人的严重歧视、迫害和可恶的屠杀事件由衷地加以反省"问题，回答"应该"者，占 82.5%；回答"不应该"者，占 5.2%；回答"因为是过去的事，与己无关"者，占 4.2%；回答"不知道"和不回答者，占 8.2%。D. 关于"太平洋战争使深受欧美国家压迫之苦的亚洲各国早日恢复了独立，应对此给予评价"问题，回答"是"者，占 45.5%；回答"不是"者，占 25.1%；回答"因为是过去的事，与己无关"者，占 5.5%；回答"不知道"和不回答者，占 23.9%。问答二："关于从昭和六年开始的 15 年中日战争·太平洋战争，你是如何考虑一般国民的战争责任的?"回答"一般国民受军国主义的教育和宣传欺骗，是遭殃的受害者，没有责任"者，占 36.3%；回答"当时的国民大部分是军国主义的赞美者、协助者，至少对亚洲人民来说是加害者"的人，占 29.5%；回答"那场战争是为日本的自卫和亚洲的和平而战，不存在什么军国主义、被害者、加害者一类的问题"者，占 17.6%；其他，占 0.5%；回答"不知道"和不回答者，占 16.1%。[1] 1993 年 11 月，《朝日新闻》就战争赔偿问题进行了一次问卷调查，结果是：认为"应酌情给予"者，占 51%；认为"没有必要考虑"者，占 37%；"其他·不回答"者，占 12%。[2] 另外，该报还以全国 20 岁以上的 3000

---

① ［日］吉田裕：《日本人の戦争観》，岩波书店 1995 年版，第 12 页。

② 同上书，第 4 页。

名国民为对象（有效回答率为 77％），就对战争赔偿问题的关心程度进行了一次问卷调查，结果是：回答"关心"者，占 57％；回答"不关心"者，占 37％；"其他・不回答"者，占 6％。[①]

　　从上述调查结果可以看出，多数日本国民对日本过去的侵略战争和殖民统治具有正确认识，但也确有部分不觉悟的国民坚持"皇国史观"和军国主义立场，对过去的侵略战争持赞美态度。特别是竟有 44.8％的人认为日本对其他国家的侵略是"不得已而为之"；竟有 45.5％的人认为"太平洋战争使深受欧美国家压迫之苦的亚洲各国早日恢复了独立"。日本国民意识的日趋保守化和如此成问题的"二战史观"，既是确保自民党长期执政及其政权失而复得的社会思想基础，也是日本国内"大国意识"重新滋长和右翼势力迅速抬头的社会思想基础。正如堀幸雄教授所说：右翼团体所鼓吹的陈旧思想和反动观念仍然存在于日本的社会意识之中，只有经过一场思想理念和心理深层的真正的"文艺复兴"，才能彻底清除右翼团体得以孳生繁衍的社会思想基础。[②]

（二）日本政治总体右倾化，是战后日本右翼势力抬头和蠢动的政治条件

　　20 世纪 80 年代末 90 年代初的苏联解体和东欧剧变，宣告冷战时期结束，日本长期"保革"对立的"五五年体制"随之失去了存在的国际依据，加之 90 年代以来日本政局剧烈动荡，日本政治总体上趋于右倾化。具体表现在：有近一半左右的政治家否认侵略历史，矢志摆脱所谓"战败国后遗症"；挑战和平宪法，

---

　　①　［日］吉田裕：《日本人の戦争観》，岩波書店 1995 年版，第 14 页。

　　②　转引自林晓光：《日本右翼思潮与右翼团体史考》，《抗日战争研究》2002 年第 1 期。

图谋回归战前；用"集体自卫"代替"专守防卫"，扩大自卫队的实际活动范围；一批鹰派政客从幕后走到前台，少数右翼分子掌控了中央和地方的一些重要权力等等。而1995年日本国会通过的所谓"战后决议"，则是日本政治总体右倾化的集中表现。

1994年6月，日本自民党、社会党和新党魁党三党联合政权提出，要在战后50周年之际由国会通过一项"不战决议"。讨论中，自民党主流派否认过去的对外战争是侵略战争，主张对过去的历史认识不能苛求，不提"侵略"、"殖民统治"和"反省"字样；社会党基本上承认日本发动的战争是侵略战争，并对此表示"反省"和"谢罪"；新党魁党则持中间立场，认为日本发动了非正义的战争，表示不应忘记侵略行为。为了阻止国会通过"不战决议"，日本右翼势力成立了一个最大的民间组织"终战50周年国民委员会"。该组织到处活动，竟征集到450多万人签名。与此同时，还有12个县的议会通过了向战死者表示"慰问"的决议，反对国会制定和通过"不战决议案"，其气焰十分嚣张。日本三党联合内阁为了维持政权，不遗余力寻求同右翼势力的妥协。社会党竟然放弃了自己一贯坚持的日本发动的战争是"侵略战争"这一正确立场，向新党魁党的"侵略行为"这一"战争认识"靠拢。自民党也作了一些妥协。1995年6月6日，日本执政三党紧急磋商拟议中的"国会决议案"，最后决定采用"侵略行为"这个不伦不类的提法。6月9日众议院讨论通过该议案时，511名议员中只有251人出席。执政党方面，包括新党魁党党首武村正义在内的73名议员没有到会；在野党方面，新进党籍的171名议员全体缺席；共产党籍的14名议员虽然到会但投了反对票。结果，众议院仅用7分钟时间就强行通过了"战后50年决议"，实际投赞成票的只有237人。对此，大阪市立大学教授广川贞秀指出：该决议是"掩盖侵略战争本质的国会决议"，是社会党"在战争认识上对自民党作出妥协，结果奥野诚亮等鹰派势力变本加厉"。事实正是如此。1996 年 7 月，首相桥本龙太郎就重开了"公职"参拜靖国神社之恶例。同年 10 月，在自民党籍众议员板垣正、参议员村上邦正、前法务相奥野诚亮等极右分子推动下，自民党竟明目张胆地在"选举公约"中写进了"正式参拜靖国神社"和"钓鱼岛属日本固有领土"等内容。同年 11 月，桥本龙太郎把自民党内的"鹰派"人物纷纷拉入内阁，以致内阁成员中有一半人（10 人）曾是前一年反对国会通过"不战决议"的自民党"终战 50 周年国会议员联盟"的成员，还有一些人是"亲台"右翼团体自民党"日华（台）议员恳谈会"的成员。此外，日本部分新闻媒体也对日本政治右倾化起了推波助澜的作用。时至此时，日本右翼政客与民间右翼团体之间的联系也更加密切。右翼色彩非常浓厚的日本遗族会、军恩联盟等组织，是自民党的主要票源，选举时掌握着不少国会议员的政治生命。尤其遗族会，在日本国内拥有 1 万多个支部、数百万会员，其中成为自民党党员者已超过 17 万人。这说明民间右翼势力的影响已渗透到日本统治层，客观上成了孳生右翼政治家的社会土壤。

在日本政治总体右倾化的同时，日本政党保守化趋势也在加快。冷战结束后日本出现的四次政治大变动，均由保守势力扮演主角。1993 年 8 月成立的第一届联合政权，即以与自民党"同根"的新生党、日本新党和先驱新党为代表的新保守势力的迅速崛起为主要特征。从大的趋势上看，只不过是新保守势力取代了旧保守势力。保守势力总体上非但没有削弱，反而进一步形成规模。1994 年 6 月成立的第三届联合政权，是以社会党放弃革新原则和传统政策为代价与自民党、新党魁党共同组建的，其实质仍然是保守政治的延续。1996 年 1 月成立的第四届联合政权，直接由自民党保守派代表人物桥本龙太郎挂帅。桥本是先于四个月前接替"鸽派"代表人物河野洋平出任自民党总裁，然后再出任首相的，反映出自民党决策层人事安排上的保守化倾向。1996年11月，自民党在大选中重获胜利，仅时隔3年又3个月就完成了"保守回归"执政的战略，大大加快了保守势力全面掌控国家政权的进程。目前，以自民党为核心的保守势力已经控制了众议院五分之四强的议席，而且有进一步壮大之势。故今后不论哪个党执政，日本都将是保守政治的一统天下。

（三）渠道多、数额大的资金来源，是战后日本右翼势力抬头和蠢动的经济条件

战前，日本右翼势力主要靠军部保护和财阀施舍取得活动资金；战后，日本右翼势力的资金来源渠道更加广泛，金额也远远超过了战前。据林晓光先生研究，大体有五个渠道：（1）企业"捐赠"。右翼团体经常用近乎黑社会流氓无赖的手法——投寄恐吓信威胁恫吓、转登企业广告收取广告费等，向企业敲诈勒索。多数企业基于恐惧心理或出于继续经营考虑，只好"花钱免灾"。（2）强拉"赞助"。他们经常派出小股人马到全国各地巡回拉"赞助"。由于同样伴有威胁恐吓伎俩，所以这方面也"收入"不菲。例如，1981年大日本菊水会打着"要求苏联归还北方四岛"的旗号，走遍全国大搞征集签名活动，所到之处均有收获。（3）向政界人士伸手。防共挺身队总队长福田进就曾经坦承：只要去拜访政界人士，就绝不会空手而归，至少也可以搞到5万日元的"小费"。（4）通过投资股票、房地产、贸易、商业、制造业等"正当"行业谋取经济利益，以补充经费不足。（5）统治阶级的慷慨解囊是其最主要的经济来源。前述1953年日本政府将国有财产——东京九段会馆无偿借给遗族会经营使用，是战后初期日

本政府经济上鼎力支持右翼势力的典型例证；而八九十年代频频曝光的经济丑闻，也几乎都是大企业甚至银行向右翼团体提供资金的黑幕。时至 1988 年，向政府申报资金收入的右翼团体有 655 个，总金额达 66 亿日元，平均每个团体的收入超过了 1000 万日元。① 如此雄厚的资金"收入"，是确保战后日本右翼势力"经久不衰"和迅速抬头、猖狂活动的物质基础。

　　总之，日本国民的"中流意识"和部分国民错误的"二战史观"、近年来日本政治右倾化和政党保守化、渠道多且数额大的资金来源等等，使一些满脑子军国主义思想的右翼分子感到时机已到，于是公然跳出来大肆进行右翼政治活动。换句话说，日本社会思潮和政治政党的右倾化、保守化，是战后日本右翼势力长期存在并于近年迅速抬头、蠢蠢欲动的社会基础。

二　战后日本右翼势力抬头的原因

　　日本战败 50 多年来军国主义阴魂不散，右翼势力迅速抬头，除上述社会条件、政治条件、经济条件即存在的社会基础外，还有三个方面的具体原因。

（一）深深积淀于日本民族心理潜层的神国观念和天皇崇拜思想的驱动

　　神国观念和天皇崇拜思想是积淀于日本民族心理潜层，对日本人的行动起着导引和支配作用的一种观念意识，久远而深刻地影响了日本的历史进程。其形成和演变，大体经历了这样一个

――――――――――

　　①　参见林晓光：《日本右翼思潮与右翼团体史考》，《抗日战争研究》2002 年第 1 期。

过程：

1. 中世纪的人为培植和强化，使神国观念和天皇崇拜思想在日本人的内心深处根深蒂固

首先，圣德太子采取的一些措施，为神国观念和天皇崇拜思想的产生和强化奠定了基础。

众所周知，日本在悠悠漫长的古代社会，一直处于中华帝国的强力威慑之下。四面环海的岛国地理和巨大的文明差距，使日本人在内心深处滋生出民族自卑心理和强烈的危机意识。为此，封建时代的日本当权贵族从6世纪起，在两个领域回答了日本向何处去，即如何在这种"恶劣"的国际环境重压下确保民族生存和国家发展问题。一方面，通过在政治领域进行剧烈的变革——"大化改新"和在文化领域贪婪地学习吸收中华灿烂文化，努力缩小或消除与彼岸大陆间的文明差距；另一方面，通过在意识形态领域里人为地培植和强化神国观念和天皇崇拜思想，迅速提高皇室威望，进而提升整个日本国的国际地位。在后一方面，圣德太子（574—622）起了重要作用。

第一，圣德太子首先在法律上确定了天皇"万世一系"的原则。例如，他在604年颁布的《十七条宪法》中明确规定："国靡二君，民无两主；率土兆民，以王为主"；"君则天之，臣则地之。"① 目的在于提高和强化皇权，压制世姓贵族势力。尤其"宪法"规定：除了与天照大神有血统渊源的皇室成员，任何他人没有资格问鼎皇位，否则就是对天照大神的大不敬，举国共讨之，全民共诛之。天皇"万世一系"的世袭地位从此有了法律保障。是为圣德太子为强化神国观念和天皇崇拜思想所采取的法律措施。

---

① ［日］《日本书纪》，推古十二年4月。

第二，圣德太子为了提高皇室威望，对传入日本的儒、道两教进行了适于日本的彻头彻尾的翻新改造。即，把中国以"仁慈"为核心的人道主义的儒教，改造成为日本式的以"忠诚"为核心的民族主义的儒教；把在中国仅仅是一种似是而非的哲学——道教，改造成为以"事君至命，移孝为忠"① 为核心内容的神道教。是为圣德太子为强化神国观念和天皇崇拜思想所采取的宗教措施。

第三，为强化神国观念和天皇崇拜思想，圣德太子还创造了具有划时代意义的"天皇"一词。为了恢复中断了一个多世纪的中日邦交，他于607年亲自派大礼小野妹子携国书出使隋朝，并在国书中写道："日出处天子致书日没处天子。"这是日本历史上第一次在中国皇帝面前以平等的"天子"自居。隋炀帝接见了日本使节，并于608年任命文林郎斐世清为使臣，陪送小野妹子一行回国。同年9月斐世清回国时，圣德太子再派小野妹子为陪送使，第二次携国书使隋。这次写给隋皇的国书云："东天皇敬白西皇帝。"② 这是日本历史上第一次使用"天皇"一词。圣德太子创造"天皇"一词的重要意义在于，它向国际社会特别是向彼岸的中华帝国表示：日本的君主已不再是"大王"，而是人格化的"神"——"天皇"，是与中国"皇帝"等同的。这既是圣德太子强化神国观念和天皇崇拜思想的政治性措施，也反映了7世纪前后日本当权贵族企图通过提高皇室威望实现中日两国对等往来的强烈愿望。

其次，日本奈良时代问世的《古事记》和《日本书纪》两部

---

① ［日］《续日本書紀》，转引自王金林：《简明日本古代史》，天津人民出版社1984年版，第111页。

② 《日本書紀》，推古十六年9月。

典籍，又为神国观念和天皇崇拜思想蒙上了一层神秘的面纱。

史前时期的日本人，对色彩斑斓的神秘世界和风云变幻等自然景观充满了好奇和恐惧，于是围绕着日本民族的起源和国土生成问题创造出许多神话传说。不过，那时日本人的信仰还主要是以自然界的山川草木为对象的多神信仰。而于奈良时代问世的两部文化典籍——《古事记》（712 年）和《日本书纪》（720 年），则有意识地向人们描绘了一幅日本国土和日本民族神话式起源的生动图景。诸如日本国土"大八洲"的生成、天神的陆续降生、天照大神在"高天原"上至高无上的统治等神话内容，在两部典籍中占据了很大篇幅。尤须指出的是，由于《日本书纪》是一部国家"正史"性质的著作，这就使得关于国家和民族起源的神话传说正统化、神圣化（其中"兼六合以开都，掩八纮而为宇"一句，成为近代日本"八纮一宇"侵略思想的源流）。从此，高高在上的天照大神被视为日本的"皇祖"，后来的历代天皇均被看作是天照大神的御子御孙；而神国观念和天皇崇拜思想则逐渐深植于日本民族的心理土壤之中，为近代日本人以全民族的宗教式狂热集结在天皇的控御之下奠定了心理基础。

再次，13 世纪的两次"神佑"击退蒙元来袭事件，则在强化神国观念和天皇崇拜思想上起了不容忽视的客观作用。

1274 年和 1281 年，元忽必烈两次举兵征讨日本。大敌压境，百姓纷纷面向神像祈祷，天皇本人也在伊势神宫向其列祖列宗求助。元军由于远征而来、疲惫不堪，加之不习水战，结果惨败于汪洋大海之中；幸存的两三万军卒，又因日军袭击"多以损命，或被生虏"。1281 年的"弘安之役"中，元军"十万之众，得生存者三人耳"[1]。由于天皇和他的臣民们跪向神像祈祷时，

---

[1] 《元史》（卷 208），"外夷传·日本条"。

恰值狂风大作、海鸣山震，故而日本统治阶级从那时起就把这种非常偶然的自然现象人为地宣传为"神国日本的验证"，把掀翻元军战船的狂风称作"天佑神助"的"神风"。① 由此可见，即使在漫长的武家社会时期（1192—1867），神国观念和天皇崇拜思想不但没有被削弱和淡化，反而进一步根深蒂固。

2. 近代以降国家主义、军国主义教育的灌输毒化，使神国观念和天皇崇拜思想发展至极端

纵观日本近代教育的全过程，真正近代意义上的自由主义教育仅仅出现在自由民权运动时期。当自由主义教育昙花一现销声匿迹之后，国家主义、军国主义教育便取而代之，成为日本近代教育的核心内容。

1872 年，明治政府颁布了具有改革意义的重要教育法令——《学制》。然而，面对 19 世纪七八十年代日益高涨的自由民权运动，统治阶级深感有必要在学校和军队中灌输国家主义和日本化了的儒学教义，以此强化学生乃至全体国民的神国观念、天皇崇拜思想和忠君意识。1879 年，以天皇的名义颁布了《小学校教学规则纲领》，规定历史课以培养"尊皇爱国"精神为目的。同年又颁布了《小学教员须知》，要求小学教员教育并感化学生"忠皇室，爱国家，孝父母"。以后又颁布了一系列教育法令，从小学、中学到大学全面灌输国家主义教育内容。如果说上述教育法令和规则开始偏离《学制》确定的正确的教育目标，那么 1890 年颁布的《教育敕语》则从根本上扭转了日本近代教育的发展方向。时为东京大学教授的井上哲次郎在所著《敕语衍义》中，曾这样露骨地宣称："国君之于臣民，犹如父母之于子

---

① ［日］《日本精神史料·国史及び时代の人々》，爱宕印刷株式会社 1940 年版，第 302 页。

孙"，即天皇与国民是"义为君臣，情为父子"的关系；"一国之国君指挥命令臣民，无异于一家之父母以慈心吩咐子孙"。① 从此，日本教育便以《教育敕语》为基石，本着"扶翼天皇天壤无穷之皇运"② 的宗旨，沿着培养天皇"忠良臣民"的歧途前进。

时至 20 世纪二三十年代，特别从"九·一八"事变起，为了适应政府和军部对外战争的需要，在以往国家主义教育基础上，进一步确立起军国主义教育体制，向学生和军人全面彻底地灌输"天皇至上"、"尽忠报国"思想。修身课列于各科之首；历史课专门讲授天皇神话的历史；体育课注重军训并伴有武士道教育，有的体育教师甚至直接教育学生说："你们的身体不是你们自己的，而是天皇的。"③ 在军队内部则兜售"武士道就是死，离开死非武士道"等极端说教，用武士道精神培养军人冷酷无情的处事态度和攻战杀伐的好战习性。这样，经过明治时代的国家主义学校教育和后来学校和军队中的法西斯军国主义教育，半个多世纪来终于实现了《教育敕语》规定的培养目标——培养和准备了一代又一代为天皇"尽忠殉节"的"忠良臣民"。以致战时出现了鲁思·本尼迪克特在《菊与刀》一书中所揭示的不可思议的情形——"那些顽强抵抗到底的日军俘虏，把他们的极端军国主义归根于天皇，认为自己是在'遵奉圣意'，是为了让'陛下放心'、'为天皇而献身'、'天皇指引国民参加战争，服从是我的天职。'然而，反对这次战争及日本未来侵略计划的人，也同样把他们的和平主义归之于天皇。对所有人来说，天皇就是一切。

---

① ［日］石田雄：《明治政治思想史研究》，未来社 1964 年版，第 6 页。

② 王桂：《日本教育史》，吉林教育出版社 1973 年版，第 242 页。

③ ［日］藤原彰：《日本民衆の歴史·8·戦争と民衆》，三省堂 1983 年版，第121 页。

厌战者称天皇'为爱好和平的陛下'，他们强调天皇'始终是一位自由主义者，是反对战争的'，'是被东条欺骗了'。'在满洲事变时，陛下表示反对军部'。'战争是在天皇不知道的情况下发动的。天皇不喜欢战争，也不允许国民卷入战争。天皇并不知道他的士兵受到了怎样的虐待。'这些证词和德国战俘完全不同。"[1]

而发生于 1935 年 8 月的一个血腥而又离奇的事件——"相泽事件"，更能说明这一观念意识是怎样深深根植于日本人内心深处的。是年 8 月 12 日上午，一个叫相泽三郎的中佐径直走进了坐落在皇宫旁边一座古老的两层木制楼房的后门——陆军参谋本部。当时，他如同许多深受法西斯思想毒害的"富于理想"的激进军官一样，正在为他们崇拜得五体投地的真崎甚三郎大将被免去教育总监职务而感到忿忿不平。他不经通报就大步走进了反对为陆军拨款的真崎将军的对立面——永田铁山军务局长办公室，当场斩杀了永田将军。然后，他走进一个朋友的办公室，说自己已执行了上天的判决。他在接受法庭审判时说：自己只不过是尽了作为天皇的一名光荣军人的职责。尤其令人不可思议的是，他竟宣称：自己所以"毅然"采取这一独立行动，是因为此前在伊势神宫受了"苍天启示"。他曾在伊势神宫向天照大神祈祷说："我感到有一种要刺杀永田的冲动。如果我是正确的，求神助我成功。如果我错了，请让我失败。"[2] 为建立天皇制法西斯独裁政权而采取的暗杀行动，在行动前需向神话传说中的天照大神祈求"神助"，寻求力量本身，就足以说明神国观念和天皇崇拜思

———————————

① ［美］鲁思·本尼迪克特：《菊与刀》，吕万和等译，商务印书馆 2002 年版，第 22—23 页。

② ［美］约翰·托兰：《日本帝国的衰亡》（上），郭伟强译，新华出版社 1982 年版，第 13—14 页。

想所具有的久远而深刻的影响力。针对20世纪二三十年代很多日本人特别是日本青年纷纷走到法西斯一边的情形，美国历史学家约翰·托兰指出："被周围那种腐败现象惹怒了的富于理想的年轻人，……只是由于对天皇的崇敬，才使他们没有支持共产主义革命。"①

深深积淀于日本民族心理潜层的神国观念和天皇崇拜思想，犹如一把双刃剑，久远而深刻地影响了日本的历史进程。其正面作用主要表现在：（1）这一观念意识牢牢维系了独具日本特色的天皇"万世一系"的国体，大大减小甚或避免了因王朝频繁更迭所造成的巨大国力内耗。（2）这一观念意识直接规定了日本国民的心理趋向，形成民族群体向某一特定目标趋进的心性。这就确保了日本民族每遇民族危机或从事某项伟业的关键时刻能够迅速平息内部分歧和争斗，从而形成以天皇为中心的强大的民族凝聚力量。（3）天皇崇拜思想进一步派生出与之相表里的独具日本特质的超常的忠诚意识，并在这一忠诚意识作用下形成了有利于加快其近代化进程的"忠诚集团心"。当然，与这些积极意义相较，其负面作用同样不容忽视。即它也曾将日本民族引向歧途，阻滞和延误了日本的历史进程，不仅一度使本国、本民族濒临毁灭，而且给亚洲其他国家和民族带来了亘古未有的巨大灾难。

第一，神国观念和天皇崇拜思想是一种类似于宗教感召的观念意识，它比一般的政治学说更具有煽动性和迷惑力，成为驱动部分日本国民战时盲从侵略战争和战后仍持错误"战争史观"，以及战后日本右翼势力图谋重温军国主义老路的历史的心理层面的因素。

---

① ［美］约翰·托兰：《日本帝国的衰亡》（上），郭伟强译，新华出版社1982年版，第13—14页。

基于神国观念和天皇崇拜思想，加之历代统治阶级"天皇乃神的嫡系，臣民乃神的支系"一类的宣传，致使日本国成为一个大家族国家。广大臣民在任何情况下，都须无条件地服从其"大家长"——天皇的意志，由此又派生出日本民族特有的岛国集团根性和愚忠盲从心理。只要是天皇的意愿或冠以天皇的名义，多数日本人便会视之为"神"的召唤，"举国一致"予以响应。在此，我们仅以本来与世俗的战争格格不入的宗教界人士和日本国民中最觉悟的日本共产党人为例说明之。

全面侵华战争开始后，以普度众生、遍施仁爱为宗旨的日本的绝大多数宗教信徒纷纷放弃了自己的宗教信仰，"转向"①协助政府进行侵略战争。那么，究竟是什么力量使他们轻易放弃了自己的宗教信仰转而匍匐在世俗国家的战争脚下呢？青年时代因"拒绝肩枪"杀人而被捕入狱的灯台社信徒明石真人，本来是一位虔诚的基督教信徒。但在战争进行到 1941 年时，他主动收回了过去"拒绝肩枪"的誓言，声明"转向"。他在"声明书"中就"转向"理由这样写道：由于自己在狱中亲自阅读了日本最古老的书籍《古事记》和《日本书纪》，终于得出一个结论，"日本之所以伟大，是因为有被拥戴的万世一系的天皇冠于世界国体之上；而万世一系的天皇正在为了日本民族，为了日本全体国民而献身"。因此"今后要以帝国军人的一员做最后的努力，将自己罪孽深重的一生献给天皇，决心为保卫国家而欣喜赴死"②。结果，他劝弟弟与自己一同走上了侵

---

① 战时，日本人的"转向"实为背叛。这是战时日本国内出现的一个特殊而普遍的现象。

② 参见拙文：《日本民族的天皇崇拜思想论略》，《外国问题研究》1994 年第 3 期。

略战场。日本战败时,他侥幸活下来并恢复了市民生活,而他的弟弟却永远葬身于南太平洋。

如果说一个宗教信徒的转变还不足以说明这一观念意识所具有的影响力的话,那么龟井胜一郎这位共产主义者的"转向"行径及其关于"转向"理由的内心道白,恐怕更能说明问题。龟井胜一郎早在青年时代就加入了日本共产党,成长为一名共产主义战士。然而,他的共产主义信仰却在天皇"圣战"的"凯歌行进"中发生动摇并最终放弃。他在写给天皇的信中发自肺腑地"反省"说:自己在青年时代参加日本共产党的做法是一种"叛逆于陛下的行为,但仔细考虑起来,却又觉得当时并不是从内心憎恨陛下,而是由于一种无知和漠不关心所致"。[①] 当时,日共党员的"转向"形成一种潮流。这应当看作是统治阶级的暴力镇压和在神国观念、天皇崇拜思想驱动下个人选择交互作用的结果。这样,我们就基本清楚了战争期间日本的普通民众所以心甘情愿地接受军工企业的剥削并"赞助它们的发展"[②],虔诚的宗教信徒所以纷纷放弃各自的宗教信仰匍伏在世俗国家的战争脚下,相当多的知识分子、民主主义者和共产党人所以集体"转向"或个人变节,即战时部分日本民众所以盲从、协助政府进行侵略战争,其原因固然复杂,但深深积淀于日本民族心理潜层的神国观念和天皇崇拜思想,却是诸多因素中左右和支配部分日本国民走进战争历史的心理层面的因素,是这一"原始"

---

① [日]色川大吉:《昭和五十年史话》,天津政协翻译组译,黑龙江人民出版社1982年版,第297页。

② [日]森岛通夫:《日本为什么"成功"》,胡国成译,四川人民出版社1986年版,第153页。

思想意识与其他现实因素共同作用所致。

特别需要指出的是，深深根植于日本民族心理土壤中的神国观念和天皇崇拜思想，并没有因为一场战争的失败而发生动摇和丧失影响。前述日本刚刚战败时基于"因自己的努力不够才导致失败"的内疚心理而纷纷剖腹自杀的军人们的极端行动；那些饱尝了战争苦难，却仍然在战败的废墟上跪着向巡幸驾到的天皇痛哭流涕地说"陛下，战争打败了，真对不起"的百姓们发自肺腑的内心道白；那些看了反战影片却不从反战方面来欣赏，而是在自己的作文中恨恨地写下"此仇必报！""下次一定要打一场必胜的战争"的中小学生们可怕的心态；那些身着当年"皇军"制服、肩扛战时武器在靖国神社大殿前耀武扬威的二战老兵们的丑恶表演；那些煞费苦心为"圣战"翻案、为战犯鸣冤的右翼分子们的狂妄言论和愚蠢行动……均与这一观念意识的潜在驱动息息相关。尤其令人难以置信的是，在战争结束40多年后的20世纪80年代末，仍然可以在日本国民中清楚地看到神国观念、天皇崇拜思想和忠诚意识外化的影子。1989年1月7日，裕仁天皇逝世。从此前的三个月起，以NHK为首的日本媒体对天皇的病情进行了全程报道。民间不仅取消了一切庆典活动，而且许多娱乐节目甚至饮食店里的红米饭都在一夜之间消失了。2月24日，一位已经72岁高龄的垂暮中的二战老兵，竟然在刚刚去世的裕仁天皇的墓前剖腹自杀。人们从倒在血泊中的这位老兵的身上发现了一封遗书，上面写道："我是一名年老的一等兵，继续活下去对我来说已是不可忍受的。我要自杀，追随裕仁天皇陛下而去！"①以致裕仁天皇逝世"这段时间的日本，给人留下了比较奇

---

① 《二战老兵剖腹自杀》，《参考消息》1989年2月26日。

怪和可怕的印象"①。时至世纪之交的 2000 年 5 月，身为日本国
首相的森喜朗竟发表了与当年《大日本帝国宪法》中的"国家神
道"思想毫无二致的"首相讲话"——"日本是以天皇为中心的
神的国家"②。发生在战争结束数十年后的这起剖腹"殉节"事
件和身为当代日本首相的森喜朗关于"神的国家"的惊世之语，
进一步说明了这一观念意识所具有的久远而深刻的影响力。恰如
日本学者所说："日本国民对天皇是普遍有好感的。这种态度从
战前到战后几乎没有改变。"③

　　第二，神国观念和天皇崇拜思想还进一步派生出与之相表里
的忠诚意识和武士道精神，不仅使战时的许多日本青年在这一愚
忠心理支配下义无反顾地走向侵略战场，决心为天皇的"圣战"
效死尽忠，而且也使许多日本人特别是日本军人在这一以冷酷无
情的处事态度和攻战杀伐的好战习性为特征的武士道精神驱动
下，加大了对被侵略国家人民的直接加害和战争剧痛。当然，这
也是造成战后日本右翼势力总想重温军国主义旧梦的内在心理驱
动力。

　　关于前一方面的事例，可以说俯拾即是。古代诗集《万叶
集》中"让我死在君主的身旁，我永远也不会感到遗憾"④ 一类
的诗句，就是表达忠诚心的。不过，这时的"忠诚"还主要不是
服务于对外战争。时至近代，日本人的"忠诚"已完全服务于侵

　　① ［日］西田毅:《从天皇制的变迁看日本政治连贯性与非连贯性》,《中日关系
史研究》1998 年第 1 期。

　　② ［日］《森首相讲话之事越来越严重》,《朝日新闻》（社论）2000 年 5 月 18
日。

　　③ ［日］西田毅:《从天皇制的变迁看日本政治连贯性与非连贯性》,《中日关系
史研究》1998 年第 1 期。

　　④ ［日］《万叶集》（第 20 卷）,杨烈译,湖南人民出版社 1984 年版,第 798 页。

略战争。鲁思·本尼迪克特曾就战时日本人的忠诚意识指出："'这是天皇御旨'，这一句话就可以唤起'忠'，其强制力要超过任何现代国家的号召。"她还为此举例说："在一次平时军事演习中，一位军官带队出发时下令，不经他许可不能喝水壶里的水。日本的军队训练，非常强调能在极端困难条件下，连续行军五六十英里。那一天，由于口渴和疲劳，有20个人倒了下去，其中有5人死亡。打开死亡士兵的水壶一看，里面的水一滴也未尝。因为'那位军官下了命令，他的命令就是天皇的命令。'"① 战时一位青年军人在写给母亲的信中说："身为男儿，我为能将自己的身躯奉献给大君而感到无比荣幸。"② 这位幼稚的青年果然履行了为天皇"效死疆场"的誓言。他的这番话实际反映了战时日本一代军人的共同心态。其实，毛泽东在抗战期间也洞察到了这一点，指出："日本军阀多年的武断教育和日本的民族习惯"，造成了"日军对天皇和鬼神的迷信"；"我军对之杀伤甚多、俘虏甚少的现象，主要原因在此"。③

那么，由这一思想意识培植起来的武士道精神又是怎样驱动日本人特别是日本军人对被侵略国家人民实施加害的呢？"九·一八"事变后，那些来到中国东北的日侨不但强占田产、掠夺财物，而且经常制造事端，为关东军扩大战火提供借口。有些普通侨民甚至直接对中国人民施暴加害。1932年，哈尔滨第十师团长广濑寿助中将在写给国内政友会代议士（即众议员）条原义政的信中说："糟糕的是，无论绅士还是苦力，都侮辱支那

—————————

① ［美］鲁思·本尼迪克特：《菊与刀》，吕万和等译，商务印书馆2002年版，第90—91页。

② ［日］大岛孝一：《戦争のなかの青年》，岩波书店1985年版，第118页。

③ 《毛泽东选集》（第2卷），人民出版社1991年版，第503页。

人。……在城镇，调戏支那妇女，在停车场无票乘车，看见邮递
员送信时，若发现没有自己的信件，便把邮递员打成重伤。"①
1934年1月至3月到中国东北实地考察的陆军少校西原修三回
国后，向上司作了几乎同样内容的报告。这说明在华日本人对中
国当地居民的加害行径是司空见惯的。如果说这种观念意识及其
培植起来的武士道精神在驱动普通日本国民对被侵略国家人民的
加害还不足以说明问题的话，那么它对日本侵略军的影响最为深
刻。如所周知，希特勒纳粹党徒曾在奥斯威辛灭绝了600万犹太
人，而日军在中国屠杀了2000万条生命；② 希特勒军队对犹太
人的屠杀是根据纳粹政府的种族歧视政策由上司有组织、有计划
进行的，而日军在中国制造的无以记数的惨案中，一部分是执行
日军司令部的命令和在长官的指挥下大规模所为，另一部分则是
由主要来自平民家庭的士兵本身三五成群或独自一人干下的。其
杀人手段尤其令人发指：砍头、劈脑、切腹、挖心、水溺、火
烧、截四肢、挖眼睛、食人肉、割耳鼻、割生殖器、活体解剖、
活体细菌实验、剖拿孕妇腹中的婴儿、杀人竞赛等等，至于强盗
式强奸更是残酷无匹，不可胜数。日军在亚洲大陆演出的一幕幕
黑暗吞噬光明惨绝人寰的暴行，以及日本战败时基于"因自己的
努力不够才导致失败"的内疚心理而纷纷剖腹自杀的残忍举动，

────────────────

① ［日］江口圭一：《十五年戦争史研究の課題》，《歴史学研究》第511号。

② 关于日本侵华战争期间（1931—1945年）我国军民伤亡和经济损失的详细
数字，由于种种原因也许永远无法查清。不过，以往成为"通说"的伤亡2100万人
和经济损失600亿美元这一显然过小的统计数字，近年已被接近真实的伤亡3500万
人（其中死2000万人）和经济损失6000亿美元（其中直接损失1000亿美元，间接
损失5000亿美元）这一权威数字所匡正。有关这一统计数字的来龙去脉，请详见张
宗平、汤重南著：《2000万中国人之死》，辽宁古籍出版社1995年版，第298—302
页。本书采用了张宗平、汤重南两位先生统计的这一权威数字。

无不与武士道精神冷酷无性的处事态度和攻战杀伐的好战习性相
因果。

(二) 战后美国有意保留日本法西斯残余势力，为日本右翼势力东山再起种下了祸根

众所周知，日本帝国主义的侵略给亚洲各国造成了巨大的民族灾难，同时也促进了被侵略国家的民族觉醒。二战结束时，中共已经成长为一个拥有自己的指导思想和完全掌握了中国革命斗争艺术的成熟的党，其手中掌握的革命武装力量也已从战前不足4万人猛增至正规军120万人、民兵200万人，在精神和物质两个方面奠定了夺取民主革命在全国胜利的基础，这是美蒋所不愿看到的。为了阻止共产主义在中国、朝鲜等亚洲国家取得胜利，也为了在冷战时期对抗苏联，美蒋对日本军国主义残余势力采取了包庇、扶植的反动政策，试图把日本变成美帝在远东地区反苏反共的基地，试图把残留在中国大陆的日军变成自己与中共抢夺抗战胜利果实的工具。

有如前述，与美英法苏四大国对等组织的纽伦堡审判不同，名义上由11国组织的远东国际军事法庭的主导权始终操纵在美国人手里，使东京审判始终与美国的国家利益保持一致。

首先，有意使日本头号战犯裕仁天皇逃避法庭审判，保留天皇制。与美国战时委员会关系密切并有很大影响的一份综合性杂志——《幸福》，在1944年4月出版了一期《日本特集》。"特集"明确指出：我们"让日本人真切地感受到失败的目的，是要让日本人从迷信天皇的束缚中解脱出来。……日本发动侵略战争的根源，决不仅仅是单纯的外交和贸易问题，它深深扎根于日本人的心理和复杂的社会结构。这种危险的、社会性的和心理结构的主要原因，不是别的，而是天皇的存在。……天皇的存在，是

战后日本民主化的最大障碍。因此，在具体执行战后政策时，天皇问题已成了最使美国感到棘手的问题。""只要天皇还存在，日本人的精神状态还会依然故我，以接受它的束缚。"但"如果让天皇退位，他就会完全成了殉教者而被供奉，只能使日本人的心情越发激动——这实在是一种愚蠢的办法。美国对于战后对日政策的焦点——天皇问题感到很伤脑筋，既不能把天皇当作神看待，也不能让天皇成为培养日本这个战败国复仇心理的殉教者，它想找出两全其美的办法。"①"特集"一方面深刻认识到"天皇的存在"既是"日本发动侵略战争的根源"，也是"战后日本民主化的最大障碍"，如果保留天皇和天皇制，"日本人的精神状态还会依然故我"；另一方面也担心"如果让天皇退位"和废除天皇制，又会"使日本人的心情越发激动——这实在是一种愚蠢的办法"。基于这一原因，美国只好找出一个"既不能把天皇当作神看待，也不能让天皇成为培养日本这个战败国复仇心理的殉教者"的"两全其美的办法"。几乎与此同时，即 1944 年 5 月 9 日，以美国国务卿赫尔和前驻日大使格鲁为首的"战后政策委员会"（PWC）编写的当时美国官方惟——份对日文件——《日本——政治问题——天皇制》（编号"PWC－116d"），就如何对待裕仁天皇和天皇制问题几乎作出了如出一辙的分析。文件指出："现在的日本人，对天皇的爱戴几乎达到狂热献身的程度。只要日本人不改变这个态度，想从外部废除天皇制的尝试是不会有什么效果的。只要日本人还相信天皇制，并且决心维护它的话，那么违背日本国民的意志，简单地废除天皇的皇位，就达不到废除天皇制的目的，而且想靠法律来取消天皇制也不会收到什么效

---

① ［日］大江志乃夫：《靖国神社》，沈志平译，世界知识出版社 1990 年版，第 22—23 页。

果。鉴于天皇被日本人认为是神圣不可侵犯的……日本军部也把天皇当作是它达到自己目的的工具，所以要在日本彻底铲除军国主义，就必须尽可能地切断日本军部和天皇之间形成的这种密切联系。"① 可见，该文件的结论是：在日本，要想废除天皇制是困难的，因此不应考虑予以废除，而应把解决天皇制问题集中在如何切断天皇与军国主义在制度上的联系上，即集中在如何促进日本的非军事化和民主化上。后来，麦克阿瑟踏上日本本土伊始也发现，国家虽已处在一片瓦砾和废墟之中，但绝大多数日本人依旧对给自己带来巨大创伤和灾难的天皇保持着无限的敬意和忠诚。据一项民意调查显示，当时有 85％的日本人主张保留天皇制，只有 13％的人同意废除天皇制。② 另据时任麦克阿瑟司令官军事秘书的费拉兹准将披露："（当时）日本国民对天皇的态度令人感到难以理解，与基督教不同的是日本国民的脑海里没有上帝的存在，只有天皇。天皇是传颂祖先美德的象征，他是不会犯错误的，是国家精神的化身，对天皇的忠诚是绝对的，人们从不害怕他。"他据此向麦克阿瑟提出了尽最大努力利用天皇的建议：第一，现在日本本土上还有 700 万军队，只有天皇能够解除这些"皇军"的武装，否则美军要想占领日本本土，还要付出几万或十几万美国士兵的伤亡；第二，如果一定要追究天皇的战争

---

① ［日］大江志乃夫：《靖国神社》，沈志平译，世界知识出版社 1990 年版，第 25—26 页。

② 日本国民支持"万世一系"的天皇制的比率如此之高，其实还有诸多深层次的原因。其中很重要的一点是，在日本的很多领域——企业、寺院、花道、茶道、歌舞伎中，也普遍存在着世袭制，即"在日本存在着许多类似天皇制的小天皇制"。（西田毅：《从天皇制的变迁看日本政治连贯性与非连贯性》，《中日关系史研究》1998 年第 1 期。）这是造成日本国民对天皇具有恒久的亲近感，造成在战败和被占领的情况下还能保留天皇制的重要原因之一。

责任，可能会使日本上层发生恐慌，会在日本列岛引起动荡，不利于美国的对日占领；第三，战后的重建也需要日本天皇的存在，因为天皇是日本民族的精神领袖。[①] 麦克阿瑟根据费拉兹的分析和自己的亲身感受，也作出了"天皇是胜过 20 个机械化师团的战斗力量"之估计。所以，当他在 1945 年 9 月 27 日同天皇进行首次会谈后便拿定主意：为了顺利实现对日本的占领和统治，要最大限度地利用天皇，不将天皇作为战犯起诉。1946 年 1 月 25 日，麦克阿瑟向华盛顿发回的关于免究天皇战争责任的急电宣称：如果将天皇作为战犯起诉，那么，就有必要对占领计划作重大修改；为了对付日本方面的游击活动，起码需要 100 万军队和几十万行政官员，还要建立战时补给体制。结果，五角大楼不顾澳大利亚法官和国际舆论的强烈呼吁，以不伤害日本国民的感情为借口，同意检察官在被告名单上抹掉了天皇的名字。这样，在美国政府的巧妙导演下，裕仁天皇逃避了希特勒、墨索里尼的厄运，而引发侵略战争的天皇制国体也被象征性保留下来。

日本天皇制国体的保留，至少带来了这样两个贻害无穷的后果：首先，为日本右翼势力把国家重新拉回到军国主义歧途上去提供了机会和条件。恰如美国参议员罗伊·伍德罗夫 1944 年 8 月 30 日在国会发言时所说："保留天皇这种神话式的人物，就意味着没有战胜日本，因此也就意味着同日本还要发生一次战争。"[②]1945 年 12 月 10 日，裕仁天皇为即将被逮捕的亲

---

① 西田毅：《从天皇制的变迁看日本政治连贯性与非连贯性》，《中日关系史研究》1998 年第 1 期。

② ［美］美国国会：《国会档案》（U. S Congress：*Congressional Record*）第 90 卷，第 139 期，第 A4113—4115 号。

信木户幸一特设晚宴。天皇曾向藤田尚德侍从长这样说明了宴请木户的原因："从美国来看是有罪的人，在我国来看则是有功的人"[①]，所以要设此宴。被侥幸保留下来的裕仁天皇之此举，无疑是对日本所有战犯莫大的安慰和鼓舞，也是一种暗示。天皇制保留的另一恶果是，它为深植于日本民族心理潜层的"原始"的神国观念、天皇崇拜思想和忠诚意识的继续存在并发挥作用提供了先决条件，也为战后日本右翼势力重新抬头和军国主义复活提供了精神支柱。事实上，日本右翼势力早就开始鼓噪修改"和平宪法"，企图在不久的将来把象征性天皇恢复成为如同战前掌握无限权力的国家元首。

其次，故意缩小战犯起诉范围，并将在押犯全部提前释放。如前所述。与盟军在欧洲各地审判德国法西斯战犯相较，远东太平洋地区对日本战犯的审判具有起诉人数少、量刑轻、社会追究面小、追查时间短等特点，结果使大批罪大恶极的战犯逍遥法外。美国为了获取731细菌部队的有关技术资料，麦克阿瑟下令免予追究细菌战魔王石井四郎中将及其所有部下；为使侵华日军配合国民党军队同中共抢夺抗战胜利果实，国民党政府竟宣布侵华枭雄、中国派遣军最高司令官冈村宁次无罪，蒋介石还毕恭毕敬地向这位侵华敌酋请教了消灭中共军队的方策。随着冷战时期的到来，特别是朝鲜民主主义人民共和国和中华人民共和国的建立，日本作为国际反共堡垒的地位立即重要起来。于是，美国占领当局先后分数批将日本在押战犯全部释放和解除了对右翼骨干分子的整肃。这里包括战争的幕后"导演"——三井、三菱、住友、安田、鲇川等各大财团的首领，也包括岸信介、儿玉誉士夫

---

① 粟屋宪太郎：《东京审判秘史》，里寅译，世界知识出版社1987年版，第94页。

等大批甲、乙级战犯。他们不但没有被当作有罪者看待，反而被
视为对日本有贡献的人而备受日本人的尊敬和占领当局的重用。
甲级战犯岸信介被释放后，竟在 1957 年至 1960 年间连续出任日
本首相；岸信介的胞弟、战时日本铁道总务局长官佐藤荣作出狱
后，竟于 1964 年至 1972 年间把持首相宝座长达七年之久；因战
时鼓吹法西斯主义而一度受到褫夺公职处分的鸠山一郎，在恢复
政治自由后不久的 1954 年至 1956 年间，先后以日本民主党、自
民党总裁的身份出任首相。而类似重光葵、永野茂门这样的战犯
或当年的"皇军"军官出任内阁大臣者更不在少数。这些人的战
犯经历不但没有成为影响其重返政界、军界、财界的障碍，反而
成为大受欢迎的政治资本。战犯重返政坛、军界和财界的恶果在
于：它不仅使追究战争责任、揭露战争罪行不再可能，而且很容
易造成一种集体不负责任、集体推卸责任局面的出现，而现在推
卸战争责任，就有可能将来再一次不负责任。

（三）日本"经济大国"地位的确立和军事实力的增强，燃起右翼势力再度称雄世界的野心

近年来日本右翼势力迅速抬头、活动变本加厉所依仗的，一
是经济实力，二是军事力量。

就经济实力而言，经过战后半个世纪的发展，日本已从一个战
败国一跃成为世界第二经济强国，并在许多高科技领域向头号经济
强国美国显露出咄咄逼人的气势。在 20 世纪 50 年代，日本国民生
产总值占资本主义世界国民生产总值的 2％，而美国为 40％；进入
80 年代，日本所占比重上升到 14％，而美国则下降至 22％；时至 90
年代初，全世界年国民生产总值约为 20 万亿美元，美国和欧共体
（12 国）分别为 5 万亿美元，日本已多达 3 万亿美元。经济实力的膨
胀，使日本右翼势力不甘心只作经济大国。他们企图利用"自己无

求于人，而别人有求于己"的有利地位，改变自己"经济巨人，政治侏儒"的国际形象。1983 年，首相中曾根康弘正式提出了"战后政治总决算"口号，不久又进一步确定了政治大国目标。他主张大胆地触动过去纷纭的意见，统一看法，以促进日本作为一个国家和民族在世界上堂堂正正地前进。从此，日本在国际舞台上的一切活动，特别是向联合国安理会常任理事国目标发起的冲锋，都是围绕着成为"政治大国"目标而展开的。

就军事力量而言，日本在依靠雄厚的经济实力谋做"政治大国"的同时，也加速了走向军事强国的步伐。

首先，从军费开支和军事实力来看。战后以来，日本打着"自卫"的旗号，突破了宪法和有关法律规定的一个个"禁区"，不断重整军备和扩充军力。至 1987 年，日本军费开支多达35174 亿日元，首次突破了军费开支不能超过国民生产总值 1% 的限额（这一年是 1.004%，），成为世界第二军费开支大国。从此以后，日本年军费开支以 6% 的速度递增。自 1995 年起，日本每年军费开支均超过 500 亿美元，居世界第二位；若按人均计算，则是世界第一军费大国。日本长期以来致力于质量建军，其自卫队已成为一支装备精良、训练有素、兵种齐全的军队，是亚太地区除美俄之外现代化水平最高的一支军事力量。目前，日本自卫队的总兵力约为 30 万人，规模不大，但编制精干，军官和专业技术骨干比例高。一旦战争需要，可以在很短时间内迅速扩充为一支拥有百万人的庞大军队。自卫队武器装备的更新换代周期已赶上美国，有些技术已超过美国。日本陆上自卫队拥有 13个师，人数超过美国；拥有 1200 辆坦克，[①] 数量超过英国和法

_____

① 其中，90 式坦克在火力、机动性及自动化程度等方面，均列世界各国主战坦克之首。

国；且装备了连美国都无法企及的新型防化车。日本海上自卫队拥有一支配备四艘"宙斯盾"驱逐舰①的亚洲最强大的舰队，其远洋护航能力和远洋攻防能力在亚洲首屈一指，其扫雷能力居世界第一，反潜能力仅次于美俄两国，整体作战能力已超过英国。尤其引人注目的是，进入新世纪以来，日本加紧制造万吨以上的准航空母舰，以期形成以"航母"为核心的海上战斗群。据悉，日本海上自卫队准备在 2015 年前建成两艘舰身长 180 米、排水量 2 万吨的驱逐舰（世界之最）；还打算建造两艘 4 万吨级的中型航母，甚至有人提出建造排水量达 6 万吨的核动力航空母舰。日本计划到 2015 年起码拥有七艘准航母、两艘标准航母。日本航空自卫队拥有世界上技术最先进和性能最好的 F-15、F-16 战斗机的数量已经超过美国；所拥有的最新型的"AWACSF767预警机"在亚洲绝无仅有；即将生产的 F-2 型战斗机、F1-X 隐形战斗机，特别是携带热导导弹的 FSX 主力战斗机，在速度和作战能力方面都超过了英法西意四国联合研制的"欧洲战斗机2000"。在核武器方面，日本既有美国强大的核保护伞的保护，又拥有制造核武器的尖端技术和充足原料，可以说"日本已经具有核力量"，已经建立了"没有核弹头的核体制"（羽田孜语）。据日本原子能资料情报研究室的高木仁三郎透露："一旦日本决定制造核武器，只要一个月或者两三周就能制造出来。"②美国核不扩散专家威廉等人断定："日本仅仅用一个星期时间就能把现

---

① 该舰的排水量是 7250 吨，最高航速为 30 节，远程航海能力达 6000 海里；可携带 72 枚垂直发射的防空导弹，能够同时跟踪多个空中目标，并能根据自动评估目标的威胁程度设定攻击的先后顺序。每艘价值高达 1260 亿日元。

② 陈友华：《战后日本军事大国之路》，载南开大学日本研究中心编：《日本研究论集（2002）》，天津人民出版社 2002 年版，第 147 页。

成的部件组装成一颗原子弹。"[1] 而日本目前储存的核原料钚和铀，足够生产出 100 颗原子弹。同时，还可在一年内生产出 1000 枚至 2000 枚中程和远程导弹。

其次，从日本的防卫政策来看。1983 年，中曾根首相在美国发表了令世界震惊的"不沉航空母舰"论，不仅提出了"重视海空"扩军计划和"海上歼敌"作战思想，而且要求日本海军到 1990 年时担负起日本周围 1000 海里的防卫职责，而且在紧急情况下可以负责封锁对马、津轻、宗谷三个海峡，使日本防卫圈一下子扩大了三倍以上。在 1986 年的军事战略大讨论中，多数人主张变"消极防御"为"攻势防御"、变"专守防卫"为"集体防卫"，行使"集体自卫权"。1987 年日本内阁会议通过的《防卫白皮书》，首先明确强调了"军事力量的意义"，即"军事力量的作用和机能归根到底就是以实力来迫使对方满足要求"。[2] 进而提出"洋上防空"战略，使自卫队从"内陆战略"转变为"海上战略"。近年，甚至有人提出将日本的防卫圈扩大到马六甲、印度洋、波斯湾。1992 年 6 月，日本国会通过了《联合国维持和平行动合作法案》，并以此为依据很快向海湾地区和柬埔寨派出了维和部队。这是日本军队自二战结束以来首次跨出国门、走向世界。

再次，从日美同盟关系来看。中日复交后特别是冷战结束之后，日美同盟关系本来失去了存在的意义，但由于冷战思维仍在日美两国政界居于支配地位，致使日美同盟关系不但没有应时顺

---

　　①　陈友华：《战后日本军事大国之路》，载南开大学日本研究中心编：《日本研究论集（2002）》，天津人民出版社 2002 年版，第 147 页。

　　②　郭震远：《日本 1987 年版〈防卫白皮书〉的发表是日本走向军事大国的重要一步》，《日本问题资料》1988 年第 2 期。

势、寿终正寝，反而被大大强化。1996 年 4 月 17 日，美国总统克林顿与日本首相桥本龙太郎以台海局势紧张为借口，会谈并发表了《日美安全保障联合宣言——面向二十一世纪的同盟》，确立了冷战后日美同盟的总体框架，并提出要对日美安全体制"重新定义"。据此，1997 年 9 月 23 日《新日美防卫合作指导方针》（"新日美防卫指针"）出笼。新"指针"提出："周边事态"是指对日本的和平与安全造成重大影响的事态。周边事态不是地理性的概念，而是着眼于事态的性质。作为贯彻新"指针"的重要步骤，日本国会在 1998 年 5 月通过了"新防卫指针"相关三法案——《周边事态法》、《自卫队修改法》、《日美物资劳务相互提供修改协定》。"9·11"事件后，日本国会又通过了《反恐怖特别措施法》、《海上保安厅法修正案》、《自卫队法修正案》等三个法案，随后据此向海外派出了多艘军舰和上千名自卫队员。至此，日美两国以中国为假想敌的同盟关系在新的基础上进一步强化。

日本经济和军事实力的大大增强、日本防卫政策的调整、日美同盟关系的强化和海外派兵的实现，使迅速抬头的日本右翼势力不仅"扬眉吐气"，而且备受鼓舞。实际上，无论战前右翼还是战后右翼，他们都只相信实力，既包括经济、军事硬实力，也包括以天皇为中心的民族精神力量这种软实力，尤其迷信硬性"军事力量的功能"。在他们看来，"如果日本有了与经济力量相称的军事力量，那些真正了解军事力量含义的国家就不会忽视这一点。它们会让步，会小心行事，迟早会对日本表示尊敬"，[①]而侵略他国也就变得理所当然。如果只迷信"实力"的日本不彻底反省侵略历史，那么就可以肯定无论现在还是将来，日本都会用"实力"对待他国特别是亚洲邻国。

---

① 中国社会科学院日本研究所编：《日本问题资料》（第 9 期），1987 年 9 月 20 日。

　　总之，正是在神国观念和天皇崇拜思想的潜在驱动、美国对日本法西斯余孽的有意保留以及日本已成为经济大国和潜在的军事强国三个主要因素的共同作用下，"大和民族优秀论"重新滋长，"大国意识"重新抬头，军国主义思潮才得以沉渣泛起，日本右翼势力也才敢于兴风作浪，甚至就连日本国内的部分国民也产生了"不服输、不认账"这一令人忧虑的心理。遭受过日本侵略之痛苦迄今仍记忆犹新、隐隐作痛的亚洲各国人民，有必要警觉地注视着邻邦日本今后所要选择的道路。

第 五 章

战后日本右翼势力与中国问题

　　战前，日本右翼势力为祸的主要对象即最大受害国是邻邦中国；战后，日本右翼势力再度将肆虐的主要矛头直指中国。从战后日本右翼势力在历史认识问题、台湾问题、钓鱼岛问题等三个主要问题上屡生事端进而导致中日关系重新跌入低谷这一令人忧虑的情形观之，它很有可能再度成为给中华民族带来重大灾难的一股社会恶势力。有鉴于此，本章以较大篇幅集中就日本右翼势力围绕历史认识问题、台湾问题、钓鱼岛问题破坏中日关系的种种行径和应对策略进行全面揭露和系统阐述。

一　战后日本右翼势力与历史认识问题

　　早在明治维新前，幕末维新志士吉田松阴等就提出了"失之西方，补之东方"的侵略主张。明治维新伊始，新政府的开国元勋们便将乃师这一惧强欺弱的侵略思想化为侵略国策而不折不扣付诸了实施。于是，在此后七十余年间，日本资本—帝国主义或将一个又一个侵略战争强加给亚洲邻国，或对亚洲邻国极尽外交讹诈之能事，给亚洲邻国和国际社会造成了无以记数的损害和难以言表的痛苦。特别是中国，仅最后一次侵略战争就造成了 3500 万人的巨大人员伤亡和 6000 亿美元的重大财产损失。有关这些战争和事件发生的原因、性质和罪行，历史早已做出了公正的判决，铁证如山。然而，自20世纪80年代以来，特别是进入90年代以后，迅速抬头、蠢蠢欲动的日本右翼势力试图对此进行全面翻案，大有不达目的誓不罢休之势。时至1993年8月，为了对抗新首相细川护熙明确承认"过去的大战是侵略战争，是错误的战争"①这一正确的战争史观，为了对"死难者的英灵"表达"一种不可动摇的信念——活着就必须无愧于阵亡的战友"②，日本自民党内与靖国神社关系密切的三个右翼团体——回报英灵议员协议会、遗族议员协议会、大家都来参拜靖国神社国会议员协议会，迅速成立了一个旨在进行战争翻案的新的右翼组织——历史研究委员会。该翻案团体孳生后，竟有105名众参两院议员置身其中。众议院议员山中贞则出任委员长，参议院议员、当年被远东国际军事法庭判处绞刑的甲级战犯板垣征四郎之子板本正出任事务局长。该委员会在1993年至1995年间召开了20次会议，以"如何总结大东亚战争"为主题，先后邀请了19位所谓"不随波逐流的杰出的权威人士"③进行演讲，听众多达1116人次，且多数为政治家。作为"研究成果"，该委员会于1995年6月即二战结束50周年纪念日到来前夕，汇编出版了这些演讲稿，向世人推出了日本右翼势力战争翻案的集大成"著作"——《大东亚战争的总结》，系统、全面、集中地兜售了所谓"日本

---

① ［日］江口圭一：《日本の侵略と日本人の戦争観》，岩波书店1995年版，第2页。

② ［日］历史研究委员会：《大东亚战争的总结》，东英译，新华出版社1997年版（内部发行），第1页。

③ 同上书，第612页。

人的历史观"①——"自卫战争史观"、"解放战争史观"、"英美同罪史观"等等，而且几乎涉及近代史上日本对外侵略的每一个重大事件——日俄战争、"日韩合并"、"二十一条"、"九·一八"事变、"七·七"事变、珍珠港事件等。在此，我们首先就其兜售的"自卫战争史观"予以辨正。

（一）日本右翼势力的"自卫战争史观"

1. 关于日俄战争的起因即责任问题

日本独协大学教授中村粲提出：日俄战争所以爆发，是因为俄罗斯对日本构成了"最大的威胁"；而之所以"招来了俄罗斯的威胁"，一方面是因为"俄罗斯本身就是一个侵略成性的国家"，另一方面则是因为"支那和朝鲜是两个非常衰弱的国家，这是吸引俄罗斯侵略的非常重要的原因。……由于自身的衰弱，从而招来了俄罗斯的侵略，也招来了以后的动荡。这是朝鲜和中国应对历史负有的责任"。因此，"日俄战争既是一场拯救亚洲的战争，同时也是日本的自卫战争。如果对俄罗斯听之任之，那么下一个受害的就该轮到日本，这完全是日本自救自卫的战争"②。右翼评论家田中正明也宣称：日俄战争是日本为"维护独立"而"在无可奈何的情况下爆发的"③。那么，就让我们首先看一看日本当年发动的日俄战争究竟是不是"在无可奈何的情况下爆发

---

① ［日］历史研究委员会：《大东亚战争的总结》，东英译，新华出版社1997年版（内部发行），第620页。

② ［日］中村粲：《大东亚战争的起因》，见［日］历史研究委员会：《大东亚战争的总结》，东英译，新华出版社1997年版（内部发行），第6—8页。

③ ［日］田中正明：《虚构的"南京大屠杀"》，见［日］历史研究委员会：《大东亚战争的总结》，东英译，新华出版社1997年版（内部发行），第345页。

的""自救自卫的战争"。

如所周知，历史上的沙皇俄国的确是一个"侵略成性的国家"。中国作为世界近代史上丧失领土最多的国家，早在19世纪中叶就最直接最切肤地领教了俄罗斯帝国的侵略性和野蛮性。然而，沙皇俄国并不满足于对中国150多万平方公里领土的鲸吞。时至19世纪末，俄国又制定并开始实施一个吞并中国东北即"满蒙"的所谓"黄俄罗斯计划"。然而俄罗斯的这一新的侵华计划在甲午战争接近尾声时，受到了来自东方新崛起的具有"亚洲的英吉利"之称的海洋帝国——日本的挑战。即日本在《马关条约》草案中向中国强索辽东半岛之条款如若变成事实，那么它将犹如一把巨大的铁锤重重地击碎沙俄的"黄俄罗斯计划"。有鉴于此，被激怒的沙皇俄国立即纠集德法两国策划了19世纪末远东国际关系史上的一次重大行动——"三国干涉还辽"事件。三国军舰特别是俄罗斯舰队频频出现于日本附近海面。在甲午战争中国力已大为削弱的弹丸岛国日本，无论如何也无力再与三国对抗。于是，明治天皇、伊藤首相、陆奥外相等侵华元凶决定"对三国全然让步，对中国一步不让"，即日本可以迫于三国压力吐出辽东半岛这块已经含在口中的肥肉，但中国必须为此付出3000万两白银的金钱代价——"赎辽费"。尽管如此，这一结果对于国土狭小的岛国日本来说，无疑是一个沉重的打击。日本"大陆政策"一时受阻，其侵华步伐被大大迟滞，日俄宿怨已结。为了继续推行鹰派主义"大陆政策"，也为报帝俄策动"三国干涉还辽"一箭之仇，日本在参与八国联军侵华战争之后，以帝俄为假想敌，内储国力，外结英人，经过十年卧薪尝胆、扩军备战，终于做好了与沙俄一决雌雄的全面准备。这才是1904年至1905年日俄战争爆发的真实原委。如果说当时俄罗斯对日本构成了威胁，那么这种威胁也仅仅威胁到了日本在朝鲜的既得侵略权益，也仅仅威胁到了日本"大陆政策"向中国东北地区的继续推行；而积贫积弱的中朝两国本身并没有也不可能威胁到日本。然而，中村粲等人的上述谬论似乎在告诉世人：当年日本发动对俄战争不仅仅是为了"自卫"自己，也是"挺身而出"为了"保卫""衰弱"的不争气的"招来了俄罗斯侵略"的中朝两国。日本发动日俄战争的目的究竟是否如此"高尚"，不仅日俄战争的性质——侵略成性的天皇制日本与帝俄在中国大地上为争夺中国东北和朝鲜而展开的一场狗咬狗的帝国主义厮杀——能够洞穿这一谎言，而且日俄战争本身以及战后日本的侵略掠夺给中朝两国人民造成巨大痛苦的桩桩史实，更进一步剥落了这一历史画皮。例如，曾经助日胜俄的美国铁路大王哈里曼在日俄战争结束时来到了日本，提出要用巨资购买"满洲铁路"。当时陷入财政困难的桂太郎政府一度同意了他的要求，并签订了合同。参与签署《朴茨茅斯条约》的小村寿太郎回国后，强烈反对政府的这一决定。其反对理由是："如果把满洲铁路让给美国，我们就不知道十万英灵为什么要在满洲流血。无论怎么困难，也必须保住。"[①]小村寿太郎的话一语道破了日本发动日俄战争的真正目的——绝非为了中朝两国，而仅为日本的一己私利。日本右翼分子美化日俄战争的谬论不攻自破。

其次，再让我们看一看衰弱的中朝两国究竟应否对日俄战争的爆发"负有责任"。其实不只中村粲，在日本持类似的"相互责任论"者大有人在。右翼学者、东京外国语大学教授中岛岭雄在《被中国的咒语束缚的日本——日中关系与历史的清算》一文

---

① ［日］总山孝雄：《从弱肉强食到平等共存时代——西欧侵略亚洲和大东亚战争的意义》，见［日］历史研究委员会：《大东亚战争的总结》，东英译，新华出版社1997年版（内部发行），第72页。

中亦提出："日本因受着西方列强的压力，为了实现近代化而努力奋斗，以至开始了明治维新以来的真正的'国内战争'，直接与近代的欧美抗衡；而中国从洋务运动到变法运动期间，才有走近代化的志向，但仍死守'中华思想'、'中体西用'等文化绝对主义，安处于传统世界中。正因为如此，才使包括日本在内的列强走向了变中国为殖民地的道路。"[1] 甚至连主张彻底反省侵略历史和全面追究战争责任的进步学者、东京学艺大学副教授坂井俊树也持类似的观点。他认为，中方一贯坚持的"落后"才导致了"挨打"、"当今中国依然贫困……是一百多年来列强对中国的侵略造成的"这一观点，"阐述了中国之所以遭受了侵略，中国人也有责任的立场"。[2] 这无疑是对我方观点和立场的严重曲解。其实，这一衍生于社会达尔文主义"弱肉强食"生存法则的"相互责任论"并不新鲜，当年包括日本在内的西方列强正是以此作为疯狂侵略弱小国家和民族的理论依据的，只不过又被今天的日本右翼分子拿来作为为自己的前辈——军国主义分子推卸战争责任的幌子而已。如果历史果如日本右翼势力所信奉的强国侵略弱国"应该"、弱国"理应"遭受侵略还要"对历史负责"这样一个强盗逻辑演进的话，那么历史上长期处于大汉、大唐、大宋、大明强力威慑之下的"蕞尔小国"日本是否还能存续至今？而在人类已经步入 21 世纪的今天，如若继续奉行当年日本侵略者的这一强盗逻辑，那么世界还有无宁日？当年奉行这一强盗逻辑并逞凶肆虐的日本军国主义者已经受到了历史的惩罚；可以断言，

----

① 《第一次世界大战以来帝国主义侵华文件选辑》，转引自耿百峰：《战争责任不容推卸》，《北京党史研究》1995 年第 5 期。

② ［日］坂井俊树：《中国应注意日本民众的战争责任》，《探索与争鸣》1995年第 7 期。

今天仍然信奉这一强盗逻辑并企图以"相互责任论"推卸侵略战争责任的日本右翼势力，也一定会步其前辈们的后尘而自食其果！

2. 关于"日韩合并"的原因和目的问题

中村粲宣称：日本吞并韩国，"一是为了东方的稳定和东方的和平；二是为了日本的安全，即自卫"。"日本并吞了韩国，结果稳定了亚洲。换言之，在此之前的灾祸和混乱可以说全部起源于朝鲜。日清战争和日俄战争都是因为朝鲜而引起的。日本不想打第三次决定朝鲜命运的战争，才取消了徒有虚名的韩国的独立，将它并吞。"① 《产经新闻》评论员安村廉也美化说："如果不怕被误解，则可以说日本进行了对朝鲜半岛有利的统治，比如完善了产业基础设施，建立了以京城大学为顶点的一贯教育体制。殖民统治并非全部都是不利的。日本绝对没有采取像西欧国家那样的愚民政策。"②

我们承认甲午战争由朝鲜问题即日本意欲侵略朝鲜和以朝鲜为跳板进一步侵略中国所引发，我们也承认日俄战争因朝鲜问题即日俄两个帝国主义为争夺朝鲜和中国东北所引起，但这一前因是否就能得出"日韩合并"曾起到了"稳定亚洲"的作用这一结论呢？是否就能由此证明日本吞并韩国的目的是为了"不想打第三次决定朝鲜命运的战争"呢？历史提供的答案显然是否定的。"日韩合并"不但没有"稳定"亚洲，反而加剧了列强在东北亚地区的争夺；日本吞并韩国不是"不想打第三次决定朝鲜命运的

---

① ［日］中村粲：《大东亚战争的起因》，见［日］历史研究委员会：《大东亚战争的总结》，东英译，新华出版社1997年版（内部发行），第9页。

② ［日］安村廉：《社会党史观占上风将导致国家灭亡》，见［日］历史研究委员会：《大东亚战争的总结》，东英译，新华出版社1997年版（内部发行），第559页。

战争"，而是若能不战而屈人之兵、亡人之国，那是再划算不过
的侵略"国策"了。何况，对于一个历史悠久的主权国家来说，
没有比亡国更严重的国难和更悲惨的国运了。至于日本吞并韩国
"一是为了东方的稳定和东方的和平；二是为了日本的安全即自
卫"的说法，更属无稽之谈。

如所周知，早在日俄战争前就已经攫取了朝鲜诸多权益的日
本，在日俄战争后加快了吞并朝鲜的步伐。日本政府通过《对朝
政策纲领》（1904年5月）、第一次《日朝条约》（1904年8月）、
《保护朝鲜条约方案》（1905年10月）、废黜高宗皇帝（1907年
7月）等一系列侵略步骤和准备，终于在1909年7月作出了
《关于合并韩国的决定》——在适当的时候把朝鲜"作为日本帝
国版图的一部分"。1910年2月2日，桂太郎首相曾就"日韩合
并"一事向杉山茂丸下达了内部训令，其第二条竟露骨地宣称：
采纳合邦论还是合并论，"是基于日本政府的方针如何而定的事，
故绝不允许韩国人民置喙"[1]。距此仅隔半年即8月22日，日本
就急不可待地用刺刀强迫朝鲜签署了亡国的《日韩合并条约》，
公然宣布："韩国皇帝陛下将关于整个韩国的一切统治权全部和
永久让与日本国皇帝陛下。"[2] 具有三千年悠久历史的朝鲜王国
至此灭亡。在直至1945年8月日本战败投降35年漫长的苦难岁
月里，朝鲜人民饱受了日本殖民统治之蹂躏。日本就是这样"拯
救"朝鲜的。日本吞并主权国家朝鲜究竟是否为了东方的"稳
定"与"和平"、为了日本自身的"安全"和"自卫"，已不言自
明。

---

① ［日］黑龍会：《日韩合邦秘史》（下），原书房1966年版，第574页。

② ［日］升味準之輔：《日本政治史》（第2册），東京大学出版会1988年版，
第193页。

3. 关于日本逼签"二十一条"的原因和目的问题

1914年7月28日，第一次世界大战爆发。8月4日，英国对德宣战。8月7日，英国根据日英同盟，邀请日本出动海军搜索并击毁德国巡洋舰，这正中觊觎中国山东已久的日本帝国主义的下怀。日本决定乘机扩张、趁火打劫。用时任日本驻华公使日置益的话说就是："就怕它战不成，战则大妙。""珠宝店着火了的时候，住在珠宝店旁边的人不去拿几个珠宝是办不到的!"[①] 8月15日，日本对德宣战。仅两个月，日本就轻而易举地占领了德国的势力范围——中国山东半岛和德属南洋群岛。这么短的时间就取得了如此辉煌之"战果"，日本统治阶级不禁欣喜若狂。从元老重臣、军部首脑到黑龙会等右翼团体头目，纷纷要求政府乘欧美列强在欧洲大陆厮杀、无暇东顾之机，进一步扩大对华侵略。为了满足各方面的侵略欲望和使此前侵略中国山东的既成事实"合法化"即"条约化"，日本政府决定乘"欧战"正酣和袁世凯急于称帝这一"天赐良机"向中国提出苛刻条件，于是近代史上一场罕见的外交讹诈开始了。1915年1月18日，日本驻华公使日置益径赴怀仁堂，向总统袁世凯递交了"二十一条"文书。一国外交代表与驻在国政府进行外交交涉，不通过外交部而直接谒见国家元首，这在近代国际关系史上是前所未有的"创举"。不仅如此，日置益甚至用外交常识不能想象的口吻恫吓袁大总统说："在日本的舆论中，关于对华政策，有很多过激意见，其中甚至有煽动革命党以谋颠覆袁政府的说法。这个提案倘使不能很快得到同意，恐怕会发生纠纷。如果迟迟不能解决，那么日本的要求将会越发扩大，或许会遭致预料不到的事态。"而中国如若接受这个提案，"我们希望大总统迈进一步，跻于高位。在

———————————————

① 郑德荣主编：《天地中国》，陕西人民出版社1999年版，第111页。

谈判中，请贵大总统严守秘密"①。为了压迫袁世凯迅速就范，日本在谈判交涉过程中除了采取种种卑鄙伎俩——收买中方谈判代表曹汝霖、收买各国记者散布假消息离间中国与协约国之间的关系、训示日本驻华外交官和武官窃取中国情报外，一面向山东、奉天等地增兵进行武力恫吓，一面于5月7日突然向中国政府发出最后通牒，限袁政府在48小时内给予"满意的答复"。日本政府就是用这种卑鄙手段，逼迫袁世凯接受"二十一条"的。

以上不难看出，"二十一条"是日本帝国主义意欲亡我中华的罪恶条约。正因如此，"二十一条"在中国人民心目中自然成了日本侵华的代名词。然而中村粲却说："二十一条似乎已变成侵略中国的代名词，然而事实绝不是这样"②。那么，中村粲所说的"事实"即日本逼签"二十一条"的原因和目的究竟是什么呢？

首先，中村粲提出：日本提出"二十一条"是"由于国土和资源匮乏，因此才向其他国家提出了保证日本人生存的权益要求。……这些要求并不过分"③。

中村粲所言日本"国土和资源匮乏"确为客观事实，但远未"匮乏"到危及"日本人生存"的地步。在同样大小的这块日本国土上，今天日本人口已增至1.26亿尚未危及大和民族的"生存"，那么当年不及该数字一半人口的日本，怎么就产生"生存"之虞了呢？这不过是当年日本军国主义者制造的战争借口——"争取生存空间"在当代的翻版而已，并不新鲜。这倒使我们不

---

① 郑德荣主编：《天地中国》，陕西人民出版社1999年版，第112页。

② ［日］中村粲：《大东亚战争的起因》，见［日］历史研究委员会：《大东亚战争的总结》，东英译，新华出版社1997年版（内部发行），第11页。

③ 同上书，第12页。

禁想起了当年日本是怎样借此向外扩张的：从 1879 年至 1945 年的半个多世纪中，日本首先在 1879 年一举吞并了具有 500 年历史的琉球王国，在那里置官设县，使之成为日本版图的一部分；1894 年至 1895 年，日本通过发动甲午战争和逼签《马关条约》，又悍然割取我国台湾和澎湖列岛，取得了进一步向中国大陆扩张的基地和台湾海峡这条黄金水道；1910 年，日本通过逼签《日韩合并条约》而灭亡朝鲜，朝鲜成为巩固日本"万世不拔之皇基"和"今后经略万国之基石"的"金窖"和"米仓"。[1] 1931 年至 1932 年，日本通过发动"九·一八"事变和卵翼伪满洲国，中国东北作为所谓事关日本"存亡绝续"的"生命线"而沦为其"新天地"；1935 年日本染指中国华北的结果，这里又变成了日本须臾不可或缺的"特殊地带"；1937 年日本发动全面侵华战争后，中国最富庶的东部大半壁江山很快沦于日寇铁蹄之下，中华民族遭遇到亘古未有的民族危机；1941 年日本发动太平洋战争的结果，终于在广阔的亚太地区建立起一个相当于日本本土面积 88 倍、拥有 3200 万平方公里广袤土地的殖民大帝国，其国土和资源呈几何式膨胀态势。这就是中村粲所谓"并不过分"的"保证日本人生存的权益要求"。

其次，中村粲提出：日本在满洲的权益由于中国排日和美英介入变得非常不巩固，所以"日本乘第一次世界大战各国把目光一齐转向欧洲之机，对中国提出了要巩固这些权益的要求。……绝对称不上是新的权益要求"[2]。

---

① ［日］井上清：《日本军国主义》（第 2 册），尚永清译，商务印书馆 1985 年版，第 54—57 页。

② ［日］中村粲：《大东亚战争的起因》，见［日］历史研究委员会：《大东亚战争的总结》，东英译，新华出版社 1997 年版（内部发行），第 11 页。

那么，"二十一条"中究竟有无"新的权益要求"呢？很明显，中村粲的这一说法是站不住脚的。一方面，"二十一条"所要巩固和保护的"既得权益"，无非是指近代以来日本单独或伙同其他列强依据不平等条约攫取的诸多侵华权益。这些权益的侵略性质尽人皆知。正如有学者所说："既得的不等于正当的。"① 为巩固不正当的"既得权益"而提出新要求本身，当然也是侵略行为。另一方面，只需稍稍浏览一下"二十一条"的内容就会发现，"二十一条"所包括的五号，几乎都是"新的权益"要求。关于山东省权益的要求（第1号），关于将旅大港和南满、安奉、吉长铁路的租期延长99年的要求（第2号），关于"合办"（实为独占）汉冶萍公司及其所属各矿的要求（第3号），关于中国沿海港湾及岛屿不得让与或租借与他国的要求（第4号），关于日本有派遣政治、财政、军事顾问于中国中央政府之权、警察由中日合办、半数以上军火从日本采购或中日合办军械厂等要求（第5号），均为试图灭亡中国的新条款，绝非日本的"既得权益"。可日本右翼势力就是置若罔闻、视而不见。

再次，中村粲还提出：当时日本向中国提出的要求不是"二十一条"，"实际是十四条"。②

明明是"二十一条"，可在中村粲这里怎么就变成了十四条呢？难道另外七条是中国自己补加的不成？原来，是中村粲故意把日本政府恫吓袁世凯当时就接受的十四条与胁迫袁世凯答应

①　潘俊峰、杨民军主编：《是总结，还是翻案——兼评〈大东亚战争的总结〉》，军事科学出版社1998年版，第79页。

②　［日］中村粲：《大东亚战争的起因》，见［日］历史研究委员会：《大东亚战争的总结》，东英译，新华出版社1997年版（内部发行），第12页。

"日后协商"的七条分割开来所致。在"二十一条"中，第五号七条最为苛刻，如果全部接受，中国就将沦为第二个朝鲜。当时，就连丧心病狂的袁世凯本人也非常清楚其危害性。他曾在第五号有关条款处写下了"握我政权"、"握我警权"、"握我械权"①的朱批。由于"二十一条"内容在谈判过程中就不胫而走，中国民众遂掀起了声势浩大的抗议运动。有鉴于此，日本政府才于1915年4月26日将第五号（除福建省权益另议外）作为"缓议"，将其余四号作为"最后修正案"提出。5月7日，日本发出最后通牒，限48小时内答复。5月9日，袁政府以第五号"容日后协商"的形式予以接受。就是说，日本政府当时取得的确为十四条，但它并没有放弃第五号的七项条款，而是以"缓议"和"日后协商"的形式保留了事后再行索取的"权力"。

4. 关于"九·一八"事变的起因即责任问题

"九·一八"事变作为日本侵华的重要标志，当然在日本右翼势力重点翻案之列。鉴于中村粲围绕"九·一八"事变的起因问题抛出的谬论最为"系统"、"全面"和有代表性，在此仅就其兜售的"九·一八"事变"中国责任说"予以辨正。

谬论之一："满洲事变被说成是对中国的侵略，然而……我认为满洲并不是中国的领土。"②

中村粲在为其前辈侵略"满蒙"的罪行辩护时，首先抛出了"满洲非中国领土"说。其实，这并不新鲜。早在"九·一八"事变爆发前，日本军国主义者和日本的御用舆论工具就一直鼓吹

---

① 郑德荣主编：《天地中国》，陕西人民出版社1999年版，第114页。

② ［日］中村粲：《大东亚战争的起因》，见［日］历史研究委员会：《大东亚战争的总结》，东英译，新华出版社1997年版（内部发行），第19页。

"满蒙非中国本土",进行详尽调查,势在必得。① "九·一八"事变的主要策划者石原莞尔早在担任陆军大学教官时(1927年)就提出:"我国形势现已近僵局,根本无法解决人口、粮食等重要问题,惟一出路是断然开发满蒙。"② 1928年10月调任关东军参谋后,石原莞尔从日本的"迫切需要"和"满洲形势"两个方面,一再强调用武力迅速解决"满洲问题"之必要,并加紧策划"九·一八"事变。1929年,石原莞尔基于"满蒙问题之解决乃日本的惟一生存之路"③ 的认识,不仅提出"满洲非中国领土"说,甚至抛出了"满洲理应属于日本民族"之谬论。他说:"满蒙并非汉民族之领土,毋宁说与我国关系密切。谈论民族自决者须将满蒙作为满洲与蒙古族人之物,必须承认满洲蒙古人比起汉民族毋宁说近于大和民族。""从历史关系等进行观察,与汉民族相比满蒙也毋宁说应属于大和民族。"④ 1931年"九·一八"事变爆发前夕,日本政友会头目之一森恪在一次演讲中声称:"满蒙并非中国领土。满洲作为清始祖,即爱新觉罗氏的发祥地,是满族的领土。我们所说的中国,是指中国本土的十八省。本土的汉族对满蒙地方历来都是不关心的。"⑤ 京都帝国大学出身的伪满"建国大学"副校长作田庄一也宣称:"满洲本为独立国家,故而其国家再建是为对中国之失地的收复举动,不能反而成为中

---

①　冯家升:《日人对我东北之研究》,《禹贡》(半月刊)1936年第6期。

②　[日]角田顺:《石原莞爾資料·戦争史論編》,原書房1977年版,第426页。

③　[日]角田顺:《石原莞爾資料·国防論策編》,原書房1971年版,第40页。

④　[日]水口春喜:《"建国大学"的幻影》,董炳月译,昆仑出版社2004年版,第123页。

⑤　转引自马越山:《日本发动"九·一八"事变的罪行不容否认》,见方军、关捷主编《以史为鉴,开创未来》(下),大连出版社2000年版,第337页。

国要求失地收复之根据。"① 很明显，作田与石原不同，他是企图用"满洲本为独立国家"这一谬论将"满洲国"正当化。与此同时（1932年11月20日），日本政府抛出了"满洲与支那的结合仅仅是暂时的并且是偶然的"② 之谬论。

那么，石原、作田以及继承其衣钵的中村粲之流兜售的"满洲非中国领土"之谬论能否站得住脚呢？答案当然也是否定的。

第一，当时的国际人士、国际文件以及战后一些正直的日本人，都断然否定这一荒谬的论调。早在"九·一八"事变前的1929年，曾在日本京都召开了一次由日美英加中等国著名学者参加的有关太平洋问题的学术会议。针对日本大肆宣传的"满蒙特殊权益"论③以及由日本制造"皇姑屯事件"所造成的"满洲危机"局面，不仅与会的中国学者表明了东北是中国领土不可分割的一部分，绝不允许他国在此"势力扩张"之严正立场，而且美国学界杨格也结论性地指出"满蒙"是"支那领土的一部分"。美国舆论界不仅惊呼"满洲危机"，而且对日本大肆宣传的"满蒙特殊权益"论明确持否定态度，主张维护中国的领土完整。④"九·一八"事变爆发后不久形成的一份国际性文件——《李顿

① ［日］水口春喜：《"建国大学"的幻影》，董炳月译，昆仑出版社2004年版，第123页。

② 同上书，第123—124页。

③ 在日本新老右翼分子看来，日本在日俄战争中为"保护"中国东北而付出了重大的"牺牲"，日本由此取得的在中国东北的权益就是一种"特殊权益"。用当时日本国际法学家、外交史专家信夫淳平的话说就是："满蒙"的"特殊权益"是日本赌国运"用鲜血换来的，这里面具有浓厚的历史性心理因素"。——参见王屏：《近代日本的亚细亚主义》，商务印书馆2004年版，第290页。

④ 参见王屏：《近代日本的亚细亚主义》，商务印书馆2004年版，第290—291页。

报告书》，也早已就"满洲事变"做出了如下结论："满洲为支那之一部分"；"在 1931 年 9 月之前的四个半世纪间，满洲与支那其他部分的结合日渐强固"；"中国人以满洲为支那的构成部分，对于一切试图将该地与支那其他部分分离的计划感到激愤"。因此，"不能认为日本军队的军事行动是合法的自卫处置"①。可见，就连有偏袒日本倾向的《李顿报告书》，也不得不承认"满洲"是中国的固有领土，日军的行动是非法的。不仅如此，石原莞尔当年兜售的"满洲理应属于日本民族"之谬论，甚至遭到了战后日本"亲台"右翼作家司马辽太郎的批判。他说："来自满洲通古斯族的清朝灭亡之后，其故乡之地旧满洲成为'无主之地'——这一印象以极其顽固的形式存在于日本。本来长城的内侧是中国，长城的外侧不是中国。特别是后来石原莞尔对此大加宣扬，即认为从人种论来说为日本所有。这是不可思议的推理方法。如果延长该逻辑，结论就是：北美、南美本来是印第安人的居住地〔并非属于中国〕，因此属于日本。"② 针对作田庄一的谬论，日共中央委员水口春喜揭露说："将满洲从中国分割开来、制造了傀儡国家'满洲国'的是日本。作田的理论是篡改历史、掩盖日本帝国主义侵略、将傀儡政权'满洲国'正当化的诡辩。"③ 而隶属于自民党的日本前副首相后藤田正晴在 1994 年 5月 20 日的《朝日新闻》上发表文章，对当年日本军国主义者和日本政府叫嚣的"满洲是日本的生命线"谬论也给予了有力的驳斥。他说："当时的人们说'满洲是日本的生命线'。但是，满洲

---

① 〔日〕水口春喜：《"建国大学"的幻影》，董炳月译，昆仑出版社 2004 年版，第 124 页。

② 同上书，第 123 页。

③ 同上书，第 124 页。

是中国领土，（居住的是）中国人民。将别国的领土和人民说成日本的生命线，侵略其权益，占领满洲全境，这是地地道道的侵略。"① 其实，早已洞悉日本帝国主义侵略我东北之野心的刚刚诞生的中国共产党，早在 1922 年"二大"制定的《民主革命纲领》（即"最低纲领"）中，曾这样阐述了自己在民主革命时期的奋斗目标："统一中国本部（东北三省在内）为真正的民主共和国。"② 就是说，已经洞悉日本侵略野心的中国共产党在本党纲领中阐述"中国本部"这一概念时，特别用括号注明包括"东北三省在内"，这无疑是一种远见卓识。

第二，更重要的是，我们说东北地区自古以来就是中国领土有史籍可查。《左传》明确记载，周景公四年（即公元前 541 年），晋国梁丙、张趯率领阴戎攻打颍地时，周景公派詹桓伯去责备晋国说："我自夏以后稷，魏、骀、芮、岐、毕，吾西土也。……肃慎、燕、亳，吾北土也。"③ 周景公所说"北土"中的肃慎，就在今天黑龙江宁安以北至混同江一带。唐朝诗人杜甫避乱入蜀，在咏怀古迹时留下了"支离东北风尘际，漂泊西南天地间"的诗句。用近代著名东北史专家金毓黻的话说："是时所称之东北，虽指安史之徒窃据之幽燕老巢而言，然亦包延辽东西之一部，是则与近顷称辽吉黑热四省为东北，不过五十步百步之差耳。"④ 据金毓黻考证，自公元前 21 世纪起，东北地区就已经

① ［日］水口春喜：《"建国大学"的幻影》，董炳月译，昆仑出版社 2004 年版，第 125—126 页。

② 中央档案馆：《中共中央文件选集》（第 1 册），中共中央党校出版社 1982 年版，第 78 页。

③ 左丘明：《左传》，李维琦等注，岳麓书社 2001 年版，第 555 页。

④ 金毓黻：《东北通史》（上编），五十年代出版社 1944 年版，"编印东北通史缘起"首页。

纳入中原王朝的版图。夏、商两朝，东北地区的西南部辖于幽州和营州。周朝，隶属于幽州。战国时代的燕国和随后建立的秦朝，在东北西南部设立了辽西、辽东两郡。汉代除辽西、辽东两郡外，又设置了乐浪、玄菟、临屯、真番四郡，辖于幽州。魏、晋设平州，下辖辽西、辽东、乐浪、玄菟、昌黎、带方数郡。后魏、隋朝、唐初，设营州（后魏时辖昌黎、辽东、乐浪三郡；隋朝和唐初辖辽西、辽东两郡）。唐朝设安东都护府于辽阳，并下置道、州、县等，在东北地区建立起完备的行政机构。辽代设置三道——上京道、中京道、东京道。金代设置三路——上京路、东京路、北京路。元朝在东北设立辽阳行省，下辖辽阳路、大宁路、开原路、广宁府路、沈阳路、合阑府水达达等路，附东宁路。明代设置了辽东都指挥使司。清初设置三将军——盛京、宁古塔、瑷珲管理东北行政；清末改设奉天省、吉林省、黑龙江省、直隶省之承德府、辽阳府。民国在东北设置四省——辽宁省、吉林省、黑龙江省、热河省。① 是为东北疆域和历代行政机构之沿革。可见，早从四千多年前的夏朝起，中国中央朝廷就已开始对东北地区行使有效的统治；而在东北各族人民于此繁衍生息和中国中央朝廷在此设置官厅有效行使统治权的时候，这里对日本来说还只是一个遥远的传闻。即使退一万步讲，这块土地从古至今起码始终不曾是日本的领土。对非本国领土实施武装占领或变相武装占领，就是违反国际法的侵略行径。

谬论之二："建设满洲国是满洲人的希望"；"满洲人非常恨张学良……如果没有满蒙人独立的意向和志向，仅凭日本人的强制力量是决不可能发动满洲事变的"。所以"现在，我们准

_____

① 金毓黻：《东北通史》（上编），五十年代出版社1944年版，第38－39页。

备翻案"。①

中村粲兜售的另一个谬说就是"建设满洲国是满洲人的希望"、"满蒙人自己希望满洲独立"。他在抛出这一谬论时还举例说:"满洲事变发生后,关东军的本庄司令曾经考虑过把当时在北京的张学良再一次叫回满洲,然而,满洲人得知后,向关东军司令本庄递交了请愿书,要求绝不能把张学良叫回满洲,请求不要把那样的坏人弄回来。……他们甚至还递交了这样的请愿书:为了不让张学良回来,请求关东军临时进驻满洲。"② 其实,中村粲这一谬论符合史实的正确表述应该是:建设"满洲国"是日本人的希望;日本人和一小撮死心塌地的汉奸卖国贼非常恨具有爱国思想的张学良;若非日本军国主义者的蓄谋策动和直接侵略,历史上绝不会有数次"满蒙独立运动"的发生,更不会有"九·一八"事变的爆发和伪满洲国的孽生。请看下述史实:

首先,让我们看一看到底是谁策划了"满蒙独立运动"、"九·一八"事变和伪满洲国的孽生。

早在1912年1月26日,当袁世凯迫使皇太后同意宣统皇帝退位时,誓死反对清帝退位的宗社党首领良弼当天就被革命党人炸毙。于是,日本特务、大陆浪人川岛浪速立即制定了一个策动肃亲王在"满洲"举事和喀喇沁王在蒙古举兵,一举建立"满蒙王国"的计划,即着手策划第一次"满蒙独立运动"。川岛浪速在1月29日发给参谋本部的电报中说:"清皇室已在逐渐灭亡,我们的微力至此为止。现电告以后的行动,只在于建立满蒙勤王军,以无论如何不能交出祖先的故土的理由为标榜保留大清之

① 〔日〕中村粲:《大东亚战争的起因》,见〔日〕历史研究委员会:《大东亚战争的总结》,东英译,新华出版社1997年版(内部发行),第20页。

② 同上。

名。暂居满蒙以养实力，待民间自乱，自有重返中原之时。……
将于北方兴起的这一国家，只有在日本的保护下才能生存。主脑
者当然也这样想，我国要利用他们为我机关服务。切望给予尽可
能的援助。"① 第二天，川岛又向参谋本部电告说：已签订了以
浊索图盟五旗管内的全部矿山作为抵押向喀喇沁王贷款 20 万日
元的密约等。由于当时日本政府正意欲选择清廷和革命党均远非
对手的袁世凯充当自己新的代理人，所以川岛浪速等大陆浪人的
这一"满蒙举事"计划未获政府批准。这样，日本浪人利用辛亥
革命混乱局面策划的第一次"满蒙独立运动"宣告流产。然而，
川岛浪速和日本现地军人并不甘心失败，于是又有了 1916 年第
二次"满蒙独立运动"的发生。

　　1916 年，日本政府和军部鉴于袁政权已陷于全国人民声讨
的汪洋大海之中的新形势，立即指示川岛浪速等人利用反袁护国
战争造成的动荡时机，着手策动肃亲王为首的宗社党和巴布扎布
为首的蒙匪马贼搞第二次"满蒙独立运动"。1916 年 3 月 7 日，
大隈内阁开会议决的第六项方针就是："有人欲使帝国国内的民
间有志之士对以排袁为目的的中国人的活动寄予同情，并予以财
务的援助。政府采取不公然鼓励但同时默许这种活动的态度，是
与上述政策符合的。"② 袁世凯死后，日本参谋本部曾具体制定
出一份先在"满洲"起兵而后直逼北京的计划。时任关东州都督
府幕僚的小矶国昭少佐后来回忆说："以肃亲王为魁首的宗社党
正欲谋事于满蒙。……对于举事所需资金的筹措和输送，政府将
给予最大的方便。同时为了指导其军事行动，已于大正五年

---

　　① ［日］会田勉：《川岛浪速翁》，文粹阁 1936 年版，第 145 页。
　　② ［日］外务省：《日本外交年表並主要文书（1840－1945）》（下），原书房
1965 年版，第 417－418 页。

（1916 年）3 月下旬派遣步兵大佐土井市之进、步兵少佐小矶国昭、步兵大尉松井清助、一等主计铃木晟太郎等四人赴满洲。"[1]于是，小矶国昭、川岛浪速以及张作霖的顾问町野武马中佐在奉天（即沈阳）设立了策划本部，频繁往来于旅顺和哈尔滨之间，为准备举事而奔走。用当时在奉天领事馆工作的东乡茂德的话说就是：这次"满蒙独立运动""系陆、海军省与外务省之间的磋商结果"。[2] 后来，由于日本政府接受了代理奉天总领事矢田七太郎提出的建议——"支持欲把奉天将军段芝贵撵走而想当奉天将军的张作霖谋划满蒙独立，比土井大佐等人的计划要实际得多"[3]，这次举事计划也以流产而告终。

时至 20 世纪 20 年代末 30 年代初，日本政府对"满蒙"的觊觎已从过去间接策划"满蒙独立"，转变为准备直接军事侵略上来。1927 年 7 月"东方会议"制定的《对华政策纲领》确定的帝国"根本方针"是："对支那本土和满蒙……必须加以区别"，即必须"把满洲从支那本土割离……作为另一种疆域区划，并使日本政治势力进入这块土地和地区"。其第七条更明确提出：支持东三省亲日派，以"东三省人"来"安定东三省"，还特别注明"本条不予公布"。[4] 至此，日本制造伪满洲国的构想已露端倪。从此，日本加快了直接侵略我东三省的步伐：1928 年制造"皇姑屯事件"，企图乘乱侵略我东北三省，未果；1929 年 7

───────────────────────

① ［日］升味準之輔：《日本政治史》（第 2 册），東京大学出版会 1988 年版，第 267—268 页。

② ［日］東郷茂德：《時代の一面》，改造社 1952 年版，第 6 页。

③ ［日］升味準之輔：《日本政治史》（第 2 册），東京大学出版会 1988 年版，第 269 页。

④ 吕万和：《简明日本近代史》，天津人民出版社 1984 年版，第 268 页。

月，关东军参谋板垣征四郎和作战部主任石原莞尔正式提出了吞并"满蒙"的设想；1931年1月19日，松冈洋右在日本第59次国会上公开抛出了"满蒙是日本的生命线"谬论；同年"三月事件"前后，日本政府和军部已在为发动战争作舆论准备，叫嚣："要保卫在甲午战争和日俄战争中父兄先辈留血换来的满蒙权益！"① 8月，若槻首相在民政党大会上发表演说提出："中国的措施如有不当非法之处，为了保卫国家的生存，有时必须不惜任何牺牲，勇敢奋起。国民不可对此准备有所松懈。"② 这实际上是在进行战争动员。同年七八月间，日本又连续制造了"万宝山事件"、"中村事件"等等。一个月后，吞并我东三省的"九·一八"事变终于爆发。1932年，日本长期卵翼下的伪满洲国孽生。事后，就连直接策划者本庄繁也承认"九·一八"事变是日本策划的。据顾维钧回忆，本庄繁曾信口对他说过："在沈阳，中国人并没有抵抗，他们去北大营只是显示一下武力，本来不严重，可是却占领了全城。少壮军官们于是得意洋洋起来。"③

其次，让我们再来看一看到底是谁"非常恨张学良"；被中村粲称作具有"独立的意向和志向"的"满蒙人"又到底是一些什么人。

我们首先要指出的是，"非常恨张学良"的不是"满蒙人"，而是对中国东北早已垂涎三尺并长期进行侵略掠夺的日本侵略者。如前所述，日本对中国东北的觊觎和侵略由来已

---

① ［日］井上清：《日本军国主义》（第3册），马黎明译，商务印书馆1985年版，第254页。

② 同上。

③ 《顾维钧回忆录》（第1册），中华书局1983年版，第432页。

久。时至 1928 年，日本利用张作霖在北伐战争中被打败的混乱之机，制造了毙其性命的"皇姑屯事件"。时年 27 岁的张学良子承父业主政东北。在全国人民的抗日热情感召下，国仇家恨集于一身的张学良为粉碎日本侵略阴谋而采取的一些果断措施，引起日本军国主义者的极大仇恨。一是，不顾日本威胁，毅然决然于 1928 年岁末实行"东北易帜"，并在翌年初又断然击毙亲日派头目杨宇霆，使日本乘乱侵占我东三省的行动被迫向后推迟。二是，张学良主政东北以后，不但拒绝执行日本诱使其父生前签订的铁路建设合同，而且着手修建葫芦岛港以与日本控制的大连、安东两港抗衡，在南满铁路两侧修筑新铁路以与日本控制的"满铁"抗衡。到"九·一八"事变前，葫芦岛港已初具规模，新建成铁路 10 条计 1500 公里。日本统治者声称：这是要"取满铁而代之并致之于死命"[1]。与此同时，张学良还加快了辖区东北数省的工业、农业（如实行民垦、军垦等）和文教事业（如创办东北大学等）的发展，使东北地区在其主政的三年间呈现出欣欣向荣的景象，为东北地区的发展做出了重要贡献。张学良尽管在"九·一八"事变爆发后因错误执行蒋介石的不抵抗政策而痛失东北，但后来一旦醒悟过来，便立即置个人生死于不顾，毅然发动了推动抗日民族统一战线建立的西安事变，成为中华民族的千古功臣。对于张学良这样一位具有"天下为公"浩然正气和强烈爱国思想的民族英雄，不是东北人民"非常恨"之，而是当年意欲吞并东北进而灭亡全中国的日本军国主义者和今天仍然具有浓厚的"满洲情结"的日本右翼势力非常恨之。

我们还要继而指出的是，被中村粲称为具有"独立的意向和

---

[1]　吕万和：《简明日本近代史》，天津人民出版社 1984 年版，第 288 页。

志向”的“满蒙人”，只是一小撮由日本长期豢养并受其控制的汉奸卖国贼，根本代表不了广大东北人民。

早在张作霖时代，日本就开始有计划地培植和收买杨宇霆、袁金铠、于冲汉等个别汉奸充当侵略内应。“九·一八”事变爆发后，日本侵略者为了巩固自己在中国东北的殖民统治，指使这些汉奸成立了傀儡组织——奉天地方自治维持委员会。袁金铠任委员长，于冲汉、阚朝玺任副委员长。就是这些甘当日本侵略者帮凶和出卖民族利益的汉奸，在“九·一八”事变爆发一周后的9月25日，向日本关东军司令本庄繁递交了一份所谓“请愿书”，要求日本关东军“不要撤兵”，维持当地秩序。[1] 如此这般个别民族败类，又怎能代表在日本军国主义铁蹄下备受煎熬和蹂躏的东北同胞呢？

至此，中村粲抛出的“满蒙并不是中国的领土”、“满蒙人自己希望满洲独立”、“满洲人非常恨张学良”，以及在日本学术界很有市场的“满洲事变偶发论”、“关东军独走论”等等谬论，不知在上述确凿的历史事实面前还能否自圆其说？

谬论之三：“日本为了解决每年增加的100万人口，自然要利用满蒙这一新天地”；然而“日本通过《朴茨茅斯条约》以及在日清战争和日俄战争中得到的在满洲的权益……由于中国排日和美英的介入，变得非常不巩固”。[2]

中村粲的这一谬论，实际涉及这样两个问题：

第一，如何看待日本“人口过剩”与“扩大生存空间”的关

[1]　马越山：《日本发动“九·一八”事变的罪行不容否认》，见方军、关捷主编《以史为鉴，开拓未来》（下），大连出版社2000年版，第333页。

[2]　［日］中村粲：《大东亚战争的起因》，见［日］历史研究委员会：《大东亚战争的总结》，东英译，新华出版社1997年版（内部发行），第19、11页。

系问题。我们承认日本国土狭小、资源匮乏和每年增加百万人口均为客观事实，但这绝不能成为日本寻求"满蒙新天地"的理由。如果按照这样一个逻辑推导开去，那么我们想请教中村教授这样两个问题：一是，今天日本与邻邦中国相较，哪国人口增长速度更快？如果承认中国人口增长速度比日本要快得多的话，那么每年增加人口是日本 10 余倍的中国，是否也可以到日本列岛上寻求一块"九州新天地"、"北海道新天地"呢？如果中国这样做的话，不但日本人民一定会奋起反抗，恐怕就连包括中村粲在内的形形色色的右翼分子也决不会答应和坐视吧？二是，日本人口今昔比较，何时更多？如果承认今天已增至 1.26 亿的日本人口远比"九·一八"事变前后的日本人口多得多的话，那么日本岂不需要一块与今天的人口数量"相适应"的世界范围的"新天地"，否则大和民族不就生存不下去了吗？换句话说，在面积同等大小的日本国土上，今天日本人口已增至 1.26 亿之多尚未危及大和民族的"生存"，那么当年不及该人口数字一半的日本，怎么就产生"生存"之虞了呢？有如前述，这不过是当年日本军国主义者制造的战争借口——"争取生存空间"在当代的翻版而已，并不新鲜。1994 年 7 月，因战时写过要求侵华日军"内省"意见书而名噪一时的三笠宫崇仁亲王在接受《读卖新闻》记者采访时说："1930 年以后日本农村的萧条，那真是悲惨至极的。……在那个年代里，对于日本从事农业生产的人们来说，当作希望的天地而映入眼帘的首先就是近在咫尺的满洲，这也可以说是无可奈何的吧。然而，那是他国的领土，居住在那里的是他国的国民。如果是个人之间的问题，必然要构成非法侵入他人住宅罪。然而日本却在表面上千方百计地加以掩饰，硬说日本军干的是正当的事。……制造满洲国这一傀儡政权，就是为了达到欺骗掩饰的目的。……连侵入他人所有的土地都要构成非法侵占罪，更何况侵占他国的领土，这能说不是侵略吗?"① 身为皇室成员、当年又亲自到过侵华战场的三笠宫崇仁亲王的这席话，可以说有力地驳斥了中村粲之流的这一强盗逻辑。

第二，如何看待中国人民的"抗日排日"与日本侵华的关系问题。日本右翼分子在为侵略战争翻案时，无不异口同声把中国人民反对日本侵略的正义行动——"排日抗日"运动，看作日本帝国主义实施新的对华侵略或挑起新的事端之"理由"，这显然是站不住脚的。因为从 19 世纪 70 年代开始，日本通过不间断的对华侵略或外交讹诈，从中国获得了巨额的战争赔款和巨大的殖民地收益，逐渐变成列强侵华的元凶。日本侵华越凶残，从中国获得的侵略权益越巨大，中国人民的"排日抗日"必然越激烈；而中国人民的"排日抗日"运动越激烈，日本帝国主义就越是以"保护日侨"和"保护在华权益"为借口，进一步扩大侵华战争或挑起新的争端。换句话说，在此必须搞清楚日本侵华与中国人民"排日抗日"运动直接对应的因果关系：中国人民的"排日抗日"肇因于日本侵华，中国人民掀起"排日抗日"运动的目的，只是为了收回业已丧失了的国家权益和为使尚存的国家利益不再被侵夺；而日本不断升级的侵略行动，只不过是以"保护日侨"和"保护在华权益"为借口对中国实施的进一步侵略而已。恰如东京都立大学教授升味准之辅一针见血指出的那样："由于关东军接连不断地入侵华北，中国的排日运动日益高涨。"② 今天日本右翼势力制造和散布这一谬论的目的，是企图通过颠倒是非在

———————————

① ［日］中野邦观等：《三笠宫采访录》，王树才译，原载《HTIS IS 読売 》1994 年 8 月号。

② ［日］升味準之輔：《日本政治史》（第 3 册），東京大学出版会 1988 年版，第 252 页。

日本民众中形成一种因果倒置的"共识"，以此维系部分日本人狭隘的"民族感情"和"民族意识"。这也是导致包括部分民众在内的一些日本人总是是非颠倒、因果倒置地看待过去的战争责任和战争罪行，从未真正反省侵略历史的重要原因之一。

谬论之四："九·一八"事变所以爆发，是因为此前"中国单方面宣布条约无效……开始了这种蛮不讲理的外交"——"革命外交"。[1]

中村粲指责的"蛮不讲理的""革命外交"，是指 1928 年的"东北易帜"和此后国民政府为打破旧的条约秩序而发起的"改订新约运动"。中村意在说明：由于中国不遵守"外交规则"，即不是像日本那样"努力通过国际谈判来改变不平等条约"，[2] 而是推行了"蛮不讲理"的"革命外交"，这才导致了 30 年代初中日关系的恶化，并最终演变成为中日间的全面战争。中村粲的这般指责既无端又无理。因为，在通常情况下指责他国不遵守"外交规则"的前提，一定是自己模范地遵循了"外交规则"。然而，只需略加核实史实就不难发现，近代史上中日之间缔订的不平等条约，几乎都是形式上通过"外交谈判"缔结，而实质上是被迫签署的"城下之盟"。换句话说，除 1871 年签订的《中日修好条规》外，近代中日关系史上签订的其他不平等条约，几乎都是日本以"最后通牒"的恫吓方式或在"兵临城下"的威胁之下逼订的。下面就让我们仅以《马关条约》为例，看一看当年中日之间的不平等条约究竟是怎样签订的。

早在 1874 年，刚刚踏上资本主义道路的日本就开始对我台

---

① ［日］中村粲：《大东亚战争的起因》，见［日］历史研究委员会：《大东亚战争的总结》，东英译，新华出版社 1997 年版（内部发行），第 18 页。

② 同上。

湾初试侵略锋芒。尽管日本通过《北京专条》仅勒索白银 50 万两，但它通过此次"征台之役"意识到，自己尚不具备与昔日的"上邦大国"一较高低的实力。为了日后与清国一决雌雄，岛内从天皇、皇后到百官、众庶，为此备战了整整 20 个春秋。结果，通过 1894 年 7 月至 1895 年 4 月仅 8 个多月的较量，昔日的"上邦大国"顷刻败在了"弹丸岛国"的脚下。甲午中日战争是这样一番结局并不奇怪，因为这是一场充满朝气和活力的新兴资本主义工业国与充满暮气、老态龙钟的封建农业帝国之间的较量；然而日本在两国议和"谈判"过程中屡屡打破国际外交惯例的丑恶行径，却远出世人意料。

丑行之一：1895 年 1 月，当清政府的全权议和大臣张荫桓（侍郎）、邵友濂（巡抚）抵日求和时，为了进一步"打击中国的自豪感"和"使中国人丢脸"，身为一国首相的伊藤博文在对中国使臣咆哮谩骂之余，竟以两人名位太低、"全权不足"为借口，无理要求清廷必须改派重臣奕訢或李鸿章为议和全权代表，并授予"割地赔款"之全权，方能开议。日本当局还借口广岛系军事重地，在对中国使臣继续侮辱之余，竟下令不许"滞留日本"，"驱逐"出境。

丑行之二：1895 年 3 月 24 日，当中国新派全权议和大臣李鸿章在广岛春帆楼结束第三次会谈返回下榻的旅馆引接寺途中，竟遭到时年 26 岁的日本浪人、黑龙会暴徒小山丰太郎的手枪狙击，当场不省人事！中日谈判被迫暂停。虽说"弱国无外交"自古已然，然"两国交战不斩来使"亦为古来之公例。凶手小山丰太郎虽然在当时被判处无期徒刑，但后来仅服刑 12 年即被释放。

丑行之三：同年 4 月 10 日，当带着伤痛恢复"和谈"的李鸿章与日人进行第五次会谈时，日本首席谈判代表伊藤博文首相不仅抛出了一个漫天要价的"和约修订稿"，而且几乎是以命令的口吻要求李鸿章必须接受。请看当时在伊藤博文与李鸿章之间的一段简短的对话：

> 伊　　藤：停战多日，期限日促，媾和条约须从速缔结。为了避免协商讨论时浪费时间，我已备有改订条款节略。……中堂见我此次节略方案，只回答"允"、"不允"两句而已！
>
> 李鸿章：难道不应将整个方案分成若干部分——议定并予以翻译？
>
> 伊　　藤：只管辩论，但再无让步余地。
>
> 李鸿章：既知我国为难情形，则所要求者必量我力之所可为。
>
> 伊　　藤：日本已让至尽头，故将我所能做到者，直言无隐，以免多方辩论！①

可见，善于打破国际惯例的日本侵略者并没有因为此前引起哗然的"枪击使臣"事件之发生而有所收敛，而是继续打破外交谈判惯例——不许谈判对手讨价还价。

至于其他，诸如 1928 年试图通过外交谈判解决"济南惨案"的中国外交代表蔡公时被日军割鼻挖眼并凌迟处死之事件、1931 年日本不惜发动"九·一八"事变阻挠和破坏中国政府试图通过外交谈判修改中外不平等条约的"改订新约运动"之行径、1932 年关东军竟拿出注进了霍乱细菌的水果招待堂堂国联代表团——李顿调查团一行令人难以置信的"重大犯罪行为"②、1933 年日本不惜以退出国

---

① ［日］早川正雄：《春帆楼の舌戦——伊藤博文公と李鸿章》，《满蒙》1939年第 4 期。

② ［日］中野邦观等：《三笠宫采访录》，王树才译，原载《HTIS IS 読売 》1994 年8 月号。

际联盟的方式拒绝接受国联大会通过的中国政府之和平诉求的霸道
行径等等，哪一次不是日本以强权对公理、以野蛮对和平？换句话
说，在近代中日双边关系中奉行强权政治和野蛮外交的，正是处于
强势地位的日本帝国主义，而绝非备受凌辱和宰割的半殖民地弱国
中国。何况，中国奉行的和平外交也仅仅是为了恢复业已丧失的国
权，丝毫没有也不可能触犯日本国的权益。不知中村粲的所谓中国
政府奉行"革命外交"、"蛮不讲理的外交"之指责从何谈起？更不
知这一所谓的"蛮不讲理的外交"——"革命外交"与日本发动
"九·一八"事变又有什么必然联系？

　　谬论之五："孙中山想学习苏联，这导致了国共合作……中
国被迅速赤化……变得越来越混乱"，进而引发了"满洲危机"；
"日本希望阻止共产主义向满洲、朝鲜和日本扩散，这种愿望本
身，我想是绝对没有错的"。[①]

　　在此，中村粲又将日本发动"九·一八"事变归因于"中国
的赤化"和"中国的混乱"所引起的"满洲危机"；把日本制造
这一事变的动机说成为了"阻止共产主义向满洲、朝鲜和日本扩
散"。这一谬说同样是站不住脚的。

　　首先，既然中村粲认为中国的"赤化"始于1921年中国共产
党的"秘密成立"，而从1924年第一次国共合作开始"中国被迅
速赤化"，那么如何解释在中国还没有被"赤化"的1921年特别
是1924年以前日本对中国的一系列侵略战争和外交讹诈呢？显而
易见，中村粲的所谓日本为了"阻止共产主义向满洲、朝鲜和日
本扩散"才开始侵华的说法，至少在1921年以前是不能成立的。

　　其次，即使我们承认中国在1921年至1937年间由于两次革

_____

　　① 〔日〕中村粲：《大东亚战争的起因》，见〔日〕历史研究委员会：《大东亚战
争的总结》，东英译，新华出版社1997年版（内部发行），第16、12页。

命高潮的形成而迅速"被赤化"了，但客观历史事实也无法证明中国的"赤化"能构成日本侵华的理由。一方面，由于陈独秀右倾机会主义和王明"左"倾教条主义的错误指导以及国内外反动势力的残酷镇压，中国共产党在日本发动"九·一八"事变以前始终处于优势敌人的重兵包围和前堵后追之中，不但远未夺取全国政权，甚至连根据地政权都难以巩固和长期存在。正因如此，当时在日本帝国主义眼里，中国共产党还不是一个重要的存在。直至全面侵华战争开始后的 1938 年日本才正式提出"共同防共"口号，就足以说明这一点。另一方面，此间掌握全国政权的先是北洋军阀政府，继之是南京国民党政权。前者疯狂镇压国民革命，张作霖主政北京期间，甚至捕杀了李大钊等中共领袖；而后者倾全力"剿共"的结果，更使共产党人和革命群众百万人头落地。可见，它们非但与"赤化"无关，而且是不折不扣的坚决"反赤"政权。然而，日本帝国主义不正是在这些反动政权统治期间使侵华战争不断升级的吗？本为走狗并坚决反共的张作霖，只因不再像从前那么顺从就被急欲吞并"满蒙"的日本主子毙命于皇姑屯；也正是在蒋介石政府拼死"剿共"的 1931 年至 1935 年间，日本帝国主义通过发动"九·一八"事变先后吞并了南京政府治下的东北四省和察哈尔省，并通过制造"华北事变"，将国府势力赶出这一重要地区。正如有学者深刻指出的那样："对日本来说根本目的在于对华侵略，这个基本目标从来没有因为中国的政权变换、社会性质的变化而有丝毫更改。不管是满清王朝、北洋军阀，还是国民党政府，无论它们与'赤色'是否能沾上边，都无法避免成为日本扩张的对象。"[1]

——————————————

[1] 潘俊峰、杨民军主编：《是总结，还是翻案——兼评〈大东亚战争的总结〉》，军事科学出版社 1998 年版，第 83 页。

　　5. 关于卢沟桥事变的起因即责任问题

　　卢沟桥事变作为日本全面侵华开始的标志，其爆发原因即责任问题，历来是日本右翼势力战争翻案的重中之重。日本右翼势力在为卢沟桥事变翻案时，不仅把中日战争全面爆发的"间接原因"——中国人民的"排日抗日运动"、中国的"迅速赤化"并引起混乱、中国政府奉行"革命外交"等①全部推给中国，而且将卢沟桥事变的直接原因、直接责任也主要一并推卸在中方身上，荒谬地提出中方"打响了卢沟桥事变的第一枪"，是卢沟桥事变的"真凶"。其关于"真凶"即"第一枪"问题的主要谬说有：第一，"中共责任"说。中村粲提出：首先打响第一枪的"是共产系统的过激分子"，"据说是刘少奇或者说是在刘少奇领导下的潜藏在中国军队中的共产党员张克侠"；即便认为卢沟桥事变"是偶然发生的，并非延安的指令……然而，此后将事件扩大的无疑是共产党"。② 田中正明信口雌黄说："日支事变是由谁引起的呢？毋庸讳言，是由中国共产党挑起的。……刘少奇这位后来成为国家主席的人指挥抗日救国青年团向日中两军开枪，最后的结果是在通州屠杀了 200 多名日本侨民，酿成通州事件，使日本与支那两军发生战斗。"③ 坂本夏男宣称："第 29 军在卢沟桥事件的数月之前，就进行了对日抗战的准备；在卢沟桥附近的该军，7 月 6 日作了战争部署，从 7 日夜到 8 日晨向日军三次射击。事件已发生，中国共产党立即于 8 日向全国发表了对日抗战

_____

　　① ［日］中村粲：《大东亚战争的起因》，见［日］历史研究委员会：《大东亚战争的总结》，东英译，新华出版社 1997 年版（内部发行），第 11—18 页。

　　② 同上书，第 23—24 页。

　　③ ［日］田中正明：《虚构的"南京大屠杀"》，见［日］历史研究委员会：《大东亚战争的总结》，东英译，新华出版社 1997 年版（内部发行），第 351 页。

通电。由此可以断定，卢沟桥事件的爆发，是中国军队根据共产党的谋略，有所准备，并抓住日军夜间演习之机，暗中挑起的。因此，决不能认为该事件如通常所说的是偶发事件。"① 第二，"国民党责任"说。国学院大学教授大原康男宣称："关于支那事变的原因，从当时开始就有各种说法。……曾经一时，一般的定论是说中共军队搞的谋略，但是，当时的国民政府方面的军官在几年前出版的《中央公论》杂志上发表文章承认是'我方搞的'。真相到底如何，尚不能断定。"② 明星大学教授小堀桂一郎提出："支那事变起源于卢沟桥事件。而在这次事件中没有受到挑衅就主动发动进攻的不是日本，而是中了中国共产党阴谋的中华民国的军队。"③ 第三，"共产国际、苏联责任"说。青山学院大学教授佐藤和男提出："现在，许多领域的人们都知道，把日本引入和支那的国民党政府作战的泥沼，使日本的国力和军事力量衰退和消耗，然后又策动日本和美国交战，这是共产国际，实际上是苏联的世界战略。"④ 很明显，上述无论哪一种说法，都矢口否认卢沟桥事变系日军所为，是日本"大陆政策"的既定步骤。在日本右翼分子看来，打响卢沟桥事变"第一枪"的不是中共地下人员，就是中国国民党第 29 军，或缘于共产国际和苏联

---

① ［日］坂本夏男：《蘆溝橋事件爆発の一っ実証》，国民会館 1993 年版，第 34 页。

② ［日］大原康男：《终战 50 年之思考——关于"终战"的五个观点》，见［日］历史研究委员会：《大东亚战争的总结》，东英译，新华出版社 1997 年版（内部发行），第 528 页。

③ ［日］小堀桂一郎：《剖析战败国史观》，见［日］历史研究委员会：《大东亚战争的总结》，东英译，新华出版社 1997 年版（内部发行），第 461 页。

④ ［日］佐藤和男：《东京审判和国际法》，见［日］历史研究委员会：《大东亚战争的总结》，东英译，新华出版社 1997 年版（内部发行），第 310 页。

的"世界战略",总之"与日本无关"。第四,"偶发事件"说。卢沟桥事变时担任驻北京大使馆的武官助理今井武夫少佐在战后写的回忆录中提出:"谁是第一枪的纵火犯?直到过了四分之一世纪的今天仍然判定不了。是中共干的,还是日本浪人干的,还是冯玉祥等国民党左派系统搞的阴谋?三转两转再回到出发点,无论怎么研究也找不到确切的证据。除当事犯人自己暴露以外,恐怕永远是个谜。也许这是'最单纯的偶然事件'。"① 与此同时,日本右翼分子还抛出了另外三个与卢沟桥事变相关联的值得关注的观点:一是,日本在华北地区驻军"完全是基于1901年北清事变最后议定书规定的权利。由于日本军不时受到袭击,因此,日军在那里的目的并不是侵略,而是根据条约行使的正当权利",无可指责;② 二是,卢沟桥事变的目的"并非占领支那",而是为了中国的"稳定"、"统一"和"日中合作";三是,中国为了诱使美国参战,故意在"美国人感兴趣的地方"(即美国有着重大利益的地方)——上海,制造了"八·一三"事变。③ 中村粲等右翼分子无视历史事实兜售的卢沟桥事变"中共责任"说、"国民党责任"说、"共产国际和苏联责任"说、"偶发事件"说以及上述种种谬论,或为道听途说,或为恶意捏造,均无确切文字材料可资证明。相反,卢沟桥事变是日本"大陆政策"的既定步骤,是日本政府和华北派遣军共同策划所为,却早已由远东国际军事法庭和大量确凿的历史事实作出了公正的结论,铁证

---

① [日]升味準之辅:《日本政治史》(第3册),東京大学出版会1988年版,第254页。

② [日]中村粲:《大东亚战争的起因》,见[日]历史研究委员会:《大东亚战争的总结》,东英译,新华出版社1997年版(内部发行),第28页。

③ 同上书,第33页。

如山。

第一，卢沟桥事变实为日本"大陆政策"的既定步骤——继割取台湾、吞并朝鲜、殖民"满蒙"之后实施的试图灭亡全中国的第四个重大步骤。时至1936年上半年，已经形成了日军从东、北、西三面包围北平的态势，坐落在永定河上的卢沟桥成为北平与外界的主要联系通道。同年9月15日，日本的中国驻屯军司令部就制定了《昭和十一年度华北占领地统治计划》，这是有关卢沟桥事变真相非常重要的一份文件。该文件甚至披露：早在1933年9月，参谋本部就制定了对中国占领地区的统治纲领；而在1934年3月，日本的中国驻屯军又据此制定出对华北占领地区永久统治之计划。[①] 卢沟桥事变爆发前夕，日本的中国驻屯军第一联队又具体制定了两个"奇袭计划"——"为驻在北京的第一大队策划奇袭中国军首脑者私邸、兵营和城门等的计划和为丰台部队策划奇袭南苑及宛平县城的计划"[②]，这些"计划"的事先出笼，说明了日军制造卢沟桥事变的计划性。时至1937年五六月间，日本政府、军部、参谋本部的一些特殊人物开始频繁出入北京城，[③] 并多次派人前往北平、天津、张家口、太原、石家庄等华北重镇实地考察和刺探情报，向华北地区增派驻屯军并擅自向丰台派兵和进行平津秋季大演习。从1937年6月起，驻丰台日军又开始在卢沟桥一带夜以继日地演习；同时在事变发生月余前就已经在东京政界的一些消息灵通人士中暗传："七月七

─────────────────────

① 臧运祜：《关于一份七七事变前夕日军阴谋侵占华北的机密文书的考论》，《抗日战争研究》2002年第3期。

② ［日］牟田口廉也：《中国事变爆发时之真相及其前后情况》，转引自安井三吉：《卢沟桥事变与牟田口廉也》，《抗日战争研究》1999年第2期。

③ ［日］今井武夫：《支那事变の回想》，みすず书房1964年版，第8—12页。

日晚上，华北将要发生第二次柳条沟（湖）事件。"[1] 6 月 30 日，满铁总裁松冈洋右断言："一周之内，如果不发生什么重大事件，就把我的脑袋给您。"[2] 7 月 7 日深夜，在卢沟桥附近军事演习的日军以中国军队向日军"开枪射击"和一名士兵"失踪"为借口，要求进入宛平县城搜查，当即被中国驻军严正拒绝，日军随即按预定计划向卢沟桥和宛平县城发动了进攻。中国军民同仇敌忾、奋起回击，同骄横狂暴的日本侵略者开始殊死搏斗，揭开了全面抗战的序幕。卢沟桥事变发生后，关东军还派人鼓动政府把事变"彻底地扩大下去"[3]。时任宛平县长并直接参与了卢沟桥事变交涉的中方代表王冷斋，事后曾结论性地指出："七七事变是由日方有预谋的演习而起。"[4] 日本学者井上清和铃木正四则在分析了卢沟桥事变前后日本政府的动向后同样断定说：近卫文麿组阁（1937 年 6 月 4 日）后第三日，"关东军参谋长东条英机便向政府建议，从准备对苏作战来考虑，在目前中国的情势下，必须立即给国民党政府以打击。这是鉴于西安事变以后中国抗日民族统一战线的发展，认为必须趁早击溃"。事变爆发后，尽管宋哲元为避免冲突接受了日军的无理要求而撤军，"然而 7 月 11 日的内阁会议上，一致通过了参谋本部的要求，决定立即从国内向华北派兵，并发表派兵声明。同时召集政界、财界、言论界的代表请求协助，做好正式作战的准备。政府这种敏捷而强硬的态

---

① ［日］井上清：《日本军国主义》（第 3 册），马黎明译，商务印书馆 1983 年版，第 264 页。

② 潘俊峰、杨民军主编：《是总结，还是翻案——兼评〈大东亚战争的总结〉》，军事科学出版社 1998 年版，第 90 页。

③ 吕万和：《简明日本近代史》，天津人民出版社 1984 年版，第 303 页。

④ 刘天纯：《日本对华政策与中日关系》，人民出版社 2004 年版，第 146 页。

度，非柳条湖事件时所可比拟，表明本国执政者比当地派遣军更
早就有了发动战争的充分准备和决心"①。如果以事件发生时担
任外务省东亚局长的石射猪太郎的回忆——"对熟知柳条沟
（湖）事件的我们来说，'又干起来了'"②，以及前述《昭和11
年度华北占领地统治计划》为根据的话，我们主张"日军计划"
说或"日军谋略"说应该说更有说服力。当年侵华日军寻找借口
制造卢沟桥事变和今天右翼分子矢口否认该事变系日方蓄谋已久
之行动的贼喊捉贼伎俩，不禁使我们想起《伊索寓言》中《狼和
小羊》的故事。狼为了吃掉小羊，先是诬蔑下游的小羊弄脏了
水；在遭到小羊驳斥之后，又编造出小羊一年前曾在背后骂过
它。可小羊在一年前还没有降生到这个世界上。这个故事揭示出
坏人要干坏事总要先找借口，而弱者在执意干坏事的强者面前又
总是有罪的道理。制造"二十一条"等一系列外交讹诈事件和策
划卢沟桥事变等一系列侵华战争的日本，不就是《伊索寓言》中
的那条狼吗？总之，以上事实表明，卢沟桥事变的爆发是日方精
心策划、蓄谋已久的；而事态的迅速扩大也是日方按既定计划实
施所致。在这些确凿的史实面前，不知日本右翼分子提出的"卢
沟桥事变非日方所为"、日本政府最初奉行了"不扩大方针"等
谬论，是否还能自圆其说！

　　第二，日本右翼势力将"最后议定书"即《辛丑条约》作为
日本在丰台地区驻军和演习的"根据"是站不住脚的。众所周
知，1901年的《辛丑条约》虽然规定了列强在"由京师至海通

————————————————

　　① ［日］井上清、铃木正四：《日本近代史》，杨辉译，商务印书馆1959年版，
第597页。

　　② ［日］石射猪太郎：《外交官の一生——对中国外交の回想》，太平出版社
1972年版，第238页。

道"数处有驻兵权，然而在该条约标定的 12 个重镇（荒村、廊坊、杨村、天津、军粮城、塘沽、芦台、唐山、滦州、昌黎、秦皇岛、山海关）中并无丰台，因此 1936 年 5 月日军未经中国政府允许就擅自进驻丰台已属非法在先。也正因为如此，当日军借口一士兵"失踪"要求进入宛平县城搜查时，当即遭到了时任北平市长的秦德纯的严正拒绝。秦指出："卢沟桥是中国领土，日本军队事前未得到我方同意在该地演习，已违背国际公法，妨害我国主权；走失士兵我方不能负责，日方更不得进城检查。"[①]至于右翼分子抛出的所谓刘少奇"指挥抗日救国青年团向日中两军开枪"，以及"是刘少奇或者说是在刘少奇领导下"打响了第一枪的说法，就更属捕风捉影。刘少奇从 1937 年 6 月 10 日出席中共中央政治局常委扩大会议起的月余内，一直身在延安。7 月 16 日他才奉命从延安出发，前往陕西云阳镇抗日红军前敌总指挥部传达任务。随后，他又经西安前往山西抗日前线，7 月 28 日方抵达太原。[②] 既然人不在卢沟桥和宛平，甚至不在北平，那么何来"是刘少奇或者说是在刘少奇领导下"打响了第一枪？至于说是国民党军队"所为"或是共产国际和苏联的"谋略"，也仅仅是其主观推测和道听途说而已。

　　第三，日本右翼分子所谓中国为了诱使美国参战，故意在美国有着重大利益的上海制造了"八·一三"事变的说法，也纯属无稽之谈。一方面，一个国家为了引起国际社会关注而自我制造引来他国更大规模和更加残酷侵略的重大事变，在迄今为止的世

---

①　秦德纯：《七七卢沟桥事变经过》。转引自石桥、张益民：《卢沟桥事变的起因与中日战争的责任》，《山西师大学报》1995 年第 22 卷增刊。

②　中共中央文献研究室：《刘少奇年谱（1898－1969）》，中央文献出版社 1996 年版，第 184--189 页。

界历史上还闻所未闻；另一方面，如同五年前的第一次上海事变——"一·二八"事变"是有计划的"[①] 一样，第二次上海事变——"八·一三"事变同样也是由日方精心策划的。卢沟桥事变后，日军在华北地区四处扩张时，日本大本营就已经有计划地指令长江流域的日侨撤退，预谋在华中、华南地区开辟第二战场。8月8日，日本海军第三舰队下达了备战部署。8月9日，驻上海陆战队的大山勇夫中尉和一名水兵在侦察中国军事部署时，被中国保安队击毙。8月13日，新编组成立的上海派遣军便以"大山事件"为借口，对上海发动了新的进攻。从此，大规模的侵华战争就在"支那事变"的名义下扩大开来。这才是"八·一三"事变的真相。

第四，日本右翼分子不仅信口雌黄说"日本从未对中国领土有过非分之想"，矢口否认"支那事变"的目的是为了掠夺中国领土，而且竟把当年实实在在的侵略战争美化成了为中国的"稳定"、"统一"和"日中合作"而进行的"道义战争"，这当然也是徒劳的。如果说"日本从未对中国领土有过非分之想"，那么难道是中国自己主动将台湾和澎湖列岛割给了日本不成？侵略战争历来只能给被侵略国家带来剧烈动荡和严重分裂，为什么一涉及日本的侵华战争就立即变得与众不同甚至高尚起来了呢，就马上变成为中国的"稳定"和"统一"而战了呢？这既有悖客观史实，也与当年侵略者的主观意愿不符。例如，20世纪20年代前半期中国军阀混战和政变频仍之动荡局面的形成，就与日本侵华密不可分。1922年7月27日日本内阁制定的一份正式文件，曾这样评价了派往中国的日本军事顾问官们的作用："中国是个政变无常的国家，每次政变必有军阀为其动力。充当这些军阀顾问

---

① 吕万和：《简明日本近代史》，天津人民出版社1984年版，第291页。

的帝国军人也直接或间接地参与了中国的政变。每次政变之时，
必有我顾问活跃其间。"而直接参与策划"九·一八"事变的石
原莞尔，曾就制造"九·一八"事变的时机和条件分析道："中
国的民族运动与恢复主权乃大势所趋，中国的统一迟早会成功，
其国力亦将逐渐集中。不过，目前其内部仍纷争不已，对满洲问
题恐难做出强力反应。"① 这足以反映出当年日本侵略者不但不
愿看到中国走向稳定和统一，而且极欲利用中国稳定和统一之前
的混乱局面实施新的对华侵略之险恶用心。至于皇姑屯事件、
"九·一八"事变、华北事变、"七·七"事变、"八·一三"事
变等等，有哪一个主观上是为了中国的"稳定"和"统一"？哪
一个不是客观上给中国带来了空前的动荡和分裂？至于"支那事
变"的目的是为了"日中合作"之谬论也不新鲜。因为日本侵略
者早在 1938 年 12 月 22 日发表的"第三次近卫声明"中，就兜
售过"善邻友好、共同防共、经济提携"所谓"近卫三原则"。
然而，即使在日汪之间翌年 12 月 30 日秘密缔结的《关于日华新
关系的协议书》中，也不见任何"经济合作"条款，相反其中包
含着大量的苛刻条件。据当事人今井武夫后来回忆说："有不少
是政府各省依据权益思想乘机新追加的条款，不客气地说，可谓
代表了赤裸裸地暴露帝国主义构想的要求。"②

　　总之，恰如日本学者藤原彰、安井三吉指出的那样："不能
说这次战争是偶发的，日本帝国主义一向企图扼杀中国革命并把
中国全部领土置于自己的统治之下。因此，不论是否这时爆发这

---

　　① 潘俊峰、杨民军主编：《是总结，还是翻案——兼评〈大东亚战争的总结〉》，
军事科学出版社 1998 年版，第 92—93 页。

　　② ［日］今井武夫：《支那事变の回想》，みすず书房 1964 年版，第 103—104
页。

一事件，也不论是否制定了周密的作战计划，自从 1910 年以来一贯政策就是力求把中国化为殖民地。"① "关于卢沟桥事件的性质，也可以说是日中战争的性质，问题归纳为是日本的侵略战争还是日本的自卫战争，我认为是日本对中国的侵略战争。"② 至此，日本右翼势力围绕卢沟桥事变抛出的种种谬说，恐难以再自圆其说。

6. 关于太平洋战争的起因即责任问题

太平洋战争的起因即责任问题，是日本右翼势力战争翻案的又一个重点。日本右翼势力将日本发动的太平洋战争要么说成被 A（美国）B（英国）C（中国）D（荷兰）包围圈"逼出来的"，要么诡称是"日美矛盾长期激化"的结果，要么一口咬定是"美国的阴谋"，要么以当年昭和天皇的《宣战诏书》为"依据"认定是"自卫战争"，总之还是"与日本无关"。

谬论之一："ABCD 包围圈逼迫"说。中村粲提出："日本开战是自存自卫的行为。当时存在着 A（美国）、B（英国）、C（中国）、D（荷兰）包围圈。日本处境非常艰难。……日本为了摆脱这种封锁，为了自存自卫，才向东南亚的资源地带出兵。""（后来）美国停止了对日本的一切出口。连碎铁和废铜也不向日本出售，石油连一滴也不出售。……战争必须在日本还拥有石油的时候进行。"③ 东京医科牙科大学名誉教授总山孝雄宣称："大

---

① ［日］藤原彰：《日本近现代史》（第 3 册），伊文成等译，商务印书馆 1983 年版，第 59 页。

② 曲家源：《再论日本发动卢沟桥事变的计划性——兼答安井三吉教授》，《抗日战争研究》1999 年第 4 期。

③ ［日］中村粲：《大东亚战争的起因》，见［日］历史研究委员会：《大东亚战争的总结》，东英译，新华出版社 1997 年版（内部发行），第 52、42 页。

东亚战争不是日本人为了侵略而发起的，而是被白人逼得走投无路，不得不站起来。尽管由于力量不足而缺乏自信，但也必须这样做。"① 尤其值得注意的是，1994年4月23日，新首相羽田孜在回答记者提问时竟说："太平洋战争给一些国家添了麻烦，也给国民带来了很大的损害。（但）在那个时刻，作为日本，必须拿起武器而奋起，在打破ABCD包围圈的意义上采取了行动。遗憾的是，没能得到国际社会的理解。为此，既给很多方面添了麻烦，同时也遭到了失败。"② 这就把太平洋战争的责任推给了同盟国方面。

那么，日本发动太平洋战争究竟是不是被"ABCD包围圈""逼得走投无路""不得已"而进行的"自卫战争"呢？答案当然是否定的。

首先，当时根本就不存在什么"ABCD包围圈"。进入1940年，当时的英国正在与德国法西斯进行殊死搏斗，其本土随时有被德军占领之可能。英国尽管经过残酷的空战摆脱了德军登陆的危险，但为了确保亚洲殖民地不失，正将主要军舰向自己在亚洲最大的据点新加坡集中，而这一行动针对的主要敌人是德国而非日本。当时的荷兰已经被德国法西斯占领而宣布投降，其政府正流亡英国，根本谈不上参加什么对日包围圈。中国当时虽然尚未灭亡，但首都早已被迫迁至大西南重庆，包括北平、天津、上海、南京、广州、武汉等主要大城市在内的半壁主要河山也都沦

　　① ［日］总山孝雄：《从弱肉强食到平等共存的时代——西欧侵略亚洲和大东亚战争的意义》，见［日］历史研究委员会：《大东亚战争的总结》，东英译，新华出版社1997年版（内部发行），第72—73页。

　　② ［日］江口圭一：《日本の侵略と日本人の戦争観》，岩波书店1995年版，第25页。

于日帝铁蹄之下，中国正处于苦战中。就是说，英荷中三国的情况分别是：要么早已亡国，要么半壁河山沦丧，要么正与德国法西斯苦斗而自身难保，不但不存在威胁日本的战争力量，而且正处于日本的威胁和侵略之中。只有美国确曾在 1940 年 7 月至 1941 年 7 月间采取了包括禁止向日本出口废铁、石油和冻结日本在本国的资产等断然措施，但美国采取这一系列行动是有前提的，即实际是对日本准备"南进"的必要回应：1940 年禁止向日本出口废铁，是因为日本这时"进驻"（实为侵占）了法属印度支那北部；1941 年 7 月全面禁止对日石油出口和冻结国内日本资产，是因为这时日本又"进驻"了法属印度支那南部。恰如江口圭一教授所言："深陷于日中战争的日本，为了打破这种局面，以切断援蒋路线和夺取（南方）战略物资为目的，着手实施南进。1939 年 2 月占领海南岛，是其南进的准备；1940 年 9 月占领法属印度支那北部，是其南进的第一步。成为（日本）南进目标的东南亚地区，除泰国外，美国、英国、荷兰、法国等所拥有的殖民地，都将被（日本）分割和控制。为了防卫这些殖民地，也为了支援中国，采取一定的对抗措施是非常自然的。"①

其次，"假设真有一个 ABCD 包围圈的话，那么制造这个包围圈的原因在于日本的侵略行动"②。对此，江口圭一有过精辟、透彻的分析。他说："原来，自卫战争史观怀抱的是想把太平洋战争、对英美战争与十五年战争分割开来。"然而，对美英战争的直接原因在于日本南进，日本南进的原因在于日中战争。就是说，太平洋战争是作为日中战争的延续而发生的，而日中战争又

———————————————

① ［日］江口圭一：《日本の侵略と日本人の戦争観》，岩波書店 1995 年版，第 29—30 页。

② 同上书，第 30 页。

是满洲事变的延伸。满洲事变、日中战争、太平洋战争是时间上连续、内容上相关的不可分割的战争。因此，十五年战争这个概念和称呼是成立的。就是说，十五年战争的第一个阶段满洲事变，是侵略中国东北的战争，第二阶段的日中战争，不外乎是对中国的全面侵略战争，而侵略中国的结果，就发展成了第三阶段的太平洋战争。不能割断其内在联系。进一步说，十五年战争的远因可以追溯到日清战争，"从这个意义上说，太平洋战争难道不可以说是近代日本自日清战争开始侵略中国和对外扩张的最终结果吗？把太平洋战争看成为打破ABCD包围圈而进行的战争的自卫战争史观，不过是想在如此叙述历史的过程中扭转人们的视线而已。"①

再次，日本早已做出"对南方行使武力"甚至不惜"与美国开战"的决策；而美英荷中等国特别是美国采取的一些措施，则具有应付日本法西斯侵略战争的性质。早在1940年7月19日，近卫首相就召集陆相、海相、外相在荻洼私邸举行会谈并作出决定：采取积极措施，把东南亚的英法荷葡殖民地纳入"东亚新秩序"，努力排除"列国"对此问题之干涉；对美国应避免无谓之冲突，但在建设东亚新秩序问题上，即令彼以实力干涉，亦应坚决排除。② 7月27日，日本内阁与大本营联席会议又制定了《适应世界形势变化的处理时局纲要》，将"荻洼会谈"作出的决策具体化：帝国方针——"要尽快促进中日事变的解决，同时捕捉良机解决南方问题"；实施要领——"关于对南方政策，要利用

_____

① ［日］江口圭一：《日本の侵略と日本人の戦争観》，岩波书店1995.年版，第30页。

② ［日］外务省：《日本外交年表並主要文书（1840－1945）》（下），原书房1965年版，第435页。

形势的变化捕捉良机而努力推进之；关于对南方行使武力，当行使武力时，要竭力把战争对手局限于英国，但即使如此也难免要与美国开战，因而要做好准备，以期无憾。"① 可见，日本武力"南进"的方针和"捕捉良机"对南方行使武力的计划，早在太平洋战争爆发约一年半之前就已经确定。8月1日，松冈外相在"国策演说"中第一次公开提出了建立"大东亚共荣圈"口号，并叫嚣"排除一切有形无形之障碍"，"策谋确立大东亚共荣圈"。② 9月27日，《德意日三国同盟条约》缔结，其中第三条规定：三国中之任何一国在遭受未参加欧洲战争或中日战争之"第三国"攻击时，应以一切政治、经济、军事手段相互援助。这里所说的"第三国"，明显是指美国。日本与德意结盟，就意味着与美英决裂，尤其意味着即将与美国开战。从此，日美边谈判边备战。1941年4月13日《日苏中立条约》的签订，从苏联方面来说是为了打破反苏包围圈；从日本方面来说是为了解除"南进"的后顾之忧。日美矛盾进一步加剧。

在日本加紧战争准备的同时，美英荷也理所当然加紧了自卫性军事部署，并加大了对中国抗战的支持力度。1940年7月，美国决定禁止向日本输出航空机用汽油；9月，宣布禁止向日本出口废铁。1941年3月，美英中签署"ABC协定"；4月，美英荷制定对日作战计划——"ABD报告书"。同年7月，当美国断定美日战争已不可避免之后，决定全面禁止对日石油出口，并与英荷两国一道实施了冻结各自国内日本资产的断然措施。对于主要靠从美国进口战争必需品石油和钢铁的日本来说，这些措施无

———————————

① ［日］国際政治学会：《太平洋戦争への道》（卷7），朝日新聞社1962－1963年版，第322－323页。

② 吕万和：《简明日本近代史》，天津人民出版社1984年版，第329－330页。

疑是致命打击。为此，永野修身军令部总长在 1941 年 7 月 31 日上奏天皇说："这样下去的话，（石油）只有两年用的储藏量。如果打起仗来，一年半就消耗净尽，因此只有现在就动手。"① 直至 1941 年 11 月 26 日即日本偷袭珍珠港十余天前，美国才在日美谈判破裂的情况下发出最后通牒，要求日本必须遵守领土完整和主权不可侵犯原则、不得干涉他国内政原则、贸易机会均等原则、国际合作及国际调停原则等四项原则，尤其必须据此恢复"九·一八"事变前的状态。②

　　以上事实表明：（1）在珍珠港事件发生之前，中国一直在与日本法西斯进行殊死的自卫战争；而英美荷等国虽然已经开始援助中国，但却仍将注意力主要放在被视为最大威胁的德国法西斯身上，根本无暇顾及远离自己本土的日本，即根本不存在所谓"ABCD 包围圈"。（2）早在珍珠港事件爆发一年多之前的 1940 年夏，日本政府就已经做出了"对南方行使武力"以及不惜"与美国开战"的决策，并随后结成了日德意法西斯同盟；而美英荷中等国签署的"ABC 协定"、"ABD 报告书"，则是在次年即 1941 年的三四月间达成的，明显具有应付日德意法西斯侵略性质。（3）表面上看是美国全面禁止对日石油、钢铁等战略物资输出"迫使"日本"不得不"先发制人，但实际上亦并非如此。已经洞悉美日战争不可避免的美国断然采取这一应对措施，只不过为日本采取"先发制人"战略即提前发动对美战争提供了一个借口而已，无可指责。至此，日本发动太平洋战争是主动出击还是被"ABCD 包围圈"所逼无奈，已一目了然。

　　谬论之二："美国阴谋"说。东盟中心代表中岛慎三郎说：

---

① 　［日］《木户幸一日记》，东京大学出版会 1966 年版，第 895－896 页。

② 　［日］木元茂夫：《アジア侵略の100 年》，社会評論社 1994 年版，第 82 页。

"1941 年以后，罗斯福总统和赫尔国务卿向世界大肆宣传'因为日本海军偷袭了珍珠港，所以美国应战'；'日本是加害者，美国是被害者'。这是弥天大谎。……大东亚战争是美国于 40 年前设下的圈套，日本完全上当了。"[①] 佐藤和男提出："日本攻击珍珠港充其量也只不过是正当地使用自卫权。""当年驻扎在美国旧金山的第十二海军军区情报部，在海图上记录着现在日本的机动部队在夏威夷以北多少海里处，现在日本的舰队到这边来了，并把记录的内容通知给罗斯福。因此，这些消息罗斯福全部知道。"[②] 这就又将太平洋战争的责任推给了美国。

那就让我们再来看一看日本偷袭珍珠港究竟是不是"美国的阴谋"。

1940 年 9 月，在德意日三国同盟结成的情况下，罗斯福总统主持召开的国务卿和军方领导人紧急会议仍然认为，鉴于三国同盟这杆已经对准美国的枪还"没有上子弹"，所以美国对东亚的政策是：既不能允许日本的进一步扩张，又要尽力避免与之发生冲突。[③] 在 1941 年 7 月日本御前会议制定的《帝国国策纲要》表明对美开战决心和日本已经进军法属印度支那直接威胁到美国在远东利益的情况下，罗斯福仍在向日本提出建议：作为日本从印度支那南部撤军的交换条件，美国允许该地区实行"中立"，并允许日本从该地区购买原料和大米。罗斯福认为：这是"为避

---

① ［日］中岛慎三郎：《印度尼西亚的独立》，见［日］历史研究委员会：《大东亚战争的总结》，东英译，新华出版社 1997 年版（内部发行），第 233—234 页。

② ［日］佐藤和男：《东京审判》，见［日］历史研究委员会：《大东亚战争的总结》，东英译，新华出版社 1997 年版（内部发行），第 312 页。

③ 李建军：《战争罪责岂能转嫁》，《贵州大学学报》2003 年第 6 期。

免日本向南太平洋扩张再次做出的一种努力"①。在美国尽量避免美日战争爆发的情况下，日本方面却步步进逼。同年9月6日，日本御前会议制定了《帝国国策施行要点》，决定："在不惜对美开战的决心之下，大致要在10月下旬完全做好战争准备"；"如到10月上旬仍然实现不了可以贯彻我方要求的目的，就决心立即对美开战"②。11月5日召开的御前会议又制定了《帝国国策实施要领》，具体规定了"发动武力的时期定为十二月初，陆、海军应做好作战准备"③。至此，日本对美开战日期已定。翌日，日军大本营下达"南方作战军战斗序列命令"。直至此时，罗斯福总统还在不顾英中等国的强烈反对，亲自起草了一个与日本妥协"六个月"的提纲。11月15日，日本政府派来栖三郎特使向美国最后摊牌。尽管这时美国已经破译了日本的外交密电码，获悉日本派遣来栖大使的目的不过是为了把日美谈判拖延到开战之日而已，但迄今没有任何文件可资证明美国为了统一国内舆论和使参战名正言顺（即为了将对手拖进战争），而置本国多年耗巨资建设之海军劲旅和太平洋上最重要的海军基地于不顾。何况，相较代价小得多的战争借口随时随处都可以找到。

谬论之三："日美矛盾激化"说。中村粲说："大东亚战争是日美长期争执发展到顶点的结果……是我国大陆政策与美国的远东政策发生矛盾的结果。……我国的大陆政策，总体上是要求承认我国在满洲，特别是南满洲，以及北支那的特殊权益，并且以日本、满洲和中国为核心，建立共存共荣的东亚。日本一直希望

---

①　李建军：《战争罪责岂能转嫁》，《贵州大学学报》2003年第6期。

②　［日］升味準之輔：《日本政治史》（第3册），東京大学出版会1988年版，第291页。

③　［日］参谋本部：《杉山筆記》，原書房1967年版，第417—418页。

建立一个日满支共存共荣的亚洲自给自足圈，建立自主经济。由此扩大开去，形成大东亚共荣圈。"①

那么，中村粲的"日美矛盾激化说"是否反映了历史真实呢？

列宁早在1920年就曾经指出："由于太平洋和占领太平洋沿岸地区的问题，日本和美国之间，几十年来都在进行着极其顽强的斗争，而有关太平洋及其沿岸的全部外交史、间接贸易史都十分肯定地指出，这种冲突日益加剧，使美国和日本之间的战争不可避免。"② 那么，能否由此佐证中村粲关于太平洋战争爆发原因的上述言论就是正确的呢？答案是否定的。首先，中村粲把太平洋战争发生的远因视作日本"大陆政策与美国的远东政策发生矛盾的结果"，明显具有掩盖二战性质和美化太平洋战争之故意。众所周知，列宁的这一论断是在珍珠港事件发生20年前即法西斯幽灵尚未出笼的时候作出的，因此过早辞世的列宁无法预料自己"百年之后"随着法西斯主义的孳生及其恶性膨胀，日美矛盾的性质也随之发生变化这一历史演进之事实。特别从1936年日德意法西斯轴心形成起，日美两国在远东和太平洋地区矛盾和斗争的性质已经发生根本性变化，即已由以往两个帝国主义国家之间的矛盾和斗争，转变成为法西斯国家与反法西斯国家之间的矛盾和斗争。加之珍珠港事件由日本法西斯一手挑起，所以不能简单地将太平洋战争看成是日美矛盾长期激化的结果，否则就混淆了第二次世界大战的性质。其次，中村粲上述言论中的第二句

---

① ［日］中村粲：《大东亚战争的起因》，见［日］历史研究委员会：《大东亚战争的总结》，东英译，新华出版社1997年版（内部发行），第51页。

② 列宁：《在俄共（布）党团会议上关于租让问题的报告》，见《列宁全集》（第40卷），人民出版社1986年版，第98页。

话——将日本推行"大陆政策"的目的解释成为了"建立共存共荣的东亚"、建立"日满支共存共荣"的"大东亚共荣圈",不仅混淆了二战性质,而且掩盖了当年日本帝国主义"三分天下"(美国统治南北美洲,德意统治欧洲和非洲,日本统治亚洲)的侵略野心,其欺骗性是显而易见的。

谬论之四:"《宣战诏书》认定"说。小堀桂一郎说:"这场战争是'为了自己生存和自卫而不得不进行的战争'。……如果引用昭和天皇开战诏书的话说,那就是:'为使事态转为和平,朕早已昭示我政府以忍让为重。然而对方毫无互让精神,致使时局日益恶化。且彼仍在增强其经济、军事之威胁,欲以此令我屈服之。若如此下去,帝国为东亚安定所付出之多年努力必将化为泡影,帝国之生存亦将面临危机。既至如此,为图自存自卫,帝国只有愤然崛起,打碎一切障碍。'"[①] 大原康男宣称:"大东亚战争的目的,在开战诏书上写得明明白白,即为了帝国的'自存自卫'和为了'东亚的安定'。……仅从开战诏书来看,我认为,当初开战的理由还是由于日本被 ABCD 包围圈封锁经济以及被赫尔备忘录逼迫得走投无路,才不得不开始进行'自存自卫'战争的。"[②]

那么,当年昭和天皇的《宣战诏书》可以作为否定太平洋战争侵略性质的"根据"吗?

尽人皆知,任何国家的统治者在发动侵略战争时,总要人为

---

① 〔日〕小堀桂一郎:《剖析战败国史观》,见〔日〕历史研究委员会:《大东亚战争的总结》,东英译,新华出版社 1997 年版(内部发行),第 466 页。

② 〔日〕大原康男:《终战 50 年之思考——关于"终战"的五个观点》,见〔日〕历史研究委员会:《大东亚战争的总结》,东英译,新华出版社 1997 年版(内部发行),第 517 页。

找出一些"理由"或用一些冠冕堂皇的话掩盖战争的侵略性质，以此诱骗国民支持战争和欺骗国际舆论。换句话说，在"开战诏书"中美化侵略不过是古今一切侵略者惯用的伎俩。实际上，日本统治阶级在临近珍珠港事件爆发时还没有找到发动所谓"大东亚战争"的借口。在下定开战决心的御前会议（1941年11月5日）召开之前即11月2日，昭和天皇还在询问东条英机"如何考虑大义名分"。东条回答说："目前正在研究，不久当即上奏"。11月11日，日本政府大本营联席会议便研究制定了《对美英开战名义要点方案》，决定以"自存自卫"名义宣战。裕仁天皇这才于珍珠港事件爆发当天（12月8日）发布的《宣战诏书》中，将对美英开战的理由（或目的）确定为"自存自卫"。正如日本历史学家藤原彰教授所言："决定开战以后才找出战争理由，这本身就表明这次战争是名不正言不顺的侵略战争。"① 如前所述，裕仁天皇不仅在1941年的《宣战诏书》中将太平洋战争美化成"自存自卫"的战争，而且在1945年的"八·一五"《终战诏书》中，仍然把对美英宣战的目的说成是为了"帝国之自存与东亚之安定"。然而，无论裕仁天皇在《宣战诏书》和《终战诏书》中怎样美化太平洋战争，都改变不了这场战争的侵略性质。

综上不难看出，日本右翼势力在兜售其"自卫战争史观"过程中，不仅把"日韩合并"、逼签"二十一条"、"九·一八"事变、卢沟桥事变、珍珠港事件的责任全部推给了被侵略当事国——中国、朝鲜以及美英等其他盟国，而且还将纯属狗咬狗性质的帝国主义战争——日俄战争的责任，也一并强加在了中朝两国特别是这场战争最大的受害国中国身上。然而，无论日本右翼

———————————

① ［日］藤原彰：《日本近现代史》（第3卷），伊文成等译，商务印书馆1983年版，第96页。

势力的前辈——当年军国主义者的所作所为，还是远东国际军事法庭作出的历史性判决，均早已证明日本发动日俄战争、实施"日韩合并"、逼签"二十一条"、策划"九·一八"事变、悍然发动全面侵华战争和太平洋战争绝非"被逼无奈"的"自卫行动"，而是蓄谋已久的赤裸裸的侵略行径。

（二）日本右翼势力的"解放战争史观"

日本右翼势力兜售的"解放战争史观"，主要集中在日俄战争和太平洋战争上。日俄战争本来是新兴日本与老牌沙俄为争夺中国东北和朝鲜而进行的一场帝国主义战争厮杀，然而日本右翼势力在将这场战争歪曲成由帝俄逼出来的"自卫战争"的同时，还人为地将它美化成为亚洲黄种人的"代表"日本为了把黄种人从白人帝国主义的"佼佼者"——沙皇俄国的殖民统治下"拯救"出来而进行的"解放战争"；太平洋战争本来是日本帝国主义推行"大陆政策"的既定步骤和以建立所谓"大东亚共荣圈"为目的的给亚洲各国人民带来深重灾难的一场法西斯侵略战争，但日本右翼势力在将这场战争歪曲成"被 ABCD 包围圈逼出来的""自卫战争"的同时，更将它美化成为一场"解放"大东亚特别是东南亚国家的"圣战"，把罪恶深重的日本军国主义者美化成为普度众生的"救世主"，故意视而不见、闭口不谈这场侵略战争给亚洲各国各民族造成的创深痛剧的灾难。

1. 关于日俄战争

日本右翼势力围绕日俄战争抛出的"解放战争史观"主要有二。

谬论之一：日俄战争"拯救"了亚洲。中村粲说："从历史角度来考虑，我们怎么也无法把那段日本历史看成侵略的历史。""（当时）针对俄罗斯的南下，实际有决心、有勇气进行战斗的只有日本一个国家。……正是有了日俄战争，亚洲才得救了。""没有军国日本，也就不会有今天的亚洲。"①安村廉宣称："日本在日俄战争中的胜利就是值得自豪的事情。因为，这种使处于西欧列强控制之下的非白色人种勇气大增的胜利，在近代史上是没有先例的。"②难道日俄战争果如安村廉所说是一场"值得自豪的"、"没有先例的"战争吗？难道果如中村粲所说"正是有了日俄战争，亚洲才得救了"吗？只要稍加审视日俄战前的谈判分歧，战时和战后日本的所作所为，以及作为战争结局的《朴茨茅斯和约》的有关内容，就会立即看清日本右翼学者的这番话纯属无稽之谈。

首先，从日俄两国战前的谈判分歧来看。众所周知，帝俄利用参加八国联军侵华战争之机占领了中国东北，战后又一拖再拖，拒不撤兵，这就与另一个长期觊觎着"满洲新天地"的日本帝国主义发生了矛盾。日本在内蓄国力、外结英人积极备战的同时，从1903年8月起与沙俄开始了外交谈判。两个贪婪的侵略者在谈判中很快产生分歧。"日本要独占朝鲜的利权，并要逐步打入中国东北；它承认俄国在中国东北的特殊利益，但决不容忍其独占。俄国则要紧紧抓住中国东北，宁愿将朝鲜让与日本，也不容其插足东北，并且也不准许日本把朝鲜用做进攻中国东北的军事跳板。"③可见，双方分歧的核心集中在中国东北上。当两

---

① ［日］中村粲：《大东亚战争的起因》，见［日］历史研究委员会：《大东亚战争的总结》，东英译，新华出版社1997年版（内部发行），第4、7、9页。

② ［日］安村廉：《社会党史观占上风将导致国家灭亡》，见［日］历史研究委员会：《大东亚战争的总结》，东英译，新华出版社1997年版（内部发行），第557页。

③ 潘俊峰、杨民军主编：《是总结，还是翻案——兼评〈大东亚战争的总结〉》，军事科学出版社1998年版，第54—55页。

个贪婪的侵略者靠外交谈判无法解决彼此矛盾时，就只能通过最后一种手段——战争解决问题。1904 年 2 月 5 日，日方首先宣布中止谈判，与俄绝交。8 日，日军又先发制人，突然向驻守旅顺海军基地的俄国舰队开炮。10 日，双方宣战，日俄战争正式爆发。

其次，从日本在日俄战争中和战后对中国当地百姓的所作所为来看。日俄战争中，双方投入的兵力均在百万以上，加之又均为毫无顾忌的异国作战，因此它给中国当地百姓造成的生命财产损失巨大而深重。与俄国人一样，日军每占领一个地方，总是以"征服者"的姿态掠财占地，无所不用其极。他们不但对中国当地百姓强征捐税——"凡日用所需之物，无一不捐"，不但强迫中国百姓在宅前悬挂太阳旗，强迫路人向守城日军行鞠躬礼，而且通过发行军用手票，强兑当地百姓手中的白银，这种变相的巧取豪夺，使中国东北人民的巨额财产顷刻间转入日人之手。正如时人所叹："日之与俄，殆如唯之与阿，相去几何！"①

再次，从这场战争的结局——《朴茨茅斯和约》的主要内容来看。德国著名军事学家克劳塞维茨指出："战争无非是国家政治通过另一种手段的继续"。② 这句话揭示了战争与政治的关系，即战争本身不是目的，战争结束时签订利己性条约并以此为依据对战败国进行侵略掠夺，才是发动侵略战争的最终目的所在。日俄战争以新兴日本帝国主义的胜利和老牌沙皇俄国的失败而告终。在第三国——中国进行战争的日俄两国，又在另一个第三

————————————

① 潘俊峰、杨民军主编：《是总结，还是翻案——兼评〈大东亚战争的总结〉》，军事科学出版社 1998 年版，第 56 页。

② ［德］克劳塞维茨：《战争论》，中国人民解放军军事科学院译，商务印书馆 1978 年版，第 11 页。

国——助日胜俄的美帝国主义斡旋和调停下，在该国签署了《朴茨茅斯和约》（1905 年 9 月 5 日）。"条约"除冠冕堂皇地写进了"俄国自中国东北撤军，除辽东半岛外，东北的一切地方均交还中国"（第二条）外，主要规定了以下一些实质性内容：俄国承认日本在朝鲜的独占利益；俄国将辽东半岛（包括旅顺、大连）的租借权、南满铁路（长春至大连）及有关特权（即连同支路和煤矿等——本书作者）均无偿转让给日本；以北纬 50 度为界，将库页岛南部让与日本；两国均有在各自的铁路线上驻兵护路之特权等等。不过，日本从帝俄手中取得的这些特权尚需得到权益的真正拥有国——中国同意。结果，中日双方于 1905 年 12 月签署了《中日会议东三省事宜正约及附约》。通过该条约，日本不仅迫使中国承认了严重损害国家主权的《朴茨茅斯和约》的有关条款，而且还从中国获得了一些额外的特权，包括将哈尔滨等16 个城市开为商埠、日本经营安奉铁路至 1923 年、采伐鸭绿江右岸木材、中朝边界陆路通商等项内容。

以上三个方面，特别是《朴茨茅斯和约》和《中日会议东三省事宜正约及附约》的缔结，以及日俄两国在战后迅速结盟并缔结一系列旨在中国划分势力范围的密约，已经明白无误地向世人表明了日本发动对俄战争的真实目的以及这场战争的性质。前述小村寿太郎坚决反对将满洲铁路卖给美国铁路大王哈里曼的理由——"如果把满洲铁路让给美国，我们就不知道十万英灵为什么要在满洲流血"，可谓一语道破天机。即：当年日本赶走俄罗斯绝非为了中国，而完全是为了一己私利；绝不是"解放"和"拯救"了中国东北人民，而是使我东北同胞开始遭受新的更加残酷的殖民统治。换句话说，日俄战争不过是熊去狼来、以暴易暴而已。

谬论之二：辛亥革命的成功也是"受了日俄战争的影响"。

持这一观点的代表性人物是"南京大屠杀"首犯松井石根的亲信秘书、评论家田中正明。他宣称：孙文的辛亥革命"在 1911 年获得成功，其成功的原因也是受了日俄战争的影响。当时，孙文得到了头山满、犬养木堂（毅）和大隈重信等日本诸多亚洲主义者的帮助，孙文才数次发起了革命……（并）在第 11 次革命中取得了成功。为什么会取得成功呢？请大家记住，孙文等人结成了'中国同盟会'。由于日本在日俄战争中第一次获得胜利，许多优秀的中国留学生相继来到日本……站在孙文一边而行动起来。这也是受日俄战争的极大影响。由于日本在日俄战争中获得胜利，日本的东京宛如亚洲独立运动的参谋部"。而且越南、缅甸、印度尼西亚的独立也都是受了日俄战争的影响。[①] 在田中正明看来，如果没有"受日俄战争的极大影响"而结成于日本的以留日学生为主体的中国同盟会，如果没有头山满等"日本诸多亚洲主义者的帮助"和日本为亚洲国家提供"独立运动的参谋部"，就不会有中国辛亥革命的成功和亚洲其他国家独立运动的最后胜利。如果日俄战争果如田中所言对辛亥革命有着如此巨大的积极影响，那么我们的确应该对当年的"大日本帝国"感恩戴德，为头山满、犬养毅、大隈重信等"日本诸多亚洲主义者"树碑立传。但问题是，日本右翼先生们的先辈们在辛亥革命期间的所作所为，不但没有给他们的这些谎言提供应有的佐证，反而让世人看清了当年的日本政府和"日本诸多亚洲主义者"们的另一副嘴脸。

首先，看日本政府是怎样对待辛亥革命的。

爆发于 20 世纪初的中国辛亥革命，作为一场反帝反封建的

----

① ［日］田中正明：《虚构的"南京大屠杀"》，见［日］历史研究委员会：《大东亚战争的总结》，东英译，新华出版社 1997 年版（内部发行），第 346 页。

资产阶级民主革命一旦取得成功，势必动摇包括日本帝国主义在内的东西方列强的在华统治和侵略权益，近在咫尺的日本侵略者对此尤其洞若观火、心知肚明。有鉴于此，日本帝国主义对中国辛亥革命的干涉和破坏较之其他国家更积极、更露骨。事实上，在整个辛亥革命期间，日本帝国主义不仅试图通过干涉中国革命维护其在华利益，而且图谋趁乱扩大权益，分裂和肢解中国。在趁乱扩大在华权益方面，早在武昌起义爆发前的1910年底，日本陆军省就制订了《对清政策方针》，强调：在中国发生内乱时，列强一定会再次出兵干涉；日本仍应像对待义和团那样对待即将爆发的中国革命。看来，日本准备仍然充当侵略军的主力，以便获得最大的侵略权益。辛亥革命刚一爆发即1911年10月13日，日本陆、海军省又共同制订了《关于对清国的用兵问题》之文件，进一步决定："当向清国出兵时，第一步应给制定战略之首脑部以沉重打击，同时须根据战后情况，占领政略上经济上最为有利之要地，以作抵押。……即我方是否应满足于获得南满洲，或是否应占领直隶、山西地区，攫取清国中部地区之资源，或是否应扼制扬子江口占据长江资源及大冶矿山等，或是否需要令其割让广东及福建，凡此等等，必须确定政略上之要求，使作战计划符合此要旨，以期对清策划万无一失。"[①] 与此同时，对邻邦中国可能实行共和政体感到万分恐惧的日本上层人物和对华外交官——元老山县有朋、外相内田康哉、驻华公使伊集院彦吉等，甚至打算不惜动用武力维持清朝的君主专制政体，或通过诱迫袁世凯采用君主立宪政体以扩大日本的在华利益。1911年12月，内田外相对不日赴华的犬养毅说："中国实行共和政治后，那就

---

① ［日］井上清：《日本军国主义》（第3册），马黎明译，商务印书馆1985年版，第95页。

麻烦了。日本打算极力反对此举，视情况准备用武力维持君主政体。"① 伊集院说：鉴于中国人"有收回利权的意念"，"吾人应当考虑采取适当手段加以抑制，至少必须施加某种压力。若坐视其狂妄恣肆，甚至坐视其实现共和制度，则一发不知自制……其结果，必然是排外思潮更加泛滥，以至掀起收回利权之狂潮"。② 在他们看来，中国一旦实行共和制度，不但会使日本的天皇制受到直接冲击，而且会进一步增强中国人民的民族自信心和激发中国人民的国权意识，进而将引发中国人民向帝国主义收回利权。当时，日本三井财阀的银行官员尾崎敬义就曾撰文自供说："目前对中国投资，并不是为了利息而进行储蓄那种单纯的目的。贷款是手段，其首要目的在于获得利权，第二目的是扶植势力，第三或许还有比这更大的目的。"③ 三井财阀派驻上海分店的特派员森恪甚至露骨地宣称："（辛亥）革命获得成功之际，将扬子江一带的利权纳入三井即帝国的手中，乃是国家的长远之策。"④ 可见，辛亥革命期间日本执意干涉中国革命的目的之一就是趁乱取利，这也是近代日本的一贯做法。在趁乱分裂、肢解中国方面，武昌起义爆发数日后的 10 月 15 日，日本参谋本部第二部部长宇都宫太郎在《对华私见》中主张：日本"一方面要在某种程度上援助清朝，另一方面也要秘密地援助南方派，并且见机调停，以分立为南北两个国家。作为这种调停的报酬是解决满蒙问

---

① ［日］升味準之輔：《日本政治史》（第 2 册），東京大学出版会 1988 年版，第 214 页。

② 潘俊峰、杨民军主编：《是总结，还是翻案——兼评〈大东亚战争的总结〉》，军事科学出版社 1998 年版，第 65 页。

③ 同上书，第 66 页。

④ 同上书，第 67 页。

题，并同上述两个国家建立特殊关系，一个作为保护国，一个作为同盟国。"① 10 月 24 日，日本政府就制定了《有关对清政策》，强调：日本要趁中国内乱之机，一要"进一步确立帝国在满洲的地位，以根本解决满洲问题"；二要"特别努力在中国本部扶植势力，并采取使他国承认我在该地的优势地位的手段"。② 10 月 28 日，日本驻华公使伊集院彦吉向外务大臣内田康哉发回一封阴险毒辣的紧急绝密电，称：现今在"清廷已完全丧失昔日统治四百余州的威信与实力"之时，"帝国政府极需当机立断……趁此绝好时机，在华中、华南建立两个独立国家，而使清廷偏安华北，继续维持其统治。征诸各方面的情况，上述方案应该是最顺理成章的解决办法。若执行上述方案并获得成功，本职相信，可由此一举奠定帝国政府的百年大计。……为皇国的永久兴隆奠定基础，实在此时。……要而言之……维持清廷于华北一隅，使其与南方汉人长期对峙，乃属对帝国有利之上策。为此，本职颇愿进一步与清廷内部互通声气，努力加以引导和诱掖"。③ 伊集院的进言同样受到了政府的重视并基本被采纳。为了达成这一目的，日本政府通过大仓洋行向清廷和革命党双方同时出售武器，图谋趁乱分裂中国。但由于各方面的掣肘，日本的这一阴险目的一时未能实现。不愿就此作罢的日本帝国主义于是将分裂中国的目标锁定在满蒙独立上，即通过策动中国最反动的复辟组织"宗社党"和蒙古部族王爷，在辛亥革命后数年间策划了两次"满蒙独立运动"，但同样以失

---

① 潘俊峰、杨民军主编：《是总结，还是翻案——兼评〈大东亚战争的总结〉》，军事科学出版社 1998 年版，第 64 页。

② 同上书，第 61 页。

③ 同上书，第 63 页。

败而告终。尽管日本上述肢解中国的阴谋一一宣告破产，但这些主张和行动却为其日后对华侵略特别是炮制伪满洲国，积累了丰富的侵略经验，影响极其深远。由此可见，当年日本帝国主义对中国辛亥革命的真实态度是：日本绝不是亚洲国家"独立运动的参谋部"，而是图谋趁乱扩大侵华权益和阴谋肢解、分裂中国的大本营。

其次，看头山满、犬养毅、大隈重信之流又是怎样"帮助"孙中山为首的革命党的。

孙中山早年在日本从事革命活动时，确曾得到过包括头山满、犬养毅等在内的日本人的帮助。孙中山领导的中国同盟会，就是在头山满的直接帮助下建立的。1911年武昌起义的消息传到日本后，头山满、犬养毅等右翼分子在日本国内迅速成立专门应付中国时局的"友邻会"（11月）的同时，鱼贯前往上海、南京等地。犬养毅和头山满先后于12月19日、27日抵达上海。这些与孙中山、宋教仁等革命领袖过从甚密的日本"大陆浪人"到底是不是革命党的友人？其来华动机究竟是什么？当时的一些革命党人对此不仅表示过怀疑，而且有的已经看得非常清楚。例如，当时章炳麟主编的《大共和报》（社论）就一针见血地指出："日本的浪人巨头头山满和犬养毅为援助革命党来到了上海。这表面上是出于行侠仗义而来，其实是暗衔日本政府的指示而来。日本早对满蒙有野心，窥视占领满蒙的机会已久。为达到此目的，惟欲中国继续内讧，以乘混乱之机。今南北要妥协，是出于对中国的大局出发，使双方把国家置于坚实的基础上，谋取国家和国民的幸福之需要。然而，妥协完全实现之时，日本就将失去其窥视占有满蒙之机会，所以头山、犬养二人为阻止妥协而称'妥协对革命党不利'，劝说孙、黄不要搞妥协。但贤明的孙、黄二位早知此二人心怀鬼胎，所以婉言谢绝忠告后使他们离去。证之于这二位的行动，足可以知日本图谋中国之心是何等深远。"①
社论所言的确不谬。1914 年 10 月 29 日，以内田良平、头山满
为首的黑龙会秘密向大隈内阁呈递了一份《对华问题意见书》，
其真正动机暴露无遗。"意见书"称："在我帝国支援中国民众上
有个诀窍，即促使革命党、宗社党以及其他不平不满的党派到处
掀起暴动。一旦其国内陷于混乱状态，导致袁政府土崩瓦解"，
日本军队就援助中国人中孚众望者，使中国统一起来；"而我欲
使革命党及不平不满的党派掀起暴动，现在是不易多得的最好机
会。……而中国的共和政体，是将来谋求日中合作的一大障
碍。……改中国的共和政体为君主立宪政体，实是改造中国的根
本。"至于是让宣统皇帝复辟，还是另外拥立宗社党的皇族，或
是推选革命党中德高望重之士充当君主，则要根据时宜而定。②
结果，该"意见书"很快被大隈内阁所接受。同年 12 月 3 日，
首相大隈重信亲自训令日本驻华公使日置益向袁世凯政府提出了
以此为蓝本的试图灭亡中国的"二十一条"要求。当中国人民竭
力抵制"二十一条"时，大隈内阁竟公然宣称："诸如中国的独
立和中国人的希望等，根本无需放在眼里，摧毁了踩躏了也无
妨。"③ 至此，所谓"支援"中国革命的"诸多亚洲主义者"的
司马昭之心，已昭然若揭。恰如井上清教授深刻揭露的那样：
"甲午战争以后，日本有一批'支那浪人'。他们是为日本统治阶
层侵华政策服务的侦探，也是出谋划策者（当然其中也有像宫崎
滔天那样真心实意想通过中日两个民族的合作谋求解放亚洲的一

───────────────

① ［日］葛生能久：《東亜先覚志士記伝》（下），黒龍会 1933 年版，第 459 页。

② ［日］井上清：《日本军国主义》（第 3 册），马黎明译，商务印书馆 1985 年版，第 107—108 页。

③ 同上书，第 170 页。

些人），他们的主流即玄洋社和黑龙会企图通过'援助'孙中山领导的革命运动达到其侵华的目的。"即"这些'支那浪人'的所谓'援助'，不过是为了革命胜利后攫取利权的手段而已，内心却绝对反对中国变成共和国。"① 而日本著名政治学家升味准之辅的揭露更是一针见血。他说：近代历史上包括民权派在内的来华"国士和浪人，是凌弱的侵略之爪牙"②。甚至就连战后日本鹰派政治家中曾根康弘也不得不承认：当年"大隈内阁采取的'对华二十一条'"，是诱发"大东亚战争"两个最主要的间接原因之一。因为日本在参加第一次世界大战期间，在"占领了德国租借的胶州湾和青岛，并在获取租借权的同时，趁势向中国提出了非常过分和傲慢的要求，如在中国的城市中配备日本警察，在军队中设置日本顾问等等。这是对中华民族的最大侮辱，我认为这也是酿成后来的抗日史观的根本原因"③。可见，历史并没有给今天日本右翼分子的所谓若无头山满、大隈重信等日本"诸多亚洲主义者"的"帮助"就不会有武昌起义一举成功的说法提供能自圆其说的答案；恰恰相反，它反倒使世人看清了头山满、大隈重信之流露骨的侵略嘴脸，即当时日本的"诸多亚洲主义者"实际关注的不是中国革命能否成功，而是怀揣谋取更大的侵略权益甚至肢解中国这一不可告人的目的介入中国事务的。

再次，看中国留日学生参加中国同盟会的真正原因。

---

① ［日］井上清：《日本军国主义》（第 3 册），马黎明译，商务印书馆 1985 年版，第 102、97 页。

② ［日］升味準之輔：《日本政治史》（第 2 册），東京大学出版会 1988 年版，第 195 页。

③ ［日］中曾根康弘：《日本二十一世纪的国际战略》，联慧译，海南出版社、三环出版社 2004 年版，第 54 页。

日本右翼分子宣称：如果没有日俄战争的"积极"影响，就不会在日本结成以留日学生为主体的中国同盟会，也不会有辛亥革命的发生。言外之意是，中国留日学生是因为受到日俄战争的"鼓舞"才站到了孙中山一边并加入中国同盟会的。这完全是背离史实的刻意美化。实际上，中国留日学生集结在孙中山周围建立中国同盟会并发动辛亥革命，是19世纪末20世纪初甲午中日战争、八国联军侵华战争、日俄战争导致中外民族矛盾空前激化和国家危在旦夕的危险时局所使然；而这三次侵华战争要么由日本单独发动，要么由日本充当主力，无不与日本直接相关。因此，与其说日俄战争在"积极"的意义上推动中国留日学生站到了孙中山一边并建立了中国同盟会，莫如说越来越成为中华民族最凶恶敌人的日本帝国主义的疯狂侵略，促进了置身敌国的中国留日学子们的觉醒，进而坚决站在了孙中山的一边并建立了中国同盟会。换句话说，日本是作为反面教员、日俄战争是在退步的意义上将中国留日学生推到了孙中山的革命阵营——中国同盟会里来的，他们无不视此为拯救民族于水火、切扶大厦之将倾的根本之途。

2. 关于太平洋战争

日本右翼势力抛出的"大东亚战争是解放战争"之谬论，主要集中在太平洋战争的称谓和这场战争是否"解放"了广大亚洲国家特别是东南亚国家问题上。关于前者，早在日美战争爆发伊始，日本统治阶级曾就事关战争性质的战争"称谓"问题，煞费苦心地进行了一番讨论，意在掩盖太平洋战争的侵略性质。1941年12月8日即太平洋战争爆发时，裕仁天皇当天发布的《宣战诏书》还没有给业已开始的这场战争起一个正式的名称。12月10日，日本政府大本营联席会议方就这场战争的"称谓"问题进行了讨论。当时有人提议叫太平洋战争，有人主张叫"大东亚战争"。讨论的结果，最后决定采用"大东亚战争"叫法。在这些战争狂人们看来：如果叫太平洋战争，就有日本与美国以太平洋为舞台进行争霸战争之意，所以认为叫太平洋战争不合适；而"大东亚战争"则有"解放"大亚洲或大东亚之意，因此决定叫"大东亚战争"。直至战败投降，日本的官方文件、命令、讲话等一律使用了"大东亚战争"之称谓。

　　日本战败以后，美国占领当局依据 1945 年 12 月 15 日发布的"神道命令"，禁止日本使用抹杀太平洋战争性质的"大东亚战争"这一称谓。然而，战后迄今日本右翼分子在为侵略战争翻案时，不仅异口同声继承了当年战争狂人们别有用心制造的"大东亚战争"这一称谓，而且竭力将太平洋战争美化成为"解放战争"，大有不达翻案目的誓不罢休之势。谬论之一：太平洋战争这一称谓抹杀了"大东亚战争"的意义。明星大学教授高桥史朗提出："用'神道命令'的方式禁止使用'大东亚战争'一词……意味着强迫日本人接受太平洋战争这一新的历史观。这不仅仅是更改一个战争名称问题，而是要抹杀大东亚战争的存在和意义，是要强迫人接受太平洋战争史观，而这一史观的立脚点是，（日本人）单方面发动了侵略战争。"[①] 谬论之二："大东亚战争"实现了东南亚的"独立"和亚洲的"解放"，促进了人类的"进步"。总山孝雄宣称："大东亚战争"使"有色人种和白人站到了平等的立场上……这是人类有史以来未曾有过的伟大进步。我们可以自负地说，促其实现这一步的是我们日本民族做出牺牲的大东亚战争"。"日本是为了从侵略中保护和解放亚洲而战

————————————————

　　① ［日］高桥史朗：《战后 50 年与占领政策——日本人的战争赎罪意识是如何形成的》，见 ［日］历史研究委员会：《大东亚战争的总结》，东英译，新华出版社 1997 年版（内部发行），第 415—416 页。

的。为结束这场战争而进行的殊死战斗，虽然给亚洲同胞带来了许多痛苦，但这是为了解放他们。"① 中村粲也宣称："如果那时日本不与美国开战，或许就没有此后东南亚的独立。……如果没有大东亚战争，那么东南亚的国家或许还会在相当长的时间里，不得不屈从于殖民统治。……对于日本来说，这是一场命运之战，同时也是使命之战。"② 谬论之三："大东亚战争"中对中国的战争是"非常错误的"，但在东南亚等地的战争则是"独立解放战争"。电气通信大学教授西尾干二是这一观点的代表性人物。他说："我国进行的战争大致可区分为四个方面：在中国的战争、在东南亚到西南亚的战争、对美法英荷的战争和对苏联的战争。这四种战争的类型、目的、经过和动机都完全不同。……在很大意义上，我们不得不道歉和感到有罪的是在中国进行的战争。甚至将来一代人也不能不认为，那时我国陷入中国战线是非常错误的。（而）在东南亚和西南亚地区明显地发生了独立解放战争。"③

那么，就让我们从日本"南进"的动机以及日本在东南亚占领区的殖民统治实况，看一看他们所谓的"大东亚战争"到底是一场什么样的战争。

首先，从当年日本"南进"发动太平洋战争的动机来看。

———————————————

① ［日］总山孝雄：《从弱肉强食到平等共存时代——西欧侵略亚洲和大东亚战争的意义》，见［日］历史研究委员会：《大东亚战争的总结》，东英译，新华出版社1997年版（内部发行），第62、77页。

② ［日］中村粲：《大东亚战争的起因》，见［日］历史研究委员会：《大东亚战争的总结》，东英译，新华出版社1997年版（内部发行），第53页。

③ ［日］西尾干二：《日本和纳粹的罪行能相提并论吗》，见［日］历史研究委员会：《大东亚战争的总结》，东英译，新华出版社1997年版（内部发行），第328—329页。

当年，日本"南进"不是为了东南亚国家的独立和解放，其真正目的和动机主要有二：一是为了切断国际援华通道，以便扭转在中国战场上的被动局面，进而压迫中国政府早日投降；二是为了夺取南太平洋地区的铁、锡、石油、橡胶、大米等丰富的战略物资，以便进一步达成"征服世界"的目的。1941 年 7 月 2 日，日本御前会议通过的《适应世界形势的帝国国策纲要》正式提出："不管世界形势如何演变，帝国均将以建设'大东亚共荣圈'为方针……向处理中国事变的目标前进，并为确立自存自卫的基础，跨出南进的步伐。"① 日本"跨出南进的步伐"真是为了"确立自存自卫的基础"和"建设大东亚共荣圈"吗？只要看一下太平洋战争即将爆发前日本领导人的讲话和政府、大本营发布的文件，就会一目了然。1941 年 11 月 20 日，日本政府大本营联席会议制订的机密文件——《南方占领地行政实施要领》明确规定："对占领地暂时实行军政，恢复治安，迅速获得重要的国防战略物资及确保作战军的生活自给。"就是说，石油、橡胶、锡、钨、奎宁树（皮）等"重要国防资源的迅速获得"，才是日本向南方进军和实施占领的真正目的；而文件中"极力利用（现地）残存统治机构实行军政"一句，则自我粉碎了所谓"西欧殖民地解放"② 说。1942 年 1 月 21 日，东条英机在第 79 次帝国议会上发表演说强调："指导目前帝国正在进行中的大东亚战争的关键，一方面在于确保大东亚的战略据点，一方面在于把重要资源地区收归我方管理和控制之下。"据此，同年 2 月 21 日召开的

————————————

① 潘俊峰、杨民军主编：《是总结，还是翻案——兼评〈大东亚战争的总结〉》，军事科学出版社 1998 年版，第 69 页。

② ［日］江口圭一：《日本の侵略と日本人の戦争観》，岩波书店 1995 年版，第 38－39 页。

日本政府大本营联席会议，具体规定了今后 15 年在占领区的掠夺指标：钢铁 3000 万吨，煤 2 亿吨，铝 60 万吨，石油 2000 万吨，船舶 2200 万吨位。[①] 同年 8 月 7 日，日本南方军军政总监发出指示，宣称：本次战争的"基本理念"，是"给与（日本）国民普遍的发展机会，使其确立坚实的地位，发扬领导民族的素质，谋求大和民族的永久发展"。1943 年 5 月 31 日召开的御前会议又制订了《大东亚战争指导大纲》，规定：将马来等国"确定为帝国领土"，"作为重要物资的供给地，要竭力进行开发并努力掌握人心"。[②] 至此，日本"南进"的真正动机暴露无遗。

其次，从日本侵略者在殖民统治东南亚期间的所作所为来看。

日本由一个"弹丸岛国"一变而成为拥有 3200 多万平方公里（1942 年夏）的殖民大帝国，着实使日本军国主义者欣喜若狂了一段时日。但与此同时，很快就有一个棘手的问题摆在了日本侵略者面前：面对如此广袤且反抗连绵不绝的占领区，究竟采用什么手段才能有效地维持殖民统治呢？于是他们决定使用两种手段进行统治：一种是通过扶植被占领国或地区的亲日派建立傀儡政权进行间接统治，如中国的汪伪政府、缅甸的巴莫伪政府等；另一种是用血与火的手段直接对殖民地进行残酷的经济掠夺，对被占领国人民的抗日活动进行血腥镇压。关于后一种手段，鲜明代表近代日本知识分子民主主义与扩张主义、民权论与

---

① 潘俊峰、杨民军主编：《是总结，还是翻案——兼评〈大东亚战争的总结〉》，军事科学出版社 1998 年版，第 73—74 页。

② ［日］江口圭一：《日本の侵略と日本人の戦争観》，岩波书店 1995 年版，第 39 页。

国权论双重性格的福泽谕吉早在 19 世纪 80 年代抛出的《脱亚论》一文中，就已经明确提了出来。他说："我国不可游疑，与其坐等邻邦之进步而与之共同复兴东亚，不如脱离其行伍，而与西洋各文明国家共进退。对待支那、朝鲜之办法，不必因其为邻邦而稍有顾虑，只能按西洋人对待此类国家之办法对待之。"①实际上，明治时代日本国家主义者的忠实信徒和孝子贤孙们后来的所作所为，较之前辈们的"设计"和"规划"有过之无不及。日本占领东南亚期间，在新加坡杀害了 5000 名华侨，在菲律宾屠杀了一万名华侨，而惨死于修筑泰缅铁路的劳工和战俘竟有45339 人之多，也有人估计可能多达 10 万人或 26.2 万人。仅以这条泰缅铁路为例。该路全长 415 公里，筑路难度非常之大，然而当时却以平均每天 890 米的速度向前铺设。若按死亡 45339 人计算，铁路平均每向前推进 9.14 米就有 1 人死亡；若按死亡 10万人计算，平均每前进 4.15 米就有 1 人死亡；如果按死亡 26.2万人计算，则平均每前进 1.58 米就有 1 人丧生，使这条铁路成为一条名副其实的"死亡铁路"。不仅如此，日本政府实施的残酷榨取和掠夺之政策，也给东南亚人民带来了难以忍受和无以复加的痛苦。1944 年至 1945 年，法属越南发生了空前大饥荒。气候不顺、运输中断、疾病和霍乱蔓延等等，固然都是这次大饥荒的成因，然而日军对稻米的疯狂掠夺以及强迫种植稻米之外的军用作物麻等，却是引发这次大饥饿最直接最主要的原因。据越南民主共和国当年发布的独立宣言控诉，在日军的残酷掠夺下，越南人民饿死 200 万人。1945 年 4 月亲自到过河内的丸山静雄，曾在自己的书中叙述了这样一件悲惨而恐怖的事情："这是在河内听到的一个故事。因为有一个可疑的谣言，所以两个日本宪兵

---

① ［日］福沢諭吉：《脱亜論》，《時事新報》1885 年 3 月 16 日。

搜查了地处伊恩·普大街上那户有问题的人家，结果从地板下搜出来一口新棺材。打开一看，里面有七个孩子的头，上边的那个头还带着鲜血。搜寻的宪兵因过于恐惧，竟将当天早晨吃的东西都吐了出来。于是，那家人慢慢逼近，吃掉了吐泻物。"① 食子女的肉和吃宪兵的吐泻物，足以反映出当年越南大饥荒的凄惨程度。此外，战时被饿死的中国人、朝鲜人、冲绳人也为数不少。然而在战争末期和战败初期，日本国内又有多少人饿死呢？据江口圭一介绍，截止1945年8月15日，日本本土极普通的市民家庭也没有饿死者。那么，为什么在战败前后那样特别的年份里，在日本本土没有发生饿死人的现象呢？这是因为战时"日本把在越南掠夺的稻米和一部分杂谷渡海运回了日本的缘故，所以我们（日本人）才能分配到和食用这种被称作'外米'的粮食。……即使说因为吃了在越南掠夺来的稻米和杂谷才得以保全生命，恐怕也不为过?"② 1941年11月15日日本藏相贺屋兴宣宣称的日本"在相当长的时期内将无暇顾及当地居民的生活，暂时不得不执行榨取之方针"③，可谓一语道破了包括东南亚在内的亚洲被侵略国家人民生活凄惨的根源所在。可见，当年日本带给东南亚人民的不是"共存共荣"，而是较之西方殖民主义者更贪婪、更残暴的殖民统治。对此，新加坡建国之父、前总理李光耀曾在回忆录中揭露说："许多亚洲人都以为向英国抗争是不现实的。但是亚洲民族之一的日本人向英国挑战，打破了白人的神话。然

① ［日］江口圭一：《日本の侵略と日本人の戦争観》，岩波書店1995年版，第47—48页。

② 同上书，第46页。

③ 转引自李玉、骆静山主编：《太平洋战争新论》，中国社会科学出版社2000年版，第258页。

而，日本人对于我们也摆出征服者的面孔。他们比英国人还残酷，凶暴恶毒超出常人想象。日本占领的三年半中，每当我看到日本人施暴的时候，总是想还是英国人的统治好。作为同样的亚洲人，我们对于日本人感到幻灭。日本人自以为比其他亚洲民族文明，蔑视亚洲人，不愿被看作是亚洲人。"① 日本早稻田大学教授寺岛实郎的揭露更是一针见血，指出："这一战争是为了日本的利益而发动的暴行，'从白人帝国主义手下解放亚洲'，只是事后为美化战争而寻找的理由。"② 如果说身为东南亚人的李光耀的上述回忆是对当年日本残酷统治东南亚罪行的彻底揭露，那么身为日本人的寺岛实郎的上述剖析，则可谓是对今天日本右翼势力刻意美化太平洋战争之谬论剔肤见骨的批判，也是一种深刻而宝贵的历史认识！

再次，让我们看一看究竟是日本"解放了东南亚"，还是东南亚人民自己解放了自己。

如前所述，时至1942年夏，日本帝国主义通过疯狂侵略，已经在亚太地区建立起一个超过日本本土面积88倍、总面积达3200多万平方公里的殖民大帝国。至此，日本侵略者所期望的"大东亚共荣圈"从地域上看初步形成。当年日本侵略者经常把"帮助亚洲国家独立"挂在嘴边，并以亚洲人民的"解放者"、"救世主"自居。例如，1943年11月6日召开的所谓"大东亚会议"发表的《大东亚共同宣言》，就充斥着"相互尊重其自主独立"、"相互尊重其传统"、"消除人种差别"、"建设共存共荣之

---

① ［新］《李光耀回忆录》，转引自寺岛实郎：《呼吸历史——对亚太区域的人文思考》，徐静波、沈中琦译，复旦大学出版社2004年版，第187页。

② ［日］寺岛实郎：《呼吸历史——对亚太区域的人文思考》，徐静波、沈中琦译，复旦大学出版社2004年版，第135页。

秩序"、"贡献于世界之发展"① 等听来美妙却毫无实质内容的辞藻。但日本"南进"的目的绝不是"帮助亚洲国家独立"和"亚洲解放",其建立"大东亚共荣圈"的主旨也绝不是与被占领的亚洲各国"共存共荣",而只不过是以东方日本法西斯殖民主义代替西方传统殖民主义而已。以缅甸为例,以巴莫为首的缅甸傀儡政权发布的"缅甸独立宣言",是由日军大佐矶村武亮起草的,并附了一份秘密军事协定。该协定规定:日军司令官有权采取他认为对促进日本军事行动有必要的任何措施;如果他认为需要的话,也有权否决缅甸政府的任何行动。战后即 1946 年,巴莫曾就参加所谓"大东亚会议"的真相揭露说:当时参加会议的每个"同盟国家"的代表团背后,都有一个日本官员指导要怎么说和怎么做。整个议程都是由日本军人安排好的,不容许有任何改动。② 前揭日本政府大本营联席会议制订的《南方占领地行政实施要领》还提出:日本在占领区应"竭力利用存留的原统治机构,……避免过早地引发独立运动"。仅此一句,便足以洞穿日本"南进"是为了"帮助东南亚国家独立"之谎言。幸亏日本帝国主义早在1945 年就已经战败投降,否则东南亚国家和人民一定还处在日本残酷的殖民统治之下。恰如日本爱知大学教授江口圭一以朝鲜为例驳斥的那样:"'建设大东亚共荣圈'、把亚洲从欧美统治下解放出来,不过是日本杜撰的大义名分和将战争正当化的一种理论。如果真是那样的话,我想问一下,日本为什么不让朝鲜独立?……剥夺独立、剥夺肉体、强制学习日语而剥夺语言、强迫'创氏改名'而剥夺原来的姓名、强行要求参拜神社而

---

① 李玉、骆静山主编:《太平洋战争新论》,中国社会科学出版社 2000 年版,第 255—256 页。

② 同上书,第 256—257 页。

剥夺信仰。什么解放亚洲，朝鲜不是亚洲国家吗？"可见，"日本只是披着'大东亚共荣圈'、'亚洲解放'的外衣，这并不是其心声。战争的真正目的另有其他。要而言之，是夺取欧美的殖民地使之变为日本的殖民地"。①

那么，究竟是谁解放了东南亚国家呢？或者说东南亚国家到底是怎样取得独立的呢？以缅甸为例。当年，阿文萨领导缅甸人民掀起反英独立运动，很快引起日本参谋本部铃木敬司大佐的注意，打算在实施缅甸攻略战时加以利用。他从阿文萨手下选拔30人集中到海南岛和台湾进行集训，并以争取缅甸"独立"的名义编成"缅甸独立义勇军"，用于缅甸作战。尽管后来铃木大佐卸去了在缅甸的职务，阿文萨也当上了由日本扶植建立的缅甸"独立政府"的国防大臣，但缅甸的独立只是名义上的，与"军政"毫无区别。就是说，日本彻底违背了自己先前的"约定"，在缅甸实行了更加残酷的殖民压迫和掠夺。阿文萨鉴于与初衷背道而驰，遂又秘密组织了一个反法西斯人民阵线性质的抗日组织。1945 年 3 月 27 日，缅甸"国民军"在阿文萨指挥下举行反日武装起义，并先于盟军解放了自己的祖国。缅甸是通过掀起抗日武装起义而获得独立的，起义之日 3 月 27 日被定为缅甸建军纪念日。阿文萨虽然在独立后不久被政敌暗杀，但他作为独立英雄，一直被供奉于缅甸阿文萨庙中。② 可见，缅甸是通过先抗英后抗日，即依靠自己的力量和斗争取得民族独立的。对此，江口圭一教授指出："日本在太平洋战争初期打败了欧美列强，使东南亚诸民族为之一振，一时对日本产生幻想和期待，这是事实。

---

① ［日］江口圭一：《日本の侵略と日本人の戦争観》，岩波书店 1995 年版，第 33、41 页。

② 同上书，第 35—36 页。

然而，幻想和期待很快变成了幻灭和失望，进而又转变成憎恶和反抗。另外，欧美列强在与日本进行殖民地争夺过程中变得疲惫不堪，其殖民地统治力量大为削弱，从而使战后的东南亚诸民族比较容易地实现了独立，这也是客观事实。但这到底是结果，而不是日本的意图所在。东南亚以及辽阔的中国、朝鲜等亚洲各国各民族，是因为日本战败和通过对日抵抗实现了解放和独立的。"① 井上清教授亦指出："日本一举占领了英法荷美在东南亚的殖民地。日本的占领统治是一种比英法荷美等殖民者更加残酷、只取不予的掠夺。……日本凭'大东亚战争'把亚洲各族人民从西方帝国主义手中解放出来的说法，完全违背事实。东南亚各族人民同旧殖民帝国一起打倒了日本帝国主义，后来也不允许旧殖民帝国卷土重来再当他们的主人，是他们自己解放了自己。"②

总之，当年日本军国主义者煞费苦心炮制的"大东亚战争"一词，丝毫也掩盖不了这场战争的法西斯侵略性质；战后东南亚国家的纷纷独立绝非日本发动"大东亚战争"的结果，而是东南亚各国人民长期坚持不懈反抗包括日本帝国主义在内的民族独立斗争的最后胜利，是第二次世界大战中被联合起来的世界反法西斯力量——"东南亚各族人民（实为包括东南亚在内的亚洲各族人民）同旧殖民帝国（已是世界反法西斯统一战线重要组成部分的非传统意义的旧殖民帝国）"合力打击所致。换句话说，日本发动的太平洋战争与二战爆发前西方列强强加给亚洲国家的侵略

---

① ［日］江口圭一：《日本の侵略と日本人の戦争観》，岩波書店 1995 年版，第 41 页。

② ［日］井上清：《日本军国主义》（第 3 册），马黎明译，商务印书馆 1985 年版，第 275－276 页。

战争性质相同、目的一致，只是作为最后一个殖民帝国而被亚洲人民的反帝反殖斗争和旧殖民帝国的反法西斯战争打倒而已，根本不存在什么历史"功绩"和东南亚人民的"感激"问题。因此，日本右翼势力抛出的"大东亚战争是解放战争"等谬论是站不住脚的。

（三）日本右翼势力的"英美同罪史观"

日本右翼势力在为侵略战争翻案时，不仅气壮如牛地兜售"自卫战争史观"、"解放战争史观"为侵略战争"正名"，而且挖空心思地抛出"英美同罪史观"为侵略罪行辩解，给世人留下了"千般无奈，万分委屈"的错觉。为此，笔者在严肃批驳其"自卫战争史观"、"解放战争史观"的基础上，再对其所谓的"英美同罪史观"予以辨正。

谬论之一：就"侵略行为"和"殖民统治"而言，日本与美英法荷等西方列强"没有什么区别"。

如前所述，细川首相关于"侵略战争"、"错误的战争"的表态一度在日本社会引起轩然大波。赞成者多，反对者亦不少。其反对理由之一就是：英美法荷等欧美国家不是先于日本做过很多坏事吗？为什么只说日本的坏话？为什么日本必须根据《开罗宣言》归还窃取于中国的一切地域，而英国通过《南京条约》盗取于中国的香港却继续据为己有？这就是日本右翼分子抛出的所谓"英美同罪史观"或"英美共同责任论"。日本右翼分子中持这一观点比较有代表性的人物是已为耄耋老人的埼玉县秩父市的关田寅和青山学院大学法学系教授佐藤和男。关田寅在细川讲话数日后的 8 月 18 日向《每日新闻》投稿提出："我认为，回顾并做历史性考察时，问题并不在于日本单方面进行了侵略。以曾经君临七大海域的英国开其端，美国、法国、荷兰等欧美各国都曾为所欲为地侵略世界各地，肆意掠夺、屠杀、破坏。虽然不能说是胜者王侯败者为寇，但我认为还是盛行着不管做了什么坏事都以强者（武力）为赢的逻辑。……如果就这次大战加以思考，难道不能说英美等国负有共同的责任吗?"① 佐藤和男提出："当时，各发达国家对世界殖民地的瓜分已基本结束。……在那种情况下，英国、美国、法国和比利时这些先实行资本主义的国家统治着广大的殖民地，作为殖民地'拥有国'大显威风。而后发展起来的日本、德国和意大利等国作为殖民地'非拥有国'进行着苦战。……通过战争可以改变不好的国际秩序。"所以，日本才发动了"把亚洲各民族从欧美各国的殖民统治下解放出来的大东亚战争"。② 在关田寅、佐藤和男看来，当年欧美国家是通过侵略战争获得广大殖民地的，日本发动"大东亚战争"是为了改变"不好的国际秩序"——殖民地"分配不公"；如果认为日本发动"大东亚战争"有罪的话，那么"作恶在先"的欧美各国也同样有罪，也同样"负有共同的责任"。在日本国内，持这一观点者何止右翼分子。如前所述，1995年6月9日日本众议院通过了"战后50周年国会决议"。本来，战后50周年是日本"结束战后"的绝好机会，国际社会特别是亚洲遭受过日本侵略的近邻国家也都对日本寄予希望，但结果却令世人大失所望。在这个煞费苦心炮制出来的不到300字的"国会决议"中，不但根本找不到"侵略战争"、"不战"、"谢罪"字眼，而且含糊其辞地宣称："在世界近代史上有过许多殖民支配和侵

---

① ［日］江口圭一：《日本の侵略と日本人の戦争観》，岩波書店1995年版，第13页。

② ［日］佐藤和男：《东京审判与国际法》，见［日］历史研究委员会：《大东亚战争的总结》，东英译，新华出版社1997年版（内部发行），第302页。

略行为……""决议"如此表述意在说明：日本过去发动的战争不是侵略战争，只是一种"侵略行为"；而日本的这一"侵略行为"也仅仅是世界近代史上发生过的此类许多"行为"之一。这实际上把矛头指向了欧美各国，即日本不过是"步英美后尘"，与"英美同罪"。

　　针对关田寅之流的这番谬论，江口圭一有过深刻的批判。他认为，在某种程度上来说，关田寅的这种看法是对的，但是如果置于整个历史过程来看，其"英美同罪史观"又是不成立的。江口教授在简要考察历史过程后精辟地指出："历来，中国反帝运动的对象因时而异。与日本相比一般说来主要对象是英国，然而经过济南事件和张作霖被炸案之后，中国反帝运动的矛头一下子从英国转向了日本。"那么，中国在张学良主政东北期间向日本提出恢复主权的要求，即把反帝矛头指向日本是否正当呢？对此，江口圭一继续写道："无论哪一个民族，都不愿接受任何形式的外国统治和压迫，这是世界近代史无法否认的趋势，当然也不允许阻碍这种趋势。日本自身曾强烈要求解除与列强之间的不平等条约，为了挣脱不平等条约的束缚而饱尝艰辛，经过反复努力，现在终于恢复了主权。中国把与日本本质上一样的这种努力指向了日本。不仅如此，中国的情况是，领土实际上被外国侵略，巨大的经济利益操诸于外国手中。如果做个假设的话，比方说房总半岛的一角被外国——无论是中国、美国还是苏联租借，建造一个大港，铺设一条外国拥有所有权和经营权的从那里伸向东北的一条大干线，这条铁路线的两侧和福岛、仙台、盛冈等城市的一部分被指定为铁道附属地而涉及日本主权，东北的物产使用这条铁路运出，外国军队为保护这些权益而驻扎于此等等，想象一下这种状态后，你还能允许这些吗？要想确立起尊重主权、民族平等的国际理论和原则，日本就必须接受中国恢复主权的要求，放弃满蒙特殊权益，解除对南满洲的统治。"① 江口圭一的剖析没有就此打住。他还从法西斯阵营与反法西斯阵营的角度分析说："日德意三国尽管其各自特点有所不同，但在强烈反苏反共、敌视民主主义自由主义和追求种族灭绝、通过推行无视既成势力范围的武力扩张政策来建立'新秩序'等三点上，具有共同立场。1940 年日德意三国军事同盟——三国轴心形成。与此相对应的美英法等国，虽然在帝国主义大国这一点上与日德意没有什么不同，但基于拥护民主主义自由主义、遏制日德意扩张、谋求援助受三国侵略的被侵略国家等方面，结成了与轴心国绝然对立的反法西斯联合阵线。同纳粹联手的日本与同纳粹作战并援助中国的美英，（事实上）站在了完全不同的历史地平线上。……我想重新问一下主张美英等国与日本'共同责任论'的关田先生，你怎么来理解和说明以上特别是 1931 年以后的历史过程？恐怕连理解和说明都做不到吧？"② 江口圭一的上述驳斥无疑是正确的、有力的。众所周知，20 世纪 30 年代以前，英美法德意日等国对中国的侵略战争性质相同，目的一致；但在 30 年代以后尤其从日本发动全面侵华战争开始，由于日本与德意两国结成了法西斯同盟，成为侵略战争的策源地，而英美等国与被侵略国家中国等结成了世界反法西斯统一战线，共同抵御日本的侵略，因此事实上已经分属于相互对立的两大阵营的日德意与美英荷之间所进行的战争，不再是原来一般意义上的同质的帝国主义战争，而已经具有法西斯侵略战争和反法西斯自卫战争之分，不能再相提并论。

———————————————————

① ［日］江口圭一：《日本の侵略と日本人の戦争観》，岩波書店 1995 年版，第 17—19 页。

② 同上书，第 21—22 页。

谬论之二：美英对"中日战争长期化"和"大东亚战争"的爆发也有责任。

其实，这一谬论并不新鲜，早在战时法西斯理论家大川周明就兜售过类似的观点。他说："日支两国之间的第三国介入，两国之间鸿沟的加深，这一再被历史所明确揭示。日清战争时的三国干涉就不用说了，即便在第一次世界大战时，支那与日本同属联合国一方参战，但由于强大的欧美势力介入日中两国之间，两国的亲善友好不但没有增加，反倒助长了反目为仇的敌意。满洲事变时，支那回避与日本的谈判，却始终向欧美哭诉，终使纠纷加剧。支那事变先于欧罗巴战争，是发生于日中两国之间的悲剧。其解决方法决不允许第三国介入，必须由两国直接谈判解决。事实上，大东亚战争已经改变了支那事变的性质，因此它只不过是东亚的一次内乱而已。我们只有早日平定这次内乱，大东亚战争的目的才能达到。"① 大川周明的这段表述既是在为"大东亚战争"的"正当性"寻找"理论依据"，同时明显具有混淆战争性质和推卸战争责任之故意。就是说，大川周明把中日战争的性质定性为"内乱"，以及将历史上中日两国"反目为仇"、"鸿沟加深"、"纠纷加剧"的责任全部归咎于英美等"第三国介入"，不符合近现代史上中日之间的一切矛盾、冲突和战争皆由日本侵略者一手造成这一基本事实；中日冲突和战争陷入胶着状态乃至长期化，中国人民掀起声势浩大的抗日战争，则是觉醒了的中国人民反侵略斗争意志的体现。如果硬把美英对中国抗战的支持说成是"第三国的介入"也无妨。因为这是一种仗义介入、正义之举，是对中国抗战事业的宝贵支持，无可厚非。

战后，持美国"干预"导致了"支那事变"长期化观点的代

_____

① ［日］《大川周明全集》（第 2 卷），岩崎书店 1962 年版，第 803 页。

表人物还是中村粲。他说："美国试图要在中国主持商业公道。日本关心的不是商业问题，而是中国的稳定和秩序。"为此，"美国便实行了援助蒋介石的政策。结果使得蒋介石的抗日战争得以长期坚持下去，并使支那事变陷入了长期化的泥沼之中。……支那事变之所以陷入泥沼，最终是因为美国在进行干预"。[①] 而兜售"美英也应对大东亚战争负责"观点的是佐藤和男。他提出："美国挑拨日本发动了大东亚战争，对此，丘吉尔也有责任。因为丘吉尔要求美国尽快参战，加上美国产业界也有这种意图，罗斯福终于下决心想参战，但是国民反对。于是，美国首先向德国挑衅，用'格里亚'号驱逐舰攻击德国的潜水艇。但是，在第一次世界大战中吃过苦头的德国没有上美国的当。于是，美国又想向被视为最愚蠢而正直的日本进行挑衅，想让日本打出第一枪，在进行日美交涉时甚至带去了'赫尔备忘录'。……这些要求对当时的日本人来说，没有比它更感到受了侮辱。……这样不合理的要求不能接受，除了发动战争以外没有其它道路可走。"[②] 此外，旧军人出身的作家兼评论家村上兵卫则提出了日美两国领导人"对其责任应该是各负其半"的观点。[③] 中村粲所谓如果美国不援华抗日，中国的抗战就不能长期坚持下去，"支那事变"也许就不会陷入泥潭的观点本身，完全是一种假设。因为中国抗击日寇，主要依靠的是自身的力量；即使没有美国援华，已经觉醒

---

① ［日］中村粲：《大东亚战争的起因》，见［日］历史研究委员会：《大东亚战争的总结》，东英译，新华出版社1997年版（内部发行），第34—35页。

② ［日］佐藤和男：《东京审判与国际法》，见［日］历史研究委员会：《大东亚战争的总结》，东英译，新华出版社1997年版（内部发行），第311页。

③ 步平、王希亮：《良知与冥顽——战后50年日本人的战争观》，黑龙江人民出版社1999年版，第313页。

了的中国人民的抗战也一定能够坚持下去，日本帝国主义也一定会深陷泥潭不能自拔。这既是由战争性质决定的，也是由毛泽东在《论持久战》一文中阐述的中日双方存在着互相矛盾的四个基本特点（因素）所使然。即使美国的援华果如中村粲所言具有那样大的作用，也无法将"支那事变"陷入"长期化的泥沼之中"的责任强加在美国身上。因为如若不然，其结果也只能是中国迅速亡于日本帝国主义。中村粲把美国对中国抗战的宝贵支持视作美国对中日战争的"干预"，视为"支那事变之所以陷入泥沼"的原因，无非想得出类似佐藤和男、村上兵卫的结论：美英与日本"同罪"，或日美两国对大东亚战争的责任"应该是各负其半"。

谬论之三：日本军国主义不同于德国法西斯主义；日本的"战争犯罪"不同于德国的"人道犯罪"。

日本右翼势力说明"英美同罪"的第三个切入点，就是千方百计把日本的战争罪行与德意两国的战争罪行"区别"开来。这是基于德国在战后已经进行了很好的反省、谢罪、赔偿从而赢得了国际社会普遍赞誉的现实有意所为。西尾干二在《日本和纳粹的罪行能相提并论吗》的演说中，不厌其烦地反复强调说：德国的"纳粹犯罪不是一般的战争犯罪"，而"是人道上的犯罪"；"日本犯下的罪行是战争犯罪，战胜国也有战争犯罪行为"。"日本和德国在战争的动机、目的和结果等所有方面上都不相同。""我认为日军在中国以及其它前线一定存在战争犯罪的事实。这种场合的战争犯罪通常是伴随着战争的实行而出现的犯罪行为"；而纳粹犯罪"是与战争行为本身恰恰相反的灾难性的犯罪，是纳粹所追求的某种意识形态的犯罪。把它和日本进行军事行动而产生的犯罪，即战争犯罪同等看待，是不可取的。""不论谁怎么看，战争中的日本不是犯罪国家，是有犯罪行为的国家，只不过是有时不得不犯罪的国家之一。这个区别很重要。"所以"那场战争是否是日德法西斯主义对英美民主主义之战，我觉得有疑问"。① 历史研究委员会委员安倍晋三也提出："关于不战决议的谢罪，最近《朝日新闻》等对德国的态度和我国进行了比较。作为我个人本身的想法是，纳粹德国所干的事，其意图、内容和规模与我国进行的战争完全不同。"② 在日本右翼分子看来，不论哪个国家一旦进行战争，就会造成战争犯罪；既然彼此彼此，就都不应该过问对方的战争犯罪，从而也就无需追究什么战争责任了。然而"英美同罪史观"不成立。正如有学者所说，即使英美有罪，也与日本不同罪。用"同罪论"统而论之人类历史上的战争责任，人类就永远不会有辨别是非的共同准则。③

谬论之四：盟国方面的一些"暴行"也是"战争犯罪"。这是日本右翼势力主张"英美同罪史观"最主要的一个切入点。

首先，被日本右翼势力指责为"暴行"的，是广岛和长崎的"原爆"事件。日本作为世界上惟一遭受过原子弹轰炸的国家，特别是广岛、长崎近30万罹难者及其遗属令人同情；战后为警示后人不再使用这种毁灭性武器而在广岛、长崎"原爆"废墟上建立"原爆纪念馆"，也无可厚非。但问题是，我们在对广岛、长崎人民深表同情和对"原爆纪念馆"中的一些陈列品感到触目惊心的同时，又会不无遗憾地发现展馆中的文字说明和解说词所

---

① ［日］西尾干二：《日本和纳粹的罪行能相提并论吗》，见［日］历史研究委员会：《大东亚战争的总结》，东英译，新华出版社1997年版（内部发行），第316、318、324、336页。

② ［日］长谷川三千子：《颠倒"不战论"》，见［日］历史研究委员会：《大东亚战争的总结》，东英译，新华出版社1997年版（内部发行），第605页。

③ 李建军：《战争罪责岂能转嫁》，《贵州大学学报》2003年第6期。

存在的严重问题：只一味地昭告世人日本才是那场战争"最大的受害国"、广岛和长崎才是那场战争"最不幸的城市"，却只字不提美国为什么向日本投掷了原子弹和日军给中国等亚洲国家造成的更大的损害。对此，1996 年 3 月长崎市"原爆纪念馆"资料馆开馆时发表的《长崎和平宣言》指出："不对侵略和加害的历史进行反省，全面禁止和销毁核武器的呼声就难以得到响应。"基于这一认识，举办者补充了一些"加害展览"的内容。然而，由于来自多方面的非难和攻击异常激烈，举办者被迫撤下了部分能够反映原子弹轰炸原委的照片和陈列品，并将解说词作了多处修改。如，把"侵略"一词改成"扩大势力范围"、"军事行动"等中性词语，甚至有的干脆予以删除。① 至于只一味地夸大广岛、长崎"受害"程度和一味指责美国这一"道德犯罪"的右翼分子，在日本更是大有人在。其目的无非是为了淡化乃至"抵消"日本的战争责任和罪行。我们必须提醒日本右翼势力的是，在念念不忘广岛和长崎罹难的近 30 万和平居民时，不要忘记或视而不见被日军用最原始方法和最残忍手段屠杀了的南京 30 万平民百姓，更不应忘记或视而不见日本侵略者在中国制造的伤亡3500 万人这个天文般的数字。换句话说，日本右翼势力必须正视其因果关系：战时日本国内外人民遭受的一切灾难，皆缘于日本军国主义的疯狂侵略；而日本的"原爆受害"是由日本的"战争加害"招来的。1945 年 8 月 9 日《新华日报》"时评"指出的"作为侵略者的日本人，受到这种史无前例的强大武器的打击，是对法西斯侵略者必然的报应"，以及日本正直学者作出的"南京大屠杀和偷袭珍珠港招来了东京大空袭和广岛、长崎原子弹轰

---

① 李建军：《战争罪责岂能转嫁》，《贵州大学学报》2003 年第 6 期。

炸"① 等铿锵有力的论断，准确、深刻地说明了这个道理。何况，广岛作为战时日本的军火制造之都，长崎作为战时日本的军舰生产基地，对其轰炸并不违反"炮击只限于军事目标"这一战前国际法之规定。

另外，尽管看上去对广岛和长崎人民有些残酷，听起来也似乎有些不公，但笔者还是需审慎地指出这样一个客观事实：美国当年投掷原子弹虽然给这两座城市造成了近30万人死亡和巨大的财产损失，但这一行动无论在当时还是战后，都有其值得肯定之处：第一，美国的这一行动不仅严惩了骄横狂暴、不可一世的日本军国主义，而且大大加快了战争结束的进程，从而比较而言极大地减少了包括日本人民在内的亚洲各国人民可能遭受的更大的牺牲和损失。1945年上半年，尽管日本败局已定，但以阿南陆相为首的强硬派却在"一亿玉碎"的口号下准备"本土决战"。美国根据日军在以往几次大的惨烈战役中表现出来的出人意料的战斗力和对日美双方伤亡情况的认真分析认为，太平洋战争最早也得持续到1946年方能结束，这样敌我双方还将付出"伤亡一千多万"② 人的昂贵代价。直至美国投掷原子弹之后，日本最高统帅裕仁天皇方基于"继续进行战争越发不可能了"，并"终将导致我民族之灭亡"③ 之判断，被迫做出了投降决定。对此，美国前总统尼克松曾经指出：美国如果用常规兵力占领日本，结束战争，双方将各死亡100万以上的士兵（不包括平民伤亡，及中国等战场上的死亡人数）；而广岛、长崎"原爆"死亡人数不足

① 李建军：《战争罪责岂能转嫁》，《贵州大学学报》2003年第6期。

② 同上。

③ ［日］服部卓四郎：《大东亚战争全史》（第4册），易显石等译，商务印书馆1984年版，第1637、1670页。

30万，实际使数十倍于此的人幸免于难，因此"广岛事件从某种意义上讲是件好事"[①]。第二，广岛、长崎原子弹轰炸还以日本付出近30万人的巨大代价，使刚刚拥有原子武器的人类自发明伊始就充分认识了它的危害性，认识到国家间的战争绝不能使用这种毁灭性的核武器，从而掀起了战后经久不衰的"反核运动"，并事实上确保了战后50多年间再没有哪一个国家敢于轻言和实际动用这种原子武器。广岛、长崎原子弹轰炸对人类的这般最感观、最直接的警示意义，应当说是出乎时人意料的。

其次，被日本右翼分子视为不可饶恕的另一个"暴行"，就是战争末期盟军对日本本土的战略空袭。

在1944年6月至1945年8月的14个月中，盟军主要是美国空军的确对负隅顽抗的日本的本土进行了长时间、大规模的战略轰炸。据日方统计，以中国大陆和马里亚纳为基地的美国B－29轰炸机，对日本98个城市进行了空袭，伤亡总数为661630人。仅京滨、名古屋、阪神三大城市区，就死亡125369人，伤181283人，受灾者1421290人，烧毁房屋143万栋。就房屋烧毁率来看：京滨地区占56%，名古屋市占52%，阪神地区占57%；中小城市的烧毁率是：福井市达96%，甲府、滨松市达72%，日立市达71%。其他被炸城市，也有40%以上房屋化为焦土。[②] 对此，右翼分子佐藤和男提出："战斗人员（通常指军队的一般成员）和非战斗人员有区别，不许攻击作为非战斗人员的一般民间人士（居民和市民）是交战法规中最重要的原则。另外，按照保护非战斗人员及其财产的人道要求，战时国际法规

---

① 李建军：《战争罪责岂能转嫁》，《贵州大学学报》2003年第6期。

② ［日］服部卓四郎：《大东亚战争全史》（第4册），易显石等译，商务印书馆1984年版，第1544页。

定，炮击只限于军事目标（称军事目标主义）。很多国际法学者认为，同盟国方面在战争中进行的'地区轰炸'和'战略都市轰炸'，与在广岛和长崎投掷原子弹的狂轰滥炸一样，都是违反军事目标主义、违反交战法规的行为，构成了真正意义上的战争犯罪。"①

那么，究竟应如何认识战争末期盟军对日本本土实施的战略轰炸呢？笔者认为，指责盟军在战争末期对日本本土的战略轰炸是"战争犯罪"，至少从两个方面看是站不住脚的。第一，指责它国采取的某种战争行动是"战争犯罪"的前提，一定是自己不曾实施过同类战争行动和没有犯过类似的"战争罪行"。但令人遗憾的是，早在盟军战略轰炸日本本土数年前，日本就已经首先违反《国际空战规则》②的有关规定，对中国等国实施了更为惨烈的狂轰滥炸。从1937年全面侵华战争爆发起，日本就对中国的河北、河南、山东、陕西、江苏、江西、湖南、湖北、广东、广西、浙江、福建、安徽、察哈尔、绥远、内蒙古、陕西、甘肃、青海、四川、贵州、云南、西康等23个省进行了时间更长、范围更广、规模更大、生命财产损失更为惨重的狂轰滥炸。仅陪都重庆就遭受了历时五年的战略轰炸，成为世界上第一个被"无差别战略轰炸"所摧毁的城市，"成了出现在广岛之前的广岛"。③据统计，仅1937年7月至1943年7月，日军轰炸就造成

① ［日］佐藤和男：《东京审判与国际法》，见［日］历史研究委员会：《大东亚战争的总结》，东英译，新华出版社1997年版（内部发行），第298页。
② 1923年制订的《国际空战规则》明确规定，禁止以对平民造成恐怖、破坏和损害非军事性质的私人财产、或伤害非战斗员为目的的空中轰炸；禁止对紧接着地面部队作战地区的城市、市镇、乡村、居民点或建筑物进行轰炸。
③ 李建军：《战争罪责岂能转嫁》，《贵州大学学报》2003年第6期。

了中国 762183 人伤亡，而日本国内在整个战争期间由盟军轰炸造成的伤亡人数仅为 661630 人。因此，无论是从轰炸的先与后来说，还是从轰炸的时间、范围、规模和实际损害来看，盟军对日本的战略轰炸与日军对中国的狂轰滥炸不可同日而语。日本右翼势力一味指责盟军对日本本土的战略轰炸而闭口不谈日军对中国实施的更加残酷的狂轰滥炸的做法，明鲜具有掩盖和推卸本国的战争罪责之故意。第二，从双方实施战略轰炸的目的来看，更有本质上的区别。日军对中国的狂轰滥炸是作为日本侵华战争的战略组成部分实施的，其结果除进一步扩大对华侵略和加剧中国人民的痛苦外，不存在任何积极意义；而盟军在战争末期对日本的战略轰炸，则含有加快战争结束进程和缩小交战双方更大伤亡的积极因素。从当时美国军方决策者提出的空袭理由，也能看清这一点：日本是发动战争的侵略国，侵略者必须受到惩罚；日本首先践踏国际法准则，对中国进行了无差别轰炸；通过摧毁日本继续进行战争的物质基础和精神基础，加快战争的结束；杀伤日本本土的有生力量，减小美军登陆日本本土的代价。

再次，就是关于前苏联军队的"强奸暴行"问题。安村廉不仅指责战后盟国方面没有"追究"美国投掷原子弹和苏联军队强奸等"暴行"，而且将这两大"暴行"与战时的慰安妇问题和南京大屠杀事件相提并论，甚至视其有过之无不及。他长篇大论地指责说："在给日本判罪的大合唱中，无论如何也不可理解的是，在大战末期和终战以后盟国军队对普通市民的残暴行为——这显然是违反国际法的行为——却根本不予追究。根本不谈美国投放原子弹的问题。"特别是"原苏联军队在德国东部地区和满洲进行的强奸，是有史以来规模最大的，是有组织进行的。……据说，遭到原苏联军队强奸的德国妇女至少有 200 万。前年在原东德地区，发现了当时因被奸污而怀孕的妇女做人工流产的记录。

要接受人工流产，就必须在文件上签署父亲的名字。结果发现在文件上写的是'俄罗斯士兵'。这成为200万德国妇女被苏军强奸的根据。……这难道不是超过了慰安妇问题和南京事件的野蛮行为吗？以社会党为首的势力把以前的战争只看成是民主主义对法西斯主义的胜利。采取这种教条主义的结果，将导致无视德国妇女和日本妇女之人权的态度。如果是这样，那就是不能容忍的。……社会党和日本进步的文化人士能否对沉默不语的日德双方遭到不幸的妇女也倾注怜悯和爱心呢？"①

我们可以十分肯定地认为，苏军当年的强奸行径确有其事，也理应受到谴责。但有几点必须明晰：第一，仅凭这一记录就断言苏联军队曾强奸了200万德国妇女似乎有些武断，何况这些"暴行"并非中国人所为；第二，日本军队在中国制造的强奸案件以及能够证明这些暴行的资料比比皆是，远非苏军"暴行"可比；第三，强奸只不过是日军在华制造的种种暴行之一，可以说日军在华制造的暴行种类和数目之多、方式和手段之残忍，写下了人类战争史上最黑暗、最惨绝人寰的一幕；第四，如果指责日本社会党把以前的战争看成是民主主义对法西斯主义的胜利是无视德国妇女和日本妇女之人权的话，那么为数无法同日而语的包括慰安妇在内的广大中国妇女、朝鲜妇女的人权却迄今没有得到日本当局应有的尊重，年事已高的中国慰安妇在日本法庭上屡遭败诉的结局就足以说明这一点。如果说广大中国妇女、朝鲜妇女在半个世纪前遭受的是日军肉体上的蹂躏和摧残，那么她们今天所遭遇到的却是不思悔改的日本政府精神上的蹂躏和折磨。换句

---

① ［日］安村廉：《社会党史观占上风将导致国家灭亡》，见［日］历史研究委员会：《大东亚战争的总结》，东英译，新华出版社1997年版（内部发行），第570、572页。

话说，包括慰安妇在内的中国妇女之人权不但过去惨遭日军之践踏，而且直至今天仍处于日本当局的蹂躏中。很明显，指责美苏两国的"暴行"，丝毫也掩盖和减轻不了日本军国主义者所犯下的罄竹难书的战争罪行。

除上述"自卫战争史观"、"解放战争史观"、"英美同罪史观"外，日本右翼势力还兜售了所谓"靖国史观"（即"殉国史观"）。在他们看来，不仅当年战死于侵略战场上的日本"皇军"官兵是为国献身的"民族英雄"，而且那些为日本侵略战争效劳的类似汉奸的"外国志士"，也都是日本的"功臣"和亚洲的"英雄"。日本右翼势力兜售"靖国史观"（"殉国史观"）究竟意欲何为，恐不必赘述。

综上，我们对日本右翼势力围绕从日俄战争到太平洋战争挖空心思抛出的"自卫战争史观"、"解放战争史观"、"英美同罪史观"进行了比较系统、全面的剖析和驳斥。尽管历史早已对日本挑起日俄战争、实施"日韩合并"、逼签"二十一条"、策划"九·一八"事变、发动全面侵华战争和太平洋战争是蓄谋已久的侵略行径还是"被逼无奈"的"自卫行动"、"功德无量"的"解放战争"做出了公正的判决，尽管从理论上讲墨写的谎言永远也抹煞不了血写的历史，谎言说上一千遍也永远不会变成事实，但在日本右翼势力迅速抬头、蠢蠢欲动的今天，特别是在日本国民因其国内历史教科书的篡改和本国政要对靖国神社的频频参拜很难了解历史真相并深感迷茫的今日，仍然需要我们十分警惕地关注日本右翼势力的战争翻案动向，并以极大的精力对其兜售的战争翻案谬说一一澄清、据实辨正。因为，今天对中日两国来说，还原被日本右翼势力篡改得面目全非的日本侵华史本来面目的意义，已经远远超出了中日两国史学争论的学术范畴；它事实上已经上升为事关日本今后走什么道路和中日历史悲剧能否重演的具有重大政治意义和深远历史意义的一项研究工作。否则，我们今天容忍其不承认侵略，那它就有可能将来再行侵略；今天放任其推卸战争责任，那它就有可能将来再度不负责任。对于曾经最直接、最切肤地领教过日本法西斯侵略之剧痛的国人来说，懂得并铭记这一点尤显重要。

二 战后日本右翼势力与台湾问题

台湾问题久拖不决，有其复杂的国际国内因素。就国际因素而言，美国固然是目前中国两岸统一的最大障碍，但来自邻邦日本右翼势力的阻挠亦不容低估。从日本国内由右翼政客、右翼学者和民间极右分子组成的这股政治势力所具有的能量及其支持"台独"的情况来看，它不仅一直是阻挠中国两岸统一的主要外部势力之一，而且在可预见的将来有超过美国上升为最主要的外部障碍因素之趋势。在日本右翼势力出于遏制中国的需要和"台独"势力出于台湾"独立"的欲求而加紧勾结的情况下，如果我们不能有效地阻止这两股恶势力的进一步勾结，不能尽快排除来自日本右翼势力的干扰、弱化其作用，那么台湾问题的解决无疑将更加困难。然而，令人遗憾的是，学术界在研究影响台湾问题解决的国际因素问题上，除本泽二郎、张耀武等个别学者间接有所论及外，国内外学者将注意力主要集中在了美国的介入上，较普遍地忽视了来自日本右翼势力的阻挠和破坏。在港澳早已顺利回归，解决台湾问题进一步提到议事日程上来的今天，笔者再就国内外学术界尚无人系统研究的战后日本右翼势力阻挠中国两岸统一的行径、原因及其对策等问题，进行尝试性探讨。

（一）战后日本右翼势力支持"台独"、阻挠中国两岸统一之行径

日本觊觎台湾由来已久。早在明治维新前，幕末维新志士吉田松阴就提出了北据中国东北、南割中国台湾这一"失之西方，补之东方"的侵略主张。明治维新后，吉田松阴的这一侵华思想被其弟子们——明治政府的"开国"元勋们全盘继承并付诸实施。明治政府为了"永镇皇国之南门"① 和迈出"在亚洲大变动中奠定霸业方略"② 的第一步，决定利用1871年12月18日发生的"牡丹社事件""征伐"台湾，据为己有。1872年9月23日，副岛种臣外务大臣甚至明目张胆地对美国驻日公使德朗说："台湾地区也是我国的渴望之地"③，德朗明确表示支持。1874年6月，日本对台湾初试侵略锋芒，结果通过《北京专条》，勒索白银50万两。20年后的1895年，日本为了建立向亚洲大陆扩张的军事基地和通过榨取台湾的蔗糖等经济作物加快日本工业化进程，在《马关条约》谈判中对"割台"一款寸步不让，结果实现了将台湾、澎湖列岛据为己有这一"大陆政策"的第一步，开始了日本对台湾长达50年的殖民统治。台湾在历史上曾两度遭受日本侵略并长期沦为日本的殖民地，正是"战前日本右翼势力"策划、推动的结果。直至1945年日本战败，台湾才回到祖国的怀抱。

然而，战后迄今日本右翼势力始终没有放弃重新染指台湾，

---

① ［日］井上清：《日本军国主义》（第2册），尚永清译，商务印书馆1985年版，第36页。

② 同上书，第117页。

③ 同上书，第37页。

从未停止对中国两岸统一的阻挠和破坏。不过，战后日本右翼势力对中国两岸统一的阻挠和破坏，主要是通过支持"台独"运动来进行的。在"台独"思潮和"台独"运动的长期演变过程中，我们始终能清楚地看到战后日本右翼势力活跃的影子。

战后日本右翼势力对"台独"运动的支持，大体经历了四个时期：

1. 战后初期，日本右翼势力是"台独"怪胎的卵翼者和首开"台独"运动先河之罪魁祸首。

战后以来，日本右翼势力和"台独"势力始终将甲午战后台湾人民为反对日本"割台"而建立"台湾民主国"之义举歪曲为"台独"运动的首次实践，这不仅完全错误，而且暗含阴险用心。1895年4月17日签署的《马关条约》，规定将台湾割让给日本；4月25日，台湾"交割仪式"完毕。消息传出，立即引起台湾人民的极大愤慨。他们在唐景松、刘永福、丘逢甲等爱国士绅的领导下，于同年5月25日发动武装起义，宣布成立"台湾民主国"。然而，义军终不敌训练有素的日军而功败垂成。这一"台湾民主国"的建立完全是抗日爱国之举，与后来的"台独"主张和运动毫无共同之处。因为"台湾民主国"成立于中日"交割"仪式完成之后，其成立的目的并不是要将台湾从中国分裂出去，而是欲从日本的殖民统治下"独立"出来，事后再回归祖国。这无论从起义前其初衷——"台湾属日，万民不服，既为清廷弃地，惟有死守，据为岛国"来看，还是从起义后其所定国号"永清"（"永隶清朝"）之寓意观之，都足以说明这一点。① 实际上，战后旨在将台湾从祖国分裂出去的首次"独立自治"运动，为战后日本右翼势力的重要组成部分——原驻台日军"主战派"一手策划。

————————————————————

① 孙云:《震慑"台独"——不承诺放弃使用武力》，华文出版社2001年版，第8页。

1945 年 8 月至 10 月，在骄横狂暴、不可一世的"大日本帝国"宣告投降，日本殖民统治台湾行将结束之际，部分不甘心失败、不愿放弃既得利益的以少壮军人中宫辖郎、牧泽义夫等人为首的驻台日军主战派，勾结台湾少数亲日士绅在台北"太和门"召开紧急会议，宣布裕仁天皇发出的投降诏书是"伪诏"，"议决"在中国政府接管之前，以残留在台湾的 17 万日军为后盾，宣布台湾"独立"。他们甚至叫嚣把台湾变成"第二个满洲国"，作为日后复兴"大日本帝国"的战略基地。尽管此次台湾"独立自治"运动由于中国政府和包括台湾同胞在内的全体中国人民的坚决反对而胎死腹中、未能得逞，但其恶劣影响至深至远。这一事件不仅表明包括这些旧军人在内的战后日本右翼势力是"台独"运动的始作俑者和首开"台独"运动先河之罪魁祸首，为未来的中国统一大业种下了祸根，而且预示着这股恶势力日后有可能成为支持"台独"、重新染指台湾的主要外部势力之一，成为中国两岸统一主要的麻烦制造者。事实正是如此。

2. 从冷战开始到中日复交前，日本右翼势力主要是民间右翼势力对逃亡日本的"台独"分子给予了全面的支持，使日本很快成为"台独"运动的大本营。

日本投降前后策划的台湾"独立自治"运动流产后，原驻台日军被遣送回国，与国内右翼势力合流；而少数亲日士绅（即"台独"分子）也因台湾当局奉行坚决取缔、严厉打击"台独"活动之政策而纷纷逃亡海外。不甘心失败的日本右翼势力对亡命国外的"台独"分子不仅热情接纳，而且给予全面援助，使日本很快成为"台独"分子的"避难所"和"台独"运动的大本营。例如，这一时期的主要"台独"组织"台湾再解放同盟"（1948年 9 月）、"台湾民主独立党"（1950 年 2 月）、"台湾共和国临时国民议会"（1955 年 9 月）、"台湾共和国临时政府"（1956 年 2

月）、"台湾青年独立联盟"（1965 年 9 月）①、"独立台湾会"
（1967 年 6 月）等，不但都成立于日本，多采用昭和年号，而且
均得到了日本右翼势力的全面支持：第一，成立新的专事支持
"台独"运动的右翼组织。由日本政界、军界、财界右翼分子建
立的"台湾独立后援会"等右翼团体，不但公开与这些"台独"
组织密切往来、沆瀣一气，而且不遗余力地从各方面支持"台
独"运动。第二，培植和豢养"台独"骨干。"台独领袖"廖文
毅、"台湾青年社"头目兼"台独联盟"中央委员王育德、"台独
联盟"副主席黄有仁、"台独联盟"日本本部委员长许世楷等人，
都是由日本右翼势力一手培植和豢养出来的"台独"骨干分子。
第三，向"台独"势力提供活动经费。在以日本为大本营的"台
独"组织中具有代表性的"台湾共和国临时政府"的活动经费，
就来自"台湾独立后援会"等日本右翼团体；而"台湾独立后援
会"的最大赞助商，则是在日据时期出任台湾银行董事长、靠掠
夺台湾人民暴富的日本右翼财阀古贺三千雄。第四，派遣骨干分
子直接参与"台独"活动，甚至置身于"台独"组织之中，成为
"台独"势力的"外籍军团"。1955 年 9 月 1 日，廖文毅纠集一
批"台独"分子在日本东京举行"台湾共和国临时国民议会"成
立大会。在与会的百余人中，日本右翼分子占 3/5，达 60 余人。
日本右翼分子宗像隆幸除经常化名"李春阳"在报刊上鼓吹"台
独"外，还被选为"台湾青年社"的"中央委员"，成为"台独"
势力的骨干和领导人。

需要指出的是，此间尽管日本国内支持"台独"运动者主要是
民间右翼分子和右翼组织，日本政府对台湾当局镇压"台独"运动

————————————

　　① 1965 年 9 月建立，其前身是王育德等人成立的"台湾青年社"；后又改称
"台湾独立青年联盟日本支部"。

的政策给予了一定的配合，但不可否认日本政府特别是政界右翼势力制造"两个中国"、"一中一台"之行径，却又间接而有力地支持了"台独"运动，也阻碍了中日邦交正常化进程。20 世纪 50 年代初，日本首相吉田茂在《旧金山和约》和"日台条约"中只承认日本"放弃"台湾而不写明已经"归还中国"的做法，既为日本政府日后制造"台湾地位未定论"和执行"两个中国"、"一中一台"的对华政策埋下了伏笔，也为日本右翼势力支持"台独"运动提供了宽松的环境。正如吉田茂自己日后所说：当年"日本政府只把领土权放弃，归属尚未决定"[①]。1957 年 2 月，甲级战犯岸信介在美国占领当局和日本民间右翼势力的支持下问鼎首相宝座，成为战后日本政界右翼势力的鼻祖和民间右翼势力的总靠山。岸信介上台后，一方面企图在保持与台湾的"外交关系"的同时打开与大陆的关系，制造"两个中国"或"一中一台"；另一方面则暗中怂恿民间右翼势力支持"台独"运动。结果，不仅青年思想研究会、日本青年社一类支持"台独"运动的右翼组织在 1960 年前后应运而生，"长崎国旗事件"、"横滨国旗事件"一类由民间右翼分子制造的侮辱中国国旗的事件频频发生，而且在日本国内以廖文毅为首的"台独"势力分裂祖国的活动也日益猖獗。正如当年《人民日报》社论所指出的那样，"岸信介政府一贯地包庇和扶持所谓'台湾独立同盟'的廖文毅集团"[②]，"制造'台湾复归日本'舆论，充分地暴露了它的帝国主义野心"[③]。1964 年 11 月，岸信介的胞弟佐藤荣作组阁。佐藤上台后，继续执行"两个中国"、"一中一台"政策。佐藤不仅大肆兜售"台湾归属未定论"，甚至公开叫嚣说："一旦北京政府与国府之间发

---

① [日]吉田茂：《世界と日本》，番町书房 1963 年版，第 141 页。

② 《不能容许岸信介政府破坏中日贸易协定》，《人民日报》1958 年 4 月 3 日。

③ 《再斥岸信介政府破坏中日贸易协定》，《人民日报》1958 年 4 月 15 日。

生武装争端……我国也不能隔岸观火。"① 在 1971 年 10 月由美浓部亮吉携给周恩来的具有"政府书简"性质的"保利书简"中，不但不提"中华人民共和国是代表中国的惟一合法政府"中的"惟一"二字，而且说"台湾是中国国民的领土"。② 这实际是在为策动台湾"独立"预设埋伏。佐藤政府的"两个中国"之政策，为日本右翼势力支持"台独"运动和"台独"分子在日本从事分裂祖国的活动提供了条件。此间，日本民间右翼分子还接二连三到廖承志办事处驻东京联络事务所门前挑衅、捣乱，狂呼"台湾不是中国的"、"维护日华（蒋）条约"。日本财界右翼分子亦露骨地提出"新征台论"，叫嚣决不能"放弃"台湾，"不能把台湾的地位和日本分开"。而以日本为大本营的"台独"组织，则从容地不断向岛内派出骨干分子进行分裂活动。例如，1967 年 1 月，本部设在日本的"全国青年团结促进会"派颜尹谟潜回台湾执行"台独"计划，同年 8 月被台湾当局破获；1971 年 10 月，本部设在日本的另一个"台独"组织"独立台湾会"，在台湾岛内建立了地下武装"台湾独立革命军"，气焰十分嚣张。可见，这一时期日本政府特别是政界右翼势力对"台独"运动的间接支持，亦不容忽视。正如周恩来在 20 世纪 60 年代初所说："台独分子在东京活动……在横滨也有活动……还不断有人从台湾跑到日本去"；"廖文毅一派所以一直在日本活动，就是因为有极少数的日本人在支持他们"。③

　　3. 从中日复交到冷战结束前，日本右翼势力主要是政界右

─────────────────────

　　① 田桓主编：《战后中日关系文献集（1971－1995）》，中国社会科学出版社 1997 年版，第 65 页。

　　② 纪念周恩来出版委员会：《日本人心目中的周恩来》，刘守序等译，中共中央党校出版社 1991 年版，第 328 页。

　　③ 《周恩来外交文选》，中央文献出版社 1990 年版，第 387 页。

翼势力支持"台独"运动一如既往、不遗余力。

至 20 世纪 70 年代初，由于美国逐渐成为台湾人海外留学和移居的主要对象国，由于美国中央情报局帮助具有"台独精神领袖"之称的台湾大学教授彭明敏离台赴美进而促成海外"台独"组织大联合（即成立"世界台湾独立联盟"），特别是随着日本国内日中邦交正常化浪潮的高涨及其实现，"台独"运动的中心逐渐由日本移往美国和台湾岛内。在《中日联合声明》中，"日本国政府承认中华人民共和国政府是中国的唯一合法政府"；"中华人民共和国政府重申：台湾是中华人民共和国领土不可分割的一部分。日本国政府充分理解和尊重中国政府的这一立场，并坚持遵循波茨坦公告第八条的立场"。① 随后，日本政府又以"外相声明"的形式进一步宣布"日台和约"失效、"日台断交"、与台湾只保持民间经济文化往来。尽管日本政府在台湾问题上所表明

———————————

① 《中日条约集》，外文出版社 1983 年版，第 2 页。众所周知，当年《波茨坦公告》第八条载明："开罗宣言之条件必将实施"；而《开罗宣言》又明确规定："日本所窃取于中国之领土，例如满洲、台湾、澎湖列岛等，归还中国。"（见田桓主编：《战后中日关系文献集 1945—1970》，中国社会科学出版社 1996 年版，第 2—3 页。）那么，日方缘何不直截了当地承认"台湾是中华人民共和国领土不可分割的一部分，并已归还中国"，而兜了这么大一个圈子来表述呢？其实，日方意在表明：当年《开罗宣言》规定的日本将攫取的中国领土"归还中国"，是指归还给了"中华民国"；如果中方强调"中华民国"早已不复存在，那么就形成台湾"归属未定"的局面。"日方代表善于谈判，以造成矛盾的方式以后万一需要改变立场预埋伏笔。"换句话说，日方从骨子里不愿承认台湾是中华人民共和国的一部分，不想承认台湾已经归还给了中国。然而问题的关键是，日方无论怎样玩弄文字游戏，都无法改变这样一个基本事实：自中华人民共和国成立的 1949 年 10 月 1 日起，"中华民国"就已经不复存在；"对于《开罗宣言》只能理解为将台湾等中国领土归还给了中华人民共和国，任何直接或间接重提'中华民国'的做法都是错误的"。——参见蒋立峰主编《中日关系三论》，黑龙江教育出版社 1996 年版，第 84 页。

的这一立场以及当时日本国内迅速高涨的日中友好浪潮使日本右翼势力对"台独"运动的支持受到一定的制约，但其重新染指台湾的图谋并未因此而放弃，对"台独"运动的支持也未因此而停止。所不同的是，政界右翼势力在这一时期充当了支持"台独"、破坏两岸统一的主要角色。

首先，看这一时期日本政界右翼势力对"台独"运动的支持。

吉田茂、岸信介、佐藤荣作作为战后日本保守派政治家，特别是岸、佐藤兄弟二人作为战后日本右翼势力的总靠山和总后台，他们所以长期顽固推行"两个中国"、"一中一台"之政策，图谋分裂中国，除了美国统治当局和日本民间右翼势力的支持外，还因为有儿玉誉士夫、石井光次郎、贺屋兴宣、玉置和郎、藤尾正行、毛利松平、椎名悦三郎、金丸信、滩尾弘吉、石原慎太郎等一大批极具能量的政界右翼分子的有力支持。这些身居政府要津的右翼政客，在中日复交前不遗余力支持"台独"运动，千方百计阻挠中日邦交正常化；在中日复交后仍不甘心失败，企图通过直接在国会成立"亲台"议员团体和不断赋予民间代表机构以"外交"功能，继续左右政府当局推行"两个中国"、"一中一台"之政策和支持"台独"运动。

中日复交后不久，日本政界右翼势力迅速组织化，并结成政界的"台湾帮"。他们纠集成立了"日华（台）关系议员恳谈会"、"青岚会"、"民社党日华（台）议员恳谈会"、"日华（台）友好议员联盟"和33个县、市的"日华（台）亲善议员联盟"等为数众多的"亲台"政治团体。其中，最有影响的是"日华（台）关系议员恳谈会"和"青岚会"。前者成立于"日台断交"半年后的1973年3月，是由自民党内重量级国会议员滩尾弘吉、藤尾正行、石原慎太郎、田中龙夫等人发起成立的超党派"亲

台"议员团体。滩尾弘吉和藤尾正行先后出任了该会第一、二任
会长。该团体在成立之初有150名国会议员参加，到冷战结束前
夕已迅速增至270多名议员，而且有不少现职阁僚置身其中，其
能量可想而知。该团体组成人员名单一直秘而不宣，即使对隶属
该组织的议员也不提供。该团体公开宣称：日美安保体制的目的
在于防卫台湾，一旦台湾海峡出现紧急事态，日美两国就军事介
入。1990年7月，"日华（台）关系议员恳谈会"竟出面邀请台
湾"立法院副院长"刘松藩率团访日。刘松藩声称：此行开创了
"国会外交接触面最广、拜会层次最高的纪录"，实现了"日台断
交"18年后台湾第一个"官方"代表团访问日本，标志着"日
中关系"已经突破了经济文化领域的民间层次，开始进入了"政
治交往"的新阶段。日本政论家本泽二郎曾就此指出：该团体所
施加的政治压力，"深刻地反映到政府的决策上"，"这和差不多
已是空架子的日中友好议员联盟，可以说形成了鲜明的对照"。①
后者成立于1973年7月，是由自民党内31名右翼少壮派国会议
员纠集而成的"亲台"议员团体。岸信介为幕后操纵者，中川一
郎为发起人代表，石原慎太郎为干事长，中尾荣一为讨论会主
席，骨干成员有三冢博、藤尾正行、玉置和郎、渡边美智雄等。
这个与黑社会暴力团没有太大区别的右翼政治集团，在自民党和
政府内将攻击矛头直指实现了中日邦交正常化的田中角荣和大平
正芳，致使田中内阁被迫于1974年11月宣布辞职；在社会上则
煽动民间右翼分子进行反华叫嚣、寻衅滋事和支持"台独"运
动。特别值得注意的是，这个背后有着台湾岛内庞大的资金支持
的政界右翼团体，在成立迄今的近30年中一直香火不断，甚至

———————————

① ［日］本泽二郎：《日本政界的"台湾帮"》，吴寄南译，上海译文出版社
2000年版，第136页。

"子承父业"①，明显流露出"对以往殖民统治下的台湾有一种难舍难分的眷恋"②。日本政界的"台湾帮"势力之大，由此可见一斑。

在推动政府提升"日台关系"方面。根据中日复交谈判达成的谅解，日本在与台湾当局"断交"后可以而且只能保持民间经济、文化往来。然而，日本右翼政客和台湾当局却不断赋予日本驻台北"交流协会"和台湾当局驻东京"亚东关系协会"两个民间机构以"外交"功能，不断提升"日台关系"。例如，这两个民间机构分别代表各自的"政府"签署"日台航空协定"（1975年）；负责签发双方往来人员的入境手续；两个机构的负责人均由双方"大使级"以上官员出任；③"亚东关系协会"驻日人员多达70余人，相当于"日台断交"前台湾驻日"大使馆"的规模，而且连同家属在内免于按照《外国人登记法》履行手续，实际享受"准外交官"待遇等等。1991年，日本政府还同意台湾当局将"亚东关系协会"更名为"驻日台北办事处"，以凸显台湾当局的"正式地位"。日本驻台湾"交流协会"代表梁井新一曾私下承认："交流协会负责的业务涵盖面相当广泛，虽然两国之间无外交关系，但交流协会扮演的角色正如'民间大使

---

① 例如，中川一郎、滨田幸一不仅分别让自己的儿子中川昭一、滨田靖一全盘继承了青岚会的思想和行动，而且拼命拉拢周围的年轻议员加入"台湾帮"。

② ［日］本泽二郎：《日本政界的"台湾帮"》，吴寄南译，上海译文出版社2000年版，第149页。

③ 例如，日本政府故意任命前驻韩国大使梁井新一、后藤利雄先后出任了驻台"交流协会台北事务所所长"；而台湾当局则特别提拔担任过驻日"亚东关系协会"代表的马树礼出任了"国民党中央委员会秘书长"、许水德出任了台湾"内务部长"等"部长"级以上职务。

馆'。"① 很明显，日方并未完全履行中日复交谈判中关于日本与台湾地区之间只能保持经济文化关系之谅解，不仅双方经济文化关系更加密切，而且政治往来也日趋频繁。这完全是日本政界的"台湾帮"从中作用所致。

其次，看这一时期日本民间右翼势力对"台独"运动的支持。

此间，日本民间右翼势力对"台独"运动的支持，主要是通过破坏中日关系和支持"台独"势力的总头目李登辉来进行。在破坏中日关系方面。1972 年 7 月 5 日主张中日复交的田中角荣组阁后，右翼团体大日本爱国党党魁、曾指使暴徒杀害了浅沼稻次郎的"暴力狂"赤尾敏狂妄地叫嚣说："我将率'反共挺身队'专门对付田中角荣、大平正芳，首先散发反对传单和抗议书，必要时冲进首相官邸，结果田中、大平两个老儿的狗命"；② 另一右翼团体大日本爱国者团体联合时局对策协议会的代表、行动派右翼头目浅沼美智雄也气势汹汹地叫嚷道："要成立亚洲反共军事同盟，肃清自民党内的容共派，防止日本政府承认中共，全力加强与国府的联系！"③ 为了阻止田中角荣、大平正芳访华，防共挺身队的暴徒先是闯进田中首相官邸递交反对日中邦交正常化抗议书，继又携带刀子杀气腾腾地徘徊于首相官邸周围，扬言杀死田中、大平。中日复交后，日本右翼团体出动大批宣传车狂呼"打倒田中内阁"，有力地配合了政界"台湾帮"的倒阁活动，结果很快得逞。赤尾敏还不断向中日友好代表团乘坐的汽车投掷"抗议"传单，甚至指使暴徒尾随访日的廖承志伺机行刺，只因

① 徐之先主编：《中日关系三十年》，时事出版社 2002 年版，第 301 页。

② 王俊彦：《战后台日关系秘史》，福建人民出版社 2000 年版，第 140 页。

③ 同上。

惧于廖承志在日本国民中的威望才未敢下毒手。1978 年中日缔约前，青年防共联合会等民间右翼团体的成员与右翼政客一道，拼命反对园田直外相访华缔约，试图阻止《中日和平友好条约》的签订，未果；条约缔结后，右翼分子又在邓小平访日期间企图阻止条约批准书的互换，也未得逞。在支持"台独"总头目李登辉方面。1989 年 5 月，"分裂中国学"的创始人、东京外国语大学教授中岛岭雄等人，与台湾政治大学国际关系中心共同策划成立了"亚洲展望论坛"。日方参加者主要是学界、财界右翼分子，也有不少类似前首相竹下登的政界巨头置身其中；台湾方面的参加者则清一色为"台独"分子。该论坛实为李登辉对日"工作"的专用渠道。1989 年和 1991 年在台北举行第一、三届年会时，李登辉都亲自到会致辞，以示重视。

4. 后冷战时期，日本右翼势力支持"台独"运动不仅变本加厉，而且呈现出民间与政界配合、右翼与政府呼应之特点。

从 1986 年民进党成立，特别从 1988 年 1 月李登辉执掌台湾政权和 1992 年 5 月修正"刑法"第 100 条"解严开禁"（即让"台独"分子获得言论、结社"自由"）起，"台独"势力开始呈现出岛内岛外合流、"政界"民间趋一的局面，李登辉、陈水扁逐渐成为"台独"势力的核心和总代表。因此，后冷战时期日本右翼势力对"台独"运动的支持，主要体现在对台湾当局的支持上，即除一如既往与彭明敏等海外"台独"分子勾结外，主要通过敦促本国政府政治上提升"日台关系"、经济上密切"日台合作"、军事上扩大对台"售武"和强化日美军事同盟，阻挠中国两岸统一进程，图谋将台湾从中国版图上再次分裂出去。

首先，看政治上竭力推动本国政府提升"日台关系"问题。

冷战结束后，与台湾当局的对日"务实外交"相呼应，日本政府也加强了同台湾当局的"务实交流"。不仅放宽政府有关人士与台湾当局接触的限制，允许部长和副部长级以下官员以"私人身份"与台湾"官员"接触，而且允许越来越多的台湾高级"官员"访问日本，创下了中日复交后"日台关系"史上的多个"第一"。1992年11月，日本内阁官房长官加藤弘一代表日本政府宴请了来访的台湾"经建会"主任郭婉容和出席"亚洲展望论坛"的台湾"工商协会会长"辜振甫。这是"日台断交"后的首次官方宴请，以致使辜振甫感到"又像回到断交前每年都保持交往的气氛"①。1993年2月16日，台湾"外长"钱复以"观光"名义访日期间，先后受到自民党政调会长三冢博、自民党前干事长小渊惠三、自民党前副总裁金丸信、前首相竹下登、"日华（台）关系议员恳谈会"会长藤尾正行等政界要人的热情接见，并密商了"日台关系"发展"方策"。这是"日台断交"后台湾"部长"级官员首次访日，所以被日本右翼势力视为1972年以来"日台关系"的"转折点"。1993年5月，日本新国家主义代表人物、新进党党首小泽一郎公开提出："必须与台湾摸索建立一个正式的关系。"② 为此，日本政界的"台湾帮"便企图搞一个日本版的"与台湾关系法"——"日台交流协定"。由于日本国会内的"亲台"议员有三四百人之多，所以一旦在国会付诸表决，很可能一次通过而成为"法律"，这等于在事实上结成了"日美台"三方同盟，也为日本右翼势力支持"台独"提供了"法律依据"。同年11月26日，日本内阁官房长官武村正义在谈

---

① 潘俊峰、杨民军主编：《是总结，还是翻案——兼评〈大东亚战争的总结〉》，军事科学出版社1998年版，第311页。

② ［日］小泽一郎：《日本改造计划》，冯正虎、王少普译，中信出版社1999年版，第121页。

及"日台关系"时，第一次以政府官员身份在公开场合称台湾为"国家"。继 1991 年自民党副总裁金丸信、1993 年新生党（后称新进党）干事长小泽一郎先后向李登辉发出访日邀请不得结果之后，日本右翼势力又与台湾当局密谋在 1995 年发动新一轮攻势。仅 1995 年 6 月一个月内，日本右翼势力就先后派出 5 个代表团访问台湾，亲自向李登辉发出访日邀请；与此同时，他们还在东京为李登辉访日造势，以推动李登辉访问母校京都大学或参加亚太经合组织大阪非正式首脑会议。1995 年 6 月 27 日，新进党"日台议员联盟"会长小野辰男等人，代表该联盟 102 名国会议员亲自向河野洋平外相提出书面请求，要求政府同意李登辉访日。同年 9 月，前劳动大臣村上正邦率参议院"日华（台）友好议员联盟"的代表一行七人访台，向李登辉提交了一份有 111 名参众两院议员签名的欢迎李登辉访日的邀请书。由于中国政府的一再抗议，日本政府虽然最终拒绝了李登辉访日，但却批准了台湾"行政院副院长"徐立德进入日本活动。徐立德访日期间，同样受到了日本文部大臣与谢野馨等政要的接见。

1996 年，是日本右翼势力支持"台独"非常活跃的一年，而其活动又主要集中在支持李登辉竞选"总统"上。选举前，"日华（台）关系议员恳谈会"会长藤尾正行、会长代理佐藤信二、干事长平沼赳夫等人鱼贯访问台湾，名义上"视察台湾的总统"选举，实为李登辉"竞选总统"现场助阵。李登辉当选为台湾"民选总统"后，4 月"日华（台）关系议员恳谈会"顾问山中贞则率大批右派议员访台，以示祝贺。5 月前众议员长田村元率超党派"祝贺团"前往台北参加李登辉"总统"的就职典礼。几乎与此同时，另一个右翼政客、外务省亚洲局局长加藤在国会上狂言，对中国关于"台湾是中国的一部分"的主张，日本虽然表示了"理解和尊重"，但不等于是"承认"；而"台湾问题是中国内政"，那是中国的说法，而不是日本的说法。①

1998 年 1 月，日本新国家主义的另一个代表人物、为政府对台政策出谋划策的军师、内阁官房长官梶山静六秘密访台，并与李登辉举行了单独会谈。日本《时报》指出，梶山访台的目的有三：第一，以首相个人特使的身份向李登辉承诺，日本将不会放弃在《日美安保条约》的框架内对台湾实施"防卫性保护"；第二，加快与台湾共同开发冲绳的步伐，以便使冲绳取代香港的地位，阻止两岸"三通"；第三，就加强与台湾"政府"间往来和提高"政府官员"的接触层次进行沟通。实质上，梶山是专为离间两岸关系和支持"台独"而来。同年 4 月，日本政府改变了中日复交 25 年来不承认台湾"护照"的做法，对所谓"中华民国护照"直接加盖入境许可印。

时至 2000 年，又逢台湾"总统"选举，日本右翼势力对"台独"运动的支持再度活跃起来。由于历史的原因，日本右翼势力与陈水扁为首的民进党关系不甚密切，因此曾担心陈上台后不能像李登辉那样亲日。据当年李登辉的一个"外交智囊"回忆说，当年日本人曾向他透露说："李登辉时代（1988—2000）在历史上是日台关系最好的时代"，因此担心"李登辉以后，日本可能就没有这么方便了"。② 为此在日本右翼势力的推动下，除共产党、社民党外，日本其他政党几乎都派团到台湾与陈水扁会谈。实际上，日本右翼势力的"忧虑"是没有必要的。因为陈水扁心知肚明，要实现自己的"台独"野心，若没有外国势力特别是与台湾"渊源很深"的日本的支持，是不可想象的。因此，他早有勾结日本右翼势力之愿望。早在上台前的 1999 年一年之中，

---

① 王俊彦：《战后台日关系秘史》，福建人民出版社 2000 年版，第 210 页。
② 许介鳞：《李登辉与台湾政治》，社会科学文献出版社 2002 年版，第 5 页。

陈水扁就三度访日；2000 年上台后，为了防止由国民党与日本自民党主导的传统关系断层，竭力推行"议会外交"、"政党外交"、"学术外交"，以建立新的交往渠道，使日本右翼势力顾虑顿消。与此同时，一直与国民党关系密切的政治团体——"日华（台）关系议员恳谈会"也迅速与民进党接近，而且由该会成员中野宽成等人又发起成立了一个新的"亲台"团体——"日台友好恳谈会"，其会员现已超过 50 人。在陈水扁"总统"就职典礼期间，日本右翼势力派出大批要员前往祝贺。在众多访台人员中，由陈水扁亲自邀请、被台湾当局奉为座上宾的东京都知事石原慎太郎的活动，格外引人注目。他在频频会见陈水扁、陪李登辉打高尔夫球、同"总统"特别顾问（实为"台独领袖"之一）彭明敏一同进餐、吹捧李登辉和陈水扁都是"世界上值得尊敬的政治家"的同时，还公开宣称"为了台湾，我将尽一切可能"，①并把尽快实现李登辉访日作为近期"奋斗"目标。结果，2001年 4 月森喜朗政府在石原慎太郎、中曾根康弘、村上正邦等"亲台"重量级人物的压力下，违背中日关系三个重要文件的原则精神和"坚持一个中国立场"的郑重承诺，不顾中国政府的严正交涉，向"台独"势力总头目李登辉发放了入境签证，使李登辉以"治病"为名终于实现了梦寐以求的访日计划，开了中日复交后与台湾往来的又一个恶例。实际上，冷战结束以来跻身于日本政府要津的新生代政治家，大都具有"亲台"意识。除石原慎太郎、桥本龙太郎外，小泉纯一郎也是其中的代表之一。小泉在自民党内属于森派，源头是战后日本政界"台湾帮"的鼻祖岸信介。他不但屡犯禁忌"公职"参拜靖国神社和已在任内发生了第

———————————————————

① 卢晓衡主编：《中国对外关系中的台湾问题》，经济管理出版社 2002 年版，第 81 页。

三次（2001 年）、第四次（2005 年）教科书风波，而且扬言要步森喜朗后尘再次发给李登辉访日签证。在日本右翼势力特别是政界"台湾帮"的推动和操纵下，日本政府在支持"台独"的道路上可谓越走越远。可见，日本政府在对华政策上所以敢经常言行不一，在两岸之间玩弄"鱼和熊掌兼得"的把戏，正是力量逐渐壮大起来的日本右翼势力极力推动的结果。

其次，看经济上竭力敦促本国政府密切与台湾合作问题。

"日台断交"后，日本右翼势力和台湾当局利用中国政府允许它们之间保持经济文化往来之便，不断加强与台湾的经济合作。台湾当局把发展与日本经贸关系作为对日开展"务实外交"的重要组成部分，作为拉拢和促进日本与台湾"政治关系"发展的重要手段；而日本右翼势力则企图通过密切与台湾的经济关系和扩大海峡两岸的经济差距，增强台湾同祖国大陆抗衡的经济实力，以此达到既促进"台独"趋势发展，又实现经济侵略台湾的罪恶目的。

战前，日本一直视台湾为其"特殊利益地区"，在台湾拥有重大经济利益；战后，日本右翼势力仍然视台湾为迅速发展本国经济的一块"自留地"。50 年代初，日本经济界就打出了"重返台湾"的旗号，加强对台湾的经济渗透。50 多年来特别是与台湾"断交"以来，日本经济界基本上实现了"重返台湾"的目标。表现在：第一，与台湾的贸易额呈直线上升势头。1972 年与台湾"断交"时，双方贸易额仅为 14 亿美元，1993 年增至 317 亿美元，2000 年又迅速增至 546.7 亿美元。日本成为台湾的第一大进口国和第二大出口国。第二，日本对台湾的投资迅速增长。1972 年至 1994 年，日本对台湾的投资累计 2205 项，共计 505.2 亿美元，占台湾吸收外资的 30％。日本成为台湾最大的外国投资者。第三，双方高科技领域的合作不断加强。日本从

1999 年起，向台湾出口核电站运行及安全管理技术（即核技术），以确保台湾对大陆的技术优势。上述情况足以表明双方经济合作的密切程度。正如台湾经济界元老辜振甫早在 80 年代初所说：在与日本"经济发展的过程中，产生了非常密切而不寻常的关系"①。日本与台湾经济关系的这一"不寻常"，主要表现在与台湾经济合作政治色彩浓厚等问题上：第一，在庞大的贸易额中，台湾对日贸易逆差巨大。1990 年为 72 亿美元，1998 年猛增至 176 亿美元，最近则每年超过 200 亿美元。台湾成为日本攫取海外经济利益最重要的场所之一。这既是日本经济侵略的结果，也是台湾当局因政治上有求于日本而主动做出经济"牺牲"所致。在李登辉、陈水扁看来，在与日本的经济关系中台湾无论做出多大的牺牲都是值得的。例如，李登辉曾公开宣布："台湾高速铁路的引进条件，第一是价格，第二是政治考虑。"② 事实上，正因为台湾当局将包括核电站、高速铁路在内的大型建设项目优先发包给了日本财阀，才为李登辉访日打下了坚实的基础。第二，如同对中国大陆技术出口情况一样，日本对台湾的技术转让同样有保留。例如，在台湾的日本商人不轻易将重要技术示人；日本的先进机器完全由日本技术人员维修保养，并停工封门不让台湾人接近。就是说，日本在确保台湾对大陆一定的技术优势的同时，还要绝对保持日本对台湾先进若干年的技术优势。从这一点也可以看出，在日本政界、财界和学界，既绝少真正的"亲华派"（即"亲大陆派"），也不存在真正的"亲台派"。关于这一点，我们还可以从很多日本国会议员脚踩两只船──既是日中友好议员联盟的人士，又同时是"日华（台）关系议员恳谈会"的

───────────────

① 徐之先主编：《中日关系三十年》，时事出版社 2002 年版，第 320 页。
② 同上书，第 321 页。

成员——看得再清楚不过了。第三，日本已完全控制了台湾的经济。对此，力主两岸统一的蒋纬国先生曾在1994年忧心忡忡地指出："今天台湾无论是财力的来源、科技的来源，日本略加收紧，台湾就空掉了!"所以，"台湾只要说一声独立，即使大陆不来打，日本对台湾的经济控制马上就要收紧，以后台湾又沦为次殖民地，其日子有得受了!"① 《台湾时报》也曾一针见血地指出："台湾的经济国际化只是同化于某一国家（指日本——本书作者），成为单调而迷失的殖民地。"②

再次，看军事上力促本国政府扩大对台湾"售武"和强化日美军事同盟关系问题。

具有丰富侵略经验的日本右翼势力非常清楚，在中国大陆经济迅猛发展，综合国力不断增强，特别是在中国政府决不承诺放弃使用武力的今天，台湾当局若没有一定的军事力量做后盾和日美军事同盟的介入、"保护"，不但任何"独立"企图终将化为泡影，甚至连目前的"不独不统"分裂局面也将难以长期维持下去；而其自身分裂中国的政治图谋当然也就难以实现。为此，近年来日本右翼势力特别是政界的"台湾帮"，不遗余力推动本国政府扩大对台"售武"和强化日美军事同盟关系，以阻挠中国两岸统一进程。

在敦促本国政府扩大对台湾"售武"方面。据台湾媒体报道，台湾"国防部"的一名官员曾在1991年透露说：与日本"在军事上也有突破性的合作关系"，日本"将提供多处寒训场地"给台湾军队"做移地训练之用"，并同意售与台湾高科技军

---

① 香港《良友》杂志1994年11月号。

② 彭谦：《猛醒吧，日本!》，新世界出版社1996年版，第364页。

品及传统美式武器。① 中韩建交前，台湾军队的"移地寒训"地点以南朝鲜和日本北海道为主。随着中韩建交，在日本军界、政界右翼分子的推动下，日本政府除增辟北海道以外的寒训场地外，还提供军用码头供台湾舰队停靠之用。作为对日本提供寒训场地的回报，台湾当局将武器采购经费 1500 亿元新台币的剩余部分，用于向日本采购高科技军品及传统美式武器。另据日本《每日新闻》披露，80 年代末，日本航空自卫队已将退役的F104J 型战斗机"经由某种途径交给了台湾空军"。台湾"国防部"发言人曾对此表示："这种飞机经由何种途径获得，数量有多少，恕无可奉告。"② 与此同时，双方"军事官员"的往来也十分引人注目。1996 年 3 月，日本内阁官房长官梶山静六与应邀访日的台湾"国家安全会议秘书长"丁懋时、"总统府战略顾问"（前"海军总司令"）庄铭耀，就中国大陆军事演习和海峡形势秘密交换了意见。这在与台湾"断交"后还是首次。

在推动本国政府强化日美军事同盟方面。早在 1996 年所谓"台海危机"之前，李登辉当局就开始加紧与日本右翼势力勾结，希望日本右翼势力特别是政界的"台湾帮"在内部推动日本政府"协防台湾"，与台湾当局一道"夹击中共"。台湾"国防部"还公开把尽快与日本缔结军事同盟关系写进"国防报告"。1994年，台湾当局"驻日代表"林金茎利用中国在南沙建立海军基地一事挑拨说："最让中共感到不快的是日本的存在。……中共对日本在背后隐藏着敌意"；"中共在南沙建立海军基地的一个意

———————————

① 台湾《民众时报》1991 年 5 月 6 日。

② 刘奋国：《台日关系的发展及其对两岸关系的影响》，《台湾研究集刊》1992年第 3 期。

图，就是为了在必要的时候可以封锁日本的海上交通线"。① 台湾当局的挑拨，为日本右翼势力敦促本国政府强化日美军事同盟提供了"借口"。1996年初，日本首相桥本龙太郎亲自要求美国政府派航母"保卫台湾"。1997年4月14日，日本首相助理冈本行夫宣称："台湾海峡就在日本附近，日本是（台海）纷争的准当事国"；"台湾海峡是日美安全条约的对象"，一旦那里发生战争，美国肯定站在台湾一边，日本作为盟国，"要配合美国行动"，"最大限度地支援美军"。② 同年8月17日，日本内阁官房长官梶山静六发表谈话说：日美两国的军事合作范围"理所当然地包括台湾海峡"，"我们极其担心中国会以武力解放台湾"；当"美国采取行动时，日本能够拒绝提供支援吗?"③ 并特别强调他的发言绝非只代表个人，而是代表政府的立场。1998年5月，日本外务省北美局局长高野纪元在国会以政府名义确认说："日美新防卫合作指针"所说的"远东地区包括台湾，因此日本的周边事态也包括台湾在内"。④ 1999年，前防卫厅次官西村真悟说：如果大陆攻打台湾，日本不能袖手旁观。右翼学者平松茂雄则建议政府建立"日台韩印遏制中朝"的"亚洲集体安全体制"。前防卫厅长官爱知和男通过秘书之口，公然要求政府与李登辉、陈水扁一道共同"保卫台湾"。其他置身于政府要津的右翼政客，亦纷纷为日本军事介入"台海危机"造势。正是在日本右翼势力的鼓噪和推动下，日本政府先后签署并通过了《日美安全保障共

---

① 徐之先主编：《中日关系三十年》，时事出版社2002年版，第329页。

② 同上书，第327页。

③ 同上。

④ 范跃江：《试析影响日本对华政策的"台湾情结"》，《日本学刊》1999年第2期。

同宣言》（1996年4月）、新《日美防卫合作指针》（1997年9月）和《周边事态法》等"有事三法案"（1999年5月），完成了日美安保体制由过去主要对付苏联向今天主要针对中国的战略转变。尤其需要指出的是，这几个文件明确地把台湾和台湾海峡纳入了日美防卫合作的"周边"范围，为日美两国日后军事介入"台海冲突"制造了"法理依据"。

尽管这一时期日本右翼势力对"台独"运动的支持主要表现在政界的"台湾帮"敦促本国政府密切日本与台湾当局政治、经济、军事合作和强化日美同盟关系上，体现在对李登辉和陈水扁当局的支持上，但日本民间右翼势力对"台独"的支持仍然不可忽视。具体表现在三个方面：

首先，新闻界右翼分子为"台独"造势。日本新闻媒体经常千篇一律要么宣传台湾人都是支持"台独"的，只有少数外省人才支持中国统一；要么吹捧李登辉、陈水扁是"伟大的政治家"，是历史上少有的对日本如此亲近的"总统"。1993年"汪辜会谈"时，日本传媒就惊呼"中台接触，周边警戒"，唯恐中国统一，而对两岸关系紧张则喜不胜收。甚至有日本媒体别有用心地将受过日本殖民统治的台湾本省人与来自大陆的具有抗日经历的"外省人"分别称为"善良的本省人"和"邪恶的外省人"，以此挑拨台湾岛内的省籍对立。这不禁让人想起近代史上日本军国主义者人为挑拨华人对立、华人内讧的一贯伎俩。无论是战前日本军国主义者还是战后日本右翼势力，他们这样做的目的只有一个，那就是从中渔利。

其次，财界右翼分子为"台独"提供活动经费。在李登辉时代，财大气粗的日本右翼分子经常借助"捐款"谋见台湾"总统"，进而影响台湾当局的决策。日本船舶振兴会就曾经通过设在东京的"台北经济文化代表处"，将4亿日元巨款以"日本财团（The Japan Foundation）捐助费"的名义赠予李登辉，实为日本右翼势力的"对台工作费"。在日本右翼分子的一再诱惑下，李登辉最终接受了这笔巨额资金，并指令密友何既明存入"南海基金会"，后转存于日商东海银行台北分行。[①]李登辉就是用这笔钱邀请旅日"台独"分子金美龄等回台湾活动和派遣懂日语的"台独"分子赴日受训的；而日本右翼分子也正是通过这些由自己一手豢养出来的"台独"分子居间串通，才有机会轻易出入台湾"总统府"，并不断将"去中国意识"灌输给李登辉、陈水扁等台湾当局领导人。据日方披露，岸信介等日本右翼政客不仅向李登辉等"台独"大佬提供研究经费，甚至还建言要多使用人口占多数的台湾人，要早日把台湾建设成"王道乐土"。李登辉当局依计行事，很快将过去的"中国认同方针"改变为"台湾认同方略"。[②]

再次，学界右翼分子为"台独"制造"理论根据"。日本"新历史教科书编纂会"会长、电气通信大学教授西尾干二宣称，台湾2300万人中"本省人"占86％（"本省人"包括84％的闽南人、14％的客家人、2％的高山族人），意在将14％的所谓"外省人"排除于台湾人之外。尤其值得注意的是，长期以来，日本右翼势力不仅不遗余力支持"台独"，千方百计阻挠两岸统一，而且处心积虑阴谋分裂整个中国。不仅右翼政客石原慎太郎之流公开叫嚣推进"中国分裂"进程，而且在日本国内居然存在一支专门研究如何分裂和肢解中国的右翼知识精英队伍，其形形色色的分裂中国方案既详细又具体。诸如，中岛岭雄的中国"三块论"和"十二块论"、司马辽太郎的中国"六块论"、江口克彦

_____

[①]　许介鳞：《李登辉与台湾政治》，社会科学文献出版社2002年版，第280页。

[②]　同上书，第49—50页。

的中国"七块论"、宫崎正弘的中国"十六块论"、冈崎久彦的"台湾分离论"、佐伯喜一的中国"联邦制",等等,都是直接或间接图谋分裂中国的"构想"或方案。有鉴于此,笔者拟以较大篇幅予以揭露和驳斥。

1. 中岛岭雄(1932—)

中岛岭雄早年毕业于东京外国语大学中国语系,长期供职于该校并最后升任教授和校长,现为日本国际教养大学教授、校长,专攻中国问题。中岛岭雄与其说专门研究中国问题,莫如说一直在潜心研究"分裂中国理论",一直在专门研究将中国肢解成若干小国的"必要性"和"可能性"。他先后抛出了《中华联邦共和国试论》(1992)、《中国解体》(1993)、《三个中国》(1993)等多篇(部)论著,确立了他在日本学界"分裂中国研究"领军人物的地位。中岛岭雄宣称,统一的中国和太大的中国对日本都不利。那么中国究竟多大才合适呢?他认为分裂后的中国各部分的大小以法国面积作参照比较合适。他最初抛出中国"三块论",即主张中国应分裂成大陆、台湾、香港三个"国家";后又依据上述所谓"国家版图理论"抛出中国"十二块论",即主张将中国分裂成"满洲"、内蒙古、新疆、西藏、台湾、香港、澳门、华北、华东、华南、华西、华中等12个互不隶属、各自为政的"共和国",类似20世纪90年代初的"独联体",这样就不会对日本构成"威胁"了。而且在他看来,其中的台湾"独立"对日本最有利。为了达成这一目标,中岛岭雄建议"将台湾纳入日本外交中来"①,即由日本政府确保"台独"目标的实现。值得注意的是,中岛岭雄的这些"奇思妙想"绝非个别文人学者

---

① [日]中岛岭雄:《三つの中国》,日本经济新闻社1993年版,第213页。

一时突发奇想或心血来潮，而是有日本大财团在背后提供研究经费，有日本政要在背后鼓励和支持、有众多日本专家教授置身其中的共同作业行为和集体研究"成果"。

中岛岭雄除著书立说致力于"分裂中国研究"外，还经常与世界各地的反华分子交流这方面的"研究成果"，还经常走出书斋直接向时任台湾地区领导人的李登辉等献计献策，直接参与"台独"分裂活动。本来，李登辉与日本的政治关系并非一开始就密切，用他自己的话说就是："副总统时代，有关日本、中国、美国的事情还是一张白纸，我既无实权也无人脉。自民党系统的人来台湾后，也都访问蒋经国，来见我的人很少。"① 李登辉登上"总统"大位后，为与日本建立全方位关系以及加强与日本知识界的联系，在中岛岭雄的建议和协助下共同设立了"亚洲公开论坛"，每年在台北或东京举行一次极具规模的"专题讨论会"，打着学术研究旗号，干分裂中国勾当。尤需指出的是，中岛岭雄还直接参与了日本政府实施的"李登辉工作"。早在李登辉还是"副总统"时，即在日本学者大都把笑脸朝向中国大陆时，中岛岭雄却在百般攻击和丑化中国政府和人民，遂引起李登辉的关注和重视。1988年李登辉初任台湾地区领导人时，颇有与中国大陆接近的表示。当日本方面了解了李登辉的生长背景后，便着手实施"李登辉工作"以影响其思想和政策走势。翌年4月至6月中国发生"6·4"风波期间，日本政府乘机加大了"李登辉工作"的力度。于是中岛岭雄衔命赴台湾陪李登辉度过三天，与李登辉一起观看西方媒体报导，并为李登辉讲解所谓大陆解放军

---

① ［日］川岛真等：《日台関係史 1945－2008》，東京大学出版会 2009 年版，第 157 頁。

"镇压"学生场面①。李登辉本来就接受过日本教育，成长于日本推行"皇民化政策"最盛时期，也接受过当年殖民当局所谓中国民族是"劣等民族"、大和民族是"优秀民族"之类的宣传洗礼②，加上日本政府的"李登辉工作"操作细腻、几乎不留痕迹，终于在日本右翼学者和右翼政客的接续努力下，使李登辉早年的亲日反华"情结"重新萌芽，结果最终完全按日本人的意志打造出一个"亲日反华"的李登辉③。换言之，中岛岭雄在"李登辉工作"中的突出业绩，主要体现在将"去中国"意识深深地灌输给了李登辉；而中岛岭雄正是凭着自己的这些理论和实践"才能"，很快获得了李登辉的赏识而被聘为"政治顾问"，并通过献计献策直接影响李登辉的思想和决策。正是在中岛岭雄等日本右翼知识分子的启发和诱导下，1996 年"台独学者"王世榕、1999 年"台独教父"李登辉分别抛出了大同小异的"和平七雄论"和"中国七块论"。

王世榕（笔名王文山）在《和平七雄论》一书中，建议将中国大陆分成东北、内蒙古、新疆、西藏、蜀黔滇贵、"再加上华中以长江为界分割的南北两国"共七个小国。其"和平七雄论"概念源于中国古代的"战国七雄说"。值得注意的是，《和平七雄论》中的"七雄"不包括台湾，即在他看来作为"第八雄"的台湾早已"独立"于中国之外。李登辉非常看重这本书，"读过第

──────────────────

① 许介鳞：《"对日外交"，为什么盲信？——李登辉、陈水扁时代》（Ⅱ），（台湾）文英堂 2009 年版，第 4 页。

② 黄智贤：《战栗的未来：解构台湾新独裁》，（台湾）民主行动联盟 2004 年版，第 148—149 页。

③ 李中邦：《日本利用"天安门事件"撩拨两岸关系》，《海峡评论》2009 年 7 月号，第 223 期。

一遍之后赞不绝口"，不仅向台湾"高层官员"赠送该书，要求他们详读和精读，而且极力向日本资深媒体人深田佑介、美国加州伯克利大学教授施乐等"国际友人"推荐。他在向深田佑介力荐时，还特别表示这本书令他"十分感动"[①]。1999 年 5 月，李登辉抛出《台湾的主张》一书。该书不仅由日本"和平幸福繁荣综合研究所"（PHP）负责人江口克彦代为捉刀，而且书中兜售的中国"七块论"以及两个月后又抛出的"两国论"，均源于日本右翼学者"分裂中国研究"的启发和诱导。李登辉在书中居然宣称："兼具霸权主义与民族主义的大中华主义，对其他亚洲国家而言，仍然极具威胁性。……倘此情形继续存在，亚洲将永远不会有安定之日。"[②] 因此他建议"中国大陆摆脱大中华主义的束缚，让文化与发展程度各不相同的地区享有充分的自主权，如台湾、西藏、新疆、蒙古、华南、华北、东北等，大约分成七个区域。相互竞争，追求进步，亚洲或许会更安定。"[③] 说白了，就是希望中国分裂成七个完全"独立"的国家。东京《时报》曾明确指出李登辉的"七块论"源于日本。这本贩卖"中国分裂论"的书在台湾很少有人问津，但在日本登上了畅销书排行榜，甚至被日本媒体吹捧为对"和平的一种新提案"。同年 7 月，李登辉在接受"德国之声"电台专访时，又抛出了"两国论"；8 月，又在与日本杏林大学教授平松茂雄对谈时抛出日本、中国台湾、印度"夹击大陆论"，进一步挑战"一个中国"底线。可见，

[①] 以上均见孟驰《从〈和平七雄论〉到〈台湾的主张〉》，http：//freshair.net.cn/Power。

[②] 李登辉：《台湾的主张》，（台湾）远流出版事业股份有限公司 1999 年版，第240 页。

[③] 同上书，第 241 页。

正是在中岛岭雄等日本右翼知识精英的点拨和诱导下，李登辉先后抛出了中国"七块论"、"两国论"、"夹击大陆论"等可能将台湾推进灾难深渊的"国家分裂"谬论。

2. 冈崎久彦（1930—）

冈崎久彦生于中国大连。他在东京大学法学部读书期间，提前考取外交官进入外务省，曾出任驻泰国大使等职，成为日本外务省内既有"理论素养"和"外交谋略"，又长期密切关注台湾问题的外交官。冈崎在外交官任上期间，碍于中日关系还不敢公开兜售以支持"台独"为主旨的"台湾分离论"，但有关台湾问题的"战略构想"早已成为腹案。自 1992 年"退官"以来，感到可以无所顾及的冈崎久彦经常以冈崎研究所所长、日本外交智囊和战略家的身份，公开游说美国支持"台独"和鼓吹所谓"台湾分离论"，尤其别有用心地兜售其所谓"台湾四策"（最初为"台湾三策"），将近年来日本右翼势力在台海问题上的战略图谋和盘托出，集中暴露出其意欲重新染指台湾的企图。2002 年 8 月，冈崎久彦在台北"美日台三边战略对话"会议上迫不及待地提出：美国不应一再重申空洞的"一个中国"政策，也不应再说"不支持台湾独立"，而应制定出一个新的"替代性政策"代替难以持久的"维持台海现状"政策，并希望中国能在"问题恶化之前"，想出一个"和平并永久地解决台湾分离问题"①的办法。那么，到底什么样的替代性政策和办法才能"和平并永久地解决台湾分离问题"呢？于是冈崎久彦"退官"后退而不休，竟越俎代庖"替中国"潜心思考起来，这便有了 2008 年 5 月《台湾问题就是日本问题》一书的出笼。冈崎久彦在该书"前言"开宗明义写道："我接触中国、台湾问题已经 40 年了"，这期间"围绕

---

① 《冈崎：美中应思考一中替代政策》，台湾《联合报》2002 年 8 月 23 日。

台湾问题的忧虑、焦躁和挫折，一直反复伴随着我"。① 他还就向中国提出"台湾四策"的目的和动机，冠冕堂皇地宣称："我不是说台湾应该独立，也没说要支持台湾独立"②；可以说这四策"是考虑中方的长期利益，是站在中方角度写出来的，在某种意义上说也是对日本的国家利益不利的战略"③。那么，冈崎在这 40 年间到底在为谁所思所想？究竟在为谁"忧虑"、"焦躁"和感到"挫折"？其煞费苦心提出所谓"台湾四策"的目的和动机难道真的如此纯洁和"大公无私"吗？其实，这不仅可从冈崎久彦粗暴地将他国的内政问题视为本国问题的书名——《台湾问题就是日本问题》一目了然，更能从该书的内容特别是"台湾四策"的实质找到真实答案。

冈崎在书中首先兜售其所谓的"台湾四策"。其所谓"上策"是，"中国率先承认台湾独立"④；其所谓"中策"是，"中国率先成为台湾加入联合国的提案国"⑤；其所谓"下策"是，两岸"维持现状"⑥；其所谓"下下策"是，中国实施"武力攻击"⑦。这就是冈崎煞费苦心为中国谋划的所谓"台湾四策"，实质就是设法让中国吞下"台独"这颗苦果。不仅如此，冈崎还不无傲慢地嘲讽和挖苦中国同行说："1994 年的秋天我访问了中国，身份是外务省查察使。我有机会会见了中国方面的知己、要人。中国人很有意思，谁都觉得自己是战略家。刚一讨论台湾问题，马上

———————————

① ［日］冈崎久彦：《台湾問題は日本問題》，海竜社 2008 年版，第 20 頁。

② 同上书，第 93 頁。

③ 同上书，第 88 頁。

④ 同上书，第 94 頁。

⑤ 同上书，第 95 頁。

⑥ 同上书，第 101 頁。

⑦ 同上。

就摆开架势表现出强烈的兴趣问，持有'台湾三策'吗？那么其中一定有上策、中策、下策了！还有人迫不及待地说，'想先听听中策'。"① 依笔者看，像冈崎这等身份的人，在中国会见的"知己"和"要人"地位也该不低，起码应不在冈崎之下。既然冈崎久彦敢以"战略家"的姿态越俎代庖为中国献上所谓"台湾四策"，难道被他讽刺和挖苦的中国"知己"和"要人"就不该"觉得自己是战略家"吗？难道在冈崎眼中就那么可笑至极或自不量力吗？这实在与冈崎久彦的身份多有不符。至于中国人马上"表现出强烈的兴趣"并予以追问，并非中国人缺乏解决台湾问题的谋略而想采纳，而是对身为外国人的冈崎先生居然不怕涉嫌干涉中国内政在那里指手划脚感到奇怪，对来自异国的前外交官大胆提出有关中国内政问题的"解决方案"感到震惊，他们当然很想听一听这位日本前"外交精英"到底为中国谋划出了什么"好方案"，很想看一看这位异国战略家兜售的"台湾四策"到底是些什么货色。不知冈崎久彦会见的这些中国"知己"和"要人"们在"聆听"了他的这番"高论"后，是否也把冈崎久彦视为自己的"知己"？冈崎久彦讽刺和挖苦中国"知己"、"要人"的傲慢无理，不禁让我们想起战前日本军国主义者高高在上、盛气凌人的派头。

冈崎在书中接下来大肆渲染两岸统一对日本的影响，并不忘给"台独"分子鼓劲打气。冈崎不仅联系日本在日俄战争中胜利和在第二次世界大战中失败"正反"两方面的"经验教训"，说明台湾的战略价值，而且用较大篇幅设想了中国统一台湾后的两种"最坏的事态"："对日本具有生死攸关重要性"的"西南航路

---

① ［日］冈崎久彦：《台湾问题是日本问题》，海竜社 2008 年版，第 97 页。

的影响"①；对"日本在战后半个世纪中孜孜不倦构筑起来的金城汤池东南亚的政治影响"——东南亚国家将纷纷"中立化"、"当地华侨将更加强势"②，等等。冈崎还不忘对即将下台的民进党和因此受到沉重打击的"台独"分子鼓励一番，希望他们放眼长远，不要泄气。因为在他看来，"日本的国家利益"系于"台独"，而"台独"的希望又系于日本右翼势力。冈崎久彦最后不仅希望中美冲突带来"台湾独立"，而且盼望中国"连内蒙古、新疆、西藏，甚至包括全部的老本都一起赔上"③。冈崎还表示：如果"寿命"允许的话，他"下决心再继续关注这个问题十年"；假如"寿命已到"，他希望自己百年后还有后来人继续把"两岸分离研究""继续下去"。这就是一个关注台湾问题长达40余年的日本耄耋老人冈崎久彦最后的"愿望"和"嘱托"。④

3. 司马辽太郎（1923—1996）

司马辽太郎是日本右翼作家。1994年4月30日，他在《周刊朝日》发表了对李登辉的访谈录——《场所的苦闷——生为台湾人的悲哀》。他在用日语与李登辉对谈中，按如下步骤阐明了自己支持"台独"之用心。步骤一：他无视明朝郑氏和清朝统治台湾200多年的历史，说什么"台湾除了原住民之外，17世纪以来，一直是海上难民的无主之地"；"1895年起的50年间，台湾曾是日本的领土"。⑤ 他意在表明，按照国际法"先占"原则，

---

① ［日］冈崎久彦：《台湾問題は日本問題》，海竜社2008年版，第286頁。

② 同上书，第286—288頁。

③ 李寿林：《台湾是日本的生命线？》，《海峡评论》2004年5月号。

④ 同上书，第378—380页。

⑤ ［日］司马辽太郎：《台湾纪行》，李金松译，（台湾）东贩股份有限公司1995年版，第521页。

"无主之地"的台湾最早为日本"领有"。步骤二：他援引"台独"分子邱永汉所说"如果不是如此（指日本殖民统治台湾 50 年——本书作者），台湾岛也会一直都如同邻近的海南岛一样"①，意在强调当年日本殖民统治和"开发"台湾的"贡献"。步骤三：他先故意引诱说"中华"一词"含糊不清"，然后借李登辉之口说出"'中国'这个词也是含糊不清的"，然后自己再进一步说"连'中国人'这个词也是"②，企图通过否定中国一词作为国家概念的国际法含义，彻底否定《开罗宣言》有关"日本必须将满洲、台湾、澎湖列岛归还中国"这一规定的国际法意义。步骤四：他指责战后初期国民党的统治说："台湾与日本分割之后，迎接了'中华民国'的闯入。意外地本岛人遭受到强烈的压制"；结果"战后有一段时期，人们曾因'国家'所带来的毫无理由的迫害，而胆战心惊"。③ 他抛出这番话，既意在挑拨台湾岛内的省籍对立，同时意在说明已经"好不容易才获得了今日这种高水平的自由和法治"④ 的台湾，"应该"脱离中国。步骤五：他还以中国版图过大为由，进一步说明中国"应该"分裂。他说："我认为北京政府治理那样广大的版图确实不易。中国将西藏、内蒙古收为国土，从居民的角度来看实在是很奇怪。实际上内蒙古、西藏的居民好象很痛苦"；"国家是有适当的尺寸大小的，像法国般大小最适当吧！"言下之意是，就连内蒙古和西藏都应该"独立"出去，那么台湾就更应当"独立"了。最后

---

① ［日］司马辽太郎：《台湾纪行》，李金松译，（台湾）东贩股份有限公司 1995 年版，第 521 页。

② 同上书，第 526 页。

③ 同上书，第 522 页。

④ 同上书，第 531 页。

他甚至直截了当地称"台湾转变成新的国家了"①。这与战前日本军国主义者一再提出的类似主张和暗中策划"满蒙独立运动"如出一辙。司马辽太郎的上述奇谈怪论连同他的名字,② 彻底暴露出日本右翼势力对台湾的领土野心。

4. 小林善纪（1953—）

小林善纪是日本狂热民族主义右翼漫画家。他 1953 年生于福冈,1975 年在东京大学读书期间就发表了连载漫画《直通东大》,开始在漫画界崭露头角。在美化侵略战争的漫画书《战争论》畅销后,小林成为日本右翼理论界的新宠、李登辉的莫逆之交、陈水扁的座上宾,也使一些"台独"分子从他身上看到了新"希望"。"台独联盟"主席黄昭堂就曾评论说,《台湾论》是继司马辽太郎出版《台湾纪行》后又一本引起日本民众广泛关注台湾问题的书,唤起了日本年轻人对台湾存在的重视。日本一位有识之士则认为,日本的右倾化可以分为三个阶段:20 世纪 80 年代是日本政府出现右倾化;90 年代是日本知识分子出现右倾化;下个阶段就是日本大众的右倾化。果如其言。小林善纪用漫画书进行思想毒害,就是日本右翼推动民众特别是年轻人右倾化的"利器"之一,后果不堪设想。

2000 年 5 月下旬,小林善纪由金美龄引见到台湾访问了李登辉、陈水扁、蔡焜灿、许文龙等"皇民知音"。他回到日本后,马上将访谈内容以漫画形式在右翼刊物《追求》上连载,后又汇

---

① 〔日〕司马辽太郎：《台湾纪行》,李金松译,（台湾）东贩股份有限公司 1995 年版,第 530 页。

② 司马辽太郎（1923—1996）,原名福田定一,战时曾作为侵华日军踏足中国东北。改为现名除表达"远不及司马迁之太郎"之意外,另加"辽"字则暗含对中国东北仍怀眷恋之情和重新"经略辽东半岛"之野心。

编成书《台湾论——新傲骨精神宣言》（一般简称《台湾论》）。此前小林已在漫画书《战争论》中全面否认日本侵华历史，大肆兜售"两国论"、"台独论"、"傲骨精神宣言"、"大和民族精神"。小林感到意犹未尽，于是又抛出了《战争论》的续篇《台湾论》。《台湾论》封面上的主角，是已经成为"台独"势力总头目的李登辉和其他几个老"皇民"分子。小林善纪创作《台湾论》的目的非常明确，就是通过采访台湾的一小撮媚日"台独"分子，通过他们的口歌颂日本当年的殖民统治，制造日本殖民统治台湾的"良好"形象，进而找回日本的"光荣与觉悟"，这样"日本才能领导亚洲走向下一个世纪"[①]；而基于"日本情结"和"台独"欲求，李登辉、蔡焜灿等一小撮老"台独"分子自告奋勇、大力配合。该书除继续在历史问题上兜售卢沟桥事件"中国阴谋说"等严重歪曲历史的货色外，主要是就当年日本殖民统治台湾问题发表谬论。

第一，小林为了凸显日本与台湾的"渊源"关系，在谈到郑成功收复台湾的原因时，不仅特别提到他的日本血统，而且强调他接受过日本武士道教育。郑成功原名郑森，1634 年生于日本平户，是父亲郑芝龙与母亲田川麻枝所生，的确有日本血统；但七岁时，他就和日籍母亲回到了中国，并在福建晋江接受中国传统的儒学教育。说他七岁前就"接受日本武士道精神的教育，故对明帝国誓死效忠"[②]，殊难想象。

第二，极力美化日本对台湾的殖民统治。小林抵台翌日即 5

———————————————————

① ［日］司马辽太郎：《台湾纪行》，李金松译，（台湾）东贩股份有限公司1995年版，第59页。

② ［日］小林善纪：《台湾论》，赖清松、萧志强译，（台湾）前卫出版社2001年版，第120—121页。

月23日，李登辉就迫不及待地提出要会见小林，结果两人长谈达三个小时之久。小林宣称，他一见到李登辉这位"大政治家"、"伟大领导者"，心中就"有股说不出的亲切感"；而更让这位日本人"又惊又喜"的是，会见一开始李登辉就说出了令他感到跟自己的"企图十分契合"的话——"我觉得有必要让现在的日本年轻人了解日本的事情。……必须让他们了解，在日本统治台湾的时期，日本人究竟做了些什么！学校老师大概只会告诉他们，日本将台湾纳入殖民地，而且做了一些损人利己的事情吧！然而日本在台湾所做的一切，却值得在历史上好好记上一笔！一定要让他们知道！日本人曾经在这里做过了不起的事情！……大家都会这样认为，如果台湾未曾经过日本统治的话，今天的处境恐怕比海南岛还要凄惨吧。"① 而小林则立即呼应道："以亚洲整体的'公'来思考时，毋宁说，日本的殖民反而能带给人民更大的幸福。"②

　　第三，小林为了否定台湾已经归还中国，竟信口雌黄说：《波茨坦公告》第八条"同样是个大骗局。因为'开罗宣言'事实上不存在。"③ 那么事实果真如此吗？答案当然是否定的。中美英三强领袖不仅在开罗会议期间（1943年11月22日—26日）共同发表了具有国家法意义的《开罗宣言》，举世皆知、无需查验，而且其中"日本所窃取于中国之领土，例如满洲、台湾、澎湖列岛等，归还中国"之规定，更是字字清晰、句句确凿。

———————————————

　　① ［日］小林善纪：《台湾论》，赖清松、萧志强译，（台湾）前卫出版社2001年版，第22—23页。

　　② 同上书，第90页。

　　③ 同上书，第150页。

第四，小林不但矢口否认蒋介石说过"以德报怨"的话、做过"以德报怨"的事，而且故意将"二·二八"事件死亡人数夸大为"28000人以上，约占当时总人口的二百分之一"①，并对蒋氏父子的台湾统治进行了长篇累牍地责难。他宣称：日本战败后，"历经五十年所营造的庞大资产，被平白奉送给蒋介石统领的中国国民党……转眼间成为蒋介石的意外之财"；"放弃对日赔偿本来即为理所当然之事。蒋介石不法侵占的庞大资产，早已超过其合理应得的赔偿金额。……是故直到今天，国民党仍是全世界最有钱的政党"；"蒋介石从大陆来到台湾之后，为台湾人带来无数的悲剧与噩梦，直到今天仍未解除。……美国人只不过在日本丢下两颗原子弹，但是却在台湾丢下一个蒋介石"。② 是故已"遭台湾人聚众直接抗议"和

"国际舆论压力"的蒋经国终于失去信心，表示"蒋家人不可能担任下届总统"③。然而，小林所说与台湾民调显示相去甚远。1998年1月，台湾《中国时报》曾对蒋介石、蒋经国、李登辉三人做过一次问卷调查。结果显示，三人受"爱戴"的顺序是：蒋经国37.3%，李登辉19.6%，蒋介石7.8%；三人对台湾"贡献"大小的顺序是：蒋经国44.2%，蒋介石10.8%，李登辉9.9%。

第五，小林结论性地盼望台湾早日"独立"，并寄希望于"台独"教父李登辉。小林胡说：甲午战后清政府把台湾"毫不犹豫地让给了日本"；"在中华人民共和国成立以来，台湾从未接

---

① ［日］小林善纪：《台湾论》，赖清松、萧志强译，（台湾）前卫出版社2001年版，第147页。

② 同上书，第141—143页。

③ 同上书，第153页。

受过中共的统治"①；"不管从历史上还是地理的角度乃至人情的层面，与日本最'接近'的岛屿就是台湾"②；"台湾是个年轻的国度"③，"台湾实际上是百分之百的独立国家"，"早就应该改为名正言顺的台湾国"。小林还认为，李登辉有今天这样的作为，是当年接受日本教育的结果；台湾取得今天这样的成就，是接受当年日本殖民统治遗产的结果。因此，李登辉不仅是最亲日的"伟大的政治领袖"，是建立与中国相反的"完全民主主义国家"基础的"伟大总统"，而且也是领导台湾摆脱"中华秩序的英雄"；"金美龄、蔡焜灿、何既明、许文龙以及陈水扁、李登辉等人，未来都会名垂青史，受后人崇敬"④，对一小撮老"皇民"、老"台独"极尽吹捧之能是。《台湾论》出笼后，立即遭到台湾有良知的爱国人士的抨击。台湾作家黄春明认为李登辉的"善意的殖民论"是胡说八道；台湾社会学家曾健民则把李登辉与小林善纪的这场"代际对话"及其"对谈成果"《台湾论》，称作老"台独"与新右翼的一次"契合"。

　　值得注意的是，由于漫画书（卡通）是日本年轻人最喜欢的一种通俗读物，尤其因为小林善纪的"两国论"、"台独论"道出了日本右翼分子的心声，所以这两本书一经问世，立即获得日本右翼分子的齐声喝彩。《战争论》在短短五个月内就再版了16次，发行60多万册。这不仅说明小林善纪等民间右翼分子在支持"台独"方面确实发挥了重要作用，也反映出右翼分子或具有

---

①　［日］小林善纪：《台湾论》，赖清松、萧志强译，（台湾）前卫出版社2001年版，第7页。

②　同上书，第249页。

③　同上书，第115页。

④　同上书，第257页。

右倾倾向的人在日本是大有人在的。

5. 冈田英弘（1931—）

冈田英弘系日本常磐大学教授，研究领域较为广泛。他早年主要研究《满文老档》，一度获日本学士院奖；后转而研究如何"分离台湾"，尤其重点论证"台湾地位未定"。冈田英弘是按以下看似严密的逻辑来推导出其"台湾地位未定论"的。

首先，冈田把清朝和中国割裂开来。他宣称："台湾由明朝残余郑成功建立亡命政权，历经三代是一个独立国家"；"清朝康熙帝征服台湾后，在那里设置了守备队，但不是把它作为中国的一部分来统治"；"有清一代中国人不曾参与帝国的统治"，"中国是大清帝国的殖民地，中国绝不是清朝，清朝也就不是中华帝国"；"台湾原本是从清朝割让出来的，要归还也只能归还给满洲人，然而满洲人的国家已不复存在，所以事实上已做不到"；"日本既然不是从中国夺取的台湾，当然也就无需归还给中国"。[①]可见，冈田英弘研究"分离台湾"的视角很特别，即靠早年研究《满文老档》的历史"底子"来论证"大清帝国决不是中华帝国"，"台湾一次也没有成为过中国领土"[②]，也不该"归还给中国"，企图从根本上推翻"台湾自古以来就是中国领土不可分割的一部分"之通解。那么，冈田英弘的这套逻辑能站得住脚吗？

众所周知，中国自古以来就是一个多民族国家。以汉满蒙回藏苗壮等民族为主体的各民族，在数千年漫长的历史长河中已经融合为一个"统一民族"——中华民族，不仅形成了共同的文化体系和经济体系，而且事实上形成了共同的政治体系即政权体

①　［日］冈田英弘：《台湾の命運——最も親日的な隣国》，弓立社1996年版，第76—80頁。

②　同上书，第75—76頁。

系，只是在不同历史时期由中华民族大家庭中的某个"民族"成员来主要实施这一统治而已。清朝当然主要是由中华民族的一员满族建立和统治的王朝，但绝不是仅由满洲八旗人来统治。只要是清朝治下的子民，只要是中华民族的一份子，任何读书人都可以通过"科举取士"途径直接参与国家政治生活，怎么能说"有清一代中国人不曾参与帝国的统治"呢？即便冈田英弘所谓"中国人"仅指汉民族，这一结论也是不成立的，难道类似张居正、曾国藩等官及一品的汉族朝中重臣和封疆大吏，还不算"参与帝国的统治"吗？另外，任何一个国家都有自己的历史演变传统。中国政权轮替的传统是"易姓革命"，即一朝一号。从夏商周秦汉，到隋唐宋元明清，再到中华民国和中华人民共和国，无不承继这一政权轮替传统。但无论朝代名称怎样改变，"中国"这个"国号"始终是题中应有之意，绝非小林善纪所言"中国"只能从"中华民国"或"中华人民共和国"算起①，更得不出冈田英弘所谓"中国是大清帝国的殖民地，中国绝不是清朝，清朝也就不是中华帝国"的结论。

其次，冈田从历史回到现实。他宣称：1945 年 10 月 25 日台湾末代总督安藤利吉向新任台湾省行政长官陈仪投降，"只是接受联合国军最高司令官的命令由中国接收台湾的行政权而已，并非日本将台湾'归还'给中国"②；宣称："旧金山条约……只

---

① 小林善纪信口雌黄说："支那的历史是皇帝的历史。皇帝的历史始于公元前 221 年，即历史上第一个皇帝始皇帝建立秦朝的时候。因此，'支那'的历史到今年（2009 年）是 2230 年。'中国'若从中华民国算起是 98 年，若从中华人民共和国算起只不过 60 年。所谓'中国四千年'或'五千年'，是中国人在 20 世纪说出的最大的谎言。"——参阅〔日〕小林よしのり：《天皇論》，小学館 2009 年版，第 278 页。

② 〔日〕冈田英弘：《歷史としての台湾》，《大航海》1995 年 7 月号。

是放弃台湾，哪里也没有归还"①。冈田为支持"台独"杜撰出来的这些谬论当然是狡辩或诡辩，况且这种视而不见或故意回避《开罗宣言》、《波茨坦公告》等相关国际文件的做法，也不应是专家教授之所为。冈田从历史到现实的这番说辞本来不堪一驳，但它却成为"台独"分子主张"台独"的"理论依据"。彭明敏、黄昭堂等"台独"分子就曾声称：台湾在中华民国成立时已是日本的领土了；中华民国在开罗声明中以"归还"的名义获得英美的同意，要在战后取得日本的领土台湾；虽然中华民国继承了清朝，但台湾在历史上并非清朝的固有领土，它只不过是清朝在建国后新征服的地域而已；因此不得不说有关台湾的这一措施，是违反了开罗声明以及联合国共同宣言中一致高唱的"不扩大领土"原则②。

再次，冈田英弘最后没有忘记提醒其同胞，也没有忘记鼓励"台独"分子。他宣称："如果台湾共和国诞生，一定是世界上最亲日的国家。到那时，日本该采取什么样的立场呢？我请各位予以思考"③；"现在李登辉是国民党的总统，要真是那样的话（指1996年6月当选所谓"民选总统"），当然就是国民的总统了，因而就能获得国际认知。到那时改叫台湾共和国或向联合国要求席位，也就有了说服力。"④ 冈田英弘毫不掩饰把台湾从中国彻底分裂出去的意图。

---

① ［日］冈田英弘：《台湾の命運——最も親日的な隣国》，弓立社1996年版，第80页。

② 彭明敏、黄昭堂：《台湾在国际法上的地位》，蔡秋雄译，（台湾）玉山社出版事业股份有限公司1995年版，第133页。

③ ［日］冈田英弘：《台湾の命運——最も親日的な隣国》，弓立社1996年版，第216页。

④ 同上书，第82页。

不过，笔者欲指出的是，日本右翼知识分子的上述谬论和行径虽然值得警惕，但最终一定都是徒劳的。人们不会忘记，中国在19世纪末积贫积弱到"瓜分豆剖"的程度，甚至一度有八个帝国主义国家跃跃欲试准备予以瓜分，但最终不还是维持了自己的大一统局面吗？人们更不会忘记，中国在20世纪三四十年代又一度被日本帝国主义肢解成殖民地台湾、伪满洲国、伪南京国民政府等若干区域，但最终不还是华夏归一、江山一统了吗？中国在近代史上两次遭遇生存危机都没有走向分裂的历史事实，以及今天早已站立起来并正在富强起来的活生生现实，都在昭告世人更正告日本右翼知识分子：任何奢望"中国分裂"的图谋，任何制造"中国分裂"的行径，都注定是徒劳的。"台独"不能成功、中国不会分裂，这就是我们的结论。

（二）战后日本右翼势力支持"台独"、阻挠中国两岸统一之原因

那么，战后50多年来日本右翼势力缘何自始至终、不遗余力地支持"台独"和阻挠中国两岸统一呢？究其原因，主要有三：

1. 历史原因：日本对台湾50年殖民统治的影响

日本对台湾50年的殖民统治特别是日据时期日本推行"皇民化运动"的结果，一方面在台湾岛内豢养出一批满脑子"皇民意识"和具有浓厚"日本情结"的"台独"分子；另一方面，日本从台湾获得巨大的殖民地收益大大推动了日本近代化进程的客观事实，又在战后日本国内形成了具有浓重"台湾情结"的"台湾帮"，并逐渐演变成为日本右翼势力的核心。这是诱发日本右翼势力支持"台独"、阻挠中国两岸统一之历史的心理层面的原因。

首先，看"台独"势力"日本情结"的产生及其影响。

"台独"分子有一个共同的特性，这就是都具有浓重的"皇民意识"和深深的"日本情结"。他们所主张的"台湾化"、"去中国化"，实质都是"日本化"的代名词。这完全是日本对台湾50年殖民统治特别是推行"皇民化运动"所致。

日本割取台湾和澎湖列岛后，设总督府对台湾进行殖民统治。日本政府在台湾极力推行"隔离政策"①、"怀柔政策"②的基础上，从1940年起又在全岛掀起所谓"皇民化运动"。其主要做法是：第一，通过刊行《台湾时报》一类报纸、出版《皇民化读本》一类书籍、举办"时事演讲会"和演出"皇民化剧目"等，大肆进行"皇民化"舆论宣传。第二，以增加米、面、糖等紧缺物资配给为诱饵，"鼓励"台湾人民改姓日本姓、取日本名，以消灭台湾人的"祖先认同"意识。第三，在普通学校和专门学校（即"日语讲习所"）强制推行日语教育，试图通过改变具有

---

① 为了使台湾永远脱离大陆，日本曾长期推行"去中国化"的"隔离政策"。例如，1904年9月24日颁布《支那劳动者取缔规则》，严禁大陆工人赴台；1921年3月30日颁布《有关南部支那领事馆之裁判法律》，取缔住在中国南部的台湾人；1923年1月30日颁布《有关加入外国之政治结社之件》，禁止台湾人加入中国国民党以及其他政党；1938年9月16日颁布《满洲国及中华民国渡航证明规则》，限制台湾人到大陆参加抗日运动；……——许介鳞：《李登辉与台湾政治》，社会科学文献出版社2002年版，第8页。

② 日据时期，总督的独裁权力、特殊的警察统治和残酷的保甲制度，构成了日本在台湾殖民统治的三大支柱。但光靠刺刀统治难以从根本上征服台湾人民。为此，1900年前后日本第四任台湾总督、老右翼巨头儿玉誉士夫提出了"油注统治"的治台新方针，即较多地采用怀柔政策来抚慰人心，营造所谓"日台融和"的气氛。

民族凝聚力功能的语言工具，使台湾人民特别是年轻一代成为"忘掉祖国，只爱日本"的天皇的"忠良臣民"。第四，通过强制台湾人民穿和服、着木屐、习茶道、过新历年、使用榻榻米、建居日式住宅等，使台湾人民生活习俗日本化，使其"首先体会日本人的心境，然后在不知不觉中感受皇民意识，并达到这一境界"①。第五，通过拆除中国传统的文庙、关帝庙、玉皇大帝庙和相应改建日本神社、供奉天照大神等神祇，强制台湾人民改变宗教信仰。尽管当年日本在台湾推行的"皇民化运动"在总体上是失败的，并没有征服台湾绝大多数人的灵魂，但也不可否认它确实造就出一批满脑子"皇民意识"和具有深深"日本情结"的"台独"分子。他们当中既有在日本的台湾总督府卵翼下成长起来的大工商业主和大地主，也有不少卖身投靠日本新主子的知识分子。他们均以"皇民"自居，以做"皇民"为荣，成为"台独"势力的重要组成部分。战后以来，这些人在"去中国化"的道路上越走越远。

从 1993 年起，台湾"行政院文建会"采取"社会营造"措施，将"台湾化"、"去中国化"扩大到社会的每一个角落。街上充斥着的台语歌曲很多都是由日本歌曲改编而来，以至于日本人听了曲调，都以为又回到了 50 年前的台湾。1994 年，部分"台独"分子在台湾桃园机场打出一面"台湾共和国"旗，上印一朵菊花图案。日本以菊花为皇家标识，日本的皇家菊花是九瓣，而这面"国旗"上的菊花只有八瓣。正如蒋纬国先生当年所说：这意味着"自己在心理上就已臣服于日本。……台独不是这些人最后的目标，只是一个过程的做法，最后一步就是要从乡土化变成

---

① ［日］白井朝吉：《台湾皇民化の諸問題》，《台湾時報》昭和 15 年 1 月号。

归顺化!"① 1995年，一批"台独"分子利用《马关条约》签订
一百周年之机，在台湾上演了一场令"亲者痛，仇者快"的闹
剧。民进党"立委"吕秀莲率百余"台独"分子前往当年《马关
条约》的缔结地——日本下关春帆楼，公然宣称：《马关条约》
使台湾"终能脱离中国"，这是"不幸中之大幸"。② 他们还一同
前往双手沾满台湾人民鲜血的日本前驻台总督的故居凭吊。4月
16日，主张"台独"的"台湾教授协会"还发起了"马关条约
一百年，告别中国大游行"。游行前，"台湾教授协会"发表了
"告别中国"宣言，呼吁台湾人"从心底告别中国"。③ 在10月
25日即收复台湾50周年纪念日，台湾全岛举行了庆祝"台湾光
复50周年"纪念活动。民进党控制的台北市也搞了所谓的"纪
念典礼"，但他们却将"光复"二字去掉，学日本人称"终战50
周年纪念大会"。"台独"分子、淡水高尔夫球场老板何既明毫不
掩饰地说："如果要接受中国统治的话，还不如当日本奴隶快活
些。"④ 一副十足的奴才嘴脸。"台独"领袖、民进党前主席黄信
介，原名黄金龙，只因崇拜日本右翼头目岸信介而易名。1994
年8月15日，中国台湾人、昭和大学教授黄绍堂不仅作为三个
提议人参加了靖国神社前的右翼集会——"追悼阵亡者国民集
会"，而且在会上发表了这样的讲话："8月15日是日本战败的
日子，也是台湾战败的日子。……美国在日本投下了两颗原子

————————————

① 《海峡两岸是血肉关系——蒋纬国就台湾前途的谈话》，香港《良友》杂志
1994年11月号。

② 胡菊人：《马关条约困惑》，《东方日报》1995年4月22日。

③ 《社团民进党聚众数千举行告别中国大游行》，《东方日报》1995年4月17
日。

④ 许介鳞：《李登辉与台湾政治》，社会科学文献出版社2002年版，第55页。

弹，但是中国却向台湾投下了比原子弹厉害得多的蒋介石这颗炸弹。……靖国神社供奉着两万多名台湾出生的阵亡者。最近日本的总理大臣说什么那场战争是侵略战争，是错误的战争，这是对台湾阵亡者的莫大的侮辱。他们对台湾同胞也毫不介意地那样说。这样的国家亡国是理所当然的。"① 不过，在"台独"分子特别是"老台湾人"中，"皇民意识"和"日本情结"最浓厚、最根深蒂固者，要数"台独"巨头李登辉。其他"台独"分子与李登辉相比，可谓小巫见大巫。

李登辉和他的哥哥李登钦的青少年时代，是在日据时期渡过的。早在"皇民化运动"开始之前，兄弟二人就已经分别取了日本名"岩里政男"和"岩里武则"。两人从小就在台湾的日本学校接受教育。后来，李登钦于1942年应征入伍当了一名台籍日本"志愿兵"，并战死于马尼拉，其名字至今被供奉于日本的靖国神社中。李登辉则于1944年以学徒兵身份被编入高雄高射炮部队，也成了一名台籍日本兵，后又到很少台湾人能够进入的京都帝国大学学习。长期日本教育和日式生活潜移默化的影响，使他从思维方式到内心情感都是日本式的，以致使李登辉在1946年准备从日本返台时，"顿时觉得丧失了人生的方向"②。已经深植于李登辉内心深处的这一"日本情结"，不但没有随着战后半个世纪时间的流逝而淡化，反而越到晚年越发浓厚。1994年3月底，李登辉在接受司马辽太郎采访时不仅

---

① ［日］大原康男：《终战50年之思考——关于"终战"的五个观点》，见［日］历史研究委员会：《大东亚战争的总结》，东英译，新华出版社1997年版（内部发行），第510—511页。

② 刘黎儿：《为何加入国民党？李登辉：最危险地区最安全》，台湾《中国时报》2001年5月4日。

哀叹"生为台湾人的悲哀",而且说:"殖民地时代的日本人所留下的事物很多,在批评的同时,如果不用科学的观点来评价,就无法了解历史。这是我的想法。"① 同年 7 月 9 日、10 日,李登辉在会见日本产经新闻社社长羽佐间重彰时,为了说服日本政府改变以往"忽视台湾"的态度,竟低三下四地说:"在亚洲,不!在全世界,我确信像台湾这样重视日本并亲自给予支持的朋友再无他人";"关于过去日本殖民统治的历史,也应该科学地进行分析,对充实了农业基础和社会资本,予以正当的评价,这大概是台湾式的做法"。他还以"会说日本话,偏爱日本的总统"自居。② 据台湾前"外长"钱复透露,因为李登辉在日据时期接受过日本教育,其兄是作为"帝国"军人战死的,所以"李内心比现在的日本人更加日本"③。到 2002 年,李登辉的"日本情结"发展到不惜出卖祖国领土主权的地步。该年 9 月下旬,李在接受日本《冲绳时报》记者采访时,竟抛出了"钓鱼台(即钓鱼岛)是日本领土"的媚日言论。他说:"中国大陆再怎么主张对钓鱼台的主权,事实上没有证据可资证明,在国际法上没有任何依据。"④ 对此,新加坡内阁资政李光耀指出:"李登辉是用日本人的眼睛看世界。他常让人感到是站在日本的利益上讲话,以日本人的世界观,以一种与中华民族存在敌对的潜意识作为精神武器。"⑤ 美国亚太中心资深研究员奥克森·伯格亦曾指出:据说

① 《李登辉同日本作家谈话,〈生为台湾人的悲哀〉》,《台港澳情况》1994 年第 22 期。
② 冯瑞云:《当代中日关系发展要论》,吉林教育出版社 1996 年版,第 300 页。
③ 同上。
④ 陆铿:《李登辉抓紧时间表忠心》,新加坡《联合早报》2002 年 10 月 3 日。
⑤ 蔡放波:《略论日据时期台湾的"皇民运动"及其影响》,《台湾研究》1997 年第 4 期。

"李总统的'两国论'战略思想是受一些日本退休高官的影响，我很想知道日本访客们究竟给了哪些建议"①。"台独"分子的这些有违史实和有悖中华民族感情的言行表明，日本对台湾长达50年的殖民统治确曾造就出一批具有浓厚"皇民意识"和深深"日本情结"的"台独"分子，这在客观上为战后日本右翼势力支持"台独"和图谋重新染指台湾准备了内应。

其次，看日本右翼势力"台湾情结"的产生及其影响。

日本殖民统治台湾50年的历史，对日本人"台湾情结"的形成也产生了深刻的影响。一方面，日本对台湾50年殖民统治造成了台湾很多人有亲戚在日本，日本很多人也有亲戚在台湾，这就使彼此之间形成了一种难以割舍的联系；另一方面，日本割占台湾后，不仅解决了日本因农业人口城市化而产生的粮食短缺问题，而且使台湾一直成为日本的食品、轻工业品的主要供应地和日本工业产品的主要销售地之一。这样，日本从台湾获得巨大的殖民地收益大大推动了日本近代化进程的客观事实及其与"台独"分子"亲日情结"的互动影响，就极易在战后日本右翼势力的内心深处滋生浓厚的"台湾情结"。早在20世纪60年代初，周恩来就曾经针对日本右翼势力的"台湾情结"问题指出："日本有一部分人对台湾有感情"；这是一种"殖民主义的感情……今天日本仍有一部分人抱有这种殖民主义的思想，希望台湾从属于日本，认为台湾既然没有直接在中华人民共和国管辖之下，就应该仍然回到日本的手里"。② 正是在这种对台湾的"殖民主义感情"——"台湾情结"的驱动下，日本右翼势力无论在中日复交前还是复交后，都明显流露出对以往殖民统治下的台湾

---

① 参见何清成、张四望主编：《日本军情内幕》，新华出版社2001年版，第216页。

② 《周恩来外交文选》，中央文献出版社1990年版，第342页。

有一种"难舍难分的眷恋"。尤其是近年来，支持"台独"的类似中岛岭雄、司马辽太郎、小林善纪的民间右翼分子在日本大有人在；而日本政界属于"台湾帮"的国会议员，也已多达三四百人。尤其值得注意的是，在日本的新生代政治家中具有"亲台"倾向的人不断增多。前自民党政调会代理会长船田元，可谓其中的典型代表。他竟公开写道："我从心底里是亲台湾的。这是因为如今的台湾政府——就是中华民国的领导人、已故的蒋介石总统在日本战败后采取了'以德报怨'的方针，让滞留在中国大陆的日本人平安地遣返日本，这和共产党苏联企图占领日本的做法形成鲜明对照。日本今日的繁荣就是由此而来的。……大陆有中华人民共和国（中国），台湾岛上有中华民国政府（台湾），这是事实。即使世界各国和日本现在只承认中国，台湾作为一个拥有2000万人口和1000亿美元外汇储备的经济大国，是无法抹杀的事实。……日本的政治家和外务省，有一种过分顾虑中国反应的倾向，我认为，没有必要这样担心中国，应该以一种凛然的态度对待中国。"①

以上表明，浓重的"台湾情结"确已根植于日本右翼分子甚至一些中道政治家的内心深处，这是诱发其支持"台独"、阻挠中国两岸统一的内在心理驱动力。

2. 现实原因：日本右翼势力仍然视台湾为事关日本"生存"和"发展"的战略要地，并把支持"台独"作为谋求日本政治大国地位的有效途径和遏制中国发展的主要手段

首先，日本右翼势力仍然顽固地视台湾为事关日本"生存"和"发展"的战略要地。

───────────────

① 杨洁勉等：《世界格局中的台湾问题——变化和挑战》，上海人民出版社2002年版，第169页。

台湾处于地缘政治学上具有战略价值的"陆权"与"海权"交汇的"边缘地带"。日本右翼势力非常清楚台湾这一得天独厚的战略地位对中日这两个相互毗邻的东亚大国意味着什么。从日本方面来看：第一，台湾扼日本海上航线之要冲，台湾海峡是其南下东南亚、伸入波斯湾、再进至欧洲的必经航道。日本每年通过台湾海峡运输的货物多达5亿吨，其中包括100％的核燃料、99.9％的石油、99.4％的铁矿石、91.3％的煤、90.6％的小麦等等。日本右翼势力认为，如果中国两岸实现了统一，台湾海峡势必变成中国的内海，这就等于在日本的脖子上套上了一条可以随时勒紧的绳索，日本国内将因这条所谓"生命线"受阻而"不攻自乱"。第二，台湾还处于日美两国为遏制中国而精心编织起来的由太平洋直贯印度洋的"新月形战略带"①的中间位置上。如果台湾"独立"或两岸长期维持"不独不统"的分裂状态，那么这个围堵中国的包围圈就会十分牢固；反之，将自然崩溃。1994年，美国海军部长詹姆斯·福雷斯特就曾经指出："台湾是未来太平洋最关键之处，谁掌握了台湾，谁就控制了亚洲大陆整个海岸。"②对中国来说，台湾在地缘上、军事上、经济上均具有重大战略价值。台湾向西隔台湾海峡与祖国大陆距离最近，向东直面广阔的太平洋，向南与海南岛和南沙群岛遥相呼应，向北与舟山群岛和黄海遥遥相望，且南北连接东南亚和东北亚两个国际战略经济区域。它犹如一艘"永不沉没的航空母舰"，雄居于西太平洋上狭长的第一岛链即中国漫长海疆的正中位置，在中国整个

---

① 这条"新月形战略带"是：日本—韩国—（中国）台湾—菲律宾—印尼、新、马、泰—印度。

② 孙云：《震慑"台独"——不承诺放弃使用武力》，华文出版社2001年版，第185页。

海防体系中的战略支撑作用不言而喻。此外，台湾海峡不仅是西太平洋地区一条极为重要的国际通道（日通过舰船百余艘），更是中国的海上交通咽喉。中国四大外贸航线中的三条通过这里走向世界；中国 16 个主要港口中的 10 个在北方，每年需经过这一海峡将北方的煤炭、石油等大宗货物海运至能源匮乏的南方省区，这是陆路运输和航空运输都无法替代的。加之澎湖盆地蕴藏着相当可观的油气资源，台湾省又是工业发达的亚洲"四小龙"之一，其经济价值尤显重要。如果两岸长期处于分裂状态或台湾不幸沦入外人之手，那么台湾就犹如一把大锁，牢牢地锁住了中国大陆走向海洋的东南门户，其作为中国沿海地区纵深地带的战略防御作用和作为"永不沉没的航空母舰"的战略进攻作用将全部丧失，中国将由于海军力量被封堵于内海而失去制海权，不仅不能真正走向太平洋，真正走向世界，甚至整个东部沿海乃至整个中国大陆都将完全暴露于日本、美国的军事威慑之下，台湾海峡这条黄金水道亦将失去平衡国民经济和拓展海外贸易的重要功能和战略意义。正因为台湾岛和台湾海峡对中日两国如此事关重大，所以无论中日复交前还是复交后，日本右翼势力始终在不遗余力地支持"台独"，图谋肢解中国。1990 年 10 月，中国著名国际战略学家何新先生在访日期间与日本数位同行专家座谈时，就明显察觉到了日本人有分裂中国之企图。其中，具有"日本思想库"之称的野村综合研究所顾问、国际问题及世界经济学专家佐伯喜一提出："中国太大，无论如何也管理不好。不如让各地分散开，任其独立发展"，最后采用"联邦制"。[①] 1994 年，司马辽太郎在对李登辉的访谈录——《场所的苦闷——生为台湾人的悲哀》中坦承："我个人深感恻隐之心，台湾的未来是我很关心

---

① 何新：《全球战略问题——新观察》，时事出版社 2003 年版，第 267 页。

的";"如果从很有爱国心的日本人的角度看台湾的统独问题，最好的状况是台湾独立，最糟的是海峡两岸统一。台湾海峡变成中国的内海，从而扼住海路依存度极高的日本的生命线"。① 而右翼死硬分子、东京都知事石原慎太郎在 2000 年 4 月 12 日接受德国《明镜》周刊记者采访时，甚至直言不讳地鼓吹"中国分裂有利于日本"；叫嚣："中国最好分裂成几个小国，日本应尽力促进这一过程。"② 实际上，在日本国内就连一些非右翼的"中道政治家"，也从骨子里不愿承认台湾是中国的一部分，不愿看到中国两岸走向统一。例如，大平正芳还在外相任上时就公开坦言："咬掉舌头，我也不会说承认台湾是中国的。"③ 再如，日本前驻华大使中江要介也是"台湾地位未定论"的积极鼓吹者。1994 年 10 月，他在《东京新闻》上发表文章称："中国 45 年来总说台湾是自己的，但从未实际统治，而且中、台双方又都不努力'通过和平对话'解决问题，结果却把由此产生的不正常状态归咎于日本政府的责任。这种倾向实难接受。"④ 这样，日本右翼势力不遗余力阻挠中国两岸统一，也就不那么令人费解了。

其次，日本右翼势力视支持"台独"为谋求日本"政治大国"地位的有效途径。

日本自明治维新伊始，就把充当"亚洲领头羊"乃至成为世界政治大国确定为国家奋斗目标。日本的这一政治大国梦虽一度

① 许介鳞：《李登辉与台湾政治》，社会科学文献出版社 2002 年版，第 255 页。

② 岳麓士：《不能容忍的狂言》，《人民日报》2000 年 4 月 17 日。

③ 汤重南：《不忘前事、面对现实、开创未来》，《中日关系史研究》1999 年第 4 期。

④ 孙云：《震慑"台独"——不承诺放弃使用武力》，华文出版社 2001 年版，第 183 页。

因二战失败而破灭，但随着日本经济在战后重新崛起，其内心深处再度燃起了称雄世界的野心。20世纪80年代，日本首相中曾根康弘就提出了"战后政治总决算"口号和建立"国际国家"的任务，并将争当联合国安理会常任理事国作为日本追求政治大国地位的首要奋斗目标。然而，一方面，最近20多年中国改革开放的巨大成功和在世界上尤其在亚太地区影响力的迅速扩大，使日本自近代以来在亚洲第一次遇到了强劲的竞争对手，其谋作"亚洲领头羊"的努力和再度称雄世界的野心，已经受到一定程度的遏制并有可能最终化为泡影；另一方面，由于日本战前有过一段极不光彩的侵略历史，战后又拒不反省，甚至否认和美化侵略战争，国际形象欠佳，很难得到亚洲邻国的信任和支持，这就进一步增加了其实现政治大国目标的难度。正当日本感到"威胁"和深感头痛之际，正在积极拓展"国际生存空间"的台湾当局，很自然成了日本走向政治大国的"盟友"。为此，日本右翼势力便企图通过打"台湾牌"——支持"台独"，达到既迫使联合国五大常任理事国之一的中国支持日本出任联合国常任理事国，同时又削弱中国经济竞争力之险恶目的。然而，日本右翼势力的这一政治图谋是不能得逞的。

再次，日本右翼势力还把支持"台独"作为遏制中国发展的主要手段。

日本右翼势力无论在中日复交前还是复交后，始终抱着传统的"原料中国，工业日本"的帝国主义意图与中国打交道。他们最希望中国永远贫弱，永远是日本的原料供应地和商品销售市场；最不希望看到在自己的身旁出现一个"腾飞的巨龙"。然而中国经过20多年的改革开放和现代化建设，综合国力迅速增强，这就打破了日本右翼势力的这一政治图谋。于是，他们两度（1988年、1996年）挑起钓鱼岛争端分散中国注意力；大肆渲染

"中国威胁论"，并将所谓"来自中国的威胁"与对华"经援"挂钩；在将台湾纳入新《日美防卫合作指针》确定的"周边"范围的基础上，还试图将台湾拉入 TMD（战区导弹防御系统）开发计划。但在日本右翼势力看来，遏制中国最有效的手段是打"台湾牌"。即在他们看来，只要长期保持海峡两岸"不独不统"的分裂状态，日本就能够利用台湾这张牌经常给中国政府找麻烦，使中国长期为台湾问题所困扰，分散中国的注意力，进而达到既削弱中国的经济竞争力，迟滞中国走向现代化的步伐，又使海峡两岸都一时难以对我钓鱼岛、东海大陆架和南沙群岛用强之不可告人的阴险目的；如若能够进一步策动台湾"独立"，就会更大程度地削弱中国的综合国力，进而彻底解除来自他们想象中的"大中华圈"的"威胁"；而无论维持分裂现状还是策动"台独"，最便捷的方法就是壮大"台独"势力和推动"台独"进程。1994年，反映日本军方观点的日本战略中心就明确提出："中国统一问题最好是固定现状。因为统一将使中国的政治、经济、军事影响力扩大，日本应以半永久性地维持现状为前提，与环太平洋大国合作，支持或请求美国采取行动，在区域内各国筑起防波堤。"[①]

3. 经济动因：台湾当局设立多个秘密"专案基金"拉拢，即大搞"金钱外交"的驱动

2002 年三四月间曝光的台湾"国安局"几个机密文件显示，从 1994 年起，李登辉、陈水扁两届"政府"不惜血本设立了多个秘密"专案基金"，大搞"金钱外交"。在"701 专案基金"、"331 专案基金"等诸多"专案基金"中，最引人注目的要数利用"奉天专案基金"35 亿元新台币的庞大利息设立的"明德专

---

① 王俊彦：《战后台日关系秘史》，福建人民出版社 2000 年版，第 215 页。

案基金"。该"专案基金"主要用于在日本和美国政界特别是军事情报部门培植"亲台"势力，以建立"台日美"三方秘密合作机制。该小组由三方人员组成，每年定期举行两到三次会议。具体负责与日本联络的"特使"，是在日本商界有广泛联系的台湾运输机械公司董事长彭荣次（化名"彭诚"）。在彭荣次和台湾驻日人员的大肆活动下，很多日本政要受贿于"明德专案基金"，有的甚至于卸任后干脆加入"明德小组"。日方人员以自民党右派人物为主，其中包括前首相桥本龙太郎和森喜朗、前防卫厅事务次官秋山昌广、前日本"北部方面"指挥官志方俊之、前内阁情报调查室室长大森义夫等政坛官场要人。他们在接受贿赂后，均为台湾当局做出了"重要贡献"。在此，让我们仅以桥本龙太郎和秋山昌广为例，管窥台湾当局"金钱外交"的威力。

1996 年所谓"台海危机"期间，彭荣次遵李登辉之命请求时任首相的桥本龙太郎敦促美国政府派军舰"保卫台湾"。据美国中央情报局事后透露，桥本首相曾派密使游说克林顿总统说台湾"岌岌可危"，催促他赶快出兵"保台"。为了让美方感到事态"严重紧迫"，刺激美方马上采取行动，桥本竟要挟克林顿说："如果美国不保台，日本不是向中国投降，就是立即核武化。"①不愿看到日本采取其中任何一种行动的克林顿总统，这才命令"尼米兹号"和"独立号"两艘航母开赴台海附近。美方将这一消息告知桥本，桥本又指示参加"明德小组"的日方人员志方俊之转告台湾当局。所谓"台海危机""化解"后，桥本又迅速与克林顿签署了《日美安保宣言》（1996 年）、新《日美防卫合作指针》（1997 年）等，将中国台湾纳入日美安保体制确定的"周边"范围。桥本龙太郎在 1998 年 7 月卸去首相职务后，台湾当

---

① 《李登辉非法挪用 35 亿黑钱》，《参考消息》2002 年 3 月 26 日。

局基于他"是日本重量级政治人物……在日本政坛仍有不可忽视之影响力，若能参加本机制，将可大幅度提升本机制之政治作用"考虑，[①] 在美国前驻日大使阿马科斯（代号"A"）和日本参议员椎名素夫（代号"S"）的帮助下，将桥本龙太郎正式拉入了"明德小组"。作为回报，桥本于 1999 年岁末收到了彭荣次等人专程送来的 1 万美元礼券和其他"年终厚礼"。

　　2002 年 3 月 25 日，香港《星岛日报》将所获台湾"国安局"1999 年 12 月 15 日拟制的一份"极机密"文件公诸于众。该文件显示，秋山昌广在担任桥本内阁防卫厅防卫局长、防卫厅事务次官期间，曾积极推动了新《日美防卫合作指针》的签署和通过，"是美日安保方针顺利通过之关键人物"。1997 年底，秋山因防卫厅内部发生贪渎案件而引咎辞职。李登辉为了向这位的确在美日安保和"台日关系"上"卓有贡献"的"真正友人"表达"念旧情谊"，特别指示"明德小组"出资 10 万美元供其赴美国哈佛大学进修两年。这既是对其"前功"表示感谢，也是为了备日后"再度合作"时派上用场。[②]

　　此外，台湾当局还通过大型经建项目的优先"竞标"（如台北至高雄的高速铁路建设项目）、商贸往来中巨大贸易利润的人为让与（每年 200 多亿美元的对日贸易逆差）、巨额政治捐款的投入、色情服务的提供等多种渠道和手段，将一笔笔巨额资金投注在有影响的日本右翼政客身上。台湾当局向日本各界渗透之深之广，由此可见一斑；而日本政界、财界、军界的右派实力人物支持"台独"之热情又在多大程度上来自台湾当局的金钱诱惑和作用，恐怕就不言自明了。

─────────────

① 《台美元礼券赠桥本》，香港《星岛日报》2002 年 3 月 25 日。

② 《台挤入日美条约保护圈》，香港《星岛日报》2002 年 3 月 25 日。

还需指出的是，其实在日本的对华关系问题上，日本国内一直存在着"亲华派"和"亲台派"两股政治势力。可以断言，日本的"亲台派"完全是别有用心。他们力主反华是真，但"亲台"亦是假。他们是企图通过加强台湾当局的实力实实在在地推进"台独"步伐，最终把台湾从祖国怀抱中永远割裂出去，抑或至少迟滞中国统一进程，以便利用"两个中国"或"一中一台"的分裂状态从中渔利。就所谓"亲华派"而言，也要具体加以分析。其中的一部分人是基于一种"赎罪"心理，真诚希望中日友好，真诚帮助中国的现代化建设；而另一部分人则是带着其它目的和披着中日友好的外衣主张中日"友好"并与中国进行往来的。日本早稻田大学教授安藤彦太郎在 1980 年来华讲学时，曾对此有所披露。他说："对古代中国的尊敬和对现实中国的轻蔑，是明治以来日本人当中培植起来的中国观的特点。最近由于中华人民共和国逐渐发展成为一个杰出的国家，这一特点已经大大地淡薄了。但是，稍微剥开中日友好的外衣，还可发现这样的中国观仍然浓厚地存在着。"① 无论从日本右翼势力支持"台独"的情形来看，还是从部分"中道政治家"的"台湾情结"观之，这部分人今后很可能成为"台独"势力的主要支持者和为中华民族统一大业设置重重障碍的主要外部势力。对此，海峡两岸的炎黄子孙应清醒地洞察到这一点。

综上所述不难看出：第一，无论在战后初期、冷战时期还是后冷战时期，日本右翼势力不仅支持"台独"的行径从未中断，而且其阻碍我两岸统一的作用呈不断增大之势；第二，由于上述历史的、现实的、经济的诸多因素所致，日本对台湾的野心将越

———————————

① ［日］安藤彦太郎：《日本研究的方法论》，卞立强译，吉林人民出版社 1982年版，第 4 页。

来越大于美国，日本因素也将随着日本从经济大国向政治大国、军事大国的演变和急进而逐渐成为障碍中国两岸统一的主要外部因素。对此，我们必须有清醒的认识，必须做好与日本右翼势力长期斗争的准备。关于这一点，周恩来早在中日复交前就曾意味深长地指出："要日本抛弃美国，抛弃台湾，这不仅短期内做不到，长期也困难。日本自民党虽然分许多派，但在台湾问题上都是一致地含糊其辞，大多有野心。吉田茂、岸信介等人就是想把台湾分出去。在台湾和祖国统一之前，在这个问题上我们同日本的斗争是长期的。"[①] 这番话可谓一针见血，30 年后的今天读来仍感回味无穷。

（三）排除日本右翼势力对我两岸统一的干扰、弱化其作用之措施

在日本右翼势力出于遏制中国的需要和"台独"势力出于台湾"独立"的欲求而加紧勾结的情况下，如果我们不能有效地阻止这两股恶势力的进一步勾结，那么台湾问题的解决将更加困难。因此，在推进祖国统一大业进程中如何排除日本右翼势力的干扰和弱化其作用，无疑是摆在我们面前的一个急迫而又严峻的课题。笔者认为，应主要从以下几个方面着手：（1）采取灵活务实的对日方针，是排除日本右翼势力干扰、弱化其作用之前提。第一，必须对日本右翼势力破坏中国两岸统一的一切行径进行针锋相对的斗争，并正告之：中国两岸统一是大势所趋，任何阻挠和破坏都是徒劳的。第二，必须对日本政府姑息、纵容本国右翼势力破坏中国两岸统一的任何或明或暗的

---

①　辛向阳主编：《百年恩仇——两个东亚大国现代化比较的丙子报告》，中国社会出版社 1996 年版，第 644 页。

做法予以彻底揭露，不拿原则做交易。第三，必须把日本人民与日本右翼势力区别开来，通过唤醒更多的日本国民的觉醒，孤立和打击日本右翼势力。（2）制定和实施正确的对台方略，是排除日本右翼势力干扰、弱化其作用之基础。通过加强与台湾岛内的国民党、亲民党等"统派"政治力量的政治合作特别是国共第三次合作（从 2005 年 5 月国共两党高层时隔 60 年的历史性会晤，已经看到了这一曙光），通过密切与岛内实业界的经济合作，特别是通过加深两岸人民的同族感情，使日本右翼势力和"台独"分裂势力策划台湾"独立"的图谋失去政治、经济和群众基础。（3）中国本身强大与否，是粉碎日本右翼势力分裂中国政治图谋之关键。衰弱走向分裂，富强趋于统一，是为国家分合之一般规律。因此，我们只能义无反顾、步调一致地致力于现代化建设，全力以赴提高综合国力。否则，两岸和平统一或必要时的武力统一均无从谈起。

三 战后日本右翼势力与钓鱼岛问题

日本著名历史学家井上清教授曾经指出："领土问题最能刺激国民的感情。自古以来，反动统治者往往捏造领土问题，煽动人民掀起虚假的爱国主义狂热。"井上清先生所言，既道出了领土问题是影响国与国关系最敏感的问题之事实，同时也指出了在领土问题上存在着"虚假的爱国主义"的问题。事实上，日本方面制造出来的中日钓鱼岛主权之争，确已成为影响中日关系、恶化两国国民感情最敏感的问题之一；而在日本国内，也确实存在着井上清先生所说的虚假的"爱国主义狂热"，即"死灰复燃的日本军国主义也是妄图通过蛮横无理地坚持'尖阁列岛'的'主权’，把日本人民卷入军国主义的大漩涡之中"。①

那么，就让我们首先洞察钓鱼岛的主权归属问题。

钓鱼岛准确地说应称之为钓鱼岛列岛，由钓鱼岛、黄尾屿、赤尾屿、南小岛、北小岛 5 个岛屿和飞濑礁、冲北岩、冲南岩、大南小岛、大北小岛等多个礁岩组成，总面积约 6.3 平方公里。其中以钓鱼岛面积最大，约 4.319 平方公里，故钓鱼岛列岛一般简称为钓鱼岛（以下均使用简称）。钓鱼岛位于北纬 26 度至 25 度 40 分，东经 123 度至 124 度 34 分，西南距台湾基隆约 200 公里，西距福建福州市约 370 公里，南距日本的宫古、八重山群岛约 150 公里，东距日本那霸约 370 公里。钓鱼岛作为台湾的附属岛屿，自古以来就是中国领土。中国方面明永乐年间写作的《顺风相送》（作者不详，写作时间也不详，一说 1430 年）、1534 年出使琉球的陈侃所著《使琉球录》、1561 年抗倭名将胡宗宪所著《筹海图编》、1562 年出使琉球的郭汝霖所著《重编使琉球录》、1683 年出使琉球的汪楫所著《使琉球杂录》、1719 年出使琉球的徐葆光所著《中山传信录》、1756 年出使琉球的周煌所著《琉球国志略》、1800 年出使琉球的李鼎元所著《使琉球录》、1808 年出使琉球的齐鲲所著《续琉球国志略》，日本方面在明治维新前后出版的《琉球诸岛全图》、《冲绳志》、《三国通览路程全图》等书，均说明：（1）早在日本"发现"这些岛屿数百年前，中国明朝出使琉球的使节就已经发现了钓鱼岛，有正式命名，台湾省和福建省的中国渔民也一直在该列岛上和附近水域从事采药和捕鱼等生产活动，并被纳入中国海防区域之内。因此，钓鱼岛绝非日本人所说的"无人岛"。（2）钓鱼岛处于水深 200 米以内的东

① ［日］井上清：《钓鱼岛——历史与主权》，贾俊琪、于伟译，中国社会科学出版社 1997 年版，第 3 页。

海大陆架的边缘，是中国领土向海洋的自然延伸；而在琉球群岛与钓鱼岛之间却有一条深 1000 米至 2700 米的琉球深海沟（历史上被称作"黑沟"）。因此，当年中国与琉球国（即现在日本的冲绳县）在这一地区的分界线在赤尾屿和古米岛（即现在的久米岛）之间，即钓鱼岛是中国台湾的附属岛屿，而绝非日本所说是琉球群岛的一部分。换句话说，无论从地质上、历史上还是从国际法理上说，钓鱼岛都是中国的固有领土。

那么，中日两国是如何发生钓鱼岛主权之争的呢？

日本方面最早"发现"这些所谓"无人岛"并窃为"私人用地"者，是福冈商人古贺辰四郎。1884 年，古贺辰四郎到黄尾屿（日本称"久场岛"）一带采集贝壳，发现岛上有大量的海鸟信天翁栖息，其羽毛可销往欧洲获利。古贺感到发财的机会来了，遂于 1885 年向冲绳县政府提出开垦申请，并在岛上立起一块写有"黄尾岛古贺开垦"字样的牌子。同年，冲绳县知事向日本政府建议对钓鱼岛进行勘察，建立"国际标志"。在直至甲午战争爆发的十余年间，日本政府尽管很想侵吞这些岛屿，但鉴于"这些岛屿靠近清国国境，特别是因为清国对这些岛屿已经命名，兼之近来清国报刊刊登有日本企图占据靠近台湾的清国岛屿之传闻，提醒清政府注意"①，加之担心引起国际异议，所以未敢贸然行动，而是决定"待他日见机而作"②。1895 年 1 月 14 日，日本政府利用甲午战争胜利在望的有利时机，背着清政府在钓鱼岛上建立航标，并正式决定将这些岛屿编入日本版图（即划归冲绳县管辖）。由于日本侵夺钓鱼岛是在战争背景下秘密实施的，事前

———————————————

① 王俊彦：《战后台日关系秘史》，福建人民出版社 2000 年版，第 260 页。

② 王俊彦：《警惕日本——昨日的侵略与今日的扩张》，内蒙古人民出版社 1996 年版，第 808 页。

未通知中方，事后又未向世界宣布，所以当时清政府对这一切一无所知。这是日本非法窃取于前。同年 4 月 17 日，日本逼签《马关条约》，"合法"割去了台湾及其附属岛屿和澎湖列岛。这时的清政府以为钓鱼岛作为台湾的附属岛屿，也一并割给了日本。1896 年，日本政府将钓鱼岛列岛中的 4 个小岛无偿"租借"给古贺开发经营 30 年，是为日方所谓"私人用地"之来历。然而，钓鱼岛是日本人古贺的"私人用地"之说不堪一驳。其他姑且不论，钓鱼岛早在成为日本人的所谓"私人用地"之前，就已经成了中国人的私人用地。美籍华裔地理学家沙学浚博士珍藏着慈禧太后于 1893 年（光绪十九年）颁发给盛宣怀的一道诏谕，明确写道："皇太后慈谕太常寺正卿盛宣怀所进药丸甚有效验。据奏，原料药材采自台湾海外钓鱼台小岛。灵药产于海上，功效殊异中土。知悉该卿家世设药局，施诊给药，救济贫病，殊堪嘉许。即将钓鱼台、黄尾屿、赤屿三岛赏给盛宣怀为产业，供采药之用。其深体皇太后及皇上仁德普被之至意，钦此。"此外，不仅在诏谕的正上方印有朱色"慈禧皇太后之宝"四方形玉玺，而且在上述内容中的"慈谕太常"四个字上盖有慈禧皇太后"御赏"朱色椭圆形腰章。[①] 慈禧所说"灵药"，是指盛氏家族的广仁堂用采自钓鱼岛的药材海芙蓉（又名石苁蓉）制作的用来治疗风湿病、关节炎和高血压的药丸。此后，盛宣怀的子孙多次赴钓鱼岛采药，合法地利用岛上的资源。后来盛宣怀将此诏谕传给四子盛恩颐，盛恩颐传给女儿徐逸（本名盛毓真），徐逸又将它赠给地理学家沙学浚，供其研究钓鱼岛主权之用。可见，钓鱼岛列岛早在日本人古贺辰四郎"租借"之前，就已经成为盛氏家族的

---

① 肖季文等：《日本：一个不肯服罪的国家》，江苏人民出版社 1998 年版，第 247 页。

产业并被长期利用；日本政府以这里是古贺"私人用地"为借口包庇纵容右翼分子染指我钓鱼岛的做法是徒劳的。后来，作为宣示日本"主权"的一个重要步骤，日本政府竟于 1900 年擅自把固有名称钓鱼岛列岛改称"尖阁列岛"。据日本方面称，这是由黑岩恒根据当年英国海军的命名而易名。1845 年，英国军舰到钓鱼岛附近测量时，见该列岛的中心岩礁为"尖塔形"，便称之为"PINNACLE ISLANDS"，意为"哥特式建筑尖塔形屋顶状群岛"。黑岩恒据此将其日译为"尖头诸屿"或"尖阁列岛"。战后美国占领日本，钓鱼岛亦被美军占领。美国的侵略行径当即遭到中国政府和海峡两岸中国人民的强烈谴责。1951 年 9 月 8 日签署的片面的《旧金山和约》第 2 条载明：日本放弃对满洲、台湾、澎湖列岛等中国领土的一切权利，归还中国。但"和约"第 3 条又错误地将日本窃据的中国领土钓鱼岛划在了美国托管的琉球群岛管辖区内。就是说，在《旧金山和约》中，日本并没有把本属于台湾附属岛屿的钓鱼岛与台湾、澎湖列岛一同归还中国，而是以"条约"的形式故意将它与台湾本岛分离开来，私相授受给美国占领当局托管。而美国政府竟置中国政府和人民的一再抗议和谴责于不顾，授意琉球民政府于 1953 年 12 月 25 日以琉球列岛民政副长官、陆军少将的名义发出第 27 号令——《琉球列岛地理界限布告》，宣称：根据《旧金山和约》，美国政府和琉球政府认为，有必要重新指定琉球列岛的地理界限，将其管辖的区域指定为包括北纬 24 度、东经 122 度区域内各岛、小岛、环形礁岩及领海。这一纸"布告"，人为地将整个钓鱼岛列岛及其附近海域包括在了美国拥有"施政权"的琉球群岛管辖区内。1969 年 11 月 21 日，日本首相佐藤荣作和美国总统尼克松在华盛顿签署了"日美联合公报"——《关于琉球诸岛及大东诸岛的日美协定》；1971 年 6 月 17 日，日本外相爱知揆一和美国国务卿罗杰斯分别于各自的首都代表本国政府正式在该"协定"上签字。
"日美冲绳协定"规定：美国正式决定放弃旧金山对日和约第一
条规定的一切权利，将琉球"行政权"归还日本。该协定所宣布
的"归还"领土范围与1953年琉球民政府发布的"第27号令"
完全相同，这样美国就阴险地把本属于中国的钓鱼岛与琉球群岛
一并"归还"给了日本。1972年5月15日，美日两国正式移交
了琉球群岛的"施政权"，中国的钓鱼岛从此处于日本野蛮的
"实际控制"之下。这是日美两国拿我钓鱼岛私相授受于后。不
难看出，无论日本秘密窃取于前还是美日两国私相授受于后，都
是对中国领土主权的粗暴侵犯，理所当然地遭到了中国政府和海
内外华人的一致反对和强烈谴责。中国外交部于1971年12月
30日就钓鱼岛列岛问题正式发表声明，指出：钓鱼岛群岛和台
湾一样，"自古以来就是中国领土不可分割的一部分。美日两国
政府在归还冲绳协定中，把我国钓鱼岛等岛屿列入'归还区域'，
完全是非法的，这丝毫不能改变中华人民共和国对钓鱼岛等岛屿
的领土主权"[1]。而包括台湾同胞在内的海内外华人，则在全球
范围内掀起了规模宏大、持久不衰的保钓运动。

　　面对中国政府和海内外华人的强烈谴责和反对，美国在将钓
鱼岛"施政权"恶意"归还"给日本的同时，又一再声称："对
钓鱼群岛的主权归属问题，美国采取中立立场。……关于主权问
题的争议，应由有关当局谈判解决。"[2] 这样一来，美国就把钓
鱼岛问题作为一个麻烦的"包袱"抛给了中日两国。针对中国政
府的上述严正立场，日本外务省于1972年3月8日"正式"发
表了《关于尖阁列岛领有权问题的统一见解》，找出以下四条

---

① 张平：《钓鱼岛风云》，国际文化出版公司2000年版，第46页。
② 王俊彦：《战后台日关系秘史》，福建人民出版社2000年版，第265页。

"理由"证明钓鱼岛是"日本领土"：（1）"尖阁列岛"在日本1885年"发现"以前系"无人岛"；（2）该列岛不包括在《马关条约》割让给日本的台湾、澎湖列岛之内，也不包括在《旧金山和约》中日本宣布放弃的领土之内，而是属于日本西南诸岛的一部分，包括在1971年签订的《归还冲绳协定》之内；（3）中国此前一直未提出异议，只是在70年代探明这里蕴藏着大量油气资源后，才提出对该岛及其附近水域的领土主权要求；（4）过去无论台湾当局还是中华人民共和国政府提出的历史、地理等方面的根据，在国际法上都不能成为证实中国有领有权主张的有效证据。1972年5月12日，日本政府作出决定："5月15日（美日正式移交琉球群岛日——本书作者）以后，若台湾省或其他地方的中国人进入这一海域，则以违反出入境管理法论处，强制其离境；再者，若他们登陆修造建筑物，则适用于刑法中的侵犯不动产罪，由海上保安部队和警察予以取缔。"① 实际上，日本政府的这一"统一见解"不仅在前揭大量确凿的史实面前站不住脚，而且早为美国学者、东南亚学者甚至日本学者的科学研究成果所否定。日本著名历史学家井上清教授经过严谨考证，于1972年2月在日本权威杂志《历史学研究》（第381期）上发表了《钓鱼列岛（"尖阁列岛"等）的历史和归属问题》一文，慎重地得出以下五个结论：（1）由钓鱼岛到赤尾屿之间的一系列岛屿，对于中国方面来说，最迟在16世纪中叶以前，就知道其位置，有中文的命名，并明确认为是中国的领土。（2）琉球王府、琉球人民或日本人并没有认为这些岛屿是琉球的领土；相反，琉球人都了解这是中国的领土，日本的有识者也承认这一点。（3）明治维

———————————

① ［日］井上清：《钓鱼岛——历史与主权》，贾俊琪、于伟译，中国社会科学出版社1997年版，第4页。

新以后，直到日清战争胜利时，日本政府不仅从未主张过对这些岛屿拥有领有权，反而公开和暗地里承认这一地区是中国的领土。（4）日本给该群岛的一部分起日本名为"尖头诸屿"或"尖阁列岛"，是根据英国海军的命名。黑岩恒命名的"尖阁列岛"中虽不包括赤尾屿，但赤尾屿也和钓鱼岛等一起属于中国的领土。（5）将所谓"尖阁列岛"和赤尾屿划为日本领土，是日本在日清战争中获胜以后，从中国夺取台湾和澎湖列岛及其附属岛屿的一个组成部分。他最后说："必须指出，历史的惟一结论是，必须立即、无条件地承认所谓'尖阁列岛'和赤尾屿，都是中国的领土。"[1] 同年 3 月 23 日，石田郁夫、石田保昭、古波津英兴、藤堂明保等百余位著名学者联名发表了《日本文化界正义人士阻止日帝侵夺钓鱼台宣言》，不仅郑重宣布对"日帝又在进行侵略中国领土——钓鱼岛（尖阁列岛）"的行径"无法熟视无睹"，而且深刻指出："身为帝国主义国家的人民，我们都有根深蒂固的排外倾向。……在资源贫乏的冲绳附近，一旦发现了大量石油，于是不论保守派或革新派，大家都在叫喊维护（冲绳）县的利益，殊不知，在诱人的魅力中，包藏着祸心。"《宣言》最后号召日本人民"一起来阻止日帝对钓鱼岛的侵略"，"一同参加我们的斗争行列"。[2] 就连日本《朝日新闻》也不得不承认："日本政府的立场缺乏说服力。因为从地形上看，尖阁群岛是位于邻近中国大陆与台湾的大陆架的尖端近处，但与冲绳群岛之间，却有一条水深在二千公尺以上的海沟。……这样，要主张把尖阁群岛

---

① ［日］田桓主编：《战后中日关系文献集（1971—1995）》，中国社会科学出版社 1997 年版，第 73—74 页。

② 张平：《钓鱼岛风云》，国际文化出版公司 2000 年版，第 72—73 页。

作为冲绳的一部分，不能不说有欠妥之处。"①至此，中日两国围绕钓鱼岛主权归属问题阐述的针锋相对的观点和主张究竟哪一方站得住脚，恐已不言自明。

　　就在中日之间围绕钓鱼岛主权归属问题产生争议之际，两国迎来了邦交正常化谈判。中国政府的考虑是：钓鱼岛虽系弹丸之地，但要根本解决主权归属问题尚需时日。而且钓鱼岛问题与中日复交大业相比，后者更重要、更紧迫。所以，无论在 1972 年的复交谈判中还是在后来的缔约交涉中，中国政府都建设性地提出了"搁置争议，待日后解决"的方针，并为日方所接受，使中日两国顺利修复了邦交。例如，1972 年 7 月 28 日，周恩来在会见来访的为田中角荣访华打前站的日本公明党委员长竹入义胜时明确表示："钓鱼岛问题没有必要涉及，没有必要把这个问题看得这么重……与恢复邦交相比，它就算不了什么问题嘛。如果写在报纸上，恐怕会引来（媒体）无谓的干扰。"② 竹入对中国政府在包括钓鱼岛在内的一系列问题上所表现出来的"好意和宽宏大量"，表示"非常感谢"。在 9 月 27 日中日两国首脑第三次复交谈判临近结束时，田中首相再次就钓鱼岛问题提出："我想借这个机会问一下尖阁列岛的问题"，希望中方能"明确领土归属问题"，这实际上是要求中国政府承认日本对钓鱼岛拥有主权。周恩来再次明确、坚定地回答道："我这次不想谈这个问题，现在谈没有好处。我们还是把能解决的大问题，就是两国关系正常化问题先解决为好。我不是说别的问题不大，但目前最紧迫的是两国关系正常化问题。有些问题要随着时间的推移才好去谈。钓

① 张平：《钓鱼岛风云》，国际文化出版公司 2000 年版，第 65 页。
② ［日］石井明等：《日中国交正常化·日中和平友好条约締結交渉》，岩波书店 2003 年版，第 20 页。

鱼岛问题现在还是不要讨论，地图上又没有标，出了石油就成了问题了。"①田中解释说，如果不问一问这个问题，回去不好交代，并表示同意留待日后解决。结果，中日两国绕过这一"障碍"于9月29日签署了《中日联合声明》，实现了两国邦交正常化。中日复交后，中日两国缔约谈判所以延宕近六年之久，除主要在是否将"反霸"条款写进条约问题上争论不休外，钓鱼岛主权归属问题上的分歧也是障碍之一。为了达成缔约目的，邓小平不仅继承了周恩来的"搁置争议，待日后解决"的方针，而且进一步提出了"搁置争议，共同开发"的新思路。1974年10月3日，邓小平在会见来访的日中友好协会（正统）本部代表团黑田寿男一行时指出："我希望尽早排除一切障碍，签订中日和平友好条约。……有些问题谈不拢，比如钓鱼岛主权问题，一时解决不了，可以摆下去嘛，否则，这一问题提出来，恐怕就是十年也解决不了，和约还是谈不拢。因此这个问题还是暂时搁置起来为好。"同年12月5日，邓小平在会见池田大作率领的创价学会代表团时进一步指出："我们都有缔结和平友好条约的愿望，希望早日开谈。……我们两国间并不存在像苏日之间北方四岛那样的问题，当然我们之间有你们叫尖阁列岛、我们叫钓鱼列岛这样的问题。可以先不去涉及嘛。我们两国人民没有什么根本性的利害冲突，两国政治家们要从政治角度去考虑问题，发展友好关系的基础是很深厚的。"②1978年5月19日，邓小平在接受美国合众社的编辑、记者采访时，明确回答了关于钓鱼岛问题的提问，指出：日本对钓鱼岛群岛享有主权的说法是站不住脚的，两国已同意挂起来，在商讨和约时不讨论这一问题。中国认为，这一问题

①　张平：《钓鱼岛风云》，国际文化出版公司2000年版，第153页。
②　同上书，第158—159页。

将来很容易解决。同年 8 月 10 日即中日缔约谈判期间，邓小平在人民大会堂会见了园田直外相。当园田直再次提出钓鱼岛问题并主张"尖阁列岛自古以来就是我国领土"时，邓小平首先严肃地针锋相对地强调钓鱼岛列岛自古以来就是中国领土，然后话锋一转指出："这个问题，一如既往，搁置它 20 年、30 年，都不要紧嘛。……我们这一代找不到办法，下一代、再下一代总会找到办法的。"① 这样，两国再次绕过这一"障碍"，在 8 月 12 日签订了《中日和平友好条约》，并由邓小平亲自赴日本于 10 月 23 日交换了条约批准书。10 月 25 日，邓小平在东京记者招待会上回答日本记者提问时，进一步阐述了中国政府在钓鱼岛问题上的立场，指出："在实现中日邦交正常化和这次谈中日和平友好条约的时候，我们双方都约定不涉及这一问题。倒是有些人想在这个问题上挑些刺，来障碍中日关系的发展。我认为两国政府把这个问题避开是比较明智的。这样的问题放一下不要紧，放十年也没有关系。我们这代人智慧不够，这个问题谈不拢，我们下一代人总该比我们聪明，总会找到一个大家都能接受的方式来解决这个问题。"② 很明显，中国政府为了顺利实现邦交正常化和维护中日友好大局，已在钓鱼岛问题上做出了一定的让步。只要双方都遵循在复交和缔约谈判中达成的"搁置争议，待日后解决"这一共同谅解，那么钓鱼岛主权归属问题就不会影响中日关系顺利发展的大局。

中国人言而有信，说到做到，从未进入钓鱼岛；而日本方面特别是日本右翼势力，却由于下述三方面的原因而屡屡制造违反

---

① 张平：《钓鱼岛风云》，国际文化出版公司 2000 年版，第 184—185 页。

② 冷溶、汪作玲主编：《邓小平年谱 1975—1997》（上），中央文献出版社 2004 年版，第 411—412 页。

上述谅解的外交事件：

1. 日本右翼势力挑起钓鱼岛争端的背后，暗含着"遏制"中国发展的深远的政治图谋

如前所述，中国经过20余年的改革开放特别是进入20世纪90年代以后，经济迅猛发展，综合国力迅速增强；相形之下，日本却由于泡沫经济的破灭而长期复苏乏力，其在亚太地区的影响正随着中国、韩国和东盟国家的崛起而相对缩小。可以说，这是日本自明治维新一百多年来在亚洲第一次遇到了强劲的竞争对手。日本右翼势力认为，既然日本以正常的竞争方式难以抗衡中国，那么就用其他办法不断给中国找麻烦，以此牵制中国发展、"遏制"中国崛起；而不断制造"钓鱼岛争端"，正是实现这一政治图谋的种种手段之一。

2. 日本右翼势力看重钓鱼岛的军事价值

1972年4月初，日本军事评论家小山宏内在《经济学人》杂志上发表文章说："尖阁群岛位于日本自卫队防卫识别圈展开的西端，由于尖阁列岛距中国大陆比日本本土要近，故此可以成为对中国大陆警戒的前哨据点。因该列岛战略地理位置的关系，既适合设置规模适度的电子警戒装置，又可作为地对空飞弹基地。"而日本防卫厅长官久保氏在众议院回答议员质询时，甚至公开提出"防空警戒线能越接近中国大陆越好"①。时至1997年，日本前陆上自卫队的一名官员进一步叫嚣说：尖阁列岛作为建设雷达监视系统、电波干扰塔、地对舰和地对空导弹基地，具有重要军事价值，应加强冲绳岛以远的防御体制，改变自卫队的部署，夺取对该岛的控制权。为了加强对钓鱼岛的"实际控制"，他还具体"献计献策"道：（1）在钓鱼

————————————————

① 张平：《钓鱼岛风云》，国际文化出版公司2000年版，第49—50页。

岛上配备一个加强连，并设立警戒监视雷达，在其他几个岛上
设置传感器；（2）在八重山和宫古岛等岛屿部署一个加强营，
并配备运输直升机和武装直升机；（3）在那霸基地配备 F-15
和 F-2 战斗机，将其一部分战斗机部署在八重山和宫古岛；
（4）在西南诸岛部署护卫舰队、潜水舰队和运输舰队，并在该
海域进行巡逻。[①]即如果占领了位于西太平洋航道上的钓鱼岛，
就可以大大前移日本的战略纵深，在国防上具有重要军事价
值。正如井上清教授一针见血指出的那样：如果日本在有丰富
饮用水的钓鱼岛上建造军事基地，"就等于把枪口架到了中国
的鼻子底下"[②]。帝国主义心态不改和侵略本性不减的日本右翼
势力，当然看重这里的军事价值。

3. 日本右翼势力尤其看重这里所具有的重大经济价值

钓鱼岛列岛出产山茶、棕榈、仙人掌、海鸟信天翁珍贵的羽
毛、贵重药材海芙蓉等，其周围海域又是我国台湾省渔民最大的
天然优良渔场，盛产鲣鱼、文鳐鱼、飞花鱼和龙虾。据台湾宜兰
县苏澳区渔会理事长林源吉说，在南方澳 1400 余艘渔船中，有
四层渔船在钓鱼岛附近海域捕鱼，其捕获量占总捕鱼量的 1/2，
历来被视为"渔业奇迹"。因此，钓鱼岛近海渔场对于以鱼产品
为主要副食品的日本来说，具有重要经济价值。不过，钓鱼岛的
经济价值主要还是体现在在其周围 20 万平方海里的海底蕴藏着
数量巨大的油气资源上。

最早发现这里蕴藏着丰富石油者，是日本东京水产学校地质
学教授新野弘和美国麻省理工学院海洋地质学教授爱默雷。他们

---

① 张平：《钓鱼岛风云》，国际文化出版公司 2000 年版，第 254 页。

② ［日］井上清：《钓鱼岛——历史与主权》，贾俊琪、于伟译，中国社会科
学出版社 1997 年版，第 3 页。

从 1960 年起，对太平洋战争期间日美两国潜艇在钓鱼岛附近海域搜集的海底资料进行合作研究。1967 年 6 月，两人在韩国的《地质学报》上发表了多年合作研究的成果——《中国东海和朝鲜海峡的海底地层及石油展望》一文，推测在包括钓鱼岛在内的中国东海大陆架的海底可能储藏着丰富的石油。文章指出："中国东海是世界上石油远景最好而未经勘探的近海之一。……从台湾往东北方向，经过尖阁列岛至日本九州之间，沿大陆架外缘的一条宽阔地带，是今后最有希望找到海底油气田的地方。"① 同年 9 月，新野弘又独自在《日本的科学与技术》学报上发表另一篇专论，特别强调在钓鱼岛附近的海底可能蕴藏着大量的石油，立即引起世界各国的极大关注。几乎与此同时（1966 年），联合国"亚洲及远东经济委员会"成立了一个由台湾当局、日本、韩国、菲律宾组成的，后又邀请美英法德为技术顾问的"联合探测亚洲近海地区矿藏资源合作委员会"，帮助有关国家和地区探测这里的海底矿藏。1967 年至 1968 年，该委员会通过委托美国空军进行航空地磁勘测和美国海军研究船进行地球物理勘测，最后宣布：最有可能蕴藏大量石油的地方，是台湾东北方即钓鱼岛周围海域 20 万平方海里的地区。一位不愿透露姓名的专家甚至指出，这里很可能是世界上石油蕴藏最丰富的地区，其数量可能等于整个波斯湾石油的藏量，最保守的估计也在 800 亿至 1000 亿桶左右。那么，800 亿至 1000 亿桶是个什么概念呢？中国大陆全部石油储量不过 38 亿桶，整个大庆油田也只有 6 亿桶的储存量。闻此结果，早在战前就喊出"一滴石油一滴血"口号的 95％以上靠进口的能源匮乏的日本，"像一头饥渴的野兽需要食

---

① 　王俊彦：《战后台日关系秘史》，福建人民出版社 2000 年版，第 261 页。

物一样，恨不得马上就获得石油"。[①] 基于上述政治、军事、经济原因，特别是为了独吞这里的海底石油，日本政府迅速搜寻出所谓"人证"、"物证"，提出并顽固坚持"尖阁列岛自古以来就是日本领土"之主张；日本右翼势力则在行动上积极配合政府对钓鱼岛所谓的"实际控制"，并不断制造事端挑战我钓鱼岛领土主权。昔日渔歌唱晚、白帆点点的钓鱼岛附近海面，从此不再平静。

1968 年，闻悉钓鱼岛周围海底蕴藏着丰富石油这一爆炸性新闻的日本政界和民间的右翼分子立即纠集在一起，开始频频染指我钓鱼岛。同年 7 月 7 日晨，由"冲绳问题委员会"专员高岗大辅、东京水产学校教授新野弘、所谓"尖阁列岛"的"所有者"古贺善次、八重山巡警平良浩繁等 44 人组成的"尖阁列岛视察团"，搭乘冲绳政府水产研究所的"图南号"船从石垣港出发，于次日晨侵抵钓鱼岛。在钓鱼岛附近水域每遇台湾渔民，日本巡警就开枪恫吓，强行"驱逐"。这是自发现石油以来，日本右翼势力首次集体登陆我钓鱼岛。1969 年六七月间和 1970 年 6 月，日本政府分别拨款 943 万日元和 37128 万日元，资助两个"调查团"侵入钓鱼岛及其附近海域进行活动，为尽快开采垂涎三尺的海底石油做准备。与此同时，近在咫尺的冲绳政府的配合行动更为积极有力。1969 年 5 月 8 日，冲绳政府派出的一个工程队登上钓鱼岛列岛，制造出日本"主权标志"，即在各岛屿上分别筑起 1 米高 30 厘米宽的水泥柱。在主岛钓鱼岛上的水泥柱上，正面写着"八重山尖阁群岛鱼钓岛"；背面写有"冲绳县石垣市登野城 2392 番地，石垣市建立"字样。在钓鱼岛上另立的

---

① 京都大学法学教授高坂正尧语，转引自张平：《钓鱼岛风云》，国际文化出版公司 2000 年版，第 7 页。

一根大理石柱上，则写有"八重山尖阁群岛"，并将 8 个岛、礁的日本名称一一列出——"鱼钓岛、久场岛、大正岛、南小岛、北小岛、冲南岩、冲北岩、飞濑礁"。立柱毕，又彻底清除了中国人在岛上留下的一切痕迹，包括船坞、码头、工棚、道路等等。他们这样做的目的，是企图制造"先占为主"的假象和所谓的"既成事实"。这是战后日本右翼势力染指我钓鱼岛的一个重要步骤。

1969 年 11 月 21 日佐藤·尼克松"联合声明"签署后，自认为有美国撑腰的日本右翼势力顿时狂妄起来。翌年 7 月 10 日，冲绳海岸巡逻艇气势汹汹对在钓鱼岛水域捕捞作业的我台湾省渔民先是恐吓和扣押，然后声称"日本天皇皇恩浩荡"予以释放。日本巡警还向渔民们宣布：以后再来该海域捕捞作业，须持"出国证"，否则即视为"非法入境"。9 月 16 日、17 日，台湾宜兰县南澳渔民的 10 余艘船在钓鱼岛海域捕鱼时，又两度遭到日本海上防卫厅两艘巡逻舰的野蛮"驱逐"，日本巡警甚至把枪尖指向渔民大喊大叫，狂妄至极。而此前的 8 月 10 日、9 月 10 日，日本外相爱知揆一先后在参议院和众议院的外交委员会上表示，尖阁列岛的领有权毫无疑问属于琉球，也就是属于日本，对这一领土主权问题，和任何国家都没有谈判的余地。在日本政府的授意下，冲绳立法院在 1970 年 8 月 31 日的一天当中，就通过了旨在"防卫尖阁列岛领土主权"的"第十二号决议"、"第十三号决议"；冲绳政府也于 9 月 10 日发表了"尖阁列岛主权及其大陆架资源开发主权之主张"。日本广播公司电视台（NHK），还制作了"强化领有观念，认识领土问题"特别节目，应邀参加讨论的外务省参议官中江要介一再呼吁，要"加强对尖阁列岛的认识"；而接受电视台采访的石油开发社社长冈田秀田，则大谈特谈石油对日本工业发展的重要性，甚至喊出了当年日本军阀喊过的口号——"一滴石油一滴血!"目的就是通过强化国民对"尖阁列岛"的"主权意识",积极配合日本政府对我钓鱼岛的侵略。

值得注意的是,1972 年在日本政府发表《关于尖阁列岛领有权问题的统一见解》(3 月 8 日)之后,日本各政党、大小报纸和电台电视台都紧随其后纷纷发表各自的"见解",众口一词地宣称钓鱼岛是"日本领土"。《朝日新闻》的社论——《日本对尖阁列岛的领有权》(3 月 20 日)、《东京新闻》的社论——《尖阁列岛是日本的领土》(3 月 20 日)、《读卖新闻》的社论——《冲绳返还后的尖阁列岛的领有权》(4 月 19 日),都一改此前对政府的批评态度,宣称"尖阁列岛是日本的领土",并明确表示对政府的"主权领有立场"表示支持。一些电视节目不但大肆叫嚣"一滴石油一滴血!"甚至扬言必要时不惜"一亿玉碎"确保"尖阁列岛","粉碎骄狂傲慢的中华意识!"① 日本各党派甚至连一向与政府唱对台戏的日本社会党和日本共产党,也都通过各自的机关报发表与政府立场保持一致的"见解":4 月 19 日,日本社会党在机关报《社会新报》上发表"统一见解",宣称钓鱼岛是"日本的领土";4 月 30 日,日本共产党在机关报《赤旗》上则发表了如下内容的"统一见解":"近年对尖阁列岛的海底石油问题,讨论纷纭,台湾的蒋介石方面,和中华人民共和国方面,先后提出尖阁列岛的归属问题,本党以为冲绳立法院 3 月 3 日通过的'尖阁列岛为日本领土'之决议,是适当的。加之,根据本党进一步的调查结果,对尖阁列岛是日本领土一节,更无怀疑。"② 一些右翼组织甚至每天雇佣数辆巴士到中日备忘录贸易办事处和东京主要车站巡回演讲,狂呼"尖阁列岛是日本领

① 张平:《钓鱼岛风云》,国际文化出版公司 2000 年版,第 49 页。

② 同上书,第 48 页。

土"、"阻止中国对日本固有领土尖阁列岛的非法侵吞"。日本各政党和一些主要媒体有关钓鱼岛的这般"见解",不仅在强化日本国民错误的"主权意识"方面起了极其恶劣的误导作用,而且有力地配合了政府和右翼势力侵犯我领土主权的行径。正是在它们的推波助澜下,日本政府的态度更趋强硬,日本右翼势力的言行更加狂妄。有如前述,尽管日本政府以及日本右翼势力千方百计想在中日复交谈判和相关文件中"一举解决"钓鱼岛的"主权归属"问题,即要求中方明确承认"尖阁列岛是日本领土",但由于中国政府的坚决斗争和海内外华人的誓死反对,中日两国终于在"搁置争议,待日后解决"这一谅解的基础上实现了邦交正常化,致使日本右翼势力染指我钓鱼岛之行径一度有所收敛。

《中日联合声明》和《中日和平友好条约》将中日关系带入了一个崭新的历史阶段,但这并不意味着日本右翼势力从此不再染指我钓鱼岛。事实上,在20世纪70年代末迄今的20多年中,随着中国综合国力的迅速增强和翻天覆地的变化,日本右翼势力对我钓鱼岛的侵略野心和挑战行径不但从未停止,而且呈现出不断扩大和变本加厉之势。

为了集中力量解决当时最为紧迫的复交和缔约问题,中国政府提出的"搁置争议,待日后解决"之建议,仅表现出我国政府在钓鱼岛问题上的宽宏大量,绝不意味着放弃了对钓鱼岛的领土主权。然而,长期以来日本右翼势力特别是政界右翼势力,要么矢口否认中日之间有过"搁置争议"的谅解,要么故意曲解和大肆宣传中方已经"默认"或"承认"钓鱼岛是"日本领土"。《中日和平友好条约》签订不久,时任自民党总务会长的中曾根康弘曾在公开场合说,日方认为中国政府已经承认"尖阁列岛"实际上在日本的管辖之下,因为根据中日双方的谈判记录,邓小平曾向日本方面保证说，今后钓鱼岛事件不会重演。1989 年初，日本外相宇野宗佑访苏期间宣称，中日之间在钓鱼岛问题上并不存在"搁置"一说，领土问题已经解决。1996 年 10 月 11 日，日本外务省事务次官林贞行在会见中国驻日大使徐敦信时，针对徐大使提出的两国曾就此达成"搁置协议"的立场，竟矢口否认说"没有这样的协议"。10 月 14 日，林贞行在记者招待会上再次公开宣称：中日之间"不存在中方所说的一致同意搁置，这是日本的一贯立场"①。关于中日之间究竟有无"搁置争议"的谅解不仅有如前揭，而且也为日本有良知的政治家所承认。直接参与了当年中日复交谈判的时任内阁官房长官的二阶堂进先生后来回忆说：在中日会谈中，"周恩来提出钓鱼岛问题这次可以不谈，以后再说。田中首相说，那好，那就以后再说。这实际上就是双方领导人达成的一致，即同意今后再慢慢解决这个问题。……现在有些年轻人不了解历史，也不尊重历史"②。日本政府和执政党高官公然否认中日之间有过"搁置"谅解的目的，是企图在国际上造成日本已"合法领有"钓鱼岛的错误印象，为日后最终霸占我钓鱼岛创造有利条件；而政界右翼高官的这一谎言以及日本政府的这一立场，无疑是对日本民间右翼势力重新染指我钓鱼岛的鼓舞和纵容，也为日本民间右翼势力在钓鱼岛问题上故态复萌，即不断挑起新的领土争端提供了"依据"和靠山。事实正是如此。

就在邓小平1978 年底访日期间进一步阐明"搁置争议"立场后不久，总部设在东京的右翼团体日本青年社成员非法登上我钓鱼岛建立了一座灯塔。对此，该组织头目卫藤丰久宣称："什

---

① 参见拙著：《中日邦交正常化研究》，吉林人民出版社 2000 年版，第 274 页。

② 张平：《钓鱼岛风云》，国际文化出版公司 2000 年版，第 228 页。

么才能表明对尖阁列岛拥有实际统治权呢？那就是建灯塔。"①
1979年5月底6月初，日本政府用"宗谷号"巡视船将人员和
器材运至钓鱼岛，在那里修建了临时直升飞机场。对此，中国外
交部亚洲司司长沈平5月29日紧急约见了日本驻华使馆临时代
办伴正一，严正指出：日本政府在钓鱼岛修建飞机场的行为，显
然违反了中日双方关于钓鱼岛问题达成的谅解，"并声明不承认
这一行为具有任何法律价值"②。1981年7月中旬，日本冲绳县
又擅自派船进入钓鱼岛海域进行"渔场资源调查"。1988年，日
本青年社对十年前设在钓鱼岛西海岸的灯塔进行了大规模的修
缮。他们这样做的目的是，"如果灯塔被承认，并载入海图和灯
塔表上的话，那么尖阁群岛作为日本固有的领土就会被国际上承
认"③。1990年9月29日，日本海上保安厅宣布：承认日本青年
社1978年在钓鱼岛上修建的灯塔为"正式航线标识"。同年10
月初，日本青年社茨城县本部长狄野谷辉男率领妻子和部属数次
登上钓鱼岛建立灯塔，设立航标，安装邮政信箱，目的在于给世
人留下钓鱼岛已为日本"实际支配"的印象。日本政府还出动舰
艇和飞机强行拦截中国台湾省渔船赴钓鱼岛海域捕鱼作业，给台
湾渔民造成了巨大的经济损失。针对日本右翼势力的这般挑衅行
径，中国外交部发言人李金华代表中国政府于1990年10月18
日发表抗议声明，要求日本政府立即"自行拆除灯塔"。10月27
日，中国外交部副部长齐怀远奉命紧急约见日本驻华大使桥本
恕，再次严正指出：日方的做法违反了两国在复交谈判时达成的
谅解，严重地侵犯了中国的领土主权，因此中国政府强烈要求日

---

① 张平：《钓鱼岛风云》，国际文化出版公司2000年版，第191页。
② 同上书，第92页。
③ 同上书，第199页。

本维护双方已达成的谅解，立即停止在钓鱼岛海域采取任何单方面的行动。1992 年 2 月 25 日，中国全国人民代表大会常务委员会通过《中华人民共和国领海及毗连区法》，明确提出钓鱼岛列岛自古以来就是中国领土，并授权中国人民解放军可以用实力驱逐侵犯该岛及周围海域的侵略者。

时至 1996 年，日本右翼势力在钓鱼岛问题上的气焰更加嚣张。7 月 14 日，日本青年社成员一行七人再次登上钓鱼岛，并在北小岛的西北处建起一个使用太阳能发电的高 5 米的铝合金灯塔，该塔发出的光能照射到 30 公里以外。8 月 18 日，冲绳县那霸市右翼团体尖阁列岛防卫协会的成员亦登上钓鱼岛。他们在岛的南侧立起一个长 3 米、宽 2 米的木制日本太阳旗，还立起一块纪念所谓"钓鱼岛发现者"古贺辰四郎"业绩"的纪念碑。9 月 9 日，日本青年社成员在海上保安厅舰艇"目睹之下"再次登上钓鱼岛列岛的北小岛。他们拆除了 7 月 14 日竖立的已被风吹歪了的灯塔，另立了一个新的太阳能灯塔，日本政府对此视而不见。与此同时，日本政府于 7 月 20 日正式宣布开始实施 200 海里专属经济区。日本从传统的 12 海里领海一变为 200 海里领海，使日本的领海面积顷刻间扩大了 451 万平方公里，是过去的 10 余倍；而中国的钓鱼岛和韩国的独岛也被一并囊括在内。为了纪念战前"大日本帝国"海军的赫赫战功和强化国民的海洋意识，日本政府在同一天宣布：恢复 7 月 20 日为"海之日"，作为国家公共休假日。9 月下旬，当被日本的挑衅行径激怒的港事顾问、全球华人保钓大联盟召集人陈毓祥率领的 2800 吨级的保钓船——"建华二号"驶距钓鱼岛 10 海里水域时，立即被包括日本海上警备队 7 艘战舰在内的 20 余艘舰艇团团包围，并有直升飞机在空中盘旋监视，致使我保钓船数次登陆尝试均告失败。陈本人跳进大海以身殉国。对右翼分子登岛建塔、树旗和设置邮政信箱等非法行径，日本政府官员百般包庇或推卸责任。如，外务省发言人桥本宏9月10日说："作为政府来说，态度是不奖励、不干预、不支持。"实际上，日本政府的"不干预"本身就是最大的支持。再如，在9月13日的记者招待会上，官房长官梶山静六宣称："关于是否赞成设灯塔的问题，我不好表态，但政府确实无权阻止民间人士在自己所拥有的地方进行适当活动。"① 桥本龙太郎首相甚至宣称日中之间不存在领土问题，并指示日本海上保安厅、警察厅等部门做好应付"不测事态"的准备；而这些部门则准备对登陆钓鱼岛的中国人以"实力排除之"，或直接出动300人左右的部队和动用直升飞机来"保卫孤岛"。9月30日，日本自民党还把"尖阁列岛是日本固有领土"写进了该党选举公约。至此，日本右翼势力胆敢在短短一个多月里一而再、再而三地制造钓鱼岛事端，也就不那么令人费解了。

　　面对日本右翼势力的上述行径和日本政府的这般态度，中国政府表示了极大的愤慨。9月10日一天当中，外交部发言人沈国放代表中国政府向日方表示强烈抗议；中国外交部亚洲司司长王毅奉命紧急约见日本驻华使馆临时代办进行严重交涉。9月11日，中国驻日特命全权大使徐敦信向日本外务省阐明中国政府的严正立场。此外，江泽民、朱镕基、钱其琛等中国领导人，在不同场合重申了中国政府在钓鱼岛问题上的一贯立场。尽管如此，日本右翼势力的挑衅行为和日本政府的姑息纵容态度丝毫没有改变。

　　1997年是中日邦交正常化25周年。日本政府于同年4月6日决定：对"非法"登上"尖阁列岛"的外国人，将根据《出入

---

① 张平：《钓鱼岛风云》，国际文化出版公司2000年版，第220页。

境管理和难民认定法》"实力驱逐"之。在日本政府的这一强硬态度鼓舞下，4月28日日本一国会议员和一名记者登上了钓鱼岛。5月6日，新进党籍众议员西村真悟、大阪市议员仲间均和两名摄影记者等四人，以"行政考察"为名携太阳旗登上钓鱼岛，并在岛上搞了所谓"慰灵祭"活动。西村作为日本国会议员登上钓鱼岛，无疑是一起严重的外交事件，理所当然遭到了中国政府的抨击。事后，西村攻击"（日本）政府将此事矮化为私人层次之事""形同叩头外交"，主张"日本应加强在尖阁列岛的部署，该岛附近有渔场，岛上要有灯塔、港口和警力，以保障主权"。① 6月11日，日本青年社成员一行三人再次登上钓鱼岛列岛的北小岛，侵犯中国领土主权。日本前自卫队的一名官员甚至公开建议政府"在钓鱼岛上配备一个加强连和设立警戒监视雷达"。可见，1997年也是不平静的一年。

1998年2月10日，日本政府以驻联合国大使小和田恒的名义就钓鱼岛问题向联合国秘书长安南提交了一份文件，内称："无论是从历史上看，还是对照国际法原则，尖阁列岛都毫无疑问是日本领土的一部分，而且一直处于日本的实际统治之下。"② 1999年9月4日，日本青年社三名成员又公然登上钓鱼岛。中国外交部发言人代表中方表示强烈愤慨，并要求日方立即采取措施惩处肇事者。2000年4月20日，还是该社成员，不仅登上了钓鱼岛，而且在岛上建立了神社。当右翼分子的这一非法行径再次遭到中国政府谴责时，日本外务省的一名官员竟辩解说：在钓鱼岛上建立神社是"合法的"，钓鱼岛是"日本领土"。

---

① 张平：《钓鱼岛风云》，国际文化出版公司2000年版，第251页。
② 徐之先主编：《中日关系三十年》，时事出版社2002年版，第475页。

综上所述不难看出，钓鱼岛问题不仅缘于日本窃取于前和日美两国私相授受于后，而且自 20 世纪 60 年代末迄今中日间围绕钓鱼岛问题所发生的一切争端，全部由日本右翼势力一手制造和日本政府包庇、姑息所致，特别是日本政府对此负有不可推卸的责任。目前，日本政府在钓鱼岛问题上采取的策略是："与台湾当局谈渔权，与中国大陆谈主权"；一面顽固坚持钓鱼岛是日本"固有领土"，一面企图通过海上保安厅对钓鱼岛进行所谓"实际控制"达到"时效取得"。然而，日方的任何伎俩都是不能得逞的。因为按照国际法，当一块土地被一个国家发现并实施管辖后，就成为该国领土的一部分；除非该国自动放弃，其他国家不得重新宣布"发现"并"占领"，否则就构成对该国领土主权的侵犯。早在日本人 1884 年"发现"钓鱼岛之前，中国早已发现、命名和利用了钓鱼岛列岛，明清两朝还明确将其列入防区，而且在 1895 年以前中国对钓鱼岛宣示主权的 400 余年间，也从未宣布放弃对该列岛的管辖权。1895 年至 1945 年间，日本的确对钓鱼岛行使了管辖权，但日本对钓鱼岛的"管辖"与对台湾、澎湖列岛等岛屿的殖民统治一样，都是国际公认的殖民侵略行径；而现代国际法明确规定，侵略行为不产生合法权利。战后数十年间，钓鱼岛虽然长期被美日两国所霸占，但无论中国政府还是台湾当局，也都从来没有宣布放弃对钓鱼岛列岛之主权，这样日本政府当然也就无所谓"实效取得"了。近年来，日本右翼势力企图利用冷战结束后东亚地区国际形势的变化，以扩大对华投资和技术出口等为诱饵，诱使中国政府在钓鱼岛问题上放弃原则立场、做出相应的让步。因此，中国政府和人民应继续对日本右翼势力为试探中国捍卫领土主权的决心所制造的一切事端保持清醒的认识并给予应有的回击。否则，子孙后代必将为此付出昂贵的代价，而来之不易的中日友好关系也会因这一"最能刺激国民感情"的领土争端的破坏而中断。我们相信，只要全国人民团结一致，克服急躁情绪，韬光养晦，钓鱼岛问题将来一定会随着国家综合实力的增强和祖国统一大业的实现而最终获得妥善解决。

结 束 语

破解中日关系"死结"，
实现历史性民族和解

一　关于"破解中日关系'死结'，实现历史性
　　民族和解"的若干思考

日本右翼势力既是战前燃起侵略战火和残酷为害东亚诸民族之元凶，也是战后中日关系迟迟不能恢复和恢复后又很快步入"经热政冷"之畸途的罪魁祸首。值此人类已经步入公元第三个"千年"纪元——21 世纪之际，我们应对中日关系的发展前景作出怎样的预测呢？笔者认为，新世纪中日关系的发展存在着两种可能，面临着两个前途：从和平与发展仍将是 21 世纪上半叶世界发展的两大主题来看，从中日两国国内外的和平友好力量和健康因素观之，特别从中日复交后两国政治、经济、文化各方面关系的发展所造成的不易改变的合作趋势看来，中日关系具有继续以"和平友好"为主流向前发展的可能，这是一个令人向往的光明的前途；如果从 20 世纪 80 年代以来中日关系障碍迭起、摩擦不断的历史轨迹观之，从日本已经发展成为一个潜在的军事大国[①]

---

① 美国前国务卿基辛格认为，就目前情况看，日本是一个非常危险的国家。理由有二："首先看日本自卫队。自卫队的下级军官与士兵的比率是二比一（这恰恰是

和日美同盟进一步强化的安全形势来看，①特别是从包括部分政要在内的日本右翼势力否认侵略历史、美化侵略战争，以及两国国民感情明显恶化的严峻现实分析，也存在着中日关系紧张、严峻，甚至偏离正常轨道而重新走向交恶和对抗的可能，这是一个中日两国人民都不愿看到的黑暗的前途。这就向人们提出了如何力争第一种可能和光明的前途，如何努力避免第二种可能和黑暗的前途，亦即如何粉碎日本右翼势力复活军国主义之图谋，并最终实现中日历史性民族和解的问题。笔者认为，21世纪上半叶中日关系继续以"和平友好"为主流向前发展的可能性更大一些，但这需要中日两国政府和人民关键是日本方面②必须采取正

第一次世界大战后德国的做法）。"其二，"全世界无论哪国，从事导弹开发的费用都从防卫预算中出，惟独日本的费用是出自科学技术厅。这是在隐藏财产，悄悄地扩军。"而日本共产党机关报《赤旗》，则形象地把每一分防卫费的增加看成是"军靴声音的逼近"或"早晚要走到老路上去"。——〔日〕冈崎久彦：《战后50年的总结与日本的国家战略》，见〔日〕历史研究委员会：《大东亚战争的总结》，东英译，新华出版社1997年版（内部发行），第496—497页。

① 日本前驻泰国大使冈崎久彦在一次演讲中曾直言不讳地说："中国一定会成为很强大的军事国家。这一点基本上没有疑问。要与之对抗，靠日本一国之力是不行的，尽管东南亚非常希望借助日本的力量。必须以日美同盟为基轴，并让东南亚依赖日美同盟。除此之外无法与中国对抗。"——〔日〕冈崎久彦：《战后50年的总结与日本的国家战略》，见〔日〕历史研究委员会：《大东亚战争的总结》，东英译，新华出版社1997年版（内部发行），第503页。

② 因为无论从战前两国由友好走向交恶的历史来看，还是从中日复交后两国再度由友好合作走向障碍迭起、摩擦不断的现实情形观之，问题均非出自中国，而始终缘于日本。恰如邓小平在1985年10月11日会见日本外务大臣安倍晋太郎时所说：最近发生了日本内阁成员正式参拜靖国神社问题。这些年我们没有给日本出过难题，而日本的教科书问题、最近的参拜靖国神社问题，还有蒋介石遗德显彰会问题，是给我们出了很大的难题。——参见裴华：《中日外交风云中的邓小平》，中央文献出版社2002年版，第247—248页。

确的相互政策和态度，必须对日本右翼势力破坏两国关系的行径进行不懈的斗争，尤其必须做到以下几点，否则中日两国重新走向交恶和对抗绝非不可能。

1. 必须恪守《中日联合声明》、《中日和平友好条约》、《中日联合宣言》所确定的原则和精神，这是确保中日关系持久、稳定、健康发展的政治基础。

《中日联合声明》、《中日和平友好条约》、《中日联合宣言》是指导中日关系发展的三个纲领性文件，它所确定的一系列原则和精神是维护和发展两国关系的政治基础。中日复交30多年来的历史一再表明：什么时候遵循了《声明》、《条约》、《宣言》所确定的原则和精神，什么时候中日关系就发展得顺畅迅速、硕果累累；什么时候违背了《声明》、《条约》、《宣言》所确定的原则和精神，什么时候中日关系就发生问题，甚至遭遇挫折。就是说，近年来中日之间被称为问题的一系列争端的产生，均与日本方面不恪守这些准则有关，均与日本右翼势力恶意曲解和百般破坏这些准则有关；而中国方面则始终以中日友好事业为重，严格按《声明》、《条约》、《宣言》所确定的原则和精神行事，没有做过一件有害于日本或有损于两国关系的事情。实际上，对已经产生和今后可能还会产生的一些问题来说，恪守之则解，违反之则殆。正是鉴于《声明》、《条约》、《宣言》对中日关系的健康发展具有如此重要的指导意义，中日两国领导人才进一步把这两个文件所确定的原则和精神具体化为"和平友好，平等互利，相互信赖，长期稳定"四原则，使中日关系有了更加明确和具体的发展目标。因此，只要中日双方尤其日本方面恪守《声明》、《条约》、《宣言》所确定的原则和精神，并从此像德国那样遏制和打击破坏中日关系的右翼恶势力，就完全可以化解已经产生和今后可能还会产生的障碍两国关系发展的诸多消极因素，使中日友好航船在新世纪的大海中绕过一个个暗礁，驶向光辉的彼岸。

2. 必须加深相互理解，增进相互信任，这是确保中日关系持久、稳定、健康发展的心理基础。

没有理解和信任，友好合作就没有根基。正是基于对日本方面的理解、尊重和信任，中国政府才捐弃前嫌，不计旧恶，放弃战争索赔，没有对日方在《联合声明》中对侵略战争的暧昧表述进行苛求，甚至在 1996 年进行核试验前向日本政府进行通报，以示尊重日本国民对核武器的特殊感受。与此相反，正是由于日方对中国的国民感情和领土主权缺乏应有的理解和尊重，对中国的对日政策和综合国力缺乏应有的信任，中日之间才屡生龃龉和问题。可见，加深相互理解和增进彼此信任，的确是已然迈出新世纪脚步的中日两国人民亟待解决的重要课题。目前，中日两国有识之士已经开始认识到由于文化背景、思维方式和行为模式的差异，两国在历史传统、国民情感以及更深层次上的彼此理解还非常不够，进而提出了"加深相互理解，增进相互信任"这一努力方向。只要两国彼此尊重历史，尊重对方的民族感情、价值观念和领土主权，加强两国政府和人民之间各个层次的往来和各种形式的交流，就一定能够通过这种善意的接触、理性的交往和坦诚的对话壮大中日友好力量，为两国之间的相互理解和信任打下坚实的基础；就一定能够在此基础上冷静、理智地解决两国间存在的一切矛盾和历史遗留问题，进而粉碎日本右翼势力一切阴险的政治图谋，从而奏响 21 世纪中日友好合作崭新的乐章。

3. 必须迅速唤醒全体日本国民的真正觉醒和紧紧依靠日本人民的不懈斗争，这是确保中日关系持久、稳定、健康发展的社会基础。

在当年日本侵华过程中，确有部分觉醒了的日本民众基于人类良知和在饱尝战争苦难之后进行了一系列英勇而宝贵的反战斗争，但也必须同时正视另一部分不觉悟的日本国民曾经盲从、协助了侵略战争这一严酷的历史事实。这些不觉悟的日本国民对侵略战争的盲从和协助，在延长侵略战争进程和加深被侵略国家人民的战争剧痛方面的确起了推波助澜的消极作用。这是部分日本国民不觉悟的结果，也是值得日本人民认真总结和汲取的十分沉痛的历史教训。然而令人遗憾的是，战后 50 多年来特别是 20 世纪 80 年代以来，仍有部分日本国民坚持错误的战争史观，不但没有反省自己或自己的前辈在战时的盲从行为，吸取随波逐流的沉痛历史教训，而且事实上已经成为战后日本右翼势力重新抬头的社会基础。前述日本中小学生们"下次一定要打一场必胜的战争"的可怖心态，仗义执言的家永三郎、东史郎等进步人士受到周围民众类似"卖国贼"一类的嘲讽、谩骂和孤立的情形等等，与战时部分日本国民狂热协助法西斯侵略战争和谩骂、围攻反战勇士们的历史实态是何其相似！依据"人民群众是历史的创造者"和"内因是事物变化的根据，外因是条件"这一马克思主义基本原理，笔者认为，解决日本不再重走军国主义老路的关键在于唤醒全体日本国民的真正觉醒，使日本国内的和平友好力量再壮大一些。即在主要清算当年日本统治阶级的侵华罪行和颂扬日本民众中优秀分子的反战斗争事迹的同时，需要整个日本国民特别是曾经盲从、协助过侵略战争和今天仍持错误战争史观的部分日本国民，带着自疚、自责、自省的心理重负进行"民族共忏悔"。日本国只有经历了一个全民族的心理更新反思的艰难历程，才能在吸取过去盲从、协助侵略战争沉痛历史教训的基础上不再盲从今天日益抬头、蠢蠢欲动的日本右翼势力，进而确保日本不再成为一个侵略国家。

4. 必须尽快解决中日间历史观冲突这一主要矛盾，这是确保中日关系持久、稳定、健康发展的历史前提。

中日历史观冲突的焦点是日本承认不承认侵华战争的性质和罪行，实质是日本今后走什么道路的问题。我们认为，正确对待侵略历史是中日关系顺畅发展的重要前提之一，是事关遭受过日本侵略的中国以及其他亚洲邻国十几亿人民的民族感情的重大原则问题。"前事不忘，后事之师"。两国之间既然有过一段不幸的历史，就应该正确对待和认真反省这段不愉快的历史，就应该立即停止并从此杜绝参拜靖国神社、篡改历史教科书之类撕裂中华民族感情伤疤的行径。中日两国对待历史的正确态度，应如同江泽民对到访的日本客人竹下登、金丸信所说："我们要教育我们的下一代捐弃前嫌，但是你们也要教育你们的下一代，不要忘记你们曾给我们中国人民带来的灾难。"① 换句话说，解决中日历史观冲突的主动权掌握在日本人特别是日本政要手里。因为在中日历史观冲突这一主要矛盾中，矛盾的主要方面是日本，而关键又在于日本政要能否树立正确的历史观和对日益抬头的右翼势力能否像德国政治家那样采取遏制和打击政策。因为政治家是国家的"舵手"、民族的"领航员"。我们无法想象一个连本国历史上的侵略污点都不敢正视或者根本就不想正视的领导集团，能够将自己的国家引上健康的和平发展之路；我们更无法想象一个发动过侵略战争的国家，能够在拒不承认侵略历史的前提下与当年遭受过本国侵略的周边国家世代友好下去。换句话说，日本政要今天轻飘飘地推卸战争责任，就有可能将来再一次不负责任。因此，只要这一主要矛盾的主要方面——日本方面能正确对待侵略历史，牢记历史教训，那么它就能够化历史重负为前进的动力，重新赢得亚洲邻国的信任，改变自己欠佳的国际形象，主动推进

———————————

① 潘俊峰、杨民军主编：《是总结，还是翻案——兼评〈大东亚战争的总结〉》，军事科学出版社 1998 年版，第 11 页。

中日双边关系向着良性的方向发展。这是遏制日本右翼势力继续膨胀和粉碎其复活军国主义政治图谋的重要条件之一，也是解决两国间其他矛盾和确保中日关系在 21 世纪健康发展的历史前提。正所谓"以史为鉴，面向未来"。

5. 必须高瞻远瞩，着眼未来，这是确保中日关系持久、稳定、健康发展的必要主观条件。

1987 年 9 月 11 日，邓小平在会见日本民社党委员长冢本三郎时明确指出：中日两国政治家把中日关系看得长远一些，短视是有害和不可取的。① 两国政府和人民应该认清中日友好不仅符合两国人民的根本利益，而且对维护亚太地区和整个世界的和平与稳定都具有重大意义，进而珍惜来之不易的友好关系；必须认识到和平与发展至少仍将是 21 世纪上半叶世界时代的主题，从而坚定走和平发展这条惟一可以选择的道路；必须从两国人民的整体、全局和根本利益出发，以对两国子孙后代和世界和平高度负责的态度对待和处理两国关系，而不被眼前出现的种种枝节性、局限性问题所左右和影响；还必须在那些为中日友好事业奠定基础的"掘井人"相继过世或退出政治舞台的新世纪伊始，加快培养中日友好事业的接班人。只要双方充分重视和不断发掘中日关系中的积极因素，努力创造条件使一些不利因素向有利于两国关系发展的方向转化，那么，中日两国人民"世代友好"之理想至少有望在 21 世纪上半叶成为现实。

6. 必须坚决捍卫国家统一和领土完整，这既是确保中日关系持久、稳定、健康发展的重要客观条件，也是发展中日关系的宗旨之一。

---

① 裴华：《中日外交风云中的邓小平》，中央文献出版社 2002 年版，第 247—248 页。

除历史认识问题外，台湾问题、钓鱼岛问题和东海大陆架的划分问题，也是影响中日关系顺畅、健康发展的几个敏感问题。就台湾问题而言，如前所述，日本国内一直存在着"亲华派"和"亲台派"两股政治势力。无论从"亲台"势力和部分并非真正"亲华"人士的"台湾情结"来看，还是从台湾的地理、历史因素和部分台湾"政要"的"日本情结"观之，日本今后很可能成为"台独"的主要支持者和中华民族走向统一最大的绊脚石。对此，海峡两岸的炎黄子孙应清醒地洞察到这一点。笔者认为，要想打破日本右翼势力这一政治图谋，使中日关系稳定、健康、顺利向前发展，既需要日本政府恪守《中日联合声明》、《中日和平友好条约》、《中日联合宣言》在台湾问题上确定的原则和精神，也需要中国政府和人民对日本右翼势力有违这些原则和精神的种种行径进行坚决回击，更需要海峡两岸的国人本着国家和民族利益高于一切的方针，捐弃前嫌，尽早实现祖国大统一、民族大团结，为中华民族的真正复兴创造基础条件。否则，只要中国不统一，台湾问题必将长期成为影响中日关系发展的主要问题之一。在钓鱼岛和东海大陆架问题上，日本右翼势力和日本政府一再挑起争端的行径，也完全违背了两国在邦交正常化谈判中达成的谅解，成为影响中日关系发展的主要问题之一。有如前述，今后中国政府和人民应对日本右翼势力为试探中国捍卫领土主权的决心所制造的一切事端保持清醒的认识和警惕；不然，中日友好关系可能由此再度中断，子孙后代也将为此付出昂贵的历史代价。

7. 中国迅速和平崛起既是敦促邻邦日本继续走和平发展道路的外部制约因素，也是确保中日关系持久、稳定、健康发展的重要制约条件。

对于当年日本对外侵略最主要的对象国——中国来说，1840年至1945年是充满血与火的一个世纪。在此期间，包括日本在内的西方列强曾将一系列侵略战争强加给中国。在东西方的严重对抗和屡屡交锋中，除最后一次民族解放战争——抗日战争胜利外，以往的历次反侵略战争均以中国的失败而告终，而且一次比一次失败得更惨。中国近百年屈辱的历史无疑"馈赠"给了我们"弱国无外交"、"落后就要挨打"这一刻骨铭心的教训，无疑使我们懂得了如果没有民族独立、国家富强，国与国之间是绝难建立起对等的国家关系的；即使一时建立起了平等的外交关系，也很难长久维持下去。日本右翼代表人物中村粲在一次演讲中，就抛出了"有时弱国也应该为自己的弱小而对历史负有重要责任"[1] 这一荒谬的观点。这一谬论无疑是为推卸日本的战争责任而发。他将包括日本在内的列强对类似于中国、朝鲜这般弱国的侵略责任归咎于被侵略国家的衰弱虽属强盗逻辑，不值一驳，但它既说明了前述"落后就要挨打"的道理，同时也提醒我们避免再次挨打的惟一出路，只能是义无反顾、步调一致地搞现代化建设，全力以赴增强自己的综合国力。况且，中国和平崛起本身也是防止邻邦日本军国主义东山再起重要的外部制约力量之一。总之，今后中日关系是继续保持和平友好还是重新走向交恶对抗，即日中两国侵略与被侵略的历史悲剧能否重演，还取决于中国本身迅速强大与否。这是值得每一个国人深刻领悟和永远铭记的基本道理。

　　当下，我们应主要从以下几个方面着手，做一些具体工作。

　　1. 应从"维护国家和民族利益、维护国家和民族尊严、维护国家和民族安全"[2] 的高度进行"工程"立项，加大对中日关

_____

　　[1]　[日]中村粲：《大东亚战争的起因》，见[日]历史研究委员会：《大东亚战争的总结》，东英译，新华出版社1997年版（内部发行），第6页。

　　[2]　汤重南：《对近年来中日关系几点思考》，在中国日本史学会"中日关系回顾与展望"学术研讨会（2004年大连会议）上的讲话。

系整合与研究的力度，为党和国家制定正确的对日外交政策提供科学依据，为中日关系早日走出低谷提供历史借鉴和智力支持。

中华民族能否在21世纪实现伟大复兴，关键将取决于我国四化建设的第三步战略目标能否在21世纪中叶如期达成；我国四化建设第三步战略目标能否如期达成，关键之一又将取决于21世纪上半叶能否营造出一个良好的国际周边环境；而日本作为中国最重要的邻邦之一，中日关系的好与坏对我国良好周边环境的营造无疑具有举足轻重的战略意义。然而，近年来中日关系已经演变成为既麻烦又棘手的一对中外双边关系的堪忧状况，特别是中日政治关系步入低谷、两国国民感情明显恶化这一令人忧虑的现实，显然不利于我国良好周边环境的营造；如果这一堪忧的现状任其发展而不能迅速加以改善，势必障碍我国四化建设第三步战略目标的如期达成，势必迟滞中华民族伟大复兴的历史进程。中日关系所以呈现出目前这样一种堪忧的局面，除了日本右翼势力长期破坏这一人为的因素外，还缘于中日两国在文化、民族性、历史传统等各方面存在着巨大差异，缘于横在两国间的许多二战历史遗留问题迄今没有得到彻底解决等诸多深层因素。有鉴于此，国家有必要通过"工程"立项，集中全国一流的专家学者，有组织有计划地加大对中日关系的研究力度，分期分批推出具有前瞻性、战略性、创新性的高水平研究成果。即本"工程"立项的宗旨应当是：通过对上下两千年中日关系友好与交恶正反两方面历史的全面整合和系统研究，总结中日友好宝贵的历史经验，吸取中日交恶沉痛的历史教训，实现中日两国历史性的民族和解，为新世纪党和国家制定正确的对日外交政策和在外交领域中有理有据地与日本右翼势力进行斗争提供科学依据，为我国迅速营造出一个良好的国际周边环境，如期达成四化建设的第三步战略目标和最终实现中华民族的伟大复兴提供智力支持，进而达到"维护国家和民族利益、维护国家和民族尊严、维护国家和民族安全"之目的。从这个意义上说，"中日关系整合与研究工程"较之业已实施的"夏商周断代工程"、"清史研究工程"更具有战略性和紧迫性，更具有重大的现实意义和深远的历史意义。陈请党和国家对这一利在当前外交、功在子孙后代和东亚和平的学术研究"工程"给予高度重视，并批准立项。

2. 应通过拓宽对日宣传途径、加大对日宣传力度，使不易从日本国内获知历史真相的日本国民从当年的被侵略国——中国方面了解历史真相。

我们要通过扩大对日宣传，力争收到三个基本效果：（1）通过加大对南京大屠杀、731部队、化学战、慰安妇问题、劳工问题等一系列重点问题的宣传力度，使广大日本国民特别是青少年认清，供奉在靖国神社里的当年的军国主义分子东条英机、板垣征四郎、山本五十六之流并不是日本的"民族英雄"，而是给包括日本民族在内的亚洲各民族带来深重灾难的历史罪人，从而自觉地反对和抵制本国政要对靖国神社的频频参拜和右翼势力对历史教科书的恶意篡改，不再盲从和支持正在迅速抬头、蠢蠢欲动的包括部分政客在内的日本右翼势力。（2）通过扩大对战时日本民众中的优秀分子野坂参三、鹿地亘、绿川英子等反战人士斗争事迹的颂扬和宣传，使广大日本国民特别是青少年认清，只有这些反战战士才是当年阻止日本民族走向毁灭的真正的民族英雄，从而支持今天日本国内类似东史郎、家永三郎、富永正三等进步人士对侵略战争的深刻反省和对右翼势力的不屈斗争。（3）我们还要通过扩大对日宣传，使日本国民特别是青少年走出一个所谓的"利益"误区，即使之懂得：日本虽然在近代史上通过发动一系列侵略战争获得了巨额战争赔款和巨大的殖民地收益，大大加快了日本走向近代化的步伐，但大和民族的这一"民族利益"是建立在中华民族、朝鲜民族、东南亚各民族等其他民族的巨大损害和痛苦基础上的；使之懂得：侵略战争只能使一个民族获小利于一时，终将伏巨祸于来日，并从日德两国都曾在战争中毁灭、在和平中新生的历史中受到启迪。1998年11月28日，江泽民在日本早稻田大学演讲时曾明确指出："历史实践证明，搞军国主义不仅给邻国带来深重灾难，危及国际和平与安全，也使本国人民遭受危害，造成国力严重衰退的局面。而今天日本所以发展成为经济大国，则是得益于走和平发展的道路，得益于同邻国和平相处。因此，无论从日本的国家利益出发，还是从促进亚洲和世界的和平与发展出发，日本都应坚持走和平发展的道路，用正确的历史观引导国民和青年一代，而绝不能允许任何形式的军国主义思潮和势力重新抬头。"① 可见，向日本国民特别是青少年讲明这些道理，十分必要和重要。

3. 应在两国关系不畅的形势下重新认识和实施"国民外交"战略，即继续充分发挥日本人民和民间友好团体在改善和发展中日关系中的巨大作用。

如所周知，战后中日复交就是沿着一条"国民外交"路线，即循着"阴霾蔽日障碍生——中日关系隔绝时期"（1949—1952）、"天寒地冻创路难——民间往来时期"（1952—1962）、"冰融雪化透曙光——半官半民往来时期"（1962—1972）、"水到渠成结硕果——官方关系确立时期"（1972—1978）这样一条演变轨迹化为"有终之美"的。这无疑为今天摆脱两国关系困境提供了宝贵的启示：当年中国政府和人民能

---

① 江泽民：《以史为鉴，开创未来——在日本早稻田大学的演讲》，《人民日报》1998年11月29日。

够在日本右翼势力百般破坏和日本政府顽固阻挠那样一种极端
恶劣的历史条件下以20余年的耐心依靠日本人民最终实现了
两国邦交正常化,那么今天我们有理由相信,在两国经济、文
化关系全面发展的相对要好得多的新的历史条件下,完全可以
继续依靠日本人民的努力和斗争推动中日关系走出目前的困境
或低谷。当然,如前所述,近年来随着日本政治右倾化趋势的
发展,部分日本在野党和民间友好团体在历史认识等问题上也
出现了"右转"倾向,其"友好作用"日趋弱化;少数不觉悟
的日本国民也持错误的历史观,影响了对一些外交问题的正确
判断。尽管如此,中方仍须坚定不移地相信和依靠日本人民以
及日本在野党和民间友好团体,以极大的耐心做其工作,努力
加强与其之间的友好关系,使之在维护中日友好大局方面继续
发挥积极的作用。例如,依靠它们敦促本国国会效仿德国议会
以立法的形式就历史认识问题确立起统一的国家意志,对任何
形式的美化侵略历史的言行给予相应的处罚,对右翼组织及其
活动予以坚决取缔和打击,尤其禁止那些在历史认识问题上持
错误观点和立场的政治家挤进内阁;依靠它们敦促本国政府效
仿德国政府的做法,与中韩等国建立起"教科书双边委员会",
使编撰出来的历史教科书经得起亚洲邻国的检验和评价,从而
杜绝教科书事件的再度发生,等等。毕竟解决中日之间历史认
识等问题的关键在于日本人民,决定日本国未来走向的关键也
在于日本人民。因此,我们必须也理应将日本民间友好团体与
日本民间右翼团体区别开来,必须也理应将日本人民与日本右
翼势力区别开来,绝不可以将对少数右翼分子的愤怒错误地指
向日本人民,更绝对不能做出任何针对日本人民的不友好的事
情来。这既是历史的深刻启迪,也是确保中日关系有一个美好
未来的当然要求。

4.应开展"全方位、等距离"外交,确保我对日外交的主动性,克服所谓对日外交"新思维"的影响。

不久前,我国个别学者和新闻工作者鉴于历史认识问题长期不得解决并已导致中日两国国民感情不断恶化的堪忧现实,提出了"搁置历史问题"的所谓对日外交"新思维",在国内外引发了激烈的争论并造成了重大外交影响。实际上,历史认识问题是事关日本今后走什么道路的问题,也是关乎日本对外侵略的最大受害者——中华民族感情的重大原则问题,绝非个别对日外交"新思维"论者所谓可以"搁置"的问题。"新思维"论者认为,中国的当务之急是集中精力实现既定的现代化战略目标,中国的四化建设在资金、技术等方面仍需近邻日本的援助,因此不宜再"纠缠"于历史认识问题,而应暂时"搁置"起来。"新思维"论者错就错在无视或忽视了这样三个基本事实:(1)历史问题不宜搁置,也不能搁置。因为历史不能割断,今天既是昨天的继续,也是明天的起点;不承认昨天的错误,就意味着明天将要重复过去的错误。(2)20世纪80年代以来中日之间在历史认识问题上发生的所有分歧和冲突,皆缘于包括部分政要在内的日本右翼势力对侵华战争的全面"翻案"和竭力美化,责任不在中方。(3)一方面,我国经过20多年的改革开放,综合国力已今非昔比,科学技术已获长足进步,我国在资金、技术等方面对日本的依赖程度已大为减小;另一方面,随着新技术革命浪潮席卷全球和经济一体化趋势的迅猛发展,今后我国完全可以均衡地从包括日本在内的欧美亚等发达国家获取先进技术和引进资金。这就为我国不拿原则做交易,对日方任何否认和美化侵略历史的言行进行坚决斗争,以及确保我对日外交工作的主动性,提供了现实的可能。

5.既要摆脱对日外交"新思维"的影响,也要注意防止

"狭隘民族主义"的滋长；既要与破坏中日关系的日本右翼势力进行不妥协的斗争，又绝不能自乱方寸和自毁国家稳定大局。

我们在强调摆脱对日外交"新思维"影响的同时，也要防止走向"狭隘民族主义"的另一个极端。时值二战胜利 60 周年之际，日本右翼势力又向世人推出了全面篡改侵略历史的教科书，并由日本文部省审议通过。这是日本右翼势力和日本政府自中日复交以来制造的第四次教科书事件。加之两国复交后日本首相已六次"公职"参拜靖国神社，特别是进入新世纪以来小泉首相连续四年的"公职"参拜行径和当下日本政府"争常"诉求的刺激，中国人民对日本右翼势力的战争翻案丑行和日本政府急于做"政治大国"的野心愤怒到了极点。这种愤慨是可以理解的，也是值得肯定的。但问题是，"愤慨"既有理智的愤慨与冲动的愤慨之分，也有深沉的愤慨与浮躁的愤慨之别。理智和深沉的愤慨表现为能够对事件做出通体把握和冷静分析，并由此规范自己的行动，使之与国家整体战略部署协调一致，进而实现国家和民族利益的最大化；冲动和浮躁的愤慨则表现为对事件不能做出通体判断和本质性分析，并由此使自己的行动与国家整体战略部署时常相左，进而使国家和民族的根本利益无谓受损。中国解决一切现实问题的前提，是迅速增强国家综合实力；而增强国家综合实力的前提，是确保四化建设第三步战略目标的如期达成；而四化建设第三步战略目标如期达成的前提，又是对内确保国家稳定和对外营造良好的国际周边环境。因此，我们在中日关系问题上必须韬光养晦，克服浮躁，不能因一时之愤、逞一己之能自乱方寸，自毁国家稳定这个压倒一切的大局和现今比较良好的周边环境。不然，我们就会做出令亲者痛仇者快之事，也正中激起我们愤慨的日本右翼势力的下怀。这样的教训在历史上已然不少，国人当铭记。

二　和则两利,斗则俱伤;睦邻友好,不容置疑

"和则两利,斗则俱伤",这是我们从中日关系两千多年漫长的历史中获得的最深刻的历史启迪,也是蠢蠢欲动、忘乎所以的日本右翼势力必须从过去的"战争利益"误区中走出来并永远铭记的一个最基本的历史教训。

众所周知,中日两国相互毗邻的地缘政治关系是永远无法改变的。既然如此,两国就理应和睦相处,互通有无,共同进步。处于一衣带水、海天相望这一天造地设之地缘政治格局中的两个东亚大国——中国和日本,究竟从古代和当代漫长的和平友好交往中各自获得了多大的民族利益,又在近代短暂的交恶和对抗中各自蒙受了多大的损害和灾难,值得中日两大民族认真总结和永远铭记,尤其值得仍在念念不忘重走军国主义老路的日本右翼势力深刻反思。

在古代,落后于埃及、巴比伦、印度和中国等文明古国三千年以上,落后于希腊、罗马也有一千多年的日本,直至公元前后还处于历史的"野蛮时期"。日本所以能够从以渔猎采集为主的绳文时代进步到以农耕为主的弥生时代,所以能够在以后只用五百年左右的时间到 7 世纪中叶就奇迹般地跃进到封建社会,成为与东亚各国平起平坐的强国,一个不容忽视的原因就是得益于有一个文明高度发达而又对外奉行和平友好、睦邻富邻政策的强大邻邦——中国与之毗邻;得益于大和民族自身勤奋好学、见贤思齐、与时俱进的优秀民族传统和吸收、消化外来先进文化的特殊能力。就是说,日本正是通过全面地吸收从两汉到隋唐特别是盛唐日臻完备的典章制度和灿烂辉煌的中华文化,才于公元 7 世纪中叶完成了"大化改新"这一具有划

时代意义的社会变革。就连日本文字（假名）也是在这一时期通过模仿和改造汉字偏旁创造出来的。此后，日本继续吸收宋、元、明、清各代的先进文化，并开始对中国这个"文化母国"给予一定的回报。可以说，古代日本是中国儒家传统文化最大、最主要的受益者。中华文明哺育了日本的古代文化，推动了日本社会的长足进步；而这种哺育和推动，正是在中日两国和平友好往来的历史条件下实现的。

在近代，通过明治维新踏上资本主义道路和对外侵略扩张歧途的日本，从1874年特别从1894年起，大约每隔数年至多不超过十几年就发动一场侵华战争或制造一起对华外交讹诈事件，直至1945年战败为止。这段侵略与被侵略的历史不仅使中华民族蒙受了自古空前的浩劫，也几乎使日本民族濒临毁灭。就中国方面而言，仅1931年至1945年的14年战争期间，日本帝国主义的侵略就给中国造成了伤亡3500万人和经济损失6000亿美元的重大生命财产损失。日本法西斯在践踏我国土、破碎我山河、屠戮我同胞、血洗我中华的整个过程中，更制造了不可胜数、惨绝人寰的一幕幕人间悲剧。仅骇人听闻的"南京惨案"，被屠杀的中国军民就多达30万人以上。其杀人手段可谓应有尽有、令人发指：砍头、劈脑、切腹、挖心、水溺、火烧、截四肢、挖眼睛、削耳鼻、割生殖器，甚至以活剖孕妇取子和"杀人竞赛"来取乐。至于强盗式强奸事件更是残酷无匹，月余内就多达2万起以上。以"六代豪华"著称的南京古城变成了一座"人间活地狱"。日本侵华战争对中国破坏最大，占地最广，确实创深痛剧，使中华民族在物质上蒙受了最重大的损失和在精神上遭受了最严重的伤害，久远而深刻地影响了中国的历史进程。从日本方面来看，它所挑起的对华侵略战争和冲突除最后一次失败外，其余均以日本的胜利而告终。这就使日本侵华战争具有了两重性：一方面，日本依靠从连战连捷的侵华战争和频频得手的外交讹诈中获得的巨额战争赔款和巨大的殖民地收益，迅速实现了本国的资本主义原始积累和近代化，造就了日本资本主义经济的空前繁荣和台阶式跃进的事实；另一方面，日本最终未能摆脱彻底战败的命运，整个近代化的有形成果毁于一旦，[①] 国家处于一片瓦砾和废墟之上，处于外国军队的占领之下，几乎濒临灭亡。中日两国特别是中国所遭受的物质上的损失和精神上的伤害，正是日本发动侵华战争即中日两国交恶和对抗所致。

在当代，特别是中日邦交正常化 30 多年来，中日友好合作关系全面发展，取得了举世瞩目的巨大成就。两国政治领域的接触不断向纵深方向发展；两国的文化交流与合作呈现出丰富多彩的局面；尤其两国经贸关系迅猛发展、空前密切。截止 2004 年，两国贸易额接近 1700 亿美元，是 1972 年复交时（11 亿美元）的 154 倍。日本成为中国最大的贸易伙伴国，中国成为日本的第二大贸易对象国。日本对华投资也持续增长，在外商对华投资中占第一位，资金到位率也占首位。日本的雄厚资金和先进技术在中国现代化建设中的作用已经明显显现出来；而中国庞大的市场和丰富的资源，同样对日本经济的繁荣发展和走向复苏起了不容忽视的作用。中日两国在当代所取得的这些巨大成果，同样是在中日邦交正常化所造就的和平友好的历史条件下实现的。

总之，中日两国两千余年"和平—交恶—和平"一波三折的漫长发展历程，特别是中日邦交正常化前后一百多年正反两方面的历史雄辩地说明，中日两大邻邦"和则两利，斗则俱伤"。战

---

① 当然，战争仅仅摧毁了日本的工厂、交通等有形的近代化成果，但没有摧毁也不可能摧毁技术、国民文化素质等无形的近代化成果。这也正是战后日本重新崛起的重要原因之一。

争除了把中日两国推向灾难的深渊，不会给任何一方带来永久的繁荣。对此，日本政府和人民特别是日本右翼势力必须铭记这一点。只有日本右翼势力彻底从侵略战争的"利益"误区中走出来；只有中日两国政府特别是日本政府倍加珍惜和努力维护来之不易的睦邻友好合作关系，恪守《中日联合声明》、《中日和平友好条约》、《中日联合宣言》所确定的原则和精神；只有日本国民在吸取过去盲从、协助侵略战争沉痛教训的基础上真正觉醒起来，使日本国内的和平友好力量再壮大一些，并挺身而出与本国的右翼势力进行坚决斗争；只有中国人民牢记"弱国无外交"、"落后就要挨打"这条近百年屈辱"馈赠"给我们的刻骨铭心的教训，一句话，只有像邓小平所说"日本要自省，不要自大；中国要自强，不要自卑"①，那么，中日邦交正常化所造就的友好合作局面就能够长期维持下去，"中日不再战"、"中日两国世世代代友好下去"一类的话就不至于成为一句空话，而日本右翼势力复活军国主义的罪恶图谋也就一定不能够得逞。

---

　　①　孙毅：《邓小平会见最后一批客人，宣布正式向政治生涯告别》，《人民日报》1989年11月14日。

主要参考文献

日本学者论著及参考文献

池田諭：《日本の右翼》，大和書房 1973 年版。

社会問題研究会：《右翼・民族派事典》，国書刊行会 1976年版。

《右翼運動要覧・戦後編》，日刊労働通信社 1976 年編輯出版。

高木正幸：《右翼・活動と団体》，土曜美術社 1989 年版。

木下半治：《日本右翼の研究》，現代評論社 1977 年版。

荒原朴水：《大右翼史》，大日本国民党 1966 年版。

荒原朴水：《増補大右翼史》，大日本一誠会出版局 1974 年版。

堀幸雄：《戦後の右翼勢力》，勁草書房 1983 年版。

堀幸雄：《右翼辞典》，三岭書房 1991 年版。

警備実務研究会：《右翼運動の思想と行動》，立花書店1989 年版。

大野達三：《〈昭和維新〉と右翼テロ》，新日本出版社 1981年版。

中谷武世：《昭和動乱期の回想》（上），泰流社 1989 年版。

重光葵：《昭和の動乱》（上），中央公論社 1952 年版。

《文献昭和史・2・満州事変と二・二六事件》，平凡社 1975年版。

葛生能久：《東亜先覚志士記伝》（下），黒龍会 1933 年版。

橋川文三：《現代思想大系・31・超国家主義》，筑摩書房 1964 年版。

山田郎：《近代日本の拡張と侵略》，新日本出版社 1997 年版。

関静雄：《近代日本外交思想史入門》，ミネルヴァ書房 1999 年版。

冈本幸志：《近代日本人のアジア観》，ミネルヴァ書房 1998 年版。

外務省：《日本外交年表並主要文書（1840—1945）》（下），原書房 1969 年版。

防衛庁防衛研究所戦史部：《史料集・南方の軍政》，朝雲新聞社 1985 年版。

前原光雄等：《大東亜共栄圏の民族》，六盟館 1942 年版。

尻田愛義：《大東亜新秩序の原理》，日本青年外交協会 1942 年版。

大鷹正次郎：《大東亜の歴史と建設》，輝文堂書房 1943 年版。

石原広一郎：《南日本の建設》，清水書房 1942 年版。

参謀本部：《杉山筆記》，原書房 1967 年版。

服部卓四郎：《大東亜戦争全史》，原書房 1993 年版。

犬丸義一、中村新太郎：《物語日本近代史》（3），新日本出版社 1972 年版。

角田順：《石原莞爾資料・国防論策編》，原書房 1971 年版。

角田順：《石原莞爾資料・戦争史論編》，原書房 1977 年版。

《現代史資料》(4)，三嶺書房 1965 年版。

《満州国と協和会》，満州評論社 1935 年版。

中村政則：《占領と戦後の改革》，吉川弘文館 1994 年版。

井上日召：《一人一殺》，新人物往来社 1972 年版。

日本警察庁：《警察白書》，大蔵省出版局各年版。

猪野健治：《赤尾敏評伝》，連合出版株式会社 1991 年版。

松下政経塾出身の国会議員の会：《21 世紀日本繁栄譜》，
PHP 研究所 2000 年版。

日中国交回復促進議員連盟：《日中国交回復関係資料集》，
日中国交資料委員会 1974 年刊行。

四国教区靖国問題特別委員会編集委員会：《靖国問題学習
資料集》，万成社 1996 年版。

石井明等：《日中国交正常化・日中和平友好条約締結交
渉》，岩波書店 2003 年版。

大島孝一：《戦争のなかの青年》，岩波書店 1985 年版。

吉田裕：《日本人の戦争観》，岩波書店 1995 年版。

《大川周明全集》(2)，岩崎書店 1962 年版。

《木戸幸一日記》，東京大学出版会 1966 年版。

《日本精神史料・国史及び時代の人々》，愛宕印刷株式会社
1940 年版。

《明治文化全集》(2)，日本評論社 1928 年版。

《現代史資料・23・国家主義運動》(3)，みすず書房 1974
年版。

石田雄：《明治政治思想史研究》，未来社 1964 年版。

藤原彰：《日本民衆の歴史・8・戦争と民衆》，三省堂 1983
年版。

江口圭一：《日本の侵略と日本人の戦争観》，岩波書店

1995 年版。

黒龍会：《日韓合邦秘史》（下），原書房 1966 年版。

升味準之輔：《日本政治史》（2、3），東京大学出版会 1988
年版。

会田勉：《川島浪速翁》，文粹閣 1936 年版。

東郷茂徳：《時代の一面》，改造社 1952 年版。

今井武夫：《支那事変の回想》，みすず書房 1964 年版。

石射猪太郎：《外交官の一生——対中国外交の回想》，太平
出版社 1972 年版。

国際政治学会：《太平洋戦争への道》（巻 7），朝日新聞社
1962—1963 年版。

木元茂夫：《アジア侵略の100 年》，社会評論社 1994 年版。

吉田茂：《世界と日本》，番町書房 1963 年版。

奥村房夫等：《近代日本戦争史・4・大東亜戦争》，同台経
済懇談会 1995 年版。

《国会会議録検索システム－3》，http//kokkai.ndl.go.jp/
cgi－bin/KENSAKU/ swk－ dispdoc－text。

历史研究委员会：《大东亚战争的总结》，东英译，新华出版
社 1997 年版。

信夫清三郎：《日本政治史》（第 3 册），周启乾译，上海译
文出版社 1988 年版。

水口春喜：《“建国大学”的幻影》，董炳月译，昆仑出版社
2004 年版。

井上清：《日本军国主义》（第 2、3 册），尚永清、马黎明
译，商务印书馆 1985 年版。

井上清：《天皇的战争责任》，吉林大学日本研究所译，商务
印书馆 1983 年版。

井上清：《钓鱼岛——历史与主权》，贾俊琪、于伟译，中国社会科学出版社 1997 年版。

藤村道生：《日清战争》，米庆余译，上海译文出版社 1981 年版。

大江志乃夫：《靖国神社》，沈志平译，世界知识出版社 1990 年版。

《万叶集》，杨烈译，湖南人民出版社 1984 年版。

《东史郎日记》，王奕红等译，江苏教育出版社 1998 年版。

岩崎昶：《日本电影史》，钟理译，中国电影出版社 1981 年版。

色川大吉：《昭和五十年史话》，天津政协翻译组译，黑龙江人民出版社 1982 年版。

森岛通夫：《日本为什么"成功"》，胡国成译，四川人民出版社 1986 年版。

井上清、铃木正四：《日本近代史》，杨辉译，商务印书馆 1959 年版。

藤原彰：《日本近现代史》（第 3 卷），伊文成等译，商务印书馆 1983 年版。

本泽二郎：《日本政界的"台湾帮"》，吴寄南译，上海译文出版社 2000 年版。

小泽一郎：《日本改造计划》，冯正虎、王少普译，中信出版社 1999 年版。

安藤彦太郎：《日本研究的方法论》，卞立强译，吉林人民出版社 1982 年版。

寺岛实郎：《呼吸历史——对亚太区域的人文思考》，徐静波、沈中琦译，复旦大学出版社 2004 年版。

中曾根康弘：《日本二十一世纪的国际战略》，联慧译，海南出版社、三环出版社 2004 年联合出版。

纪念周恩来出版委员会:《日本人心目中的周恩来》,刘守序等译,中共中央党校出版社 1991 年版。

中国学者论著及参考文献

《日本问题文件汇编》(第 1 集),世界知识出版社 1955 年编辑出版。

《中日条约集》,外文出版社 1983 年编辑出版。

《毛泽东选集》(第 2 卷),人民出版社 1991 年版。

《周恩来外交文选》,中央文献出版社 1990 年版。

《邓小平文选》(第 3 卷),人民出版社 1993 年版。

《鲁迅选集》(第 1 卷),四川人民出版社 1983 年版。

《顾维钧回忆录》(第 1 册),中华书局 1983 年版。

外交部外交史研究室:《周恩来外交活动大事记》,世界知识出版社 1993 年版。

中共中央文献研究室:《邓小平思想年谱(1975—1997)》,中央文献出版社 1998 年版。

冷溶、汪作玲主编:《邓小平年谱 1975—1997》(上),中央文献出版社 2004 年版。

中共中央文献研究室:《刘少奇年谱(1898—1969)》,中央文献出版社 1996 年版。

中央档案馆:《中共中央文件选集》(第 1 册),中共中央党校出版社 1982 年版。

复旦大学历史系编译:《日本帝国主义对外侵略史料选编》,上海人民出版社 1983 年版。

田桓主编:《战后中日关系文献集(1945—1970)》,中国社会科学出版社 1996 年版。

田桓主编:《战后中日关系文献集(1971—1995)》,中国社会科学出版社 1997 年版。

辛向阳主编:《百年恩仇——两个东亚大国现代化比较的丙子报告》,中国社会出版社 1996 年版。

潘俊峰、杨民军主编:《是总结,还是翻案——兼评〈大东亚战争的总结〉》,军事科学出版社 1998 年版。

郑德荣主编:《天地中国》,陕西人民出版社 1999 年版。

卢晓衡主编:《中国对外关系中的台湾问题》,经济管理出版社 2002 年版。

吴廷璆主编:《日本史》,南开大学出版社 1994 年版。

方军、关捷主编:《以史为鉴,开创未来》(下),大连出版社 2000 年版。

何清成、张四望主编:《日本军情内幕》,新华出版社 2001 年版。

伊文成、汤重南等主编:《日本历史人物传·近现代篇》,黑龙江人民出版社 1987 年版。

南开大学日本研究院编:《日本研究论集·2004》,天津人民出版社 2004 年版。

李玉、骆静山主编:《太平洋战争新论》,中国社会科学出版社 2000 年版。

紫水、效时:《警惕日本军国主义》,金城出版社 1997 年版。

杨宁一:《日本法西斯夺取政权之路》,北京师范大学出版社 2000 年版。

陈觉:《国难痛史资料》,东北问题研究会 1932 年版。

《满铁秘档选编》,辽宁省档案馆、辽宁省社会科学院 1991 年编辑出版。

王屏:《近代日本的亚细亚主义》,商务印书馆 2004 年版。

汤重南等：《日本帝国的兴亡》（下），世界知识出版社1996年版。

文国彦、兰娟：《战后日本右翼运动》，时事出版社1991年版。

赫赤等：《日本政治概况》，中国社会科学出版社1984年版。

肖季文等：《日本：一个不肯服罪的国家》，江苏人民出版社1998年版。

李正堂：《为什么日本不认账——日本国战争赔偿备忘录》，时事出版社1997年版。

黄永祥、代天宇：《不要忘记德国》，中国城市出版社1997年版。

王俊彦：《警惕日本——昨日的侵略与今日的扩张》，内蒙古人民出版社1996年版。

王俊彦：《战后台日关系秘史》，福建人民出版社2000年版。

蒋立峰等：《中日关系三论》，黑龙江教育出版社1996年版。

彭玉龙：《谢罪与翻案》，解放军出版社2001年版。

刘雪莲：《地缘政治学》，吉林大学出版社2002年版。

王金林：《简明日本古代史》，天津人民出版社1984年版。

吕万和：《简明日本近代史》，天津人民出版社1984年版。

王桂：《日本教育史》，吉林教育出版社1973年版。

刘天纯：《日本对华政策与中日关系》，人民出版社2004年版。

步平、王希亮：《良知与冥顽——战后50年日本人的战争观》，黑龙江人民出版社1999年版。

孙云：《震慑"台独"——不承诺放弃使用武力》，华文出版社2002年版。

徐之先主编：《中日关系三十年》，时事出版社2002年版。

许介鳞：《李登辉与台湾政治》，社会科学文献出版社 2002 年版。

彭谦：《猛醒吧，日本!》，新世界出版社 1996 年版。

冯瑞云：《当代中日关系发展要论》，吉林教育出版社 1996 年版。

何新：《全球战略问题——新观察》，时事出版社 2003 年版。

张平：《钓鱼岛风云》，国际文化出版公司 2000 年版。

裴华：《中日外交风云中的邓小平》，中央文献出版社 2002 年版。

杨洁勉等：《世界格局中的台湾问题——变化和挑战》，上海人民出版社 2002 年版。

金毓黻：《东北通史》（上），五十年代出版社 1944 年版。

左丘明：《左传》，李维琦等注，岳麓书社 2001 年版。

其他国家学者论著及参考文献

《列宁全集》（第 40 卷），人民出版社 1986 年版。

［美］鲁思·本尼迪克特：《菊与刀》，吕万和等译，商务印书馆 2002 年版。

［美］赫伯特·比克斯：《真相——裕仁天皇与侵华战争》，王丽萍、孙盛萍译，新华出版社 2004 年版。

［美］美国国会：《国会档案》（U. S Congress：*Congressional Record*）第 90 卷，第 139 期，第 A4113—4115 号。

［美］约翰·托兰：《日本帝国的衰亡》，郭伟强译，新华出版社 1982 年版。

［德］克劳塞维茨：《战争论》，中国人民解放军军事科学院译，商务印书馆 1978 年版。

国内外主要参考报刊

　　《朝日新聞》、《产経新聞》、《東京新聞》、《赤旗》、《HTIS IS 読売》、《経済連合》、《歴史学研究》、《選択》、《時事新報》、《東方日报》、《中国時報》、《民众時报》、《台湾時报》、《星島日报》、《良友》、《联合早报》、《侨报》、《人民日报》、《参考消息》、《禹贡》、《党史信息报》、《环球时报》、《东亚经贸新闻》、《满蒙》、《抗日战争研究》、《外国问题研究》、《中日关系史研究》、《探索与争鸣》、《半月谈》、《北京党史研究》、《山西师大学报》、《贵州大学学报》、《台湾研究集刊》、《台湾研究》、《台港澳情况》、《社会科学辑刊》、《世界历史》、《日本学刊》、《现代日本》、《日本学论坛》、《日本问题资料》。

附　录

战后60年日本历届首相关于
战争认识的国会答辩

吉田茂

"若问这次战争的性质如何，我认为这次战争是逐渐发达起来的议会政治被极端国家主义、军国主义破坏的结果。"

（德田球一立即反驳道："您尚未明确此次战争的侵略性质。实际上，这次战争是为了大资本家、大地主和军阀官僚的利益而发动才是问题的关键。"）

"关于此次战争的性质，我可以明确地回答，我不能同意德田君的看法。"

（1946年6月24日在众议院全体会议上回答德田球一议员的质询）

"回顾反战轨迹，从前我国有时或因缺乏有关国际常识、国际形势方面的丰富知识，或因过分考虑本国的军备问题，或因肆无忌惮地破坏世界和平，以致成为造成玷污我国历史，妨碍国运兴隆，让国民失去儿子、丈夫、父母，以及以世界为敌这一空前之不幸的根源。"

（1949年11月9日，在参议院全体会议上的信念演说）

片山哲

"由于宪法阐明了主权在民、放弃战争、尊重人权，所以毋庸讳言，我国性质为之一变。我国已不是一个好战国家，封建性的官僚机构业已在制度上被废除，很明显，我们正致力于确立民主主义的议会政治。"

（1947年7月2日在众议院全体会议上的演说）

芦田均

"战争的结果，使文化和道德颓废，迄今不见犯罪减少，这是不胜遗憾之事。铲除浸透于日本民族血液中的残暴性，不仅是事关国民安全的问题，而且是谋求提高道义的教育问题。"

（1948年3月21日在众议院全体会议上的施政演说）

"我在我的施政方针演说中，曾道出了连上林山君也会同意的一个观点，即在我国国民中也存在着残暴性。就是说，在过去十余年的我国历史上，不幸地发生了我国国民必须坦率承认的错误。这只要看一看远东国际军事法庭上的各种文件就会明白，我国国民确实犯下了今天必须予以深刻反省的错误。"

（1948年3月26日在众议院全体会议上回答上林山荣吉议员的质询）

鸠山一郎

（重光葵外相首先说道："作为这一战争的结果，实现了东方民族多年渴望实现的民族主义的目的，我认为这是一件好事。实现了我们也一直在主张的这一目的，从这个意义上说，我感到非常高兴。

"大东亚战争是不是侵略战争，我认为应由历史学家去判断。

"战争到底是怎样发生的，笼统地断言是日本发动了战争，这也仅仅是一种说法。然而，今天让我在这个席位上断言是日本发动了战争，我认为是过分了。"）

"从战争伊始到结束，我的一贯看法是，像支那事变以及大东亚战争那样的战争，最好都不发生。我现在不想说是基于什么理由持这一态度，恕不回答。"

（1956 年 3 月 8 日在参议院预算委员会会议上回答龟田得治议员的质询）

"我反对大东亚战争，并采取了反对行动。但我曾回答说，我不想说明那是基于什么理由。我想是因为考虑到战争导致了很多人死去，所以根据自己的主张进行了战斗。考虑到对那种人进行批判是徒劳的，所以我对此未做回答。"

（1956 年 3 月 10 日在参议院预算委员会会议上回答秋山长造议员的质询）

岸信介

"对在战争中添了麻烦的各国，特别是添了很大麻烦的一些国家，日本即将通过赔偿等方式予以谢罪。对于在战争中添了麻烦的各国，日本今后要在努力合作的基础上，从内心深处予以道歉。在以谦虚的态度进行如方才所说的合作的时候，日本要根据当地（即现地）的要求等进行力所能及的援助。我想，对此抱有这样一种虔诚的心情是理所当然的。"

（1957 年 5 月 17 日在众议院外事委员会会议上回答川上贯一议员的质询）

"基于对亚洲的关注，我两次访问各国。对于战争中的事件，我在从心里表示遗憾的同时，正努力恢复友好。所以存在于亚洲各国国民中间的感情渐渐缓和起来。我坚信，（亚洲各国）对我国的信赖与合作的愿望会进一步加深。"

（1958 年 1 月 29 日在众议院全体会议上的施政演说）

池田勇人

"对中共的向前看的态度，有各种各样的看法。恰如我在全体会议和委员会会议上反复说的那样，我们与中国在历史、地理、文化等各方面存在着很深的关系。偶尔因支那事变、大东亚战争而演变成那样一种状态。我们不应忘记这种历史上、地理上、文化上的关系。因此，我希望能尽早改善这种状态。"

（1961 年 5 月 15 日在众议院预算委员会会议上的答辩）

佐藤荣作

"关于过去的战争，可能会有一些拥护论者。这不仅已经引起了各种各样的误解，而且引发了严重的事态。从这个意义上说，犹如这一事态已经引起误解那样，（对过去的战争）还不能一概而论。我想，这种相互对立的观点今后会继续下去。"

（1965 年 2 月 10 日在众议院预算委员会会议上的答辩）

"日韩合并及其统治时代，有很多回忆。然而我认为，有关这一事态的最终结论，还是由所谓的历史学家来作出吧！关于过去有各种各样的议论，但我想比较而言更重要的是向前看。应更多地考虑明天的日韩之间、后天的日韩之间的正常化问题。"

（1965 年 3 月 1 日在众议院预算委员会会议上的答辩）

田中角荣

（过去的战争）"是不是侵略战争，我只能回答应由后世的历史学家去评价。

"当时是必须接受波茨坦宣言的形势，而且（日本）没有改变波茨坦宣言的力量。难道要彻底否定在那样一种局势下接受波茨坦宣言的历史事实吗？虽然受到了您的质询，但我想您能够理解我对此难以作出回答的苦衷。"

（1973 年 2 月 2 日在众议院预算委员会会议上回答不破哲三议员的质询）

三木武夫

"我认为，再不能重复那类事情。之所以不能再次发生，是因为感到那场战争过分了。正因为不能再重复，正因为不能再发生类似那场战争的事情，所以我认为理所当然应对战争进行反省。"

（1976 年 1 月 3 日在众议院预算委员会会议上回答不破哲三议员的质询）

福田赳夫

"如您所说，所谓'侵略战争'的说法让人感到好像有什么特殊的含义，因此我无法回答究竟是不是侵略战争。我的理解是发生了非常遗憾的事情。"

（1978 年 10 月 18 日在参议院外务委员会会议上回答上田耕一郎议员的质询）

大平正芳

"说到历史观问题，如果从历时百余年的近代化历史来看，的确有过类似第二次世界大战把国民的精力引到错误的方向上去的不幸时期。不过也应该看到在漫长的时期里，取得了通过吸收西洋知识和技术实现近代化的这一成果。"

（1979 年 1 月 31 日在参议院全体会议上回答宫本显治议员的质询）

铃木善幸

"说到对过去战争的看法，我当时还是一名青年，正因为体验到了战争的悲惨，所以非常懂得和平的宝贵、自由的宝贵。我国一定要永远坚持自由与和平。我想尽全力为之努力。"

(1980 年 10 月 8 日在参议院全体会议上回答市川正一议员的质询)

"关于日本过去的行为，感到应做深刻的反省再反省。而且日本应反复做的事情是，要在痛感其责任并进行反省的基础上脚踏实地地行动，并贯彻于今后的实践之中。"

(1982 年 9 月 14 日在参议院决算委员会会议上回答安武广子议员的质询)

中曾根康弘

"与所谓侵略战争究竟应该怎样定义相比，我认为我们必须接受受到国际性批判这一事实。关于现在所说的问题（即对中国、对韩国的战争），在国际上已经基本被判断为是侵略行为。因此应接受、服从这一判断，应当具有这样一种认识。我从这个意义上进行反省。"

(1983 年 2 月 18 日在众议院预算委员会会议上回答木岛嘉兵卫议员的质询)

"我认为，所谓太平洋战争也可以叫大东亚战争。不过，这是禁止进行的战争，是错误的战争。另外，对中国而言，也可以说存在着侵略的事实。这一观点没有变化。"

(1985 年 10 月 29 日在众议院预算委员会会议上回答东中光雄议员的质询)

"关于日中战争，如对华二十一条要求、柳条沟事件（即柳条湖事件——本书作者）等各种事件，基本上可以认为明显地伤害了中国民族的感情，这是不能否认的事实。而且还应指出的是，这些事件发生时，大部分情况是，中央政府虽然采取了不扩大方针，但当地驻军却将事件不断加以扩大，这也是历史事实。"

（1986 年 9 月 16 日在众议院全体会议上回答土井多贺子议员的质询）

竹下登

"如同很难在学术上将那场战争笼统地定义为侵略战争一样，我根据个人的经验始终认为，大体上可以说是侵略战争，但要由后代历史学家去评价。"

（1989 年 2 月 18 日在众议院预算委员会会议上回答不破哲三议员的质询）

海部俊树

"我的认识是，我反省过去的历史原委已历时 36 年，就如同今天您所指出的那样，我认为应该对日本犯下的错误进行坦率的道歉。"

（1990 年 5 月 17 日在众议院预算委员会会议上回答三浦久议员的质询）

"我国过去通过战争给近邻各国的国民造成了重大的损害，这是事实。我认为不能否认我国过去的此种行为。"

（1991 年 4 月 10 日在参议院预算委员会会议上回答吉冈吉典议员的质询）

宫泽喜一

"所谓侵略事实云云，是说我国过去通过战争给近邻各国的国民造成了重大损害是事实。我认为，我国过去的这种侵略行为是不能否认的事实。"

（1992 年 1 月 29 日在众议院全体会议上回答金子满广议员的质询）

"对此，我与历任首相一样，在去年做了回答，即我国过去通过战争给近邻各国的国民造成了重大损害，这是事实。对我国过去的如此行为，我认为不能否认这一侵略事实。"

（1993 年 2 月 16 日在众议院预算委员会会议上回答山原健二郎议员的质询）

细川护熙

"我国过去的侵略行为和殖民统治给众多的人们造成了难以忍受的苦难和悲伤，我对此再次表示深刻的反省和歉意。与此同时，今后将通过进一步对世界和平做出贡献来表明我们的决心。"

（1993 年 8 月 23 日在众议院全体会议上的信念演说）

"然而，从整体上看，在我国以往的行为中存在着侵略事实，这难道不是不能否认的事实吗？"

（1993 年 10 月 5 日在众议院预算委员会会议上回答石原慎太郎议员的质询）

羽田孜

"明年将迎来太平洋战争结束五十周年。我国过去的所作所为不仅给国民带来了众多的牺牲，而且给近邻各国的人民留下了迄今还很深的创伤。前不久，阁僚的发言引起了近邻各国人民的悲伤和愤怒。作为回应，尽管发言被撤回，但还是导致了这样一种事态，这是很遗憾的。由此，我们产生了我国的侵略行为和殖民统治曾给很多人造成了难以忍受的痛苦和悲伤这一认识。在将这一事实传给下一代的同时，要站在反省的立场上为创造和平和建设亚洲太平洋地区辉煌的未来而努力。"

（1994 年 5 月 10 日在众议院全体会议上的信念演说）

"侵略战争一词为什么不能说成是侵略行为呢?" "我认为,行为、结果是说曾有各色人等参与其间,这是当时人们的各种看法。但是作为结果,确实造成了难以忍受的苦难、悲伤和痛苦,我对此反省并表示歉意。同时需要指出的是,日本国今后再也不能引发这类事情了。"

(1994 年 5 月 24 日在众议院预算委员会会议上回答志位和夫议员的质询)

(在 1993 年 12 月 8 日出刊的《读卖》上,有(日本)"是在打破 ABCD 包围圈的意义上采取的行动"一语。他就这句话的含义作了如下解释。)

"我想,大概是当时既存在着日本在大陆扩大权益的事实,同时也存在着外部势力压制日本权益的行动吧。"

(1994 年 6 月 13 日回答上田耕一郎议员的质询)

村山富市

"战后五十周年在即,我对我国的侵略行为和殖民统治等给当地众多的人们造成了无法忍受的痛苦和悲伤这一事实产生了新的认识,并站在深刻反省的立场上,以不战决心为基础,为创造世界和平而努力。"

(1994 年 7 月 18 日在众议院全体会议上的信念演说)

"关于拥护侵略战争问题,有各种议论。就像数日前在信念演说中所说,我对我国的侵略行为和殖民统治等给很多人造成了难以忍受的痛苦这一事实产生了新的认识,并站在深刻反省的立场上,以不战决心为基础,为创造世界和平而尽力。这是我的观点。而且,我的确感到此事事关重大。"

(1994 年 7 月 21 日在众议院全体会议上回答山原健二郎议员的质询)

桥本龙太郎

"被问到历史认识和外交姿态问题，政府的立场是，以 1995 年 8 月 15 日村山总理大臣谈话为基础，在进一步加强同相关各国的信赖关系的同时，作为负责任的国际社会的一员促进国际合作，并以此推进和平理念和民主主义。"

（1996 年 12 月 4 日在众议院全体会议上回答梶原敬义议员的质询）

小渊惠三

"有关过去的历史，政府的见解是，以 1995 年内阁总理大臣谈话为基础，虚心接受在过去的一个时期由于殖民统治和侵略给很多国家尤其是亚洲各国的人们带来了很大损害和痛苦的事实，对此表示深刻反省和歉意，并决心为世界的和平与繁荣贡献力量。"

（1998 年 8 月 12 日在参议院全体会议上回答立木洋议员的质询）

森喜朗

"被问到我国政府对历史的基本认识，我的回答是，如同 1995 年内阁总理大臣的谈话一样，我国虚心地接受在过去不远的一个时期由于殖民统治和侵略给很多国家尤其是亚洲各国的人们带来了很大损害和痛苦的事实，并对此表示痛切的反省和发自内心的歉意。这一政府见解在本届内阁没有变化。"

（2000 年 9 月 26 日在众议院全体会议上回答裁田惠二议员的质询）

小泉纯一郎

"关于历史教科书，我们真诚地接受来自中国和韩国的意见和担忧。另外，关于来自韩国的修正要求，首先要由文部省根据教科书审定制度，进行专业性、学术性的充分详查。

努力发展同中国、韩国的友好合作关系对我国来说是重要的。我认为应想尽办法解决这个问题，不应损害与两国的友好合作关系。

关于日中关系，现在在日中之间除教科书问题外，还存在几个问题。作为我国，今后在不屈不挠地要求（对方）对我国的立场给予理解的同时，也要充分考虑对方的立场，努力改善两国关系。"

（2001 年 5 月 11 日在参议院全体会议上回答谷本巍议员的质询）

"说起过去的大战，这正是造成日本孤立于国际社会的原因。这很难用一句话来概括。我认为，当时存在着各种情况，所以很难具体举例说明个别事实和现象。

不管怎样，重要的是我国今后不能再孤立于国际社会之外，而要注意国际合作，这对于不再次发生战争是非常重要的。我认为重要的是，应在反省过去的历史基础上，面向未来，进一步加强与各国的信任关系。

关于如何认识过去的大战问题，政府的认识与平成七年村山总理大臣谈话中阐述的内容一样，认为在过去的一个时期，殖民统治和侵略给很多国家尤其是亚洲国家的人们造成了很大的损害和痛苦。"

（2001 年 5 月 11 日在参议院全体会议上回答市田忠义议员的质询）

"关于参拜靖国神社问题，我认为这是为了向那些为誓死保卫国家而献出生命的各位表达敬意和感谢心情而进行的诚挚的哀悼。我认为我们平时不应忘记的是，今天的和平是建立在各位牺牲的基础上的，从这个意义上说，（此举）是在重下不再次发生战争的决心。

　　今后，我还要继续参拜靖国神社，希望能够得到邻国的理解。"

　　　　　　　　（2003 年 1 月 21 日在众议院全体会议上回答中川智子议员的质询）

　　（资料来源：从吉田茂到村山富市，译自四国教区靖国問題特别委员会编集委员会：《靖国問題学習資料集》，万成社 1996 年版；从桥本龙太郎到小泉纯一郎，译自《国会会議録検索システム－3》，http//kokkai. ndl. go. jp/cgi－bin/KENSAKU/ swk － dispdoc－text。）

后　记

　　本书是教育部人文社会科学青年基金项目的最终成果。本书写作过程中，承蒙业师郑德荣教授、王魁喜教授、王继洲教授、赵永春教授、曾永玲教授等的精深指导和帮助，在此向他（她）们致以最衷心的谢意。

　　除业师外，我还要特别向以下几位先生致以最诚挚的谢意。首先是中国日本史学会会长、日本历史与文化研究中心理事长、中国社会科学院博士生导师汤重南教授。汤先生虽为著名历史学家，学界权威，德高望重，但对后学总是那么平易近人、和蔼可亲。十多年来，我有幸聆听先生深邃和高屋建瓴的学术教诲，有幸承蒙先生无微不至的悉心关怀，有幸得到先生在"史学年鉴"中和全国学术会议上过誉的学术评价，凡此教诲、关怀和鼓励，正是成就我今天点滴学术成绩的重要力量源泉！现在先生又亲自为拙著作序，我在此再次向汤教授致以最由衷的谢意。再就是《东北师大学报》副主编陈虹娓教授、编辑部主任赵红博士。在我发表的较有影响的学术论文中，多数为首刊于《东北师大学报》上的文章。这与当年长期担任学报常务副主编兼历史编辑的陈虹娓教授和近年担任编辑部主任兼历史编辑的赵红博士的鉴别、指导息息相关。可以说，如果没有陈虹娓教授、赵红博士以及现常务主编王亚凡教授等学报其他先生的扶持和帮助，产生今天的学术影响也是不可能的。此外，我还参考了有关学术论著，吸收了一些最新研究成果。在此我谨向她（他）们表示深深的谢意。

在争取图书出版基金上，东北师范大学社科处处长、博士生导师刘建军教授，东北师范大学邓小平理论研究中心主任、博士生导师田克勤教授给予了热情帮助。如果没有东北师范人学中共党史学科建设基金和教育部国家重点研究基地东北师大古典文明研究中心的资助，本书顺利出版也是不可能的。在此，我谨向两位教授及其所在单位在图书出版经费上给予的帮助表示衷心的感谢。

本书的出版得到了中国社会科学出版社的大力支持。特别是责任编辑罗莉女士，为本书的出版付出了巨大的努力和艰辛的劳动。如果没有罗女士的热心帮助和鼎力推荐，本书顺利出版同样是不可能的。在此，我谨向罗莉女士和中国社会科学出版社的领导致以深切的谢意。

本书从最初立项到今日成书，虽历时数载，但由于作者学识水平所限，疏漏谬误在所难免，敬请学界方家和广大读者不吝赐教。

作　者

2005 年 4 月 25 日

于长春自由大路寓所

增订版后记

　　本书初版于 2005 年 7 月。值此增订再版之际，写下下面简短的话。

　　本书初版以来，不仅深受读者欢迎早已脱销，而且在学术界产生了较大影响。学界的代表性评价有：该书是"国内第一部系统研究战后日本右翼势力的学术性专著"（中国日本史学会会长汤重南教授评语，见本书"序"）；是一部"把战后日本右翼势力研究推向了一个新的高度"的"学术力作"（广州大学董世明教授评语，见《世界历史》2007 年第 4 期书评）；"中国大陆学者孙立祥对中岛等右翼的'以台抑中'策略大加挞伐，严厉批判该策略其实隐藏着日本右翼觊觎台湾的企图……显示出中国学界对日本右翼的'以台抑中'策略抱持相当警觉的态度"（台湾大学刘智玮先生评语，见论文《拒绝中华思想——论中岛岭雄的中国观与台湾叙事》）；"2005 年中国社会科学出版社（出版）的孙立祥的《战后日本右翼势力研究》等"是"一批有价值的科研成果"，"这些正本清源式的研究对日本学界某些不当观点是一个有力的回应"（于沛主编《中国世界历史 30 年（1978—2008）》评语），等等。学术界的过誉评价以及增订再版，都是对作者莫大的鼓舞和鞭策。在此，我谨向在本书写作和增订过程中给予鼓励、教诲的前辈和同仁，致以由衷的谢意。

本书增订版不仅对初版进行了全面订正，而且在原版基础上增加了万余字的新内容。

本书增订再版，得到了罗莉女士和中国社会科学出版社领导的宝贵支持。在此，我谨向她（他）们表示衷心的感谢。

本书从立项写作到初版再版，虽历时十余载，但由于作者学识水平所限，疏漏谬误仍在所难免，敬请学界方家和广大读者继续不吝赐教。

孙立祥

2010 年 10 月 25 日

于华中师范大学